本书为内蒙古大学2014年高层次人才引进科研启动项目
"商标显著性"研究（20800-5440601）之成果

商标显著性研究

张慧春 著

图书在版编目（CIP）数据

商标显著性研究／张慧春著．—北京：知识产权出版社，2017.1
ISBN 978–7–5130–4577–3

Ⅰ.①商⋯ Ⅱ.①张⋯ Ⅲ.①商标法—研究—中国 Ⅳ.①D923.434

中国版本图书馆 CIP 数据核字（2016）第 271021 号

责任编辑：刘　睿　刘　江　　　　　责任校对：谷　洋
文字编辑：刘　江　　　　　　　　　责任出版：刘译文

商标显著性研究
张慧春　著

出版发行：知识产权出版社 有限责任公司	网　址：http://www.ipph.cn
社　址：北京市海淀区西外太平庄 55 号	邮　编：100081
责编电话：010–82000860 转 8113	责编邮箱：liurui@cnipr.com
发行电话：010–82000860 转 8101/8102	发行传真：010–82000893/82005070/82000270
印　刷：保定市中画美凯印刷有限公司	经　销：各大网上书店、新华书店及相关专业书店
开　本：880mm×1230mm　1/32	印　张：14.75
版　次：2017 年 1 月第一版	印　次：2017 年 1 月第一次印刷
字　数：355 千字	定　价：45.00 元
ISBN 978–7–5130–4577–3	

出版权专有　侵权必究
如有印装质量问题，本社负责调换。

总　序

改革开放以来，我国经济社会发展的水平日益提高，科学技术和文化创作日益进步，知识经济的特征日益凸显，知识产权制度对科技和经济发展的支撑作用日益加强。

经过多年发展，我国知识产权事业取得了巨大成就，符合社会主义市场经济发展要求的知识产权制度基本建立。以2008年《国家知识产权战略纲要》的颁布为标志，我国知识产权制度从"调整性适用"阶段进入"主动性安排"阶段，知识产权制度的发展进入了一个新的历史时期，知识产权事业正在揭开一个新的篇章。

中国知识产权制度的建构、知识产权事业的发展与进步，离不开知识产权人才的培养、知识产权教育水平的提高和知识产权学术研究的进步。中国知识产权事业的发展需要全社会的共同努力。为提高我国知识产权学术研究水平，培育优秀青年知识产权研究人才，中国法学会知识产权法研究会与知识产权出版社自2008年始，联合组织开展知识产权类优秀博士学位论文评选以及资助出版工作。该项工作具有丰富的内涵：

第一，以高层次、高质量的人才培养为目标。通过设立优秀博士论文奖项，鼓励更多优秀人才参与知识产权学术研究，不断增强我国知识产权制度的理论储备。

第二，以提高知识产权学术水平为导向。评选优秀博士论文，促使更多青年学人创作高质量学术著作，不断提高我国知识产权学术研究水平。

第三，以我国知识产权事业的发展为宗旨。通过优秀博士论文的评选以及资助出版工作，鼓励青年学人关注现实，关注新兴发展需要，以优秀思想成果推动我国知识产权事业向着更快更好的方向发展。

第四，以科学公正、注重创新、严格筛选、宁缺毋滥为原则。在知识产权优秀博士论文的评选过程中，知识产权法研究会组织评审专家，本着公开、公平、公正的原则，严格按照评审标准，对申报人员的博士论文进行遴选。

第五，以选题新颖、研究创新、逻辑严密、表达规范为标准。优秀博士论文的选题应当具有理论意义和现实意义，在研究内容上应当有所创新，材料应当翔实，推理应当严密，表达应当准确。

中国法学会知识产权法研究会与知识产权出版社开展的这一活动，在总结和传播知识产权教育与学术成果、鼓励青年学人学习和研究的进步、推动知识产权事业发展等方面具有重要意义。在双方的共同组织与安排之下，论文评选甫经两届，新著即将面世。该项工作还将继续进行下去，每年评选出一批优秀博士论文，并且由知识产权出版社资助出版，以期作为知识产权思想传播的媒介、学术交流的窗口、对话互动的平台。新书迭见，英才辈出，学术之树长青。

是为序。

2010年5月

摘 要

商标显著性理论贯穿于整个商标法律制度，可以说是商标法律制度有效运行的基础。申请注册的商标应当具有显著性，不具有显著性的标识不能注册为商标，除非具有第二含义。在法律实践中形成的判定商标显著性的经典方法，将显著性分为固有显著性与获得显著性。具体来说，将商标依其强度分为臆造商标、随意商标、暗示商标、描述性商标与通用名称。前三类商标由于识别力强，被认为具有固有显著性；而描述性标识则需要证明第二含义才能成为商标，这被称为获得显著性。通用名称依其性质而言不具有显著性不能作为商标。商标确权制度的核心问题就是对显著性的认定，在商标侵权制度中显著性的概念也尤为重要，在证明混淆可能时需要对商标的显著性进行判定，特别是商标的获得显著性成为混淆可能多因素检测法的构成因素之一。商标淡化理论与显著性的概念联系更为紧密，只有驰名商标才能受到淡化保护而对驰名商标的认定亦涉及显著性的判定。

商标显著性的强度是不断变化的，这种变化体现在商标的使用之中。法律实践中，人们越来越关注商标的使用，获得显著性随之成为研究的重点内容。所谓固有显著性和获得显著性的划分，并不是判断商标显著性的唯一准则。事实上，这种划分也造成在商标保护中对固有显著性商标的过分偏爱，所以有必要对显著性理论进行系统研究，纠正在理论和实践中出现的问题。商标显著性的根本作用在于发挥商标的来源识别功能，降低消费者的搜寻成本。商标是信息来源，这些信息是企业在市场竞争中形成的。消费者信息的采集有一个搜寻成本，商标所包含的信息使得商标权人市场进入成本变低，因为可以方便消费者将商标从相关市场中识别出来。也可以说，商标显著性越强，越有利于商业主体在市场竞争中脱颖而出，所以商标权人致力于品牌建设，增进并维护商标的显著性。商标显著性的本质特征在于来源识别，但是如果仅仅将对商标显著性的理解限定在来源识别领域内未免片面。商标的强度、商标名声这些概念都已经以各种方式归结到显著性这一核心概念之上，商标已经不仅仅是指示来源的符号，商标所具有的多重功能和角色也影响着对商标显著性的解读。

　　商标只有经过使用才具备其他方面的显著性特征。不妨采用更多元的研究视角来讨论商标显著性的强度变化。法律层面的研究往往将品牌与商标作同义词解释，但品牌与商标存在区别，品牌具有象征意义。经过使用，商标具有了影响消费者选择的情感内容，所谓商标的声望，事实上反映了消费者对商标的观感，所以商标成为品牌，意味着商标显著性增强了。商标显著性的强度也会影响商标法的保护范围，商标法保护商标权人对维护和扩大商标显著性所进行的投资，初始兴趣混淆、售后混淆、商标淡化理论的出现都是为了保护那些具有很强显著性的商标。品牌战略发展的终极目标在于创造品牌文化，来自品牌学和法律文化学的研究表明消费者会受到品牌所传递的信息的影响，同时消费者也利用这些信息表达对品牌的看法。可以说通过使用，消费者也成为商标显著性的缔造者，所以在保护商标权的利益衡量中，消费者的利益也不容忽视。一些商标本来就是文化符号，商标权人意图使用这些文化符号中的美好意蕴描述其产品。那些臆造商标经过使用也会具有文化内涵,可以说商标显著性也代表着商标的文化内涵,防止商标淡化就被认为是防止对商标文化内涵的伤害。商标具有了文化内涵进而与公共利益产生冲突。因为商标作为文化符号是一种共有资源,对其使用应当是自由的,所以还应进一步完善商标侵权制度中的具体判定规则,平衡商标使用中的各方利益。

商标显著性四分法将商标显著性的强度按照递增的顺序来划分以确定商标可受到保护的程度,但是这一划分界限并不总是清晰的,因为在实践中总会出现各种类别的复合。商标显著性四分法的界限并不是泾渭分明的,这也是该方法的先天不足,随着商标类型的不断发展,四分法越来越受到质疑,特别是在判断新型商标的显著性时,使用该规则进行解释显得牵强。商标法分类理论的缺陷在于,结论的提出是法律对消费者认知的假设,这种片面的认知导致结论的失真。来自认知心理学的实证分析表明,消费者主要依赖非语言的视觉线索对商标显著性进行判断,例如标识的位置或者标识被展示在产品包装中的尺寸,而并非仅依靠商标的语义含义。通过实证分析发现描述性商标的识别作用比暗示性商标、臆造商标或者随意商标毫不逊色。可以说,所有非通用名称的文字商标只要满足"商标使用"的要求都应当受到法律保护。商标显著性的发展使得消费者对商标的使用具有更高的利益诉求,所以需要面对市场,结合消费者的动机判断标识的识别来源功能,识别来源的判断就是消费者区分产品来源的认知过程。理论中和司法实践中对固有显著性过分偏爱,认为商标具有固有显著性对其提供的保护应该更强,这样的观点是经不起推敲的。事实上,在商标理论中获得显著性的重要性日益突出,商标显著性的判断成为关键问题。固有显著性的概念有利于提高显著性判断的效率，但很多商标属于描述性的，需要证明第二含义。在证明第二含义时，权利人需要证明对于消费者来说商标是区分产品的单一来源或者匿名来源而不是描述产品本身。我国的商标法司法实践并不重视实证调查证据的运用，而证明商标显著性的关键在于证明消费者意识到商标具有来源识别功能，这需要对消费者的认知进行实证分析。实证调查证据的效力应当在未来司法实践中得到认可和推广。问卷调查是用来证明商标第二含义的常见形式，在调查中需要注意一些方法，这会影响法院对调查结果的采纳。

商标显著性理论影响了商标取得制度和商标侵权制度的构建。商标显著性理论对商标取得制度最重要的影响在于商标公共领域的划分。商标是文化符号，一些驰名商标甚至成为流行文化的组成部分，这给商标法中"公共领域"的界定提出了新的要求，不仅要从竞争需要的角度分析商标注册是否要考虑竞争对手的使用需求，还要结合我国独特的文化背景分析这种使用是否会造成对文化资源的不正当垄断。商标不仅限于文字、图案、颜色、声音、气味等要素；只要具备显著性，都可以注册为商标。对于这些特殊标识的注册，需要借助商标显著性理论对其可注册性进行分析。通过显著性理论分析，单一颜色商标的注册是可能的，颜色商标要获得注册，最关键要证明颜色具有非功能性。有关颜色商标是否具有固有显著性以及如何证明固有显著性存在争议。目前来看，如果颜色没有特殊性，注册为商标还需要结合具体使用情况证明获得显著性为宜。声音商标成为我国商标法中规定的一个新类型，有关声音商标显著性的判断还缺乏具体的操作依据，非功能性也是声音商标获得注册的关键因素，对于声音商标显著性的判断还应坚持非功能性的规则，根据具体案例对显著性进行分类判定。商业外观获得商标保护的因素之一在于其是非功能性的，商业外观的显著性分类不能适用商标显著性的传统四分法，而需要通过考察商业外观在市场中的具体使用情况来确定。对上述特殊标识显著性判断的基本原则仍然是判断这些标识是否具备来源识别显著性。

  侵害商标显著性的两种形式是商标混淆和商标淡化。商标混淆是通过将不同标识指向同一个来源出处，降低商标的区别能力，从而使商标权人遭受损害；商标淡化则是将同一个或近似标识指向不同的来源出处，从而降低商标的标识来源的能力。一言以蔽之，商标侵权的实质就是侵害了商标的显著性。在交易范围越来越广、交易频度越来越快的背景下，在确保商标来源识别功能有效发挥的情况下，商标所具有的有关商誉和文化内涵的连续性和期待性的意义更加重要。而商标侵权行为则潜移默化地破坏了商标传达这种信息的方式，使消费者获取有关商品或者服务的认知成本增加。在商标混淆可能侵权的判定中仍然表现了对固有显著性的偏爱，认为商标的固有显著性越强，被使用在相同或者相似的产品或者服务中越易混淆，这种观点是不严谨的，消费者是否实际将商标作为来源识别符号是一个第二含义判断的问题，所以判断商标使用是否造成消费者混淆主要应考虑商标的获得显著性。淡化理论也受到显著性分类理论的影响，有关驰名商标显著性的判定存在一个长期争议的观点，即"驰名商标应当是具有固有显著性的商标"，但并非所有的商标都具有固有显著性，很多驰名商标之所以驰名，是依赖于商标具有的极强的获得显著性。商标的固有显著性特征可以使其更容易获得保护，所以在注册商标时，尤其在意向发展驰名商标之初，选择固有显著性强的商标更为有利，但具有固有显著性的商标并不比那些具有获得显著性的商标更优越。此外，在判定商标混淆和商标淡化的成立时，法院对侵权行为是否成立的分析日趋谨慎，一般要全面衡量商标权人、消费者、其他相关使用者的利益，其中对显著性的分析成为解决问题的关键。

  我国商标法经过修订，进一步强调商标使用、完善商标注册制度、丰富商标类型，并加强商标专用权保护。商标具有固有显著性意味着商标具备获得注册的前提条件，但这不是获得全面的商标权保护的决定因素。使商标焕发生命力的决定因素在于商标的实际使用，这也是商标获得全面保护的具有正当性的因素，没有实际使用就没有商标保护意义上的显著性可言。强调商标使用意味着认识到了获得显著性的重要性，在商标法的司法和执法过程中还需要进一步落实和完善商标显著性判断规则，纠正在理论和实践中形成的重视商标的固有显著性忽视商标的获得显著性的观点，强调实证分析证据的证明力。对商标显著性的判断要以证明商标具有来源识别功能为根本准则，而对于那些具有特殊文化含义的符号注册为商标要考虑公众利益，防止不当注册的产生。

Abstract

Trademark distinctiveness theory is throughout the whole trademark law system, and it, so to speak, is the basis for the effective operation of trademark law system. A registered trademark should have distinctiveness, and a logo, which has no distinctiveness, can't be used as a registered trademark, unless it has a second meaning. A classical method is formed in legal practice to judge trademark distinctiveness, dividing distinctiveness into inherent distinctiveness and acquired distinctiveness. To be specific, trademark, according to its strength, falls into fanciful mark, arbitrary mark, suggestive mark, descriptive mark and generic. The first three marks, due to their strong discernment, are considered to have inherent distinctiveness, while descriptive mark can't become a trademark unless its second meaning is proved, and this is called acquired distinctiveness. Generic, as far as its nature is concerned, doesn't have distinctiveness, so it can't be used as a trademark. The core problem of trademark right verification system is the cognizance of distinctiveness, and the concept of distinctiveness in trademark infringement system is particularly important as well. When likelihood of confusion is demonstrated, trademark distinctiveness needs to be judged; especially that trademark's acquired distinctiveness is one of the component factors of the multifactor detecting method for likelihood of confusion. Trademark dilution theory is linked more closely to the concept of distinctiveness, and only well-known trademarks can enjoy antidilution protection. However, the recognition of well-known trademarks is also involved with the judgment on distinctiveness.

The strength of trademark distinctiveness is everchanging, and this change is reflected in the use of trademark. As more and more attention is paid to the use of trademark in legal practice, acquired distinctiveness has become a research emphasis. The division between inherent distinctiveness and acquired distinctiveness is not the only criterion for judgment on trademark distinctiveness. As a matter of fact, this division has also led to excessive preference for trademark with inherent distinctiveness in trademark protection, so it's necessary to make a systematic study on distinctiveness theory, to correct theoretical and practical problems. The fundamental role of trademark distinctiveness is to play a part in identifying trademark's source so as to reduce consumers' search costs. Trademark is information source, and the information is formed by enterprises in market competition. There are search costs for the acquisition of consumer information, and the information contained in trademark has lowered trademark owners' expenditures for market access, because consumers have less difficulties in identifying trademark in relevant market. It can also be said that the stronger trademark distinctiveness is, the more conductive it is for business subjects to stand out from market competition, so trademark owners hammer at brand building, to enhance and maintain trademark distinctiveness. The substantive characteristics of trademark distinctiveness lie in source identification, but it's partial to just understand trademark distinctiveness within the field of source identification. Such concepts as strength of trademark and brand reputation have already narrowed down to such a core concept of distinctiveness, so trademark is no longer a symbol for source instruction, and the multiple functions and roles of trademark also have impacts on interpretation of trademark distinctiveness.

The advent of a trademark's saliency characteristics in other aspects depends on its use. We might as well make discussions on the intensity change of trademark distinctiveness from more diversified research perspectives. A study in legal dimension usually interprets brand as a synonym of trademark, but there are differences between brand and trademark, for brand has symbolic significance. After used, trademark gets an affective content which affects consumer choice. Brand reputation actually reflects consumers' impressions on trademark, so when trademark becomes brand, it means that trademark distinctiveness is enhanced. The intensity of trademark distinctiveness will also influence the protective range of Trademark Act. Trademark Act protects trademark owners' investment in maintaining and enlarging trademark distinctiveness, and the advent of initial interest confusion, post-sale confusion and trademark dilution theory is for the purpose of protecting the trademarks with strong distinctiveness. The ultimate goal of brand strategic development is to create brand culture. The researches from brand science and legal culturology indicate that consumers are affected by the information conveyed by brand, and at the same time, consumers also use the information to show their views on brand. In a manner of speaking, consumers are a founder of trademark distinctiveness, so consumers' benefits can't be ignored in the interest measurement of trademark right protection. Some trademarks are cultural symbols, and trademark holders have the intention to use the good implications in the cultural symbols to describe their products. And those fanciful marks will also get cultural connotations after used, so it can be said that trademark distinctiveness also represents a trademark's cultural connotations, and preventing trademark from being diluted is considered to be preventing trademark's cultural connotations from being damaged. Trademark gets a cultural connotation and then conflicts with public interests. Because trademark is a shared resource as a cultural symbol and the use of it should be free, it's necessary to further improve the concrete criterion rules in trademark infringement system, to balance the interest of all parties in use of trademark.

Trademark distinctiveness quartering divides the strength of trademark distinctiveness in ascending order to determine the protective range of trademark. But this division is not always clear, because there are always various categories of compounds in practice. The boundaries of trademark quartering are not always quite distinct from each other, which is the inherent shortage of trademark quartering. Along with the continuous development of trademark types, quartering has been increasingly oppugned. Especially, it is far-fetched to make an explanation by using this rule to judge the distinctiveness of a new-type trademark. The disadvantage of the classification theory of trademark law is that the proposal of conclusion is law's assumption of consumer cognition, and the one-sided cognition leads to the distortion of conclusion. Empirical analysis from cognitive psychology indicates that consumers rely largely on non-verbal visual cues to judge trademark distinctiveness, such as the location of logo or the size of logo on product packaging rather than relying solely on trademark's semantic meaning. Empirical analysis shows that the recognition function of descriptive mark is not inferior in any respect to that of suggestive mark, fanciful mark or haphazard mark. In a manner of speaking, all the word trade marks, which are not a common name, should be protected by law as long as they meet the requirements of "use of trademark". The excessive preference for inherent distinctiveness in theory and juridical practice thinks that a trademark's inherent distinctiveness should be more protective to it, and such a view does not stand up to scrutiny. As a matter of fact, the importance of acquired distinctiveness in trademark theory is increasingly prominent, so that the judgment on trademark distinctiveness has become a key issue. The concept of inherent distinctiveness is beneficial to improving the efficiency of distinctiveness judgment, yet many trademarks are descriptive, their second meaning needs to be proved. When proving the second meaning, right holders should demonstrate that for consumers, trademark is used to distinguish products' single source or anonymous source rather than describe products themselves. In the juridical practice of China's Trademark Law, the application of empirical evidence is not valued, yet the key to proving trademark distinctiveness is that consumers become aware of trademark's function in source identification, and it's necessary to make an empirical analysis in consumer cognition. The effectiveness of empirical evidence should be recognized and promoted in future juridical practice. Questionnaire survey is a common form used to prove trademark's second meaning. It should be noted that some methods will affect courts from adopting survey results in investigation.

Trademark distinctiveness theory affects the construction of trademark acquisition system and trademark infringement system. The most important impact of trademark distinctiveness theory on trademark acquisition system lies in the division of the public domain of trademark. Trademark is a culture symbol. Some famous trademarks have even become part of pop culture. This puts forward new demands for the definition of the "public domain" in Trademark Law, so that not only should an analysis be made on whether or not the usage requirements of competitors be considered for trademark registration from the perspective of competition, but an analysis should be made on whether or not this usage will cause unjustifiable monopoly on cultural resources. Trademark is not limited just to such elements as character, pattern, color, voice and odor, etc., and anything that has distinctiveness can be registered as a trademark. For the registration of those special marks, trademark distinctiveness theory should be used to analyze their possibility of registration. Distinctiveness theory analysis indicates that the registration of single color mark is possible, and the key to registering a color mark is to prove the color has non-functionality. There are controversies as to whether or not color mark has inherent distinctiveness and how to prove inherent distinctiveness. At present, if color has no particularity, it's necessary to prove the acquired distinctiveness in the combination of specific service conditions when it is registered as a trademark. Sound mark is a new type specified in China's Trademark Law. Specific operational bases are lack for the judgment on the distinctiveness of sound mark, and the non-functionality is also a critical factor for sound mark to be registered. The judgment on the distinctiveness of sound mark should be based on the rules of non-functionality, to classify and judge distinctiveness according to concrete cases. One of the factors for trade dress to receive trademark protection is that it is non-functional, and the traditional quartering of Trademark Law is not appropriate for the distinctiveness classification of trade dress, which, however, can be determined through investigation on the specific service conditions of trademark dress in market. The basic principle for judging the preceding special mark distinctiveness is still to judge whether these marks have source identification distinctiveness.

Two infringement forms of trademark distinctiveness are trademark confusion and trademark dilution. By trademark confusion is meant to consider different marks to come from the same source to reduce trademarks' distinctiveness, thus making trademark holders subject to losses; by trademark dilution is meant to consider the same or similar mark to come from different sources, thus reducing the trademark's function in identifying its source. In a word, the substance of trademark infringement is the infringement of trademark distinctiveness. As trading range becomes increasingly wide, and transaction frequency becomes faster and faster, in cases of ensuring to give effective play to trademark's function in source identification, the significance of the continuity and expectancy of the business reputation and cultural connotation related t trademark is more important. However, trademark infringement has imperceptibly destroyed the way for trademark to convey this information, so that consumers spend more cognitive costs in obtaining relevant commodities or services. There is still preference for inherent distinctiveness when it's judged that trademark confusion may infringe, thinking that the stronger trademark's inherent distinctiveness is, the easier it will be confused when used together with identical or similar products. This view is not rigorous. Whether consumers regard trademark as source identification mark in practice is a problem about secondary meaning judgment, so to judge whether the use of trademark leads to consumer confusion, we should mainly take trademark's acquired distinctiveness into consideration. Dilution theory is also affected by distinctiveness classification theory, and there is a chronically controversial idea about the judgment on the distinctiveness of famous trademarks, that is, "famous trademarks should be a mark with inherent distinctiveness", but not all the trademarks have inherent distinctiveness, and the reason why many well-known trademarks are famous is that the trademarks have very strong acquired distinctiveness. A trademark's inherent distinctiveness can make it safeguarded more easily, so when registering a trademark, in particular starting to develop a famous trademark, it's better to select a trademark with strong inherent distinctiveness, but a trademark with inherent distinctiveness is more superior to a trademark with acquired distinctiveness. In addition, when pronouncing the fact of trademark confusion and trademark dilution, courts are making an increasingly cautious analysis on whether there are infringement acts. Generally, they will measure the benefits of trademark holders, consumers and other relevant users comprehensively. In the meantime, the analysis on distinctiveness is crucial to problem solving.

The revised Trademark Law of China stresses use of trademark by improving trademark registration system, enriching trademark types and enhancing protection on exclusive right to use trademark. If a trademark has inherent distinctiveness, it means that there is a precondition for it to be registered, but this is not a decisive factor for the acquisition of overall trademark right protection. The decisive factor to animate a trademark lies in its actual use, which is also a legitimate factor for a trademark to receive comprehensive protection. Without actual use, there will no trademark distinctiveness under protection. To emphasize use of trademark means a cognizance of the importance of acquired distinctiveness. It is also necessary to further implement and improve judgment rules on trademark distinctiveness in judicial and executive process of Trademark Law, correct the views formed in theory and practice about valuing trademark's inherent distinctiveness but ignoring its acquired distinctiveness, and stress the probative force of empirical analytical evidence. The judgment on trademark distinctiveness should be based fundamentally on the demonstration of trademark's function in source identification. But public interests should be considered when those symbols with special cultural meanings are registered as a trademark, to prevent unlawful registration from occurring.

目　录

导　论 ……………………………………………………… （1）
　　第一节　选题的由来与意义 ……………………………… （3）
　　第二节　主要研究方法 …………………………………… （10）
　　第三节　国内外研究现状评述 …………………………… （12）
　　　　一、国外研究现状评述 ……………………………… （12）
　　　　二、国内研究现状评述 ……………………………… （19）
　　第四节　总体框架与主要内容 …………………………… （24）
　　第五节　学术创新之处 …………………………………… （27）

第一章　商标显著性的法理探究 ………………………… （29）
　　第一节　商标显著性的本质：商标作为来源识别符号 … （32）
　　　　一、商标的产生与发展 ……………………………… （32）
　　　　二、商标显著性的基本内涵 ………………………… （41）
　　　　三、商标显著性的消极影响 ………………………… （46）
　　第二节　商标显著性的吸引力：商标影响消费者选择 … （61）
　　　　一、商标功能的发展 ………………………………… （61）
　　　　二、商标与品牌 ……………………………………… （65）
　　　　三、品牌与品牌理论 ………………………………… （74）
　　　　四、品牌理论在商标法中的体现 …………………… （82）
　　　　五、商标法保护规则的品牌化趋势 ………………… （87）
　　　　六、品牌理论与商标的显著性 ……………………… （93）
　　第三节　商标显著性的影响力：商标成为文化符号 …… （97）

一、商标文化含义的生成 ……………………… (98)
二、商标的文化价值批判 ……………………… (104)
三、商标文化理论对商标法的影响 …………… (113)
四、商标文化与商标显著性 …………………… (120)
第四节 商标显著性的强度：显著性与商标的保护
范围 ……………………………………… (123)
一、来源显著性与区分显著性 ………………… (123)
二、商标显著性与商标的保护范围 …………… (127)
本章小结 ……………………………………………… (139)

第二章 商标显著性的分类与判定 …………………… (147)
第一节 商标显著性的分类 ……………………… (149)
一、商标显著性的四分法 ……………………… (149)
二、商标显著性分类的不足 …………………… (154)
第二节 商标显著性分类的缺陷 ………………… (156)
一、商标显著性分类的局限性 ………………… (157)
二、商标显著性分类的缺陷 …………………… (166)
三、商标显著性的分类规则再认识 …………… (173)
第三节 商标显著性的判定 ……………………… (189)
一、商标显著性第二含义的证明 ……………… (189)
二、商标显著性证明中的调查问卷设计 ……… (201)
三、商标显著性与品牌意识调查 ……………… (207)
本章小结 ……………………………………………… (212)

第三章 商标显著性与商标确权制度 ………………… (217)
第一节 商标权取得的方式 ……………………… (219)
一、商标注册取得与商标使用取得 …………… (219)
二、商标注册的要求 …………………………… (221)

三、商标注册中的商标共有领域问题 ………………（223）
第二节 颜色商标显著性的判定 ………………………（231）
一、颜色商标的显著性 …………………………………（231）
二、颜色商标显著性在司法实践中存在的争议 ………（233）
三、颜色商标显著性的判定 ……………………………（236）
第三节 声音商标显著性的判定 ………………………（243）
一、声音商标的显著性 …………………………………（243）
二、声音商标的功能性 …………………………………（247）
三、声音商标显著性在司法实践中存在的争议 ………（249）
四、声音商标显著性的判定 ……………………………（251）
第四节 商业外观显著性的判定 ………………………（258）
一、商业外观的定义与分类 ……………………………（258）
二、商业外观的功能性 …………………………………（263）
三、商业外观的显著性 …………………………………（264）
四、商业外观显著性的判定规则 ………………………（266）
本章小结 ……………………………………………………（284）

第四章 商标显著性与商标侵权制度 ………………（291）

第一节 商标显著性与商标混淆可能侵权 ……………（294）
一、商标混淆可能侵权的原理与规则 …………………（295）
二、商标混淆可能侵权判定规则的形成与发展 ………（298）
三、商标混淆可能性判定规则的缺陷 …………………（306）
四、商标显著性与商标混淆可能性判定规则的
　　完善 …………………………………………………（316）
第二节 商标显著性与商标淡化 ………………………（336）
一、商标淡化与商标侵权 ………………………………（337）
二、驰名商标与商标淡化 ………………………………（342）

三、驰名商标显著性的要求 …………………………（347）
四、商标淡化判定规则的适用 ………………………（355）
本章小结 …………………………………………………（369）

第五章 商标显著性与我国商标法的完善 …………（381）
第一节 进一步完善商标使用条款 ………………………（383）
第二节 商标显著性判定规则的完善 ……………………（392）
一、第二含义判定规则的完善 ………………………（392）
二、颜色商标显著性的判定 …………………………（398）
三、声音商标显著性的判定 …………………………（400）
四、商业外观显著性的判定 …………………………（402）
第三节 商标侵权判定规则的完善 ………………………（408）
一、我国商标法有关商标混淆可能判定规则的
完善 ………………………………………………（408）
二、商标混淆可能判定规则的发展趋势 ……………（409）
三、商标淡化规则的适用 ……………………………（412）

结　语 …………………………………………………（417）
参考文献 ………………………………………………（421）
后　记 …………………………………………………（441）

 导　论

第一节 选题的由来与意义

"显著性"这个概念是商标法正常运行的枢纽,商标的显著性如同作品的独创性与发明创造的新颖性、创造性,是商标的精髓,贯穿于商标权取得、维护和保护的全过程,在商标法中居于核心地位。有学者指出:"商标的显著性也就是表示商品出处的作用只有通过附注有商标的商品行销于市或广告宣传等手段才能实现,从这个意义上讲,商标的显著性只可能是获得显著性,而无所谓固有显著性。没有天生的商标,商标只能是市场作用和选择的结果,自然也就不可能存在天生具备标示和区别含义的词汇或者其他标志。"❶ 也就是说,商标的显著性只有通过使用而表现出来。所谓固有显著性,很大程度上是在法律层面对消费者认知的一种预设,其优点在于提高分析商标显著性的效率,节约行政和司法成本。固有显著性和获得显著性的划分是将显著性的意义局限在来源识别的范围内,这种研究视角是狭隘的,已经不符合对商标的多维度解读的要求。固守固有显著性和获得显著性的划分来认识商标的显著性所带来的问题远远大于其解决的问题。例如,在解决颜色商标、声音商标、立体商标的显著性判定问题时,根据传统的显著性划分理论始终难以解释这些新型商标是否具有固有显著性,导致权利人证明成本增加。在司法实践中,由

---

❶ 彭学龙:"商标显著性新探",载《法律科学》2006年第2期,第66页。

于对固有显著性的偏爱，而忽视了对获得显著性商标的保护，事实证明获得显著性才是显著性的重要属性。很多研究成果都确认了商标显著性的内涵是不断变化的，经过使用，商标显著性的内涵会超越其最初的意义，商标和语言一样成为表达的工具，而商标显著性发展的最终形式就是成为文化表达。商标显著性的文化价值体现在，"商标区别不同消费层次，反映社会经济、文化变化。这对于商标使用者制定生产、销售策略，研究社会经济、文化的历史及其变化都有重要作用"。❶ "在司法实践中商标显著性的文化属性获得了确认，法院认为商标在公有领域和经济资源中都扮演着重要的角色，与传统的标识来源的功能不同，商标还传达着有关品牌文化的信息，这是传统的识别功能所无法发挥的。"❷ "商标权人利用大众传媒，传达各种有关商标的想象和叙述，这些信息包括个性，以及对周围世界的赞美或者批判。商标已经和一出舞台剧、一首流行歌曲一样成为一种文化现象，和语言一样成为日常表达的一部分。"❸ 商标显著性是一个不断发展的概念，研究商标显著性的基本内涵和发展趋势对探讨商标权保护具有重要意义。国外商标法理论已经十分关注对商标显著性发展的理论研究，特别是从符号学和文化学角度的研究日益增多，对商标显著性的发展脉络进行梳理从而检讨商标法律制度的发展并提出合理化建议。

---

❶ 李扬：《知识产权基本原理》，中国社会科学出版社 2012 年版，第 710 页。

❷ Alex Kozinski. Trademarks Unplugged, *New York University law Review*, Vol. 68, Issue 3 (1993), p. 961.

❸ Jason Bosland. The Culture of Trade Marks: An Alternative Cultural Theory Perspective, *Media&Arts Law Review*, Vol. 10, Issue 3 (2005), p. 99.

有关商标显著性的理论研究中,比较有代表性的是符号学分析的观点。从符号学角度研究商标显著性,例如:一束玫瑰花是能指,所指是浪漫的爱情,所生成的符号含义就是玫瑰花代表浪漫的爱。因此,当所指通过能指表现出来,就生成了符号。形成的符号就是文化资源,即能指与所指的结合。"然而,这些元素之间的关系不是自然生成的,而是需要经过一个意义生成的过程。根据符号学理论,符号是可以用来表示事物的含义的。因此,'古奇'这个商标就可以代表服装公司,符号的指示作用反应在法律中就是商标,商标是用来指示产品和服务的来源。符号,除了指示和标签的作用之外,符号的含义本身也是在不断发展的。"❶ 例如,古奇的产品奢侈、昂贵,古奇的商标本身就象征着财富。符号学理论认为,符号具有这样的内涵是一种文化。此时,古奇不仅代表服装公司,这种文化内涵使古奇渗透到人们生活的各个方面。最终,符号与含义的关系通过符号学结构发展成为更深层的关系——二阶能指。例如,古奇是能指,所指是服装公司,同时古奇的另一个能指是"奢侈",即通过古奇,代表服装公司,进而联想到奢侈,这就是商标显著性内涵的发展。

商标被人们赋予文化信息,包括阶级、性别、教育、价值观等。因此有学者指出,商标成为价值指示状态,代表使用商标的人的喜好以及愿望。❷ 符号的价值内涵不仅取决于符号的结果关系,也取决于符号的显著性,即符号的区别功能。不同的符号媒

---

❶ Barton Beebe. The Semiotic Analysis of Trademark Law, *UCLA Law Review*, Vol. 51, (2004), p. 621.

❷ Jason Bosland. The Culture of Trade Marks: An Alternative Cultural Theory Perspective, *Media&Arts Law Review*, Vol. 10, Issue 3 (2005), p. 112.

介的关系是存在区别的,通过隐喻或者是借喻,符号之间的关系会变化,产生价值增值,价值增值带来的结果是符号成为流行文化的一部分,商标成为语言,成为文化表达和批判的来源。❶ 商标的文化含义不是凭空出现的,是不断被解释和发展的,但是对商标文化含义的解读通常是颠覆性的。"有学者指出,商标作为一种符号资源,具有识别、戏仿和批判的多重功能。"❷ 艺术家经常在作品中使用商标,他们将商标看做流行文化和社会身份的辨识工具。商标被压缩成日常生活的产品和消费对象。购买带有某种商标的产品看似是不经意的,但随着对商标的使用不断持续就会形成商标语言。商标的符号价值可以对抗其他的商标,这是一个不断变化和演变的过程。

知识产权的文化内涵被解读为:"知识产权中包含很多重要的文化形式:版权和商标被认为是直接的交流工具,他们被私人所掌控。抑或是知识产权为产品和文化领域主体构建提供了支持。"❸ 认识到知识产权的竞争是一种文化竞争,基于知识产权文化层面的研究,有学者提出了"文化战争"的观点:创造性内容在社会中的战争。❹ 用战争来形容商标权保护的权利构造并不夸

---

❶ Katya Assaf. Brand Fetishism, *Connecticut Law Review*, Vol. 43, Issue1 (November 2010), p. 88.

❷ Rosemary J Coombe. *The Cultural Life of Intellectual Properties*, Duke University Press (1998), §20:70.

❸ Lionel Bently, Jane C, Ginsburg & Jennifer Davis (eds.). *Trade Marks And Brands:An Interdisciplinary Critique*, New York:Cambridge University Press (2008), §2:15.

❹ Jason Bosland. The Culture Of Trade Marks:An Alternative Cultural Theory Perspective, *Media&Arts Law Review*. Vol. 10, Issue 3 (2005), p. 99.

张，在确保商标具有基本显著性的前提下，经过宣传使用，商标逐渐发展为商业流行文化的来源，商标本身也可以成为被消耗的产品。一方面，商标权人需要在法律层面确认对商标显著性的保护，维护其商标的识别力和美誉度；另一方面，商标从文化层面也成为一种"公共资源"，消费者可以使用，其他的市场主体也可以使用，这就形成围绕商标权保护的内在张力，消费者的使用行为是否会造成商标显著性的淡化、第三方的使用是否会导致消费者的混淆、商标权人的权利界限如何判定成为商标权保护探讨不能回避的问题。

对商标显著性造成损害的表现是混淆与淡化，混淆破坏商标显著性的来源识别功能，而淡化则损害商标显著性的文化内涵。显著性概念的发展，影响了商标侵权制度的发展，初始兴趣混淆和售后混淆的出现被认为是防止对商标的不当使用导致商标显著性的损害，淡化理论更是鲜明地指出应当禁止对驰名商标的不当使用导致商标显著性的价值退化。"尽管保护商标显著性的理论受到广泛的支持，在理论适用中却出现了很多的不确定和难以理解的问题。一方面法院认为应防止对商标显著性的损害，但是对商标侵权行为的扩张解释又持谨慎态度。"[1] 同时，反对对商标显著性过度保护的观点也被提出，例如，文化理论的观点认为，商标的反淡化保护剥夺了公众利用商标表达自身观点的权利。而商标法也过于关注商标的经济价值，忽视了商标法本来具有的社会责任。理论适用的诸多争论，实际上

---

[1] Jason Bosland. The Culture of Trade Marks：An Alternative Cultural Theory Perspective，*Media&Arts Law Review*，Vol. 10，Issue 3（2005），p. 103.

反映出对商标显著性认识的不足，经济分析并不能提供足够的理由来阐明保护商标显著性的合理性，保护商标显著性同时也要考虑公共利益的界限。"根据文化符号学理论的观点，一旦对符号的使用建立起来，就会进入人们的日常生活，这会逐渐改变文化符号的含义，从而对符号本来的意义构成威胁。"❶ 最直接的例子就是广告，研究认为，广告是从符号所指中提炼出他们所需要的表达，使意义变成增加的乱码、最终模糊了。当符号意义开始逐渐被破坏或者缺乏稳定性，文化符号就会变少，符号就会逐渐丧失文化意义。显著性理论难以平衡的问题是如何调整存在的利益冲突，即公众使用商标作为表达工具，而需要防止这种使用给商标文化功能带来伤害。问题在于从商标显著性角度看是否需要保护现存的文化表达，目前的结论是公共利益中的言论自由以非商业的使用为限。任何言论如果超出商业使用的范围，例如戏仿、批判或者评论，无论是批判还是讽刺，都是非商业化的使用。法律保护商标显著性具有的文化表达，同时也允许对商标显著性既存的文化价值的使用。

研究商标理论的发展不难看出，在探讨商标保护范围时所使用的术语不仅包括显著性，还包括"标识力""商标强度""商标名声""商标独特性"等概念。"但是无论这些概念如何变化，都可以以各种方式归结到或落脚在显著性这一核心概念之上。"❷ 显著性的概念如此重要，落实在法律条文中却仅仅是寥寥数语，

---

❶ Katya Assaf, Brand Fetishism. *Connecticut Law Review*, Vol. 43, Issue1（November2010），p.92.

❷ 彭学龙:《商标法的符号学分析》，法律出版社 2007 年版，第 176 页。

这似乎与其重要地位颇不相称。而研究相关案例可以发现，在涉及商标确权与侵权的案例中，几乎所有的判决都要对涉案商标的显著性进行评价和认定，对显著性的分析成为判决的基础和依据，可以说显著性的概念是解决商标纠纷的关键。之所以法律无法对商标的显著性作出精确的界定，是因为显著性本身是一个不断变化的概念，其特征决定了无法在法律中进行准确定位，对显著性强度的认定还需要遵循个案原则。"商标显著性的这种不确定性正是显著性理论乃至整个商标制度的魅力所在。"❶ 在我国商标法学理论的研究中，很多研究成果已经关注商标显著性内涵的发展，并提出不仅要保护商标的基础显著性，也要保护商标的声誉显著性，可见商标显著性的发展对商标保护的发展产生了影响。我国商标法理论研究也承认商标所具有的文化功能，肯定发展品牌文化的重要性，并强调在商标法中引入商标淡化保护，防止对商标显著性的损害。总体来看，我国商标法理论中对商标显著性的探讨还缺乏体系化和深入的分析，对商标显著性的认知仍然存在对固有显著性的偏重，对获得显著性的商标所提供的保护门槛过高，对获得显著性和驰名商标之间的关系存在认识上的偏差。鉴于商标显著性理论在商标法中的重要地位，本书结合国外商标法理论的发展和我国商标法律实践的发展，对商标显著性理论进行更加多元化、系统化和深入的研究，以期对我国商标法律制度的发展完善有所助益。

---

❶ 彭学龙：《商标法的符号学分析》，法律出版社2007年版，第184页。

第二节　主要研究方法

　　商标法领域内的研究方法是多样的，不仅涵盖传统的法学研究方法，如历史研究方法、比较研究方法、案例研究方法等，还引入了包括经济学、信息学、符号学和认知心理学等其他学科的研究方法。对"商标显著性"问题的研究可以运用以上各种类型的分析方法。

　　历史分析方法可以用来评析制度得失，总结归纳法律制度的发展规律、基本目标。"对制度的考察和分析，必须从历史的角度出发，分析制度的演进历史及其成因。"❶ 本书运用历史分析方法分析商标显著性的产生和发展、商标的基本功能和商标功能的发展、商标显著性的分类理论、商标侵权判定规则的发展等内容，商标的产生源于早期人类活动中对标记的使用，逐渐这种使用方式被运用到贸易活动中，商标正式成为人们在交易活动中使用的符号。但是早期商标使用多来自政令要求，具有很强的行政管理色彩。直到商标保护法律制度建立，显著性才成为一个法律概念。随着贸易的发展，商标的功能已经不限于确权和区分，商标还具有广告功能和文化功能，但商标所有功能的发挥都离不开商标来源识别功能，商标来源识别功能是商标的基本功能。在法律层面，对商标显著性最经典的划分是商标显著性四分法，这是

---

　　❶ 邓宏光：《商标法的理论基础——以商标显著性为中心》，法律出版社2008年版，第4页。

对早期技术商标和描述性商标分类的进一步完善，固有显著性和获得显著性的划分有利于节约司法成本、提高解决争议的效率，但是这种对商标分类的方法也存在固有缺陷，无法适用于新型商标显著性的划分中。商标侵权形式包括混淆和淡化，这两种方式都是对商标显著性的侵害，总体来看商标侵权判定规则的适用更加注重对商标获得显著性的认定，对损害的认定也更加谨慎。

  案例分析也是本书重点使用的分析方法，例如，在分析商标显著性四分法的内容时，本书详细介绍了阿伯克隆比案中对商标显著性的划分并评价这种传统分类存在的不足。特别是在分析特殊标识的显著性问题时，主要选取美国判例法中的经典判例进行分析，一方面囿于我国商标法案例缺乏相关内容的分析，另一方面在具体法律规则中对特殊标识的显著性认定规则也不完善，所以借鉴域外判例对完善我国商标立法有所助益。在分析颜色商标的显著性问题时，重点介绍 Qualitex 案、对声音商标显著性的研究则关注 Vertex Group 案。

  在梳理商标显著性理论问题时，本书按照理论发展顺序进行谋篇布局，对商标显著性的传统分析主要借鉴经济分析法，分析商标显著性的基本目标在于来源识别。提出商标显著性不断发展的观点很多，但最体系化的观点还是从品牌学角度和文化符号学角度进行的分析。本书在论述商标显著性的发展形态问题时主要借鉴品牌学的观点，认为品牌是商标发展的高级样态，从基本功能角度看，品牌与商标是一致的，都在于确保来源识别功能的实现，但品牌发展更注重给商标注入情感价值，影响消费者的选择建立品牌忠诚。所以从品牌建设角度看，商标显著性所具有的广告功能和文化价值需要受到保护，但这种保护要考虑消费者对品牌具有的基本权利，为商标的合理使用留有余地。商标最终的价值目标在于建立品牌文化，从文化符号学角度分析商标经过使用所具有的二阶能指就是商标的文化内涵，商标淡化所要保护就是这种文化内涵不被破坏，因为商标文化内涵的建立凝聚了商标权人的投资，而另一方面，文化符号模型分析又对商标淡化保护的合理性提出质疑，认为归根结底，商标都是来自公有领域内的符号，商标权人将文化符号据为己有的行为是不符合法律的公平正义价值的，商标权保护范围的不断扩大就是商标权人不断蚕食属于公有领域的文化符号资源的体现。这需要重新思考商标淡化理论的具体适用和界定消费者、其他市场参与者对商标利用的边界。在具体分析商标显著性四分法存在的缺陷问题时，本书采取认知心理学分析以及借鉴和引用国外对商标显著性问题的一些实证分析的结论，意在证明本质上商标的获得显著性是商标保护的主要内容。本书结论部分采用比较分析方法，在收集和分析大量域外判例和我国相关资料之后对商标法中的具体制度比较分析，例如通过对新加坡判例分析提出商标注册中的公有领域问题，并结合我国近年来在商标注册中发生的争议案件进行评析，对完善我国商标注册制度提出建议。对特殊标识显著性的分析则借鉴美国判例法中的规定，对进一步完善我国特殊标识显著性判定的具体操作规则进行思考。

第三节　国内外研究现状评述

一、国外研究现状评述

国外对商标显著性问题的研究以 20 世纪初最为集中，早期的研究成果主要集中于分析如何认定描述性商标以及获得显著性的证明。美国专利商标局的研究人员主要侧重研究关于获得显著性的判定，认为应使用通用名称检测法代替描述性检测法。❶ 事实上对商标显著性的分类争议从来没有停止，商标显著性的四分法一直存在固有的缺陷，有关通用名称与描述性商标的划分存在争议，在商标申请评审中一度出现了"强描述性商标"的概念，被作为商标显著性的第五种分类。此外描述性和暗示性商标之间的界限也不清晰，根据不同的案情法院会做出不同的确认。进入20世纪90年代，有关商业外观的争议大量出现，国外研究集中探讨商业外观显著性的适用问题，焦点问题为商业外观是否同样适用商标显著性的标准、商业外观是否具有固有显著性。以上讨论都围绕商标显著性的经典判例"阿贝克隆比＆费奇"案展开，各巡回法院引用该判例衍生出许多其他判例，但总体来看，各巡回法院的观点并不一致，虽然美国最高法院表示支持第二巡回法院在 Two Pesos. Inc. v. Taco Cabana. Inc. 所确立的规则，给予商业外观和商标同等的保护规则，但这仍然没有完全消除以上争议。❷

随着讨论的深入，有学者提出商标显著性的传统分类实则存在缺陷。托马斯教授的研究小组针对商标显著性的分类理论设计了一系列实证研究实验，结果表明商标显著性的分类理论是建立在对消费者心理认知的简单假设之上，这种划分是脱离商标使用

---

❶ Linda Mcleod. The Status of So Highly Descriptive and Acquired Descriptiveness, *The Trademark Report*, Vol. 82, Issue 5 (1992), p.607.

❷ Lucy C. Ridgway. Has Abercrombie Become Unfasionable? A Review of Trends In Product Configuration Trade Dress Cases and A Proposed Test for Uniformity, *Mississippi College Law Review*, Vol, 20, (2000), p.179.

实际的，商标显著性的强弱只能通过商标的使用体现出来。其团队的研究，通过实证分析发现描述性商标的识别作用比起暗示性商标、臆造商标或者随意商标毫不逊色。❶ 他认为应当放弃对固有显著性和获得显著性设置的界限，取消长期存在的描述性、暗示性、臆造和随意商标的分类。毕碧教授对商标显著性问题做了专门研究，他将商标显著性分为来源显著性与区分显著性，并结合消费者的区分经验与劝导经验分析了商标显著性与商标保护范围的关系，他认为商标显著性的分类理论可以解决词汇商标显著性的判断，但是其发挥作用的范围是有限的。❷

国外商标理论研究十分关注商标保护的扩张问题，在对这些问题进行研究时，需要对商标显著性的内涵进行界定，在分析商标显著性问题时，研究的角度呈现多元化的特点，包括经济分析、符号学分析以及品牌学分析等。通过多种研究方法的使用，得出的结论分为支持与批评两种观点。有学者认为商标的文化内涵取决于商标与一定积极意义的文化符号联系的建立。❸ 这些具有积极意义的文化符号包括自由、青春、幸福等。这些联系是相互的，即当商标开始与一定的文化符号相联系，这些文化符号也具有了商标的意味。通过符号模型进行分析，可以看出商标法通过保护商标的文化意义，鼓励文化的商业化，增强社会的消费文

---

❶ Thomas R. Lee, Eric D. DeRosia & Glenn L. Christensen. An Empirical And Consumer Psychology Analysis of Trademark Distinctiveness, *Arizona State Law Journal*, Vol 41 (2009), p. 1033.

❷ Barton Beebe. Search and Persuasion in Trademark Law, *Michigan Law Review*, Vol 103 (2004–2005), p. 2020.

❸ Katya Assfa. The Dilution of Culture and the Law of Trademarks, *IDEA: The Intellectual Property Law Review*, Vol. 49, Issue 1 (2008), p. 80.

化观。这种趋势实则是对公共领域的侵占，过分维护商标权人的利益，已经完全背离商标法的立法宗旨，商标法应该回归到指示产品来源、维护商品质量的领域，所以这一观点实则进一步否定了商标许可使用以及商标转让制度的合法性。针对商标法所鼓励的消费文化，有学者直接批判了商标扩张带来的品牌拜物教现象。❶ 相反，也有学者对商标保护的扩张持支持态度，指出目前对于商标法的种种批评在于商标法的定位发生了错位，商标法的要务在于抓住"品牌"管理而不是仅局限于"商标"。商标法真正要保护的是"品牌"，而且必须紧密围绕这一事实。他从商标法的目的、功能、范围等方面来证明商标法中的品牌理论，解决上述问题有助于商标法建立清晰的结构体系以摆脱目前混乱的状况。亦有学者运用经济分析的研究方法对商标的显著性进行分析，指出从商标显著性的立法来看，会带来一定程度的垄断。❷ 在多元文化背景下如何认定注册商标显著性的问题，也引起了欧美国家之外学术界的关注，新加坡学者就这一问题也进行了讨论，针对新加坡的多元文化中不同民族对相同的词汇具有不同认识，提出在申请商标时如何认定特殊词汇的显著性，需要确立一定的基本原则。❸ 这些研究也关注到因为商标的文化功能所带来

---

❶ Katya Assaf, Brand Fetishism. *Connecticut Law Review*, Vol. 43. Issue 1 (November 2010), p. 85.

❷ P. Sean Morris. The Economics of Distinctiveness: The Road to Monopolization in Trade Mark Law, *Loy. L. A. Int'L&Comp. L. Rev*, Vol. 33 (2011), p. 321.

❸ NG-LOY Wee Loon, Trade Marks, Language And Culture: The Concept Of Distinctiveness And Publici Juris, *Singapore Journal of Legal Studies*, *The Trademark Report*, Vol. 8, Issue 3 (2009), p. 508.

的商标注册问题。在商标注册时要考虑商标所具有的文化功能，对一些具有特殊意义的符号是不能注册为商标的，因为这会妨碍其他人的使用，总之，商标注册要考虑"公共利益"问题。

上述多元分析视角为评价商标法律制度的发展提供了丰富的素材和新的观点，本书的研究充分吸收上述研究成果和分析方法。这些观点看起来泾渭分明，实则殊途同归。概括来看，国外商标显著性理论的研究都肯定了商标显著性具有基本的来源识别属性，但是对商标显著性的研究不能脱离对商标的研究。商标理论的发展是多维度的，商标已经不仅被当作来源识别符号而是具有精神内涵和文化内涵的符号。对商标可以从经济学、文化学、法学等多角度分析，理论研究的发展也影响了商标显著性的界定。例如，品牌学的研究认为品牌是商标发展的高级样态，法律层面的研究往往将品牌与商标作同义词解释，但品牌与商标存在区别，品牌具有象征意义，可以浓缩、表达简单、复杂和微妙的情感。品牌往往被赋予巨大的情感内容，激发出消费者超出理性的忠诚度。品牌是商标经过使用后发展的高级样态。进一步说，商标具有来源识别功能的基本显著性是商标显著性的基本目标，而经过使用商标的显著性进一步发展具有影响消费者选择的情感内容，这是商标显著性发展的另一阶段。将商标显著性仅解释为降低搜寻成本已经无法解释商标法的转变。商标法理论逐渐无法合理解释一些新问题，在于将品牌与商标不加区分的解释，没有认识到商标显著性随着商标使用产生的发展。从商标显著性的基本目标来看，商标与品牌的观点是一致的，品牌学认为品牌可以降低搜寻成本，消费者可以快速掌握产品信息以决定是否购买，商标的功能和品牌的功能在搜寻成本理论中发生了重叠，以至于在研究中将品牌与商标混为一谈。从品牌学角度给商标的权利构造提出了新的定位，消费者会受到品牌所传递的信息的影响，同时消费者也利用这些信息表达对品牌的看法，消费者实际上成为品牌文化的缔造者之一。所以结合商标法中的侵权制度来看，目前的商标法对商标利用形式规定的过于严格，忽视了消费者作为权利人的地位，初始兴趣混淆意在保护公司为增加商标显著性的投资而售后混淆是保护公司打造的品牌形象。对商标显著性保护的集中体现则是商标淡化理论，商标淡化理论的确立意在保护商标的文化价值，这些理论构造都忽视了消费者对商标内涵的解读，所以反映在司法实践中就是逐渐对商标的合理使用进行评估，对淡化理论的适用也日趋谨慎。

知识产权的文化内涵被解读为："知识产权中包含很多重要的文化形式：版权和商标被认为是直接的交流工具，他们被私人所掌控。抑或是知识产权为产品和文化领域主体构建提供了支持。"❶ 认识到知识产权的竞争是一种文化竞争，基于知识产权文化层面的研究，有学者提出了"文化战争"的观点：创造性内容在社会中的战争。❷ 用战争来形容商标权保护的权利构造并不夸张，在确保商标具有基本显著性的前提下，经过宣传使用，商标逐渐发展为商业流行文化的来源，商标本身也可以成为被消耗的产品。从法律文化角度对商标展开研究在国外商标法理论中已经形成一个流派，虽然很小众，但在很多学术著作或者论文中都或

---

❶ Lionel Bently, Jane C. Ginsburg & Jennifer Davis (eds.). *Trade Marks and Brands: An Interdisciplinary Critique*, New York: Cambridge University Press, 2008, §2: 15.

❷ Jason Bosland. The Culture of Trade Marks: An Alternative Cultural Theory Perspective, *Media&Arts Law Review*, Vol.10, Issue 3 (2005), p.99.

多或少被提及。毕碧教授称之为"法律文化主义的商标理论",该理论认为消费者是一个积极的主体,作为被劝说的对象,从这个理由上看,他们可以基于所创造的文化形式主张所有权。可以说,实际上是消费者释放了文化资源。❶ 一方面,法律当然要保护商标显著性的文化内涵,因为这凝结着商标权人的投资,但另一方面,商标显著性的发展也使得商标具有了更多的社会价值和公共资源的属性,其他主体如消费者、其他市场参与者都可以对商标进行合理使用,而法律需要对使用的方式和影响作出一个基本判断,这实则是一个复杂的利益平衡问题。从品牌学角度和法律文化主义理论的角度都可以重新审视商标法的相关制度,检讨商标确权制度和商标侵权制度中存在的问题。

商标显著性理论是构建商标保护制度的基础理论,其重要性在于对商标显著性理论的解读影响商标取得制度、商标侵权制度的构建,所以,对商标显著性的判断是商标显著性理论需要解决的关键。国外研究更注重从实证分析领域证明商标的显著性,强调调查证据对证明商标显著性的重要性。文森特教授对商标显著性的证明做了全面深入的研究,研究持续十年之久,详细探讨了商标显著性证明的问卷调查设计以及品牌意识调查等问题,本书对这些问题进行了一一梳理和分析,其中一些方法对完善我国商标显著性判定规则具有借鉴意义。❷ 国外理论研究的另一个热点问题是有关特殊标识的显著性问题分析,对于颜色商标显著性问

---

❶ Barton Beebe. Search and Persuasion in Trademark Law, *Michigan Law Review*, Vol 103 (2004-2005), p.2022.

❷ Vincent N. Palladino. Surveying Secondary Meaning, *Trademark Rep*, Vol.84 (1994), p.155.

题，总体来看肯定了单一颜色商标具有固有显著性，对颜色商标显著性的分析需要结合功能性和显著性理论判断。❶ 声音商标显著性的判断问题也存在争议，在美国商标审查制度中对声音商标显著性判断的规则进行了修改，这些修改带来了一些新问题。❷ 对商业外观显著性的研究最为集中，这些研究结果对商标显著性的传统分类方法不约而同地进行了批判，认为商标显著性的分类无法解决商业外观的显著性判断问题，在商业外观显著性判定的问题上传统的商标显著性分类法是失灵的。已有学者对商业外观显著性保护问题做了集中研究，并提出解决商业外观显著性保护的比较系统的理论和方法，这些方法在司法实践中有所体现。❸

以上是国外研究情况的综述，总体看来国外研究从商标法的基本理论到商标显著性适用的基本规则都存在争议，特别是在知识产权立法国际合作加强的新形势下，这种争议和讨论还将继续，研究这些问题对完善我国商标法具有借鉴意义。

二、国内研究现状评述

商标显著性问题一直是我国商标法领域研究的热点问题，近

---

❶ Kevin M. Jordan, Lynn M. Jordan. Qualitex co. v. Jacobson Products Co., The Unanswered Question—Can Color Ever Be Inherently Distinctive?, *Trademark Rep*, Vol. 85 (1995), p. 371.

❷ Deniel R. Bumpus. Bing, Bang, Boom: An Analysis of in re Vertex Group LLC and the Struggle for Inherent Distinctiveness in Sound Marks Made During a Product's Normal Course of Operation, *The Federal Circuit Bar Journal*, Vol. 21, Issue 2 (2012), p. 245.

❸ Laura Thompson. Inherently Distinctive Trade Dress, *Journal of Contemporary Legal Issues*, Vol. 12 (2001), p. 71.

十多年来围绕该选题有很多研究成果。集中探讨商标的获得显著性以及显著性的判定方法，大部分研究成果倾向于引入消费者调查作为裁判依据，但这些研究成果也只是初步介绍了消费者调查的作用，对如何设计消费者调查缺乏细致深入的分析。有学者建议扩大我国商标法的体系，建立商业标识法律体系，引入商业外观的概念，以更好保护各种商业标识。此外，对颜色商标、声音商标、立体商标的显著性问题也有部分研究成果进行了分析，但大都浅尝辄止，未见深入和体系化。

有学者提出："一个有效存在的商标必然是具有基础显著性的，而商标只有经过实际使用才能具有声誉显著性，具有声誉显著性就可以据以排斥在后商标。没有显著性的标识就是语言符号而已，绝不是商标。"❶ "声誉显著性，即商标声誉来源显著性，是指标识因实际使用而在相关领域的消费公众中凝聚的较高声誉所对应的商标标识的较强标示和区分属性。"❷ 彭学龙教授在《商标显著性新探》一文中指出，显著性是商标所具有的标示产品出处并使之区别于其他同类产品的属性。❸ 传统理论将显著性划分为固有显著性与获得显著性，并表现出对固有显著性的偏爱，认为获得显著性只是显著性的拟制。实际上，固有显著性不过是商标获得显著性的有利条件，并非本来意义上的显著性，获得显著性才是真正的显著性。没有天生的商标，任何标志都只有经历了

---

❶ 马强："论商标的基础显著性"，载《知识产权》2011 年第 8 期，第 16 页。

❷ 江姜："商标显著性的分类、认定及保护"，载《重庆社会科学》2008 年第 12 期，第 70 页。

❸ 彭学龙："商标显著性新探"，载《法律科学》2006 年第 2 期，第 66 页。

获得显著性的过程才成为真正的商标。因此，对商标强度起决定作用的是获得显著性而最终决定获得显著性强弱的是市场和消费者。在《商标法的符号学分析》中，彭学龙教授认为"固有显著性只是从否定或者消极方面对商标与标识对象之间关系作出的描述，至多只是商标获得显著性的有利条件，使商标成为商标的只能是获得显著性，决定商标强度与保护范围的也是获得显著性的强弱。商标法对商标标志的构成几乎没有任何实质性要求，这也正是符号任意性原理所决定的"。❶

"对于商标显著性与商标侵权的关系认知，我国学者认为商标显著性越强，商标权利的范围就越大；商标显著性越弱，商标权利范围越小。商标的显著性越强，商标的知名度越高，引起联想的可能性越大，商标的保护范围即权利范围就越大。越是臆造的商标，识别性越强，与特定商品或企业联系在一起的特定性就越强，这样联想到某种特定商品的可能性就越高。所以，商标的显著性越强，如果被使用在相同或者近似的产品中，就越易造成消费者混淆。"❷ 李雨峰教授在《重塑侵害商标权的认定标准》一文中指出，现代商标制度把"混淆标准"与"淡化标准"作为认定侵害商标权的标准，两个标准并置导致商标法侵权理论的混乱。❸"混淆标准"预设了商标法的消费者中心主义，并把理性消费者作为判定侵权的主体。现代技术塑造了商标对消费者的符号

---

❶ 彭学龙：《商标法的符号学分析》，法律出版社2007年版，第101页。

❷ 李春芳、伦佩明："试论我国商业外观保护之'知名性'的重构"，载《知识产权》2013年第7期，第56页。

❸ 李雨峰："重塑侵害商标权的认定标准"，载《现代法学》2010年第6期，第44页。

暴力，理性消费者的缺失使"混淆标准"丧失了依据。消费者受益是商标法保护商标权人的结果，而不是目的。商标法应以对商标所有人的保护作为第一要旨。商标所有人中心主义抑或消费者中心主义导致对政府监管的不同态度。侵害商标权的认定标准应当以商标权作为考虑的基点，"商标显著性受到损害之虞"可以统合商标法上既有的"混淆标准"与"淡化标准"，矫正了既有商标权认定标准的不足，有其自身的优势。在分析商标混淆可能的判定问题时，有学者提出对于商标混淆可能性的调查统计不宜一概排除，可以考虑其证据效力，并应当为此类证据的采信确立标准。❶

我国学者同样也开始关注商标显著性的文化内涵，李扬教授在其著作《知识产权法基本原理》中提出商标具有文化功能，所谓商标的文化功能，是指商标区别不同消费层次、反映社会经济、文化变化的功能。这种功能对于商标使用者制定生产、销售策略，研究社会经济、文化的历史及其变化都具有重要作用。❷

苏喆教授在《文化符号商业标识功能的商标法规则——滥用民间文化符号注册商标的非正当性分析》一文中指出，民间文化符号因其非凡的影响力和强大的商业标识功能被商家作为商标注册和使用，这种行为多属不法行为。一方面，在未获得第二含义的情况下，民间文化符号直接被作为商标申请注册因缺乏显著性而不符合商标法关于商标注册积极条件的规定。另一方面，未经

---

❶ 谢晓尧、陈贤凯："商标混淆的科学测度"，载《中山大学学报》2013年第5期，第163页。

❷ 李扬：《知识产权法基本原理》，中国社会科学出版社2012年版，第710页。

许可的使用很可能歪曲或篡改民间文化符号的内涵，侵犯民间文化保有或传承群体的精神权益和商品化权益。对于将民间文化符号抢注为商标的行为，该民间文化的保有或传承人均可根据商标法，请求商标评审委员会裁定撤销该注册商标。❶

邓宏光教授的《商标法的理论基础——以商标显著性为中心》，从商标显著性的一般原理、商标显著性与商标注册、商标显著性与商标保护三个方面进行论述，最后从商标显著性的角度剖析我国商标法的完善，是对商标显著性问题的一次比较全面的总结。他认为我国商标法律制度没有充分体现商标显著性在商标法中的核心地位，甚至直接与商标显著性相抵牾，有必要以商标显著性为视角审视我国商标法律制度。❷

我国目前对"商标显著性"的研究成果，还停留在对具体概念和制度的介绍层面，缺乏结合基本原理对商标显著性的系统性梳理，在司法实践中对显著性的认知也存在偏差，例如有关获得显著性的认定，法院认为不具有固有显著性的商标如果通过实际使用获得一定知名度，并在消费者心目中建立了相应的认知，则可以认定其为具有获得显著性。此处的知名度要求应与驰名商标的要求相一致。事实上将显著性等同于驰名还是有待商榷的，这也反映出我国商标法理论过于注重固有显著性的保护而忽视对获得显著性的保护。对商标显著性的判断，主要应从使用主体、使用方式以及使用效果三方面进行考虑，其中使用效果是关键。第

---

❶ 苏喆："文化符号商业标识功能的商标法规则——滥用民间文化符号注册商标的非正当性分析"，载《知识产权》2011年第1期，第94页。

❷ 邓宏光：《商标法的理论基础——以商标显著性为中心》，法律出版社2008年版，第41~42页。

三次商标法修改后，我国商标法强化了商标使用的义务，丰富了商标的类型，这意味着未来商标法的发展需要在商标的确权制度、商标显著性的判定规则中进行进一步的发展完善，所以有必要从商标制度的一般理论出发，对商标显著性问题作历史的纵向维度的思考和总结，并结合目前国外商标法律制度研究的新理论对我国商标制度的现状与修改作进一步的总结与反思，以期使商标法律制度焕发新活力。

第四节　总体框架与主要内容

　　本书试图对商标显著性问题进行多维度研究，从法学理论的发展角度出发，提出商标显著性的基本目标、发展形态以及终极意义。最终运用这些理论分析商标法中的具体制度，包括商标确权制度与商标侵权制度，并结合我国第三次商标法的修改提出相关法律制度的完善建议。本书正文分为五章，前有导言，后有结论。总体框架与主要内容如下。

　　第一章商标显著性的法理探究。本章内容包括商标显著性的产生和发展，商标显著性的内涵扩张，以及商标显著性与商标基本功能的关系。从定义分析，商标与商标显著性这两个概念是互为定义与被定义项，也可以说商标与商标的显著性这两个概念是同一个问题。商标显著性是一个宽泛的概念，定义之难度在于无法用语言全面概括商标显著性的全部内涵。原因在于商标显著性是一个不断发展的概念。研究商标显著性的内涵需结合商标以及商标功能的发展来说明。商标是一种区别商品或者服务来源的符号或标志。商标显著性为商标标示产品出处以使之区别于其他同类产品的属性。而商标识别商品或者服务来源的功能又是商标的基本功能。这三个概念之间存在紧密联系。总之，商标显著性的基本内涵就是商标所具有的来源识别能力，这也是标识可以作为商标的基本属性，亦是商标功能发挥的前提。

  本章围绕商标显著性理论的探讨，将商标显著性分为基本目标、发展形态和终极目标，并对商标显著性与商标的保护范围进行探讨。从商标显著性的基本目标分析，商标显著性的根本作用在于发挥商标的来源识别功能、降低消费者的搜寻成本。品牌是商标发展的高级样态，本章比较品牌与商标的异同，并借鉴品牌学的相关理论分析商标法的发展。商标显著性发展的终极目标在于创造品牌文化。当公司创建了商标，商标有两个主要作用：第一个基本功能是教导消费者将这个符号认定为商标，发挥识别产品来源和出处的功能；第二个功能更加重要，即要赋予商标一定的文化内涵，就是说创造一个有意义的文化标志。对商标显著性文化内涵的认知影响了商标保护制度的发展，本章内容主要借鉴文化符号学的相关理论对商标作为文化符号的性质进行分析，并从商标权保护角度分析对商标显著性保护的界限。

  第二章商标显著性的分类与判定。本章内容分析商标显著性的分类、介绍商标显著性的四分法，以及商标分类方法的缺陷、商标显著性的判定。随着商标类型的不断发展，四分法越来越受到质疑，商标显著性划分可以很好地解决词汇商标显著性的认定，但将这个规则适用到其他类型的商标中就遇到了困难。所以商标显著性的四分法并不是解决商标显著性划分和判定的唯一准确规则。并不是所有商标都是臆造或者随意商标，很多商标属于描述性的，需要证明第二含义，即获得显著性。在证明第二含义时，权利人需要证明对于消费者来说商标是区分产品的单一来源或者匿名来源而不是描述产品本身。实证调查证据应当成为证明获得显著性的主要证据，本章对调查证据的设计和问题设置，以及品牌意识调查的证明效力问题都进行了分析。

　　第三章商标显著性与商标确权制度。这部分比较商标注册取得制度与商标使用取得制度，以及商标注册中的公有领域问题。重点探讨一些特殊标识的显著性，包括颜色商标的显著性、声音商标的显著性和商业外观的显著性。商标显著性理论对商标确权制度最重要的影响在于商标公有领域。商标注册中的商标公有领域问题是指一些符号自身的特点决定了其属于公有领域的范围，任何人都有使用的权利，如果赋予商标权人对这些符号的商标权会造成商标权人对这些符号的不正当的垄断。此外，一些特殊的文化符号也具有很强的公有性，不宜注册为商标。目前来看，如果颜色没有特殊性或者是独一无二的，注册为商标还需要结合具体使用情况证明获得显著性为宜。证明颜色具有显著性需要展示颜色在产品中使用，通过长时间的使用，消费者将颜色和产品联系起来，使用也包括在广告中的特殊设计来强调产品的颜色。对于声音商标显著性的判断还应坚持非功能性的规则，再根据具体案例对显著性进行分类判定。商业外观获得商标保护的因素之一在于其是非功能性的，对商业外观显著性的判断要结合具体的行业习惯。

　　第四章商标显著性与商标侵权制度。本章探讨商标显著性与商标混淆可能和商标淡化的关系，并对驰名商标显著性的争议进行分析总结。侵害商标显著性的两种形式是商标混淆和商标淡化。混淆型侵权与淡化型侵权在许多地方刚好相互对应：商标混淆是通过将不同标识指向同一个来源出处，降低了商标的区别能力,从而使商标权人遭受损害;商标淡化则是将同一个或近似标识指向不同的来源出处,从而降低商标的标识来源的能力。一言以蔽之,商标侵权的实质就是侵害了商标的显著性。

第五章商标显著性与我国商标法的完善。本章结合我国第三次商标法修改的相关内容,分析显著性理论在我国商标立法中的体现和重要性,并建议应进一步完善有关商标使用的规定。结合我国司法实践中的实际情况,对颜色商标、声音商标的显著性判定规则的设置和完善提出建议。重点探讨实证分析证据在证明商标显著性以及在商标混淆可能判断中的适用。

第五节　学术创新之处

第一,尝试运用交叉学科研究方法。在尝试论证"商标"的属性和功能时,如果囿于传统法学的研究方法,很难得出新的研究结论,因为随着商业活动的发展,商标已经超出法学理论给予它的定义,因而可以从多角度对商标进行诠释,例如信息学、符号学、心理学、品牌学等,虽然法学研究最好选择一种研究方法贯彻始终,但对商标的理论研究不采取多维度的思考,似乎很难突破现有理论的藩篱。所以本书参考已有的对商标理论研究的分析方法,除了对符号学、信息学、认知心理学等理论进行归纳和梳理外,还从品牌学和文化符号学等角度对商标的基本理论进行分析,以期在商标显著性的理论依据、概念、范围、判定等方面提出新观点。

第二,研究思路的创新。在研究商标显著性问题时,很多研究成果都限于对商标显著性的概念、分类和判定方法进行大而化之的叙述。本书力图在现有的研究成果中进行开拓，对商标显著性的研究需要跳出目前的研究范式，结合商标功能的发展来审视商标显著性的发展，用商标显著性理论来解释商标的注册制度、商标的侵权制度，考察目前商标法的制度运行是否可以发挥商标功能和商标法立法宗旨的应有之义。

第三，研究内容的创新。对基础理论研究的终极目的在于解决司法实践中的问题，所以本书力求不仅围绕理论而谈理论，而是将研究内容更具体化和类型化。例如，驰名商标保护制度是商标法理论研究的热点，围绕驰名商标保护展开的理论研究已经著述颇丰，但是结合商标显著性来研究驰名商标保护的著作并不多见，在论及驰名商标显著性问题时大多一带而过。事实上，通过对判决书的整理也可以发现，凡涉及对商标显著性的认定问题，往往也都是简单定性，缺乏翔实的论证，所以本书将结合驰名商标的保护制度来具体研究驰名商标显著性的判定问题。随着商标类型的多样化，对新兴商标的保护也日益迫切，例如声音商标、颜色商标、立体商标等，对这些新型商标的研究也已经有了相当的成果，但多为零散的探讨，本书力求在显著性的框架下，对上述新型商标的显著性作一个体系化研究。

第一章

商标显著性的法理探究

"显著性是商标法上最为重要的概念,同时又是意义十分含混的术语。"❶ 从字面含义理解,"显著"的意义可以理解为"与众不同""引人注目""显赫"之意。但上述含义不能用来全面说明显著性的含义,显著性还具有典型性、区别、特别和独特之义。"一言以蔽之,显著性这一概念的丰富内涵也远非单一的词汇所能承载,我国商标法之所以采用'显著性'的概念,是因为从翻译角度,这个词汇已经被理论与实务界所广泛接受。"❷ 显著性的内涵如此宽泛甚至可以说模糊,皆因显著性与商标的关系密切,有关商标的定义往往包含对显著性的界定与说明,即受到法律保护的商标必须具有显著性,能够起到标示与区别作用的符号就可以成为商标,标识具有标示与区分作用需要具备显著性,而显著性又是商标能够标示与区别的特征。这就存在一个逻辑上的前后循环,"商标"与"显著性"这两个概念是互为定义与被定义项,商标与商标的显著性这两个概念是同一个问题。

  本章对商标法的基本理论进行梳理,从多角度对商标的性质进行分析,研究商标理论的发展对商标显著性概念的影响。第一节从商标的本质和基本功能角度出发研究显著性的基本范畴,本节是对传统的经济分析理论的梳理,商标显著性的基本内涵就是商标所具有的来源识别力。但是商标显著性是一个发展的概念,仅仅将显著性的内涵界定为来源识别是与商标法的理论发展相违背的。第二节从品牌与商标的区别角度来探讨商标显著性的发展。事实上,品牌学理论已经对商标法产生了深刻影响,商标已经不仅是消费者用以识别和区分产品或者服务的来源符号,商标凝结了更多的理念甚至消费者已经成为商标内涵的构造者,这种

---

❶❷ 彭学龙:"商标显著性新探",载《法律科学》2006年第2期。

变化使得显著性的概念理解起来更加抽象，显著性是商标理念的载体，是商标所传达的所有信息的最终落脚点。第三节以文化理论为视角分析商标文化对商标法的影响。文化理论分析，并非作者的臆造，商标的文化理论分析在国外商标法理论研究中已著述颇丰，对商标法的立法和司法都产生了影响。商标本身就来源于文化符号，那些臆造商标经过使用也可以成为文化符号。所以作为商标信息的载体，商标显著性也具有文化属性。为避免离题太远，第四节回归到法律层面探讨商标显著性的强度对商标法保护范围的影响，对上述理论分析进行总结归纳并得出最终结论。

第一节　商标显著性的本质：商标作为来源识别符号

一、商标的产生与发展

在早期面对面的交易中，制造者和消费者直接交易，要成功地完成交易，完全可以不通过商标直接进行，如果消费者对生产者所提供的商品满意，他们完全可以回到相同的市场在固定的摊位中找到同一个卖家再进行交易，这时商标的重要作用还不足以呈现，因为卖家的固定摊位或者说卖家本身就可以和其他卖家相区别。当然，也有一些卖家凭借高超的工艺获得了商誉，为了彰显其商誉，他会选择一种标记来作为与他人相区分的记号。随着市场的扩大，需要通过多渠道销售产品，这就要求对生产者进行区分，消费者以此决定最终是否购买，除非产品本身质量卓尔不凡，无可替代，制造者可能不会过分关心产品的识别力。否则，制造者都会选择适当的标识作为自己产品或者服务的标志。所以从商标的发展角度看,商标显著性的本质是其识别力。

(一) 商标显著性与早期商标的使用

5000 年前,陶瓷技艺就已经十分精湛,尤以中国为佳,制陶起源于中国,据记载,陶瓷未传入欧洲时,在中国的陶瓷制品中存在两种标记：烧制的朝代和制作陶瓷的工匠的名字。在埃及的寺庙中,建庙所用的砖石上刻有工匠的名字,用以记载砖石的生产者,砖石上还有复杂的图案,这些图案据考证是记录制作者有关的信息。希腊的陶瓷一般饰有象征英雄冒险的图案,但是一般在这些陶器底部仍然有展示来源的标记。在希腊的建筑设计中,大部分建筑中都有设计者的名字。"在美国的一份有关商标的报告中记载了在希腊的陶瓷茶杯的把手处,通常有特殊的标志,这被看作商标的雏形,这些标志包括星座、蜜蜂、狮子等。"❶ "有学者指出,在《圣经》中也有对商标使用的记载,在所罗门时代,庙宇和其他一些建筑是由腓尼基的熟练工匠建造的,采石场的工人在石头上涂上统一的标志,以表明来源。"❷ "罗马的生产者也用各种铭文作为标记,意大利古罗马城墙上有很多石匠留下的标记,在帕拉丁的建筑群中、在庞贝的古城墙上,都能看到这些标记,罗马时代的陶瓷上通常标明制作日期,有时也可见标有制造者名称的缩写。这种瓷器上的标记大多是关于所有人、烧制瓷器的官窑址位置、工厂名称,以及产品是由自由人还是奴隶生

---

❶ Benjamin G. Paster, Trademarks—Their Early History. *The Trademark Report*, Vol. 59, Issue 2 (1969), p. 552.

❷ Sidney A. Diamond, The Historical Development of Trademarks. *The Trademark Report*, Vol. 73, Issue 2 (1983), p. 223.

产的。据考证，使用这些标记是基于当时罗马政府的规定，一旦产品出现重大瑕疵或者产品不合格，这些标记将成为追责依据。"❶ "学者对6000多个罗马陶瓷中的符号进行了——辨别，认为这些符号还具有广告功能。例如，'VTERE'的意思就是'来买我吧'。"❷ 可以看出，在早期的人类活动中，已经出现了"商标"的使用，显然，这些使用的意义在于标明所有权，表明产品来源。这些使用是随着经济发展、交易的活跃，市场交易主体为了彰显自己高超的技艺自发使用，更多的来自政令或者法规的要求，便于在发生侵权责任时进行追责，从规范交易发展的角度看，也是防止欺诈和不当利用他人商誉的现象出现，这一时期，商标显著性的识别力已经初现端倪。

"对商标使用的发展具有影响的阶段是从英国开始蔓延至整个欧洲的11~13世纪的贸易大潮，这一时期，工会在维护贸易权利方面发挥了重要作用，工会运动大多集中在城市，工会活动的宗旨带有一定的慈善性和兄弟血亲之间的帮扶性质。"❸ "工会组织提出建立一种共济的秩序，他们还关注成员的精神利益，他们有共同的宗教信仰，甚至在某种程度上执行教会的职责，工会的规则十分严格，不仅工会成员需要遵守，这些规则对市政官员也具有影响力，有时甚至凌驾于政府的职能之上，工会对贸易活

---

❶ Gerald Ruston, On The Origin of Trademarks. *The Trademark Report*, Vol. 45 (1955), p. 128.

❷ Leon E. Daniels, Trade-Mark-Origin and Development. *The Trademark Report*, Vol. 31, Issue 2 (1941), p. 58.

❸ Edward S. Rogers. Some Historical Matter Concerning Trade-Marks. *The Trademark Report*, Vol. 62, Issue 2 (1972), p. 242.

动具有全盘的规划，权责十分广泛强大。"❶ 工会的成员包括工人阶级和商人阶级，进而形成两种截然不同的组织，贸易工会的成员主要是商人，而手工业者则有自己的工会，所有的工会都主张对所属成员的行为进行规制，通过强制制造者使用标记，工会加强了他们对贸易的控制。❷ 公会规定，一个熟练的工匠，要选择一个标记使用，他有义务在其所生产的产品中终生使用该标记，可以看出，使用标记是一种义务，是中世纪工会的严格规则。"在中世纪，保护商标的判例很多，14世纪帕拉丁的一份判决中，判定出售无商标的散装葡萄酒是一种应受惩罚的行为，这种行为被视为是严重的欺诈，同时该地区严禁客栈出售无标识的酒。"❸ 查理五世在1544年曾下令生产弗拉德挂毯时需要在挂毯顶端或者底部表明生产者。1522年，布鲁塞尔的法令要求保护新挂毯设计的商标；1528年的一项法令则要求每一类型的产品都需要标记。❹ 从一个方面说，商标可以代表生产者，从另一个层面看，商标也代表城市。

商标保护的浪潮从15世纪开始发酵、蔓延。直到1564年，查理九世下令，对于模仿他人商标的欺诈行为可以被处死刑。"1666年通过了保护服装制造商的法令，这一时期，商标的使用

---

❶ Edward S. Rogers. Some Historical Matter Concerning Trade-Marks. *The Trademark Report*, Vol. 62, Issue 2 (1972), p. 248.

❷ Lisa H. Johnston, Drifting Toward Trademark Rights in Gross. *The Trademark Report*, Vol. 85, Issue 5 (1995), p. 20.

❸ Benjamin G. Paster, Trademarks—Their Early History. *The Trademark Report*, Vol. 59, Issue 2 (1969), p. 555.

❹ Abraham S. Greenberg, The Ancient Lineage of Trade-marks. *J Pat Off Soc'y*, Vol. 33, Issue 8 (December, 1951), p. 879.

不是选择性的，而是一种义务，其目的是表明谁需要对这项工作负责。"❶ 1266 年，英国议会通过一项立法：每一个烘焙师在生产的面包上都要打上自己的商标，以便消费者知道面包的类型和生产者。在法国，14 世纪早期，每一名工匠都有自己的商标，因为法律要求他们必须在生产的产品中使用标记。在银器上要求使用商标十分普遍，因为需要对银器的锻造进行监督。"印刷商使用商标被视为是不能回避的结果，版权制度诞生初期，盗版活动仍然是十分猖獗的，出版商们被盗版的不仅是作品，更重要的是盗版者还使用了出版商的商标，这使得著名出版商卡克斯顿不得不在其 1518 年出版的作品序言中写道：'最后，必须提醒读者和其他的出版商注意，要知道盗版者不能做到和我们一样勤勉纠错和印刷，他们的盗版行为对于我们极其不公，对于卡克斯顿来说，我们一直在尽力维系商标的知名度，但是盗版者肆意践踏我们全心全意的努力，他们轻易地复制我们的图书，是无耻的掠夺和欺诈。'"❷ 出版商们纷纷效仿这种方式，在出版图书中加入提示："请购买本书的读者注意确认所购买的图书是真实的出版商所提供的，请关注我们的商标，防止您被无良的盗版者误导。他们模仿我们的商标，窃取我们的劳动成果。"❸ 随着对文学作品盗版和对出版商商标的侵权愈演愈烈，米兰的出版商工会决定：印刷商和出版商不能使用和模仿其他印刷商和出版商已经授权获准

---

❶ Benjamin G. Paster, Trademarks—Their Early History. *The Trademark Report*, Vol. 59, Issue 2 (1969), p. 557.

❷ Sidney A. Diamond, The Historical Development of Trademarks. *The Trademark Report*, Vol. 73, Issue 5 (1983), p. 228.

❸ Benjamin G. Paster, Trademarks—Their Early History. *The Trademark Report*, Vol. 59, Issue 2 (1969), p. 555.

使用的商标，出版商的商标被承认为一种财产，当出版商希望将该商标转让给继受人时，要经过一个冗长而复杂的证明程序。

"在欧洲还有一段时期要求在商品上使用强制标记，即由政府作出授权确保产品的质量是合格的，这类经过认证的商标代表政府的承认。"❶ "这种商标认证类似于现代的监管认证标志，比如在肉类、乳制品及其他一些易腐败的产品中加盖认证商标，这类认证是对产品大小、体积、价格、质量的监管，而不是对生产者的区分。"❷ 中世纪有关商标的立法受到学者的推崇，例如有一项关于保护工会和工匠的规定，禁止对产品的欺诈销售，人们在交易过程中不能利用从事相同交易的生产者的商标，也不能在刀具或者弓箭上使用与他人相似的商标，如果任何人使用相同的标记满两年，无论是否受到政府认证，在后使用者都不能继续在产品中使用相关商标，否则会受到罚金处罚。实际上，现代商标法中的很多规则和中世纪的规则十分相似，虽然古代的立法者不具备现代商标知识，但规则的相似在于，这是经济环境对法律规定的要求。

商标的发展和工会、公司的发展有关，谢希特认为中世纪有关商标的制度体现了法律是伴随着行会的发展而发展的，行会的规定和王室的令状都是现代商标法的渊源，特别是17世纪行会的规定，对商标法的贡献巨大，超出了普通法本身。中世纪对商标的使用仍然没有摆脱王权政令的影响，商标权作为一项基本的

---

❶ 余俊：《商标法律进化论》，华中科技大学出版社2011年版，第49页。

❷ Edward S. Rogers. Some Historical Matter Concerning Trade-Marks. *The Trademark Report*, Vol. 62, Issue 2（1972），p. 247.

民事权利受到保护并没有体现出来,商标保护制度也没有形成制度体系,所以商标显著性的地位还没有确立起来,商标具有区别功能已经在商标使用中体现出来,但是鉴于商标保护法律制度还没有建立,所以也可以说商标显著性还不具有法律含义。

(二) 商标显著性的确立

"工业革命之后,产品供给增加,市场竞争日趋激烈,商标的广告功能逐渐显现,但是这一时期法官对商标的保护还是趋于保守,例如,在 Blanchard v. Hill 案中,法官拒绝了商标权人申请禁令的请求,原因是每个商业主体都有商标,但法院发放禁令禁止使用和他人相同的标记是否正确,还需要谨慎考虑,避免产生错误的结果,只有被告利用商标欺诈性销售或者模仿原告的产品才能申请禁令。"❶ "在英国普通法院中第一个有关商标侵权的判例是 Sykes v. sykes 案,法官对商标使用行为进行了法律分析,毫无疑问被告在其生产的产品中使用了'skyes'这个商标,意在表明自己的产品是产自原告的,尽管他们没有以原告的名义出售产品,然而当他们把产品卖给零售商后,实际上造成了转售原告货物的情形,这实际上与仿冒原告产品是一回事。"❷ 总体来看,当时普遍保护商标的理论还未完全被法院接受,是否存在欺诈行为才是法院考虑是否提供法律救济的原因。

"美国商标法保护起源于对马萨诸塞州的帆布和鸭绒产业的保护,有一则关于某棉厂的判决:认为不当地使用他人商标的行为是不当地利用了他人产品的价值,这种行为应当受到没收产品

---

❶ Blanchard v. Hill (1742) 2 Atk 484.
❷ 余俊:《商标法律进化论》,华中科技大学出版社 2011 年版,第 81 页。

或者罚金的处罚。"❶ 该判决得到很多法院的支持，帆布商们提出了对其生产的帆布制品的商标专用权保护要求，这一请求得到法学家们的支持，他们指出，要确保产品的真实性，保护生产者，给予他们使用某种标记适当的排他的权利是必需的。❷ 1791 年，饱受仿冒产品之苦的制造商终于采取行动，发表了公开信："伪造产品是令人发指的恶劣行径，当生产者的权利受到侵犯，对侵权人给予警告，却无法获得足够的赔偿，而生产者为了阻止仿冒已经花费了大量的财力和时间处理仿冒行为所带来的损失，反观法院的温和判罚丝毫无法弥补这些损失，所以，这些制造商们呼吁国家通过立法打击仿冒行为，并对仿冒的判罚重新裁量。"❸

以上判例和评论表明，执法者已经意识到商标保护是必需的，对商标侵权的赔偿力度是不足的，法律所提供的保护是不充分的。"1849 年美国判例法对商标保护做了权威论断：在自己的商品中贴上别人的商标或者模仿别人的商标，是对公众的欺诈，这是不当占用了其他在先的权利人的技能和利益，面对这种不当的行为，考虑到商标权人的利益，法律的介入是必需的，侵权人通过虚假陈述获利达到了不诚实的目的，实际上他们的行为也欺骗了消费者，使消费者误认为他们就是商品的实际生产者，消费者所购买的商品实际上是他们并不愿意购买的商品，而且商标权人的商誉也被侵权人不正当地窃取，而商誉是由商标权人通过辛勤劳动创造的，如果对于这种因侵权人的欺诈而造成的损失法律

---

❶ Lisa H. Johnston, Drifting Toward Trademark Rights in Gross. *The Trademark Report*, Vol. 85, Issue 5 (1995), p.29.

❷❸ Mishawaka Rubber & Woolen Mfg. Co. v. S. S. Kresge, 316 US 203, 205, 53 USPQ 323, 325 (1942).

不予救济，就会导致权利人的损失无法挽回。"❶ 商标法是随着商业的发展而不断进行调整的，现代商标法将商标最主要和最适当的功能定位为：识别产品来源，法律通过对商标的保护纠正商业贸易中的不正当利用他人商誉获利的侵权行为。对现代商标的保护，弗莱克法官做了精辟的解释："在商品销售中使用商标可以使消费者在购买其所想要的商品时缩短选择时间或者确信所购买的商品就是他想要的产品，商标所有人打造商标的显著性，通过各种努力在市场中营造氛围来创造商标的吸引力，无论商标被赋予何种解读，目的都是通过商标传达给潜在的消费者，使用这个商标的产品是值得信赖的，一旦这个关系建立起来，商标权人基于商标就享有了权利，如果其他人盗用他人创建的商标显著性，商标权人就可以获得法律救济。"❷ 商标保护制度确立后，在判例法中也对商标的基本功能进行了界定，即商标必须具备基本的识别力。而在商标法理论中，将商标界定为具有识别来源功能的标识，即商标的显著性在于商标具有基本的来源识别功能，这样商标显著性的概念也正式确立，商标显著性具有表明产品来源的属性即具有识别力。商标法的立法目标是保护商标专用权，保护商标专用权的方式在于保护商标基本功能的发挥，即确保商标指示产品和服务的来源功能的有效发挥。

---

❶ Leon E. Daniels, Trade-Mark-Origin and Development. *The Trademark Report*, Vol. 31, Issue 2 (1941), p. 58.

❷ Pier Luigi Roncaglia. Giulio Enrico Sironi, Trademark Functions and Protected Interests in the Decisions of the European Court of Justice. *The Trademark Report*, Vol. 101, Issue 5 (2011), p. 150.

二、商标显著性的基本内涵

商标显著性的基本内涵就是商标所具有的来源识别能力。谢希特的商标定义更为简练：商标真正的功能在于区分产品，使消费者获得满意的产品，刺激消费者持续的购买欲。❶ 商标是消费者用来区分产品或服务的工具，商标在消费者和生产者、销售者之间搭建了一个桥梁，因为如果产品和服务是由超过一个制造者提供的，生产者和消费者的距离越来越远，随着生产规模的增长，产品向更远的市场延伸，商标在二者之间起到了很好的沟通作用。"商标用以区分产品，如同人们利用姓名来区分彼此，商标如果没有识别力，就抹杀了人们投入劳动的积极性，因为没有人为那些质量差的产品负责，如果没有商标，那么会对产品竞争造成恶劣的影响，没有任何好处。"❷ 竞争的发展是为了使消费者获得更多更物美价廉的产品，生产者获得更多利润。对于消费者来说，如果没有商标用来辨别生产者，就无从判断产品或者服务的好坏。商标显著性的基本内涵在司法实践中也得到了确认，例如美国最高法院认为商标的主要和适当的功能是识别来源，在商品中使用商标意味着标明归属，商标必须指出商品的来源或者所有权的出处。❸ 商标的使用要确保来源识别功能的发挥，当标识成为符号，对公众来说，意味着其对所贴附的产品来源是一种保

---

❶ Frank I. Schechter, The Rational Basis of Trade-Mark Protection, *HarvL Rev*, Vol. 40 (1927), p. 813.

❷ Edward S. Rogers. Some Historical Matter ConcerningTrade-Marks, *TMR*, Vol. 62, Issue 2 (1972), p. 246.

❸ Mohammad Amin Naser, Re-Examining The Functions of Trademark Law, *Chicago-Kent Journal of Intellectual Property*, Vol. 8 (2009), p. 101.

证，确保这些产品是原始制造者所生产的。商标具有显著性，意味着可以防止商标被其他人使用，如果一方使用相同的名称或者符号在相同或者类似的产品中，那么产品的制造者会受到伤害，这是对商标显著性内涵最直观的理解。我国《商标法》第9条规定申请注册的商标，应当具有显著特征，便于识别，这是确认来源识别功能是商标具有显著性的基础因素。

商标具有来源识别功能就意味着商标具有基本的显著性，而商标的基本功能也是来源识别。也就是说，商标的显著性是商标发挥基本功能的决定因素。但是商标显著性并不是一成不变的，经过使用，商标的功能不断扩大，这也造成商标显著性的内涵不断扩大。可以看出，商标、商标显著性、商标功能之间存在密切联系。在论及商标功能的理论中，商标功能被界定为识别功能、品质保证功能、广告功能、文化功能，其中来源识别功能是商标的基本功能。商标的质量保证功能被认为是最重要的功能，因为消费者是依靠之前的购买经验满意度来选择商品，这个过程需要以商标为媒介完成，商标正是为消费者提供有关商品质量信息，以帮助消费者进行质量识别，质量保证功能是在促使制造者生产质量好的产品，但是仔细分析会发现，质量保证功能的理论基础并不牢固，质量的判断具有很强的主观色彩，不同的消费者基于自身的条件会对质量作出不同的评判。商标的其他功能将在下文详述。

总之，商标的其他次要功能的发挥都离不开商标显著性，在没有商标的世界中，消费者无法区分产品来源，进而在选择自己喜好的产品和服务时存在困难，消费者无法理性选择是因为他们不知道主要的信息即产品的来源。可以看出，商标显著性的丧失会造成商标次要功能的失灵。商标的各功能是互相依存的，但是各自发挥作用的基础依赖于商标显著性。彭学龙教授将商标显著性界定为"商标标识产品出处并使之区别于其他同类产品的属性"。❶ 其中，标示与区别相辅相成，系一枚硬币的两面。也就是说，商标是区别不同商品或者服务来源的标记。商标的基本功能就是区分商品或者服务的来源，商标是商标基本功能的客观体现，而商标的显著性是商标抑或商标基本功能的属性。商标的基本功能在于来源识别，然而在商标基本功能之上又衍生出其他的功能，商标的功能不是静止的、固态的，而是发展的、动态的。商标的概念及内涵也在变化发展而这两个概念的发展亦会影响商标显著性的发展，对商标显著性的判断也应从变化发展的角度分析。商标显著性也可以反映出商标其他功能。事实上在探讨商标显著性的相关问题时还会提及"标识力""商标强度""商标独特性"等概念，但所有这些概念都可以各种方式归结到或者落脚在显著性这一核心概念之上，对商标显著性概念的探讨也可以从多层面展开。

从商标法的经济分析角度看，确保商标显著性的基本目标就是在于发挥商标的来源识别功能、降低消费者的搜寻成本。没有争议的事实是，商标是信息来源，这些信息是企业在市场以及市场竞争中产生的。商标显著性是注册商标的实质构成要件，商标具有显著性就可以获得注册。如果商标缺乏显著性将会被拒绝注册，或者需要说明理由，例如具有获得显著性。此外，缺乏显著性也可以用来纠正或者撤销商标。在商标法中被反复提及的是"区分"。"在法律层面，消费者可以很容易地辨别'可口可乐'

---

❶ 彭学龙："商标显著性传统理论评析"，载《电子知识产权》2006年第7期，第10页。

商标，代表使用该商标的产品是可口可乐公司生产的。然而如果缺乏法律保护，消费者就会将 Coco-Coke 或者 Coca-Colla 与可口可乐公司的产品混淆。"❶ 因为商标法关注于消费者混淆作为商标法的基本规则之一，如果非法使用商标会造成部分消费者的混淆。从目前的立法看，应更多关注"如何找到判定混淆可能性的可操作性规则"特别是对一个显著性很强的商标的授权使用不当是否会潜在地破坏了商标的显著性。

根据毕碧教授的观点，传统的固有显著性与获得显著性的区分与混淆的关系并不十分明晰。"毕碧教授对显著性做了如下解释：从目前标准来看，受到商标法保护，商标必须具有固有显著性或者获得显著性。固有显著性商标是指作为能指，不是描述性的。为了获得固有显著性，商标必须是'暗示'或者是'稀奇的'。相反，获得显著性涉及对第二含义的判断。"❷ 第二含义的取得是指，当商标变得非常显著，公众会将商标和单一来源紧密地联系起来。商标的固有显著性，是指成为商标后，可以立刻发挥商标的功能。例如，欧盟商标委员会在 Baby-Dry 案中，对欧盟法中的显著性作了界定。"法院认为，Baby-Dry 是一个发明词汇，并不是英文中固有的，可以获得注册。法院的理由在于这样的商标具有独特的创造性，具有很强的区分力量，这种类型的商标没

---

❶ Michael Grynberg, The Road not Taken: Initial Interest Confusion, Consumer Search Costs, and the Challenge of the Internet. *Seattle University Law Review*, Vol. 28, Issue 1 (Fall 2004), p.138.

❷ Barton Beebe, Search and Persuasion in Trademark Law, *Michigan Law Review*, Vol. 103 (2004–2005), p. 2020.

有理由不获得注册。"❶ 显著性是一个宽泛的概念。"美国最高法院法官曾经断言，商业信息的自由流动是不可避免的，商标用来降低消费者的搜寻成本，消费者信息的采集有一个搜索成本，商标信息的效率使得市场进入成本变低，特别是当消费者可以将商标从相关市场中识别出来。"❷ "从经济分析的观点看，对商标的争议很容易解决，商标的经济角色是用来帮助消费者识别特点不明确的但使用了商标的产品。"❸ 商标显著性经济分析的出发点是商标寻求注册的能力，可以区分竞争者间的商品和服务。商标权人通过使商标更有显著性从而更有竞争力，也就是从显著性中获得经济利益。从广义角度看，商标显著性的经济分析理论认为"减少消费者的搜寻成本，促进市场效率，确保生产者对产品质量和商誉的投资回报，因此提供一个对质量激励的刺激。另一方面，竞争者需要向市场提供更多的产品以影响消费者对于商标的看法，最终，商标传递信息的功能就发挥出来了"。❹ 商标功能的本质是确保消费者或者最终用户根据标识识别产品来源，确保不产生混淆并同其他生产者的产品和服务区别开来。缺乏显著性的

---

❶ 邓宏光：《商标法的理论基础——以商标显著性为中心》，法律出版社2008年版，第34页。

❷ William M. Landes and Richard A. Posner, The Economics of Trademark Law in The Economic Structure of Intellectual Property Law, *The Journal of Law and Economics*, Vol. 265, (1987), pp. 166 – 209.

❸ Stacey L. Dogan, Mark A. Lemley, A Search-Costs Theory of Limiting Doctrines In Trademark Law, *Trademark Rep*, Vol. 97 (2007), p. 1224.

❹ William M. Landes and Richard A. Posner, The Economics of Trademark Law in The Economic Structure of Intellectual Property Law, *The Journal of Law and Economics*, Vol. 265 (1987), p. 189.

标记不能注册为商标，因为这些标识无法承担商标的重要功能。为了决定一个符号根据其特征判断能不能注册为商标，需要从相关公众的角度进行判断。"相关公众必须是由一定层次的消费者构成，他们受过良好教育且具有理性和小心谨慎的观察能力。"❶商标是由词语或者字母组成的，每个元素的显著性都是独立的，需要被逐一评估，但是在每一个案中，取决于整体的鉴定。事实上，每一个元素都是分开分析的，缺乏显著性并不意味着组合不具有显著性。缺乏显著性的单个元素，组合后显著性的判断要通过消费者做全面的观察。一个符号注册为商标并不是看该符号的特殊性或者美学创造抑或想象力，而是该符号作为商标能否确保相关公众识别产品和服务的来源，商标所具有的显著性才能发挥来源识别功能，从而降低消费者的搜寻成本。

三、商标显著性的消极影响

确立商标显著性的保护也带来了一些消极影响，围绕商标法一直存在的争议问题是有关商标的垄断。商标法为了防止注册不当产生权利人对某种标识的垄断，在商标注册条款中加入了一些限制性规定。例如，描述性词汇不能注册为商标，除非具有第二含义。这是为了防止对描述性词汇的使用垄断。但商标法也仅仅能对商标引起的垄断行为进行初步的规定，无法进行全面干预。可以说，商标天然具有垄断性。品牌学的观点更鲜明地指出品牌战略的最终目标是建立消费者的品牌忠诚，形成品牌在市场中的

---

❶ Eric E. Bowman, Trademark Distinctiveness in a Multilingual Context: Harmonization of the Treatment of Marks in the European Union and the Union States, *San Diego Int'l L. J.* Vol. 4（2003），p. 520.

垄断地位。而所谓商标垄断地位的实现又是以商标的识别力为先决条件的,可见对商标识别力的承认是造成商标垄断的诱因。商标显著性是商标保护的基本条件,所以从经济分析角度对商标法解读最终的问题是要解决"商标显著性是否是引起商标法垄断的根源之一"。❶ 商标权是一种垄断权,这个观点一直被很多学者所认可,英国、美国以及其他欧洲国家已经在判例中得出了类似的结论,但是都没有对垄断与商标的关系做出准确的界定。谈到垄断一般指那些具有市场影响力的大公司利用市场影响力进行诸如价格控制等垄断行为。知识产权人基于产品的差异化,试图阻止相同产品进入市场,这带有天然的垄断特征,进而会扭曲市场竞争,商标的垄断性特征也基于此目的。

(一) 垄断的定义

"垄断是指一个企业独占或者若干企业寡占生产和市场,垄断企业控制一个甚至几个部门的生产和流通,在这些部门的经济活动中占据统治地位,操纵这些部门产品的价格和某些上游产品的价格,以获取高额垄断利润。"❷ 垄断可以表现为对产品价格的控制或者供给量的干预,垄断价格的两个直接决定因素是:单一的产品垄断或多种产品垄断。前者代表垄断者只出售一种产品,这种模式意味着不充分的竞争。自由竞争和垄断是两种不同的市场结构,它们互相对立。相对于充分的市场竞争,垄断会造成市场准入障碍,利润长期的异常化。结果就是垄断者通过控制产品

---

❶ P. Sean Morris, The Economics of Distinctiveness: The Road to Monopolization in Trade Mark Law, *Loy. L. A. Int'L&Comp. L. Rev*, Vol. 33 (2011), p.323.

❷ 刘文华:《经济法》,中国人民大学出版社2013年版,第176页。

产量、对消费者提高定价滥用市场权利。概言之，"垄断通常意味着对供给控制进而对价格的控制"。❶

如果说版权和专利权的获得是基于技能和天赋，使权利人通过控制完全的供给和定价获得垄断权利建立了市场垄断地位；而商标的垄断性质则与商业主体通过市场影响力的运作有关，市场影响力的分析对于理解商标也至关重要。商标越具有市场影响力就越会产生消费者忠诚，从而导致拥有知名商标的权利人可以控制供给和定价，且商标的保护期限实际上可以通过续展无限延长，这使得商标保护的合理性基础不断受到挑战。

(二) 商标显著性与垄断

法经济学中有关商标保护的研究分为两个派系：哈佛学派与芝加哥学派（在欧洲是奥地利学派）。芝加哥学派的观点更为激进，代表者是理查德·波斯纳、巴恩斯。从法和经济学角度对商标法进行研究的两个学派具有各自的优势和劣势。芝加哥学派的观点经过波斯纳的发展，认为商标保护降低了消费者的搜索成本，然而哈佛学派则认为商标具有天生的垄断特征。"芝加哥学派在一种完全充分的竞争设想下分析垄断，其模型基础在于所有的销售者出售相同质量的产品，所以在价格相同的情况下，购买者并不关心生产者是谁。芝加哥学派并不认为商标会导致垄断，或者即使导致垄断，也是一种无害的垄断。"❷ 芝加哥学派提出了一个充分竞争模型，在其模型中，设想每一个销售者都是市场中

---

❶ [美] 爱德华·张伯伦著，周文译：《垄断竞争理论》，华夏出版社2009年版，第5页。

❷ 魏森：《商标侵权认定标准研究》，中国社会科学出版社2008年版，第8页。

的小主体，这样他们对于生产量和价格并不会影响市场的总产量和价格，所有的销售者都可以同样向市场输入产品，所有的市场参加者都对市场的相关因素具有充分的认识。哈佛学派则从垄断的角度分析，提出商标保护是确保权利人控制不同产品的标识，本质上是垄断。

知识产权保护并不是无限的而是有期限的。例如，著作权的保护期限是作者有生之年加死后50年，专利权的保护期限一般是20年，但商标权的保护期限是不确定的。这是法律赋予商标的垄断结果，因为这种法定垄断产生了反垄断法中的一些问题，其中一个典型问题是权利人滥用优势地位。有关垄断的法律规定的逻辑起点是相同的：无论是个人还是几个主体联合利用优势地位滥用权力、影响交易秩序，都应当作为阻碍自由竞争的情形需要被禁止。法律保护商标产生的垄断体现为法律允许商标权人基于对商标的维护取得投资回报并保护消费者可能进行的重复购买回报和其他形式的商誉回报，这就产生了垄断权利，商标的显著性意味着他人不得使用和权利人相似或者容易与权利人相混淆的标识，可以看出"商标显著性与垄断有着天然的联系"。最早探讨商标垄断的问题在1742年由英国衡平法庭审理的 Blanchard v. Hill 案中，大法官哈德威克认为商标的特点之一就是垄断。因为这一具有里程碑意义的论断，使得有关商标垄断的裁决层出不穷，商标保护的垄断性质成为学术讨论的热点。

商标法的法律保护基础与商标的经济功能决定了商标法保护与版权、专利等知识产权保护的内在机理存在不同。知识产权法保护的目的是保护创新，但是从商标本身的构造来看一些商标的创造性极低或者可以说根本没有任何创新。商标法保护的是商标的经济价值，一旦商标权被授予，商标权人就享有了特定权利。

"在 Mishawaka Rubber 案中，弗兰克法官对商标的价值作出解释，商标的功能在于使消费者在最短的时间内找到他们需要的商品或者是他们确信需要的商品。商标所有人通过符号在市场中创造出一种气氛，全力开发出一种'商标人格'，赋予商标拟人倾向，他进一步指出：无论商标意味着什么，目标是一致的——通过符号传递信息给潜在的消费者，让消费者认识到贴有商标的产品是有保障的。一旦这种联系建立起来，商标所有人就获得了利益。如果他人不当攫取了商标所有人基于符号所获得的利益，商标权人可以寻求法律救济。"❶ 欧盟法院提出"实质功能"概念，即商标的实质功能在于确保消费者区分商品来源。商标的基本功能在于区分商标的来源和出处，所以商标法保护的核心应当在于保护商标的区别显著性。不同于版权法对创新的要求及专利制度对创新的激励，商标法更强调所保护客体经济价值的维护。商标的价值需要从消费者和商标权人两方面来界定，他们都有获得保护的激励。商标所有人的利益是排他的，是为了使权利人正当地保护其产品或者服务。消费者的利益在于，享受商标体系的质量保证和选择效率。商标作为商品来源标识，确保最经济的搜寻，因此，人们很难去忽略商标的经济功能。商标是财产的一种形式，商标的保护范围代表了商标带来一定程度的垄断以确保商标经济功能的发挥，所以说商标的经济作用在商标权被授予时就形成了。"商标排他的垄断在现代社会不会被改变，因为赋予垄断是

---

❶ Mishawaka Rubber & Woolen Mfg. Co. v. S. S. Kresge Co., 316 U. S. 203, 205 (1942).

确保消费者选择和决定的权利。"❶

垄断法用以界定公司的市场影响力,如果一个公司被赋予了过多的市场影响力,那么就会被认为是垄断,要受到反垄断法的规制,但这种情形并没有把商标保护的情形考虑进来。从商标法角度来看,商标垄断的产生是绝对的、排他的。那些拥有驰名商标的大公司,可以通过有效的广告不断宣传自己的商标,事实上造成垄断消费者的结果,一定程度上对其他公司造成市场进入障碍,因此创造垄断利润,但这种天然的垄断属性不应受到反垄断法的排斥。

商标的垄断功能主要是通过广告完成的,所以商标的广告功能受到"去商标化"理论的批判。该理论认为广告从感觉上会扭曲消费者对商标的认知,商标权人通过广告会传达一种关于商品质量和特性的视觉观感,从而给消费者造成一种联想。广告就是通过灌输潜在的印象价值从而扭曲消费者的购买决定。这种潜在的扭曲作为商标垄断的负面效应抵消了商标的区别能力。"最早涉及商标和垄断的案例是英国法院的判例 Blanchard v. Hill。在对该案的研究中,有法官指出,在早期王权时代这种垄断是常见的。这告诉我们,法院通常将商标这种知识产权类型当作另一种形式即垄断。"❷ 商标的影响力越大,其显著性越强。增强商标的影响力是商标使用的客观效果,也是终极目标,而商标运营中所产生的消费者选择问题首先是品牌运营的结果,消费者可能存在选择的非理性行为,但决定

---

❶ P. Sean Morris, The Economics of Distinctiveness: The Road to Monopolization in Trade Mark Law, *Loy. L. A. Int'L & Comp. L. Rev*, Vol. 33 (2011), p. 330.

❷ Blanchard v. Hill, (1742) 2 Atk. 484, 26 Eng. Rep. 692 (Ch.).

消费者作出选择的基本要素是产品的质量信息，如果产品质量无法满足消费者的预期，这种通过品牌运营建立起来的商标垄断会迅速消失。所以，从商标显著性的基本功能分析，商标的识别力越强可以产生的经济功能越大，客观上会产生垄断的结果，但这种垄断作为商标的天然属性不可避免。

（三）特殊标识的显著性与垄断

因为商标存在天然垄断性，在考量其他特殊商业标识时要尤为慎重，因为涉及对图案、形状甚至句式的垄断性使用。从域外相关判例分析，判定特殊标识是否可以作为商标注册核心仍然是判断显著性是否存在，垄断结果虽然也是考量因素之一，但并不会因此造成商标注册被驳回。在奥迪案中，欧盟法院推翻了之前拒绝奥迪公司提出的"Vorsprung durch Technik"（科技领导创新）广告语的商标注册申请。❶ 2003年，奥迪公司申请将"Vorsprung durch Technik"注册在一系列相关产品中被拒绝，理由是该申请只是一种描述性广告，并没有显著性，从商品和服务的特点来看也缺乏显著性，但是可以在发动机和其他组件中获得注册。欧盟法院支持该决定，认为广告语具有显著性的要件在于"只有当广告语可以立即指示产品和服务的来源"。欧盟法院认为，对商标显著性的评估，首先考虑申请注册的商标所使用的相关产品或者服务，其次考察相关公众对商标的认识。但是法院直接观察商标，认为商标作为词组或者在广告标语中作为指示性使用，指示产品或者服务的质量或者鼓励对产品的购买。法院指出适用于广告标语的显著性判断要比其他类型的标识严格。广告语的特点决

---

❶ 戴怡婷："广告语商标显著性的认定"，载《中华商标》2013年第4期，第27页。

定了其可以具有显著性，因为这是它们本身的性质决定的。但还要进一步结合商标的使用分析，标识的美好内涵并不意味着可以使消费者建立产品或者服务来源的区分联想，要根据使用判断商标是被作为促销良方还是对产品或者服务的来源指示。也就是说，如果标识被理解为是促销的手段，其与显著性并无关系。法院认为奥迪公司已经使用该广告语很多年，事实上"相关公众已经在该广告语和奥迪汽车之间建立起联系，该标识可以使公众很好地辨识产品或者服务的出处来源"。

商标法在竞争法中和其他的知识产权财产权利一样，商标权人应当具有排他权利。商标法与竞争法之间的关系可以解释为：判断商标垄断权利是否适当，商标保护鼓励企业生产产品以及提供高质量的产品，消费者依靠商标在市场中获得认知信息。使用相同或者类似的商标是不允许的，因为非法使用是利用原始生产者的商誉。商标与其他知识产权的区别在于，只要存在显著性，商标可以永久、持续地存在。这意味着商标法保护了商标权人排他的权利，事实上也保护垄断。总之，商标法规定了商标必须具有区别商品或者服务的功能，授予商标保护的原因在于，确保标识区分来源。商标法的关键在于在正常的竞争环境中发挥商标的本质角色。

商标作为来源标识是否会干扰正常的竞争秩序，是否通过垄断创造了新的竞争？所有人或者控制人是否反对竞争者的介入？这些问题需要仔细分析。商标权人通过使用商标开拓了广泛的市场，经过长期市场化和正确的市场定位可以确立商标的市场优势地位。"在欧盟判例法中曾经指出市场中50%的商标具有一定程度的市场优势地位。从生产供给角度看，实质上的市场影响力就是优势地位。当市场份额达到70%~80%时，意味着相关市场优势地位的确立。当商标权人被认定为具有市场份额和优势地位，代表其可以阻止形似标识的注册。"❶ 例如，欧盟法院驳回了乐高玩具的商标注册，认为商标的垄断最终会消除市场竞争。乐高案体现了阻止垄断出现在"技术措施"或者"功能性特征"之中。驳回注册的原因在于从法律角度看授予商标权会限制竞争对手，因此并不是所有的技术功能都适用商标法保护。兆丰公司认为，如果乐高的商标申请获得注册，会导致乐高公司可以在玩具砖产品市场中对任何竞争对手进行打压，因为乐高公司所申请的商业外观是最具功能性的类型。如果这种类型的商标注册通过，权利人不但可以成功阻止相同类型标识的使用，而且可以阻止相似类型标识的使用。注册商标可以吸引和维持消费者的关注，但不能引起混淆。欧盟法院对商业外观显著性问题做了大量的解释，显著性条款的目的从技术层面或者功能层面上在于阻止商标授权带来的垄断。"法院进一步指出禁止注册的规定，要求产品外观注册需要获得一种技术层面的结果，确保商标识别功能的发挥，技术方案的商标授予需要慎重排除。"❷ 涉及技术措施发展的技术不能受到商标法保护。否则竞争者在市场中的同样解决措施就会被视为侵权，这样就造成通过注册授予商标垄断权，所以对商业外观的注册需要从不正当竞争的角度进行衡量。欧盟法院驳回了乐高的上诉，从显著性的角度来看申请是不当的。法院认为，三维

---

❶ Eric E. Bowman, Trademark Distinctiveness in a Multilingual Context: Harmonization of the Treatment of Marks in the European Union and the Union States, *San Diego Int'l L. J.* Vol. 4 (2003), p.521.

❷ Lego Juris A/S v. Office for Harmonisation in the Internal Market (OHIM) (C-48/09 P) [2010].

标识是否能作为商标的实质性特征必须被正确地界定。乐高案的判决触及了商标保护与垄断之间争论的延续。该案使法院在时隔十年之后再考察显著性条款的适用。

"在 Philips v. Remington 案中,涉及飞利浦的一款电动产品的外观设计。飞利浦公司认为,该申请符合商标法指南有关显著性的规定。因为经过广泛使用,无论是相关的产业从业者还是消费者都将产品的形状和特殊的标识联系了起来。在对本案的评论中,法官指出,那些我们想象不到的商标注册会层出不穷,如果他们达到了一定的要求,我们也无力阻止。尽管这些申请可以通过特殊的技术措施导致垄断的结果。"❶ 欧盟的审判实践表明,如果公众的关注不是源于商标而是源于产品的垄断,那么是不符合商标显著性要求的。只要相关公众很大程度上将商标与特殊的产品产生联想,就意味着符合法律对显著性的要求。如果竞争者通过相同的技术结果可以获得其他的类型,拒绝注册就不会施加一个对产业发展和创新的不合理限制。"概言之,欧盟法院建立的标准是'可转换性类型以达到技术结果的要求',即拒绝注册的理论基础在于,法律对显著性的要求在于阻止对功能性以及技术实施的垄断,防止使用者通过商标注册妨碍竞争。因此阻止授予商标更宽泛的保护,商标的授权局限在符号的识别产品和服务的功能,同竞争者的产品和服务相区别。排除产品外观的注册实际上是认为功能性和产品类型会产生技术结果。"❷

---

❶ Koninklijke Philips Electronics NV v. Remington Consumer Products Ltd (C-299/99) [2002].

❷ Stacey L. Dogan, Mark A. Lemley, A Search-Costs Theory of Limiting Doctrines in Trademark Law, *Trademark Rep*, Vol. 97 (2007), p.1225.

判断授予商业外观是否可以注册为商标，要排除注册会带来的垄断因素。市场优势地位是判断垄断是否成立的因素之一。判断公司是否具有市场优势地位要对相关市场进行界定，评估公司是否具有市场优势地位以及公司市场影响力的等级。"在 United Brands v. Commission of the European Communities 案中，欧盟法院定义'优势'为'经济力量可以阻止有效的竞争，维持市场现状，通过运用自身力量给消费者和竞争对手施加影响'。"❶ "知识产权是赋予所有人排他的权利，有学者认为，知识产权是排他的、不明确的，这样，他们被授予了市场力量。不同类型的知识产权的目标不同，也会产生不同的市场作用。"❷ 滥用市场地位是违反反垄断法的，商标保护也不能超出反垄断法的范围，因为商标也是一种垄断形式。商标法的目标之一是防止消费者混淆，最终促进市场竞争。商标保护的不确定性在于会与反垄断法形成冲突，结果是竞争者试图构建一个成功的商标或者商品外观会受到阻碍。

"公共产品是指产品和服务具有自身特点可以消耗而不会损害产品和服务的价值。公共产品不仅是政府向公众提供的产品，而且公共产品也具有私人属性。"❸ 知识产权保护的很多形式是具有私人属性的，例如，专利法和版权法就是以公共产品理论为基

---

❶ United Brand v. Commission of the European Communtites, Case27/76［1978］ECR207.

❷ Pier Luigi Roncaglia. Giulio Enrico Sironi, Trademark Functions And Protected Interests in The Decisions of The European Court of Justice. *The Trademark Report*, Vol. 101, Issue 5（2011），p. 15.

❸ 刘水林："风险社会大规模损害责任法的范式重构"，载《法学研究》2014 年第 3 期，第 113 页。

础的。公共产品分析是商标法争议的焦点，公共产品的特点意味着信息一旦被创建就会刺激人们分享，没有授权也很难排除人们对于这些利益的共享。商标的保护客体就具有典型的公共产品特征。拥有优质商标的公司往往具有市场优势地位，市场份额是强势市场影响力的代表。如果商标权人所拥有的市场份额很低，那么就不构成垄断。"根据欧盟委员会的经验表明，优势地位如果在相关市场低于40%，优势地位是不可能建立的。"❶ 垄断有两个因素：掌握垄断力量以及获取或者维持垄断地位的意图，但导致垄断的结果不是基于历史原因或者是良好商誉的积累等因素。同时，市场优势地位，是一种阻碍有效竞争、维持相关市场优势的力量。商标保护的难点在于授予权利人排他和绝对的权利。这些权利根植于法律保护，目的是激励创新，这里表述为激励投资创新也许更合适，因为商标法不能提供激励来促进新商标的创造。

综上所述，目前商标法的运作体系显示，商标保护的整个体系主要利益来源在于降低消费者的搜寻成本。保护商标的争论很直接和激烈，商标的排他性就是产生垄断的种子，表面上看这与反垄断法是相冲突的。强商标可以更有效地导致垄断，因为强商标的权利人可以通过市场影响力影响消费者。对消费者来说，商标的目的应当是简单地辨识产品，使消费者可以获得有关产品质量、价格等方面的多种信息。"产品差异性包括使特殊产品明显不同于其他竞争对手的产品，如果产品具有差异性且没有完全替

---

❶ Guidance on the Commission's Enforcement Priorities in Applying Article 82 of the EC Treaty to Abusive Exclusionary Conduct by Dominant Undertakings (2009/C 45/02).

代品，就会给产品制造者潜在的垄断利益。垄断可能会减少竞争的积极性，使供给方不愿意追加投资以提供多样产品。"❶ 在确保产品多样化的前提下，消费者才能有更多的选择，但产品差异化如果过于集中，就会产生垄断的负面效应。"差异化产品的生产者往往享有一个局部垄断，因此，能够收取更高的价格。企业或企业存在的最本质的追求不是为了降低交易费用，而是通过某种形式的垄断获得更大的利润。"❷ 总之，商标显著性要求是商标注册的核心规则，也是商标通往垄断之路。"授予商标排他的和完全的财产权保护是垄断的一种形式，但法律对垄断一定程度的维护归根到底是为了保护消费者的利益。只是商标权人通过品牌策略使消费者形成品牌忠诚，这种品牌忠诚使得产品可以维系垄断地位，因为只有消费者才有权决定产品的价值升值空间。"❸ 在经济学领域内，这被称为"消费者选择理论"。商标具有天生的垄断性，这也是经过法律所认可的，权利人通过对商标的使用最终的目的是维系并扩大这种垄断，培养消费者的"品牌忠诚"，使品牌长期维系下去，商标法对这种垄断的形成和发展并不一味地支持或者排斥，需要结合实际的市场调查分析来进行认定。总之，"商标权是通过注册或使用而获得的一种垄断权，这种垄断权是对凝结在商标之上的商誉的垄断，而不是对商标图形、文字

---

❶ 胡甲庆：《反垄断的法律经济分析》，西南政法大学经济法学2005级博士毕业论文，第180页。

❷ 同上书，第17页。

❸ 杜颖："商标法律制度的失衡及其理性回归"，载《中国法学》2015年第3期，第134页。

本身的垄断"。❶

我国商标法理论研究中关注了驰名商标与垄断的关系。驰名商标往往是具有影响力的大品牌，所以与垄断的联系更紧密。"驰名商标垄断的成因是多方面的。首先，尽管商标是企业与消费者进行信息交流的重要载体，但其所提供的信息并不完全，而是偏在的。在找到满意产品后，消费者一般不愿意再花费本就稀缺的时间和精力去寻找在边际意义上更好的产品或承担与转换相关风险和不确定性。其次，处于支配地位的品牌享有网络效应带来的优势，并具有内在于其声望中的自然垄断特征。"❷ 对于商标垄断，往往负面评价多于正面评价，商标与垄断的关系像是一种"灰色地带"，难以言说。"商标垄断的危害主要表现在以下几个方面：首先，商标垄断促使企业花费过多的资源去争夺这种市场势力，结果既增加了流行品牌的成本，又促成了过分的产品区分，不仅如此，生产者还会投入大量的广告费用，以塑造消费者的需求，最终促使消费者偏好指向实际上并非最好的产品。其次，高于竞争水平的价格会导致无谓损失，亦即，一些本来愿意支持竞争价格的消费者不愿支付垄断价格购买品牌产品。"❸ 驰名品牌产品一般来说要高于竞争水平价格，但是这并不必然产生无谓的损失，因为要考虑驰名商标所形成的品牌忠诚和成本的转换。事实上，通过这种价格机制是无法解释驰名商标的，所谓驰

---

❶ 李雨峰、刁青山："商标指示性使用研究"，载《法律适用》2012年第11期，第87页。

❷ 彭学龙："驰名商标与垄断"，载《电子知识产权》2006年第12期，第11页。

❸ 同上书，第9页。

名商标的垄断，是驰名商标权利人对其商标的显著性的维护和发展的结果，是信誉机制作用的结果，这里面凝结着商标权人的资金投入和苦心孤诣的经营。商标本来就具有天然的垄断性，驰名商标所具有的垄断特征更明显，驰名商标所有人当然可以凭借这种垄断地位获得利润，但也要看到，利益和风险是并存的。一旦驰名商标在产品或者服务方面出现问题，就很有可能产生一系列连锁反应，直接影响到全球范围的销售，最严重的结果是品牌的覆灭。如此看来，所谓驰名商标的垄断地位，并不意味着驰名商标权利人势必利用这种优势滥用其市场地位，现实的情况可能恰恰相反，拥有驰名商标的大企业在生产和经营活动中谨小慎微，极其注意品牌形象的维护以赢得和保持驰名商标在消费者心目中的良好声誉。"由此可见，与驰名商标相关的垄断即便不属于有益于公众的垄断也是经济上中性意义的垄断。只要引导得当，驰名商标所有人可以利用其规模效应和社会影响，在提高自己赢利水平的同时，改善消费者乃至整个社会的福利状况。"❶

---

❶ 彭学龙："驰名商标与垄断"，载《电子知识产权》2006年第12期，第10页。

第二节　商标显著性的吸引力：
商标影响消费者选择

一、商标功能的发展

（一）匿名来源规则

商标具有显著性就意味着商标具有基本的来源识别能力。而商标的来源识别功能是商标的基本功能。这就可以说，商标的显著性是商标基本功能发挥的基础因素。而随着贸易规模的发展扩张，商标的来源识别功能亦产生了扩张，商标不仅可以代表产品或者服务的具体来源，还可以代表匿名来源。这个观点也被称为匿名来源规则，是指产品或者服务的消费者并不知道产品的具体生产者。"匿名来源规则确立于美国第九巡回法院的判例'Black & White'，该案是有关一款苏格兰威士忌'黑白'的商标侵权纠纷。根据匿名来源规则，商标可以界定为消费者对产品和商标之间关系的看法，无论产品的制造者是已知的还是未知的。"❶ 根据美国判例法中的解释，商标并不一定是产品制造商的名称，公众也并不一定需要知道商标权人的名称。匿名来源规则的提出是考虑到了经济发展的现实需要，承认当今市场中的消费者通常依靠品牌名称来作出购买决定而不考虑区分产品生产者或者确认产品的实际生产者。汉德法官对商标的匿名来源规则发表过评论：

---

❶ Jeffrey Handelman： *Guide To TTAB Practice Volume.* 1. Wolterskluwerlaw & Business in NewYork （2013），§1：6.

"虽然商品的来源是匿名的,但是当然知道商品的确切的单一来源也是不必要的。"❶

在美国最高法院"Menendez"(梅内德斯)案中进一步肯定了商标的匿名来源规则。本案中被告在其销售的面粉产品中使用了"La Favorita"商标,但是该公司并没有实际生产和制造面粉,所以事实上商标也没有指明产品的实际来源,但是该公司已经使用"La Favorita"商标20年,美国最高法院支持对该商标的保护,认为该商标代表了公司在选择面粉制品的"技巧、知识和判断"。法官认为本案中商标是"拥有并呈现出明确的优点,体现的是一种选择和检查。消费者通过商标选择产品,他们并不会停下来思考使用相同商标的两个产品是否是同一个来源"。❷ 这个案例与贴牌加工模式类似,可以看出企业运营方式的转变对商标的基本功能理论产生了影响,强调来源识别功能的扩张,对商标的来源识别功能做了延伸解释,即从来源识别扩展到匿名来源。经过商标权人授权许可,第三方可以对商标进行使用,商标指示使用商标的产品生产者与商标权人有联系,其获得了商标权人的授权或者是得到了商标权人的赞助。总之,消费者选择的产品和使用相同商标的其他产品一样令消费者满意。在高度发达的现代市场中,消费者事实上不关心商标权人是否实际上生产了产品,商标仍然发挥着来源识别功能,但是这种功能包含了消费者对赞助关系的联想,故匿名来源规则仍然是来源识别功能,可以看做来源识别功能的延伸。特别是在商标的许可使用制度中,这种理论

---

❶ Ellen P. Winner, Right of Identity: Right of Publicity and Protection for a Trademark's "Persona", *The Trademark Report*, Vol. 71 (1981), p. 195.

❷ Menendez v. Holt. 128US514, 9SCt143, 32LEd526 (1888).

延伸尤为重要，例如，在全球范围内出售的可口可乐饮料并不是全部来自美国亚特兰大总部，可口可乐公司是通过许可协议，让其他的产品制造者使用商标，这样商标提供给消费者有关可口可乐产品的信息是可口可乐公司在某国存在赞助关系，也就是表明产品来源。

商标匿名来源规则的产生也表明商标本身作为一种独立的符号开始具有更多元化的功能和价值，从商标显著性理论的角度分析，商标显著性的基本内涵在于来源识别，但是经过不断使用，商标显著性的含义是不断变化的。商标经过使用，显著性会不断增加，这是一个已经达成共识的观点。商标可以是一种对产品质量的保证符号，商标也具有广告功能，但是从品牌建设的角度看，商标显著性的终极发展目标是建立品牌文化。

（二）商标显著性与商标的广告功能

"商标的广告功能是指商标影响消费者选择商品或者服务行为的功能，这是商标在发展过程中获得的最重要的功能。商标最终发挥的功能就是此种功能。吸引消费者的注意力，影响消费者的选择，并最终改变消费者的行为模式和生活方式。"[1] 显然商标是一个符号工具，可以在广告中使用，而一些商标本身就成为广告媒介。与早期的原始人将标识刻在一些物品中用来区别不同，如今人类进入了一个复杂的营销时代，商标被赋予各种手段和功能。通过商标，消费者可以从大量可选择的产品中选择自己满意的产品制造商，商标权人也可以有针对性地提供各种符合消费者

---

[1] Pier Luigi Roncaglia. Giulio Enrico Sironi, Trademark Functions and Protected Interests in the Decisions of the European Court of Justice. *The Trademark Report*, Vol. 101, Issue 5 (2011), p. 155.

的口味和喜好的产品。消费者支持某一商标，要归功于商标具有的显著性，实际上，生产者是依靠商标出售产品，对于消费者来说，"质量"功能或许是主要的，但现代的产品服务提供者很大程度上也是依靠商标显著性所形成的"商业吸引力"来促销产品以及提升企业的竞争力。商标的广告功能本质上和"质量""来源指示"功能相关，如果消费者认为某一商标的产品不具有令人满意的和稳定的质量，对生产者来说商标就不具有广告价值，对消费者来说，商标可以用来识别商品来源，识别来源功能也是发挥广告功能所必不可少的条件。如果消费者不知道具有相同商标的产品是由同样的主体生产的，商标就无法发挥一贯的品质保证功能，而商标所代表的承诺一贯的高品质是发挥商业吸引力的前提。尽管商标的功能交织在一起，起决定作用的却依然是来源识别功能，即商标的显著性是商标广告功能发挥的基础因素。

从商标的广告功能角度分析，商标自身的影响力是出售商品的助推剂。"商标的广告功能验证了一个很重要的理论：社会规划理论（the social planing theory），根据这个理论，商标法律体系需要提供一个公平和有吸引力的文化氛围，这个文化氛围力求做到使商标权人，以及具有竞争关系的权利人之间，贸易的参加者都享有公正的发展权利，同时还强调公众的文化和表达的权利。"[1]根据社会规划理论，商标的发展有两个阶段：（1）商标所有者和商标的关系即来源识别；（2）商标对消费的影响力，广告功能力求通过广告和消费者建立联系，使消费者对产品和服务产生需要，就是在消费者中创立"品牌意识"，特别是对于商标

---

[1] 李易航："社会规划理论对我国著作权合理使用制度的启示"，载《中国版权》2015年第2期，第43页。

权人在市场中增强其自身的品牌竞争能力，建立消费者的认知更为重要。这样看来，商标的来源识别功能是商标广告功能发挥作用的基础。商标的广告功能实际上意味着商标可以给消费者提供必要的信息，满足交流的需要，这些产品信息和个人经验密切相关。从功利主义角度解释这个功能，功利主义和心理概念相关，功利主义理论认为商标减少了消费者的搜寻成本；从信息传递角度看，商标给消费者提供信息，信息有关于产品和服务的提供者或者匿名（赞助者）提供者，但关键在于表明产品的来源，而提供信息的结果是降低消费者的搜寻成本。

商标只有经过使用、获得市场的认可，积累了一定的商誉才能成为"品牌"，商标成为企业最重要的财产，传统意义的商标所获得的只是有限的财产形式的保护，而经过使用成为品牌的商标则可以受到权利人更全面和绝对的控制。人们消费的不仅是物，而且是商标本身，现代市场营销的手段已经改变了人们对商标的认知和利益诉求。商标注册仅仅是确立了商标的基本识别功能，而从品牌运营的角度看商标权人更在意如何打造品牌文化，发展和延续商标的文化显著性。

二、商标与品牌

品牌是与名称、标记或者符号相关的产品或者服务。"创建品牌需要多方面的努力，每当品牌与消费者交流，消费者会逐渐形成对品牌的稳固认识，品牌最显著的特征是品牌的特色，有学者认为从法律层面看品牌就是商标，品牌具有象征意义，更重要的是，品牌可以'浓缩、表达简单、复杂和微妙的情感'。"❶ 品牌往往被赋予巨大的情感内容，激发出消费者超出理性的忠诚度。品牌是商标经过使用后发展的高级样态。

"英国高等法院曾在判例中评价：品牌是一个大概念，对品牌进行定义很不容易，律师们倾向于强调品牌的商誉，认为品牌就是商标，但是品牌所包含的元素更多：例如品牌形象、荣誉、品牌价值等。消费者选择购买品牌以及对品牌的评价是由消费者的情感或者是直观感觉做出的而不是根据理性的分析认识到商标的基本功能在于识别产品和服务的来源。"❷ "商标的功能是多元的，欧盟法院认为，商标的生命在于声誉、在一些判例中甚至包括商标所传递的看待生活的方式。第三方使用与他人相同或者相似的商标，利用他人商标的商誉是不正当使用商标的行为。这种使用可能会给使用方带来产品和服务上的竞争优势，这种行为会造成消费者对产品来源产生混淆，受损害的最终是被模仿商标的商标权人，这种侵权，实际上模糊了商标作为来源指示功能以及包含在商标中的品牌价值。"❸

国际品牌集团（Inter Brand）是全球领先的品牌咨询公司，该公司每年度推出品牌年度全球排名，排名的参数包括公司的财务盈利分析和品牌影响力（主要是品牌对消费者决策的影响），"路易威登"（LV）品牌在2008~2009年的排名是第16位，而在

---

❶ Deven R. Desai, From Trademarks to Brands, *Florida Law Review*, Vol. 64（2012），p. 989.

❷ Robert G. Bone, Hunting Goodwill: A history of the Concept of Goodwill in Trademark Law, *B. U. L. REV*, Vol. 86（2006），p. 548.

❸ Deven R. Desai, From Trademarks to Brands, *Florida Law Review*, Vol. 64（2012），p. 988.

奢侈品牌中排名第一，奢侈品品牌的核心在于品牌建设，主要是增强消费者与品牌的紧密联系。新加坡的"City Chain Stores v. Louis Vuitton Mallttier"案，体现了有关品牌价值保护的争议。❶ 在本案中，新加坡上诉法院认为被告使用四叶花标识的手表既没有造成商标侵权，也没有造成商标淡化，这个判决有两点内容：（1）没有采纳有关保护商标背后的品牌价值的观点；（2）在判断商标"淡化"时对驰名商标做了缩小解释。

本案争议的焦点是"四叶花"标识，四叶花图案是 LV 集团在 1896 年起就使用的图案，并于 1905 年将四叶花图案在法国注册为商标。本案被告"城市连锁"公司，在全球有 360 家实体门店。2006 年 11 月，该公司推出一款四叶花手表，这款四叶花手表与 LV 的花匣字图案相似但并不完全相同，而且，被告的四叶花手表的样式和尺寸是随机的和多样的。LV 的四叶花图案也被使用在 LV 出售的手表中，这款手表仅在 3 家 LV 门店销售，在新加坡门店 2004 年开始销售。初审法院认为，当消费者无法近距离进行观察比较时，会将被告生产的四叶花手表和 LV 的手表相混淆。LV 集团认为被告的行为是对 LV 四叶花图案既造成了混淆也构成了淡化，这一诉讼请求得到了初审法院的支持。但新加坡上诉法院认为，被告使用四叶花图案仅具有装饰目的，并不是作为商标使用，因此严格来说，不存在商标侵权。针对淡化的主张，法院认为没有证据表明四叶花标识是驰名的，也没有相关的新加坡消费者认识到四叶花是驰名商标，且被告并没有将四叶花作为商标使用，法院指出，LV 的花匣字标识仅限于那些"被广

---

❶ David Tan, Differentiating between Brand and Trade Mark, *Singapore Journal of Legal Studies*, Vol. 202 (2010), p. 2.

告吸引的高收入人群或者是愿意出价购买的潜在消费者"。而从一般的消费群体看,二者的市场差异较大,一般公众不会认为四叶花手表是 LV 手表,所以,新加坡法院最终驳回了 LV 公司的诉讼请求。

新加坡法院的裁决表明:新加坡法院不愿意采取高标准来保护品牌价值而是依据严格的解释"商标使用"的规则来进行判断,对"驰名商标""商誉"的判断也采取了限缩解释。新加坡学者对该判决进行了反思,认为该判决对于中小企业来说是利好消息,在新加坡的市场环境中,有利于中小企业在模仿中成长,而不过分强调创造性设计,时尚爱好者却对本案做了另外的解读。他们认为,两者的相似并不是巧合,被告在手表中使用四叶花作为标记是有意模仿 LV,法院驳回 LV 的诉讼请求实际上是让被告搭了 LV 的便车,不得不说,被告的行为与反不正当竞争法打了擦边球,被告没有选择自己的原创设计而是简单地调整了奢侈品牌的设计。"有学者指出:如果市场参与者因为不需要进行和原创者相当的投资而利用驰名商标的积极形象,抢劫那些'具有吸引力'的商标并获得丰厚的回报,很多人都会跃跃欲试。"❶

2009 年古奇(GUCCI)起诉了 GUESS,诉因是商标侵权,包括混淆和淡化。GUESS 是一家生产手袋、钱包和鞋的公司,产品与古奇相似,标识也近似。古奇认为被告不当地利用了古奇商标所传达出的技能和劳动的信息,是不正当竞争行为。"法院认为从商标的显著性角度考虑用来区分商标的因素包括商标可以影响消费者的情感价值。考虑到品牌价值与商标的关系,品牌价值是

---

❶ David Tan, Differentiating Between Brand and Trade Mark, *Singapore Journal of Legal Studies*, Vol. 202 (2010), p. 10.

由商标权人培育的，问题不在于品牌价值是否属于公有领域，而是需要从商标注册角度分析商标可以获得多大范围的保护。"[1] 在美国，对驰名商标的保护有逐渐加强的趋势，超越了商标本身的含义，而欧盟法院的判例则走得更远，甚至倾向于扩大保护至品牌价值，这已经超出了商标的标识来源功能。欧盟法院在解释《欧盟商标法指南》第5条第（2）款的内容时，提出了"寄生"的概念，第三方不正当地利用商标的显著性或者商誉搭便车，为了从他人商标的吸引力、荣誉和威信中获得利益。"在欧盟的判例中出现了保护品牌形象的观点：从不正当竞争的角度看，是指利用在先商标的商誉来获得市场利益，在这种情形下，就是利用他人商标的知名度作为工具，培育消费者对自己产品的兴趣。"[2] 有学者指出，近年来欧盟商标法的发展包含一种理念，商标的含义是一种品牌价值，可以获得保护，消费者购买的不是产品，他们购买的是品牌承诺的期望。很多学者赞同这样的观点，品牌从其重要性来看，超越了商标。"研究产品和消费者观念的学者指出，目前品牌的形象发展要求重新思考商标法的理论，同样的，法院也需要对商标观点做一个现代化的调整，对商标的价值判断，需要有一些品牌形象意识。"[3]

---

[1] Amir H. Khoury, A Neoconventional Trademark Regime For 'Newcomer' States, *University of Pennsylvania of Business Law*, Vol. 12（winter 2010）, p. 3.

[2] Martin Senftleben, The Trademark Tower of Babel-dilution Conception in International, US and EC Trademark Law, *International Review of Intellectual Property and Competition Law*, Vol. 40（2009）Issue1, p. 9.

[3] Deven R. Desai, From Trademarks To Brands, *Florida Law Review*, Vol. 64（2012）, p. 990.

品牌和商标是不同的，品牌具有很多功能，一个功能是与商标法相符合：提供代表产品的信息，帮助消费者进行选择，商标法认为商标的核心功能在于识别来源，质量保证功能和广告功能是次要的；而从品牌学角度分析，品牌的功能要多得多。公司通过品牌将产品与消费者联系起来，提供给消费者以故事和想象，这些都是与个性、自我价值等相关的，消费者购买这些概念而超过对产品的关注，成功的品牌在于引导消费者购买产品而不是关注其价格。品牌代表一种水准，意味着经营者可以不再以价格的竞争为准，以文化产业为例，当某一动漫或者电影的品牌建立起来取得消费者关注就可以品牌为基础进行扩张，打造周边产品，消费者可以看到品牌被使用在文化衫、帽子、外套、桌子、杯子或者更多的产品中，从当下的消费趋势看，消费者购买品牌不仅是因为质量放心，而是作为一种身份的徽章，彰显个性，表达个人的倾向，消费者通过消费行为表达对品牌文化的认同。"所以品牌的拥有者们纷纷成立自己的品牌社区或者粉丝俱乐部，建立品牌网站，制作文化衫或者艺术品来分享对品牌的看法，通常也为品牌管理提供了帮助。"❶

从商标法的角度理解品牌，需要了解品牌的所有者以及品牌的运营。要解决这些问题需要明确一个前提，商标与品牌是不同的。商标法的核心理论在于将商标看做降低消费者的搜寻成本的

---

❶ 美国德保尔大学教授阿尔·穆尼兹（Muniz）和美国邓普大学教授赫普·斯乔（O'Guinn）（2001）在实证研究的基础上首次明确提出"品牌社区"（Brand Community）的概念，并将品牌社区定义为"建立在使用某一品牌的消费者间的一整套社会关系基础上的、一种专门化的、非地理意义上的社区"。品牌社区已突破了传统社区意义上的地理区域界限，而是以消费者对品牌的情感利益为联系纽带。

标识，使产品在市场中更易识别，鼓励产品制造者对产品质量的监控，确保与投资者有关的商誉不被竞争对手搭便车。从理论上看，商标法不允许竞争对手使用其他公司的标记，因为这种使用会引起消费者混淆，这样消费者需要花费更多的时间和精力来决定购买哪一种商品。"有学者指出，事实上商标法中的理论和原则不能很好地解释一些现象，例如，当消费者购买仿冒品时，十分清楚其购买的就是仿冒品，既不存在消费者混淆，也不存在造成消费者损失的后果，在商标法理论中，如'初始兴趣混淆'和'售后混淆'在没有造成消费者混淆的情况下，也是被禁止的。"❶ 目前的商标法缺乏一个有说服力的理由来说明为什么要规定保护初始兴趣混淆和售后混淆，这反映出目前的理论无法调整法律中产生的问题。而学术研究关注于商标保护范围的不断扩张，商标搜寻成本理论已经无法解释或者控制商标法的转变。"虽然表面上看来，商标法保护消费者，但法律经常走向相反的立场，商标法经常压制消费者对商标的使用，奇怪的是，商标法借助消费者的关注却允许商标的扩张，保护制造者的利益而加重了消费者的成本支出，导致学者们开始斥责商标已经偏离了最初的理论基础，开始进入一种不公正的状态。"❷ 有学者已经明确提出造成商标法理论的困扰在于之前的理论都是错误地理解发生在商标法领域的变化，错误地将品牌与商标混淆。

在早期的人类活动中，商标或是作为私产标记，或是具有其

---

❶ 王迁：《知识产权法教程》，中国人民大学出版社2014年版，第475~477页。

❷ Deven R. Desai, From Trademarks to Brands, *Florida Law Review*, Vol. 64 (2012), p.996.

他功能，但是没有一种功能与现代品牌有关，将商标作为一种提供信息的工具，意在提供产品的来源和质量信息，也仅仅是品牌功能的一个部分。品牌的功能很多元，品牌与形象的构建和身份地位的获得与价值观、品牌个性的发展有关。品牌学认为，商标具有传递信息和建立初始品牌形象的功能。19世纪晚期，人们见证了现代品牌的诞生，作为私有标识，提供有关产品的来源和质量信息，也刺激着消费者对品牌的联想，这些联想包括：权力、财富与个性等。

  品牌学在研究品牌的使用以及品牌的内容时与商标法的研究范式和方法是不同的。品牌创立者利用品牌提供信息给消费者，也利用品牌来实现其所要达成的目标，消费者当然是使用品牌来选择产品，但消费者使用品牌的激励源自品牌可以表达的个性和身份，他们选择品牌、将品牌转化为与他们的意识中的自我认知和信息相匹配的事物，使用品牌交流作为一种信号，这表达了消费者希望分享品牌的意愿，无论品牌所提供的信息是积极的还是消极的。有学者对商标和品牌的发展进行了梳理，认为现代商标法的诞生与现代品牌的诞生是一致的，然而，现代商标法仅关注品牌的经济功能，忽视或者说是排斥了品牌的其他要素，商标的经济功能确实是品牌的重要特征，但是过于偏重经济功能，也掩盖了品牌的多面性。"品牌可以代表稳定的质量，品牌的知名度实际上帮助消费者进行了产品归类，因为每个品牌都被赋予了不同的解读，饮用卡布奇诺咖啡，不同于饮用一般咖啡，一般而言，饮用卡布奇诺咖啡并不是为了提神，不是追求咖啡因的刺激，而更重要的是为了品位。"❶ 同理，当华为的产品出现损坏时，华为公司会提供保修服务；苹果电脑设备造型典雅，操作系统简单，开关机迅速且稳定，在全球范围内拥有大批"果粉"。这样，品牌成为产品的主人，代表稳定的质量和品质。

如果竞争者在相同的产品中使用相同的符号，消费者就会迷惑，进而不能通过符号辨识信息与质量，那么消费者就需要建立新的搜索来确信品牌的信誉没有减损，法律以保护消费者的名义禁止这样的使用，一方面防止搜寻成本的增加，另一方面防止减损生产者的商誉，也就是说，法律是保护生产者对于生产和销售的投资，生产者投资生产并使产品保持一定的质量，这也是消费者选择该品牌的原因，所以法律要保护生产者的劳动创造。但是如果消费者认为冒牌货和赝品看起来和真品没有区别，甚至他们认为质量差别也不大，品牌的质量保证功能的意义何在呢？随着"品牌意识"的不断扩张，消费者想购买的正是印在通信产品上的苹果商标，而不是商品本身，如果拿走这些商标，商标所代表的来源识别和质量的稳定性也就不存在了。正是因为消费者通常只想拥有品牌而又对那些高端产品望而却步，所以商标许可使用制度应运而生，授权生产的关键在于开拓市场，所以加强公司核心产品的地位并维系商标与消费者的关系尤为重要。品牌的影响力如此之大，甚至在公司没有授权制造产品时，消费者仍然会选择购买未经授权的产品，他们甚至清楚地知道这些产品是未经授权的，人们为了表达对某一品牌的拥趸，会去选择购买印有该品牌的任何产品，在这种情况下，很多公司致力于打造"品牌个

---

❶ 张闳：《欲望号街车——流行文化符号批判》，中国人民大学出版社2012年版，第9页。

性",也积极鼓励消费者接受这种"品牌个性",消费者在选购品牌时就接受了品牌所传达的理念,将品牌与产品联系起来,这样消费者与品牌的关系更深刻、更个性化。只要消费者选择了某一品牌,就意味着他与这一品牌产生了联系,他认同该品牌代表的价值观。从现代的符号消费观念来说,消费者实际上是用品牌来表达自己,品牌不仅是生产者的标识,消费者也利用品牌表达他们的态度,这种态度可能是积极的,也可能是消极的。"例如,目前存在的很多品牌社区,这些消费群体使用品牌,表达自身对品牌的理解以及对品牌所属公司的态度。"❶ 通过对品牌发展、消费观念的梳理,可以发现品牌具有很多功能,品牌学的研究已经提供了丰富的历史资料和不同的理论来解释品牌的功能,虽然这些论述不是从法律层面展开的,但可以作为法律探讨的素材,以供重新思考商标法的体系与理论构建。

三、品牌与品牌理论

相比品牌理论,商标理论缺乏多元角度,商标理论以 1987 年波斯纳与兰德斯的法经济分析为基础,商标的价值在于节约搜寻成本,这与品牌有重叠之处。总体看来,目前对商标法的理论研究存在一种"扩张"的观点,但最终这些观点都演变成了对知识产权制度扩张的批评,而搜寻成本理论则可以很好地限制商标法,也有学者已经注意到商标法还具有经济功能之外的其他功能,进而从商标的非经济功能角度对商标法律体系展开反思。相反,品牌学已经充分解释了品牌经济属性,而正致力于从不同角

---

❶ 沈杰、王詠:"品牌社区的形成与发展:社会认同和计划行为理论的视角",载《心理科学进展》2010 年第 6 期,第 1018 页。

度构建品牌理论，比商标法关注更多维度，品牌学理论比商标理论更广泛地接受了品牌的多样性功能，品牌学更多关注商业领域的问题，探讨如何管理品牌来应对品牌的不同功能，从管理角度认识品牌使商标法的研究更丰富。品牌学对品牌的分类观点很多，下文分别从品牌所有人以及消费者的角度对品牌展开分析。

（一）品牌与品牌意识

品牌首先是由商业主体创造的，品牌最初与产品和服务相联系，一旦这种联系建立起来，品牌对其权利人来说就具有重要性，品牌会成为企业的核心价值，形成产品的保护伞。作为企业重要的无形资产，在品牌运营中，企业会对品牌做进一步划分。（1）产品品牌。"19世纪80年代，宝洁公司就开始销售包括象牙皂在内的30多种不同类型的肥皂，如象牙皂片：一种洗衣和洗碗碟用的片状肥皂。于是在产品中使用商标的行为迅速在各行各业普及，而且改变了商业发展的方式。"❶ 产品品牌与商标的范畴相同，但是"品牌学研究的经济学角度和商标法的法经济学略有不同，品牌经济学研究以'新古典主义经济学与经典市场理论为基础'来理解公司的市场结构，简称为四个'P'即产品、地点、价格和宣传"。❷ 这一模式下，将品牌完全看做企业控制和拥有，将消费者看做信息的接受者和传播者。品牌经济学认为，品牌所有者给消费者提供的信息是产品的价格与质量，制造者必须找到减少消费者购买搜寻成本的途径，这些都是以精确的信息为

---

❶ 徐叶香："宝洁公司多品牌策略研究"，载《中国商贸》2010年第12期，第32页。

❷ Deven R. Desai, From Trademarks to Brands, *Florida Law Review*, Vol. 64（2012），p.988.

基础的。品牌成为生产者开发4P因素的工具，消费者面对海量产品时，想以最实惠的价格购买产品，利用广告传播信息鼓励消费者购买产品促使消费者选择他们以为是正确的产品，就成为最好的手段。但是品牌学研究的经济分析已经受到批判，这种研究过于"功利主义"，只注重与消费者的短线联系，孤立地交流，而不是意图建立长期联系。品牌学者认为，将品牌纯粹看做信息资源是没有必要的，品牌作为信息资源仅仅是传播信息，而不会导致消费者对品牌产生依赖，进而长期购买。品牌学中的经济分析观点已经不符合公司的品牌升级换代策略，在目前的市场策略中，产品的品质是相对稳定的，公司要在保证产品品质的基础上实现产品的更新换代，不间断地推出新品牌，如果仅从品牌的信息功能分析，不考虑消费者的情感需求，就不能正确认识品牌的发展。（2）字号。实践中常见的现象是企业名称和企业的产品商标是一样的。从品牌学的角度看，就是一旦企业发现了产品品牌的优点，就会迅速将产品品牌打造成公司核心品牌，例如，联想公司出售的联想电脑都是以"联想"命名的，格力、华为等知名公司都将商标和商号取同样的名字。企业拥有稳定的品牌名称，从经济竞争领域看，就是要阻止其他竞争者在市场中建立相同的品牌，公司字号比产品品牌更能降低搜寻成本，尤其是从品牌扩张的效果看，知名的公司进入其从未触及的市场领域时，人们会自觉地认为这个品牌的品质有保障，人们会自发地根据品牌（实际上是公司字号）作出选择。消费者是品牌发展的关键，但目前品牌学的核心观点仍然是将消费者看成配角，品牌管理者收集消费者的信息以精确定位消费者的消费愿景，管理者依此释放品牌信息，确保消费者了解品牌，这种手段被称为培养"品牌意识"。"品牌意识的观点认为，消费者会记住品牌，进而会持一定的理由选购相应的品牌，他们认为产品具有他们希望的功能，他们愿意花更高的价钱购买特定品牌的产品而不考虑品质，这被称为'品牌拜物教'。品牌构成了一套完整的社会标识体系，人们通过穿戴重新定义自己的身份，重新划分社会阶层。"❶ 为了培养品牌意识，管理者必须确信消费者会注意到品牌，通过分析消费数据，管理者可以统计出品牌的不同因素，消极的或者积极的，从而为品牌未来的发展勾画蓝图。在庞大的市场中，消费者们面对的是一些相似的竞争品牌信息，管理者寻求构建一个稳固的品牌信息，以使消费者产生共鸣，这样就可以在品牌和消费者之间建立持久的精神联系，品牌意识就会逐渐产生并提高。

（二）品牌与品牌个性

品牌理论中的另一个重要问题是"品牌个性"。品牌个性强调，消费者将品牌进行个性化解读而消费者所寻求的品牌个性、自我表达是品牌消费的驱动力，有了这层认知，企业力求"将品牌名称与价值和意义的联系构建成更广泛的体系"，在这一体系中，产品的本质是符合消费者的心理需求和生活目标，消费者使用品牌定义他们的生活，来说明他们是谁，表达他们对人生的渴望。同时，品牌管理者也在寻求怎样使品牌持续彰显使用者的个性，使品牌更符合消费者的需求，品牌个性是竞争者所无法复制的，现代的市场竞争远远超越了价格和质量层面的竞争，而是从市场策略，广告甚至是产品包装等方面的综合品牌战略竞争。

尽管品牌是由权利人所控制的，一旦品牌产生，消费者在交流中就会对品牌重新解释或者对品牌进行多目的化的解释，这些

---

❶ ［印］拉哈·查哈、［英］保罗·赫斯本著，王秀平、顾晨曦译：《名牌至上》，新星出版社2010年版，第4页。

行为都潜在地改变了公司打造的品牌含义,但同样也潜在地传播和加强了品牌的整体价值。从消费者角度看,品牌可以划分为两大类。(1)消费者品牌。"品牌学在20世纪90年代初经历了一个十分深刻的变化,从最初的企业拥有品牌,企业在品牌中注入信息进行品牌建设转变为反映品牌在市场参与者和消费者之间创造积极的互动交流,认为消费者是构建品牌的积极、主要的力量,而不是信息的被动接受者。实证研究结果表明,在消费领域,消费者能够与企业共同创造价值,并且消费者主导价值的创造,企业只需起到支持性作用,消费者主导的共创价值与其品牌忠诚正相关。"❶ 公司打造品牌形象要抓住消费者对品牌的感官,使品牌成为他们生活中的一部分,更进一步说,人们购买品牌不仅是因为他们喜欢品牌或是品牌的口碑,而且他们对品牌注入了情感联系,将品牌融入生活,建立精神上的联系。品牌的功能有些是实用性的,但有些是心理上和感情上的,这种转变意味着品牌管理者已经认识到品牌理论中存在的问题,要重塑品牌的含义。对于不同的消费者来说,品牌是富于变化的,这取决于不同消费者的背景和生活。此外,管理者需要高度密切关注消费者,这样才能理解产品和服务的内容是如何在消费者的日常生活中起作用的,将消费者从品牌信息的被动接受者转变为品牌信息的制造者,是因为管理者认识到仅从消费者处搜集资料,消费者不能参与到品牌活动中,那么消费者很可能会选择其他品牌。消费者与品牌的关系是平等的,只关注广泛收集消费者数据而忽视消费者隐私,为了确保消费者对其他品牌的排斥的策略,都会破坏这

---

❶ 王新新、万文海:"消费领域共创价值的机理及对品牌忠诚的作用研究",载《管理科学》2012年第10期,第52页。

种平等关系。"消费者选择理论认为,将管理与市场从品牌中剥离,让品牌成为消费者的主观认知,该观点将重点放在了解品牌行为与消费者反应之间的关系。"❶(2)社区品牌。"当消费者联系起来形成团体,就形成社区品牌,品牌社区是一个特别的,无地理界限的社区,以社会关系结构为基础。"❷ 品牌社区成员对品牌都很有经验,而他们的经验值在遇到社区其他成员时又变得更丰富,品牌社区成为品牌与消费者沟通的又一有利渠道,对公司来说,社区品牌通过强有力的热情可以提供更多的品牌忠诚而使企业获得更多利益,这样的组织是公司梦寐以求的。因为品牌社区的成员几乎不会更换品牌,同时也会保持对品牌的忠诚度,不断重复购买品牌中的不同产品。但是,如果品牌管理者采取了错误的策略,品牌信息错误或与品牌社区对品牌的预期产生冲突,品牌可能会与品牌管理者的设计初衷背道而驰。总体来看,通过研究品牌社区的类型,管理者可以观察品牌社区,理解消费者的想法以及品牌对社区意味着什么,这些信息可以使公司运用潜在的品牌力量重塑产品,利用社区观点调整产品,按照社区的意愿研发新产品。同样在品牌社区的运营中要求管理者尊重每一位成员而不要试图监控、操纵社区。总之,品牌社区理论也将消费者看做品牌的缔造者,作为品牌忠诚的消费者,品牌社区对品牌的影响是多元的,企业如果拥有了强大的品牌社区的支持,就可以通过品牌社区来维护企业与大量消费者的联系。

---

❶ 刘华军:"消费者选择理论的重构——品牌与数量选择的两步法经济分析",载《石家庄经济学院学报》2006年第5期,第648页。

❷ 余明阳、杨芳平:《品牌学教程》,复旦大学出版社2012年版,第13页。

（三）品牌与消费者选择

"企业与消费者之间的交流成为创造品牌价值的核心和品牌价值的提取方式，现代品牌实践和发展战略都已经接受了这个观点，赋予消费者在品牌建设中的参与能力将会事半功倍。"❶ 品牌价值与品牌创新最终的结果是形成品牌文化，品牌学理论认为品牌是典型的文化产物。"品牌文化观点的倡导者认为：消费者希望品牌成为其身份特征的一部分，品牌已经成为一种文化表达，与电影、电视和摇滚乐比起来并无区别，品牌创造的世界在颠覆着消费者的想象空间，品牌具有激励作用，激发人们解释世界，而品牌也会在这一过程中获得权威地位。"❷ 品牌俨然已经成为主流文化的一部分，根据品牌文化的观点，品牌会随着时间的变化而变化，品牌管理者在既定的时间内理解社会与文化，之后创造符合这个时代的故事。在这个品牌被高度推崇的时代，品牌甚至成了"拜物教"。有支持就会有反对，品牌也不例外，消费者对品牌不仅具有赞美，也有批评，甚至还出现了反品牌运动。反品牌的观点认为品牌带来了很多社会问题，品牌改变了人们的表达空间，限制了在市场中对某些表达的使用，无视消费者利益。反品牌运动的创造者还对企业的发展动向保持着密切的关注，观察企业的行为产生的社会影响，企业对劳动力的利用和对环境资源的影响，产生了关于企业社会责任问题的讨论。虽然认识到了消费者在品牌价值构建中的重要作用，但品牌管理者仍然对于反品

---

❶ 王新新、万文海："消费领域共创价值的机理及对品牌忠诚的作用研究"，载《管理科学》2012年第10期，第62页。

❷ Deven R. Desai, From Trademarks to Brands, *Florida Law Review*, Vol. 64 (2012), p. 989.

牌运动难以接受。有学者认为，为了抑制反品牌运动带来的影响，通常品牌管理者会认为这种行为将引起商标的混淆或者淡化。也就是说，在商标法体系内，仍然恪守着产品和产品制造者为中心的"品牌观"，而根据这种观点，产品和信息都掌握在企业控制的单向系统中。"相反，品牌文化的观点认为，品牌中的消费者才是创造品牌价值的关键，构建品牌的信息都是消费者提供的，品牌价值是通过卖方和消费者的双向沟通进行传达的。消费者之间分享心得，信息最终传递给品牌管理者。品牌的价值亦取决于品牌的反馈功能，即品牌管理方需要不断接受消费者信息来确定品牌文化的发展走向，无疑品牌应该是一种双向的信息传递系统。"❶

品牌学者已经意识到反品牌运动❷对于商业主体和品牌战略来说都是十分有用的信息资源，因为反品牌的观点可以为品牌的发展提供一种诊断，诊断出潜在的品牌问题，最终成为品牌印象的转折点，促成品牌的全面繁荣。分析反品牌运动提供的信息，至少可以获得以下效果：（1）认识到文化冲突可以潜在地破坏企业品牌文化战略的方向；（2）提供一个早期的预警信号，告诉品牌管理者哪些品牌故事已经失去价值；（3）提供一个视角：如何调整品牌的感情策略以更好地适应文化的变化和消费者愿景的转

---

❶ Hope Jensen Schau, How Brand Community Practices Create Value, *J. Marketing*, Vol. 73（2009），p. 30.

❷ "反品牌运动"实质上是由负面品牌情绪所推动的消费者之间通过现实、虚拟平台聚合的一种互动关系网络，这种互动关系网络的核心是消费者与消费者之间的关系。

变。❶ 因此，公司提供信息从品牌交易中获利，品牌信息不仅包括消费者对产品质量的期待、身份、个性的彰显，而且品牌的精神联系和社会责任以及去品牌运动、品牌社区的评论，都对品牌的发展提供了信息。在众多信息的交互作用下，品牌逐渐成为企业与社会交流的关键工具，当消费者开始认识到企业行为及其对社会的影响，品牌的真实性就成为对品牌的要求，企业要认识到其对促进社会进步的责任。

从市场出发，品牌是信息工具，是产品市场、消费者、社区的组成部分，企业对品牌的命令和控制应当减少。最初企业及其产品是首要的关系，但品牌进入市场之后权利就分散了，消费者与品牌社区才创造了最终的价值，这才是品牌价值创新的源头。总之，品牌理论认为企业和消费者的相互影响是价值创造的核心。

四、品牌理论在商标法中的体现

用品牌分类理论分析商标理论可以发现，商标法完全是从商标权人的角度来构建的，没有重视消费者与品牌的深层互动。商标法的法经济学视角，实则与品牌理论中的产品品牌如出一辙，早期的品牌学者将品牌与产品相联系，认为品牌可以降低搜寻成本，消费者可以快速掌握产品信息以决定是否购买，兰德斯与波斯纳总结了商标与品牌的功能，"搜寻功能"，降低消费者的搜寻成本，由于有了品牌，消费者无须再进行调查，商标所传达的信息是使用相同商标的产品特征是相同的。商标的功能和品牌的功

---

❶ Deven R. Desai, From Trademarks to Brands, *Florida Law Review*, Vol. 64（2012），p.992.

能在搜寻成本理论中发生了重叠,以致市场专家把品牌与商标混为一谈,他们将品牌定义为"名称、商标或者其他标识"。通过前文分析可知,早期的商标保护理论认为商标保护就是在竞争中防止产品被仿冒、造成出处混淆,商标法理论中一度建立了本质上严格的来源标准:商标是用来区别初始来源或者货物的所有权。但是来源规则提出的背景还仅限于产品在有限的市场中的流通,当经济转变为大规模生产和跨国贸易时,这一标准就值得商榷。谢希特提出:现代国际贸易的发展使产品从制造者到进口商(批发商)再到零售商,最后流入消费者手中,即使很多商标在国内享有盛名,消费者也不可能完全了解。到20世纪30年代,当国外制造商建立了自己的品牌,但在其他国家没有人知道产品的来源,对这些商标的保护,法院开始采取匿名来源规则,该规则认为,商标代表单一的来源,消费者却不知道货物的准确出处,该规则认识到了消费者所关注的是公司本身而不是产品品牌。毕碧教授认为,商标并不指明产品来源,但是商品化刺激了这种指明作用,符号价值就是经济价值,即公司使自己成为有价值的符号,被购买的个体。❶ "商标中商誉理论的出现与品牌逻辑相关,比竞争与搜寻成本理论更理性,有学者指出,聚焦于商标所代表的商誉,保护商誉就是保护商标权人的财产,商誉即财产的理论可以十分灵活地解释商标法的保护范围,将商誉上升为财产,可以引发对商标权人保护的思考,在保护消费者权利和商标

---

❶ Stephen Wilf, Who Authors Trademarks?, *Cardozo Arts&Entertainment Law*, Vol.17 (1999), p.101.

权人利益之间寻找平衡。"❶ 被告的侵权行为或者窃用原告公司的商誉是通过判断消费者对赞助关系的混淆来实现的。因此,保护商标赞助关系不被混淆,不但是阻止对商标权人的伤害,也是阻止对消费者的伤害。

当匿名来源规则被提出后,商标的规则扩张到保护赞助商的概念,"混淆的概念随之扩大,扩张到包括反对可能引起消费者混淆的使用,即不当的使用行为引起了消费者对商标所有者或赞助商产生混淆"。❷ 这种扩张,使学者认为法院对商标保护原则作出了一种新的解释,商标法应反对对产品商誉造成损害而导致消费者流失,因为被告仿冒的产品低劣,或因其他的原因导致产品流失而影响原告的商标进入一个新的市场。品牌学认为,品牌是围绕声誉建立起来的,而不是产品,公司将品牌战略视为允许公司创造辐射性产品(产品扩张)的工具,公司提供的产品和服务不仅是一个层面的,公司具有不同价位和市场定位的产品,所以不同层次的消费者都有机会接触到公司品牌,而当商标规则开始保护公司进入新市场的能力时,就是关注到了品牌优势,保护公司在新市场中提供不同层次的产品。"而根据商标法原理,商誉的保护对促使消费者选择或者保护市场信息没有任何直接关系,这也反映了商标立法理论缺乏多元性。"❸

搜寻成本观点受到质疑,品牌学者认为正是忽视了对消费者

---

❶ Kevin Lane Keller, Conceptualizing, Measuring, and Managing Customer-Based Brand Equity, *J. Marketing*, Vol. 57 (1993), p. 2.

❷ Cf. Mark P. McKenna, Testing Modern Trademark Law's Theory of Harm, *Iowa L. Rev*, Vol. 95 (2009), p. 117.

❸ Deven R. Desai, From Trademarks to Brands, *Florida Law Review*, Vol. 64 (2012), p. 985.

与品牌之间关系的认识。在商标法中的"合理使用""混淆之虞判断"都是从企业控制品牌层面上加以考虑而忽略了消费者和社区的关系。尽管商标法的立法宗旨开宗明义地指出保护消费者的利益,却并没有从消费者层面来管理或者思考,商标法忽视了消费者的范围,而反观品牌学研究,则详细阐述了作为商标的战略部署。品牌成为个性表达的工具,但品牌学开始也沿着商标理论的轨迹,认为品牌保护应坚持企业控制商标的观点。有学者指出商标法理论中对待消费者的态度是自相矛盾的,商标法认为,商标作为消费者的信息资源,体现在购买过程中,在这一过程中,消费者是完全理性的,而商标法中的"理性"消费者的存在值得怀疑,也缺乏说服力。令人困惑的是,当涉及侵犯和保护消费者权利的问题时,这些高度理性的"消费者"又变成了傻瓜,他们无法使用任何办法来识别商标,即法律一方面假设一般谨慎的消费者不会接受商标所有人的劝导信息,另一方面又认为消费者痴迷于"品牌",没有能力作出独立的判断,事实上法律对消费者的认知,从品牌学的角度分析是错误的。

"如果对商标的使用不是'以标识为目的'的商业性使用,那么这种行为就是合理的,不可诉的,即表达性地使用商标,商标所有人不得提出异议。这被认为是商标法中的合理使用规则。"❶ 然而什么是表达性使用,合理使用的组成要件是什么,都是商标法中不明确的内容。也有一些学者对商标理论进行分析,试图说明商标的多重角色,商标并不是纯粹的来源识别标记,而总体上看,商标法仍然将商标看做私有财产,完全掌握在商标所

---

❶ 赵建良:"美国法上域名与商标指示性合理使用之借鉴",载《知识产权》2015年第9期,第96页。

有人手中，导致商标法存在难以自圆其说的矛盾。"品牌管理学认为，人们对品牌的使用是超过来源出处识别和法律言论概念的，从个人层面看，品牌开始成为一种个人创造，他们对自身的思考以及自身对世界的意义，而法律在面对调节这层关系时，并不需要过度干预。"❶ 商标法仅为出处混淆提供了空间，混淆之虞测试是在解决消费者是否被使用商标的行为混淆，商标法中的消费者是不稳定的，也是不全面的，要探寻消费者对商标的混淆问题，要回头追问商标对于消费者的功能，而商标法难以调整消费者对商标的利用问题，这导致混淆之虞判断标准的不足。

社区品牌的形成源于消费者对品牌的过分狂热，他们开设网站，写有关品牌的文章，创作作品，制作带有品牌图案的产品，这其中出现了很多有关商标侵权的争议问题，特别是在网络环境下如何规范对商标的使用成为商标侵权研究的新课题。商标法关注上述行为是否会引起混淆，商标法的测试内容没有为社区行为留有空间。混淆之虞是一个多因素测试，判断的因素包括：商标的显著性、产品的接近程度、商标的近似程度、实际混淆的证据、市场使用的渠道、消费者购买时的注意程度、被告在选择商标时的意图等。用上述标准来判断社区商标的侵权问题，具有缺陷。"研究社区品牌理论的学者认为，对大多数品牌来说，混淆之虞的测试设计从品牌社区理论角度无法协调，相反每个判断要素的设计都是从商标权人控制论的角度出发的，是商标法中企业控制模式的体现，同样品牌社区标识也没有体现商标功能，总之，从消费者或者品牌社区角度分析商标的特点，在以区别来源

---

❶ Rebecca Tushnet, Gone in Sixty Milliseconds: Trademark Law and Cognitive Science, *Tex. L. Rev*, Vol. 86 (2008), p. 508.

为目的的商标法中这些是不被接受的。"❶

五、商标法保护规则的品牌化趋势

商标与品牌有同义之处,但从理论研究的发展态势分析,两者所关注的研究领域并不完全相同。商标的基本功能在于来源识别,而品牌理论则更强调品牌价值的构建。品牌学理论的一些观点对商标法基本规则的发展产生了影响,这使得商标法保护规则的发展出现了品牌化趋势。

(一)商业外观

"商业外观是商品的整体形象和全部外观,其中包括产品的外形或形状、产品的包装、在产品或包装上使用的颜色或者设计、所使用的颜色与其他因素的组合等。"❷ 给予商业外观商标法中的保护起初并没有受到赞同,因为商业外观与商标的区别产品来源的功能存在冲突。理论上认为,消费者很少用产品构造作为信息来源,而更倾向于将产品信息本身作为信息来源,其中最主要的信息源就是商标。所以很长一段时间,商业外观要受到保护需要证明商业外观是可以表明来源的,直到法律最终承认商业外观即商标,这种证明要求才被取消。但仍有学者认为"商业外观即商标的结论毫无根据,商业外观并不总是起到区分产品来源的作用,商标保护范围应当仅限于来源识别。对商业外观提供、商

---

❶ Susan Fournier, A Meaning-Based Framework for the Study of Consumer-Object Relations, *Advances Consumer Res*, Vol. 18 (1991), p. 736.

❷ 罗传伟:《商业外观保护的法律制度研究》,知识产权出版社2011年版,第2页。

标法保护是商标保护范围的扩大"。❶

商标法的可保护标识已经包括产品的尺寸、类型、颜色、颜色组合、布局、图形甚至是营销技巧。从商业角度看，上述特征并没有发挥区分来源功能，而是与品牌功能理论十分默契。商业外观正是体现了企业寻求对市场产品、地点、动机方面的控制，完全符合品牌的"4P"规则。企业通过标签和包装建立品牌，当市场形成规模后，企业会进行品牌的构建工程，企业除了商标也可以更好地使用商业外观的组成元素与消费者交流，但这种交流是为了使用上述元素来鼓励消费者购买公司产品而不是从价格和质量上超越竞争对手，商业外观比价格和产量分配更具控制力，商业外观提供了"完整的印象"，这些都是企业希望通过品牌传递的。

商业外观的保护与商业实践的发展密不可分，打造品牌特色形成品牌价值的目标要求企业提供的商品要具有鲜明特征，使品牌与产品整体设计相协调，更科学地适应市场的发展。对商业外观保护的承认也反映出现代商业竞争已经超越了本质上的货物交换，使用包装和产品设计来克服产品竞争的局限性。从品牌学角度分析更能体现商业外观保护的合理性，因为在目前的市场竞争中，企业之间实际上提供的产品本质区别不大，他们寻求使用商业外观来维护市场竞争的优势地位，在产品之间没有显著区别的情况下，产品外观就变得十分必要，商标法当然要保护这些品牌利益。

---

❶ Jennifer Aaker. Dimensions of Brand Personality, *J. Marketing Res*, Vol. 34（1997）, p.347.

(二) 商品化权

商标法规定,转让注册商标的,受让人应当保证使用该注册商标的商品质量。商标注册人对其在同一种商品上注册的近似的商标,或者在类似商品上注册的相同或者近似的商标,应当一并转让。商标法对商标许可和转让设计的限制,表明商标法禁止纯粹的商标商品化,因为从商标法立法目的来看,许可和转让会伤害商标的来源识别功能和质量保证功能。"在商业实践的发展中,商标的许可和转让应当是自由的,超出了商标法设立的限制。公司要实现品牌扩张,商标许可是完成这一目标的最佳途径,商标作为标识来源,商标许可是对该功能逻辑上的削弱。"❶ 法律允许商标许可并要求许可人承担质量控制责任,但没有明确指出什么才是适当的质量控制,一般认为只要许可人对被许可人的监督是"足够的""充分的"、最低程度上的控制就符合法律的要求。将产品质量控制责任减小到最低程度,商标许可交易逐渐活跃,实际上商标许可可导致商标的商品化,这样对商标的使用大大超出了商标的来源识别功能。"Boston v. Dallas 案被认为是一个转折,本案中,美国第五巡回法院认为,未经许可在服装中使用红色的'B'是商标侵权。"❷ 尽管证明消费者没有混淆,法院对本案的判决却体现了商标法对品牌理论的接纳:混淆的构成要件在于,被告复制了原告的商标向公众出售,被告认为公众仅将其作为球

---

❶ Pier Luigi Roncaglia. Giulio Enrico Sironi, Trademark Functions and Protected Interests in The Decisions of The European Court of Justice. *The Trademark Report*, Vol. 101, Issue 5(2011), p. 152.

❷ Boston Prof'l Hockey Ass'n, Inc. v. Dallas Cap & Emblem Mfg., Inc., 510 F. 2d 1004(5th Cir. 1975).

队商标，消费者会认为原告同意了上述行为，争论在于混淆是产品来源混淆而不是标志本身的混淆，商标是球队所有的，这就引发了对出售商标行为规范问题的争论。首先，需要明确的是商标法扩大了对产品来源的认知，包括赞助行为的混淆都构成侵权。其次，这种转折意味着消费者购买产品是为了分享商标，购买行为是由商标触发的，混淆在一定程度上不是主要问题。商标法保护商标本身成为商品被买卖。这种观点体现了从品牌学角度理解商标保护比目前的商标理论更具优势。产品来源被扩大解释，质量控制标准也被放到最低程度，目前企业利用品牌与消费者建立联系，提供各种途径使他们认识品牌，使品牌成为他们生活的一部分，商品化权体现了对企业利益的保护。"所以，有活力的商标法应保护公司所开发的品牌个性价值，保护公司的品牌利益，而不是质量担保。品牌的知名度是保持品牌市场竞争力的重要条件，品牌的美誉度是品牌保持旺盛生命力的关键。"❶ 一旦公司的品牌战略成功，品牌价值就会增长，如果人们将品牌当做"品牌"来购买，品牌就具有价值。"随着品牌评估日益受到重视，品牌的价值可以估算到近百万美元，甚至品牌价值可以占到公司价值的20%，从20世纪80年代末，以品牌为代表的无形资产评估代表了企业可以通过提升品牌价值受益。"❷

"从品牌学的角度看，如果消费者购买品牌，将品牌作为公司价值的一部分，公司就可以将品牌出售，但根据商标法理论分

---

❶ 余阳明、杨芳平：《品牌学教程》，复旦大学出版社2012年版，第211页。

❷ Deven R. Desai, From Trademarks to Brands, *Florida Law Review*, Vol. 64（2012），p.996.

析，这种品牌通过出售重新分配就变成了谬论，商标法认为，商标本身没有价值，它们是商誉的代表，商标还不是财产，没有很强的排他性。"❶ 例如，商标权人有权禁止他人使用其商标，但是要以混淆可能性标准进行判断，所以商标法认为商标应当与商誉一并转让，因为一旦商标转让后使用在不同的产品中，公众利用商标作为理解相关产品信息的功能就会瓦解。所以直到20世纪30年代，在美国司法实践中仍要求商标与营业一同转让，基于此要求，法院要求产品或者其他类型的有形财产作为商标转让的一部分，否则转让无效，在转让禁令时代，是因为当时产品才是转让的关键，在无形财产的世界中，这个观点是错误的，特别是当品牌成为焦点后。

当品牌的优势越来越明显后，呼吁放松禁止将商标与商誉分离转让的原则越来越高。到了20世纪90年代，各国商标立法对商标转让标准的规定更加宽松，只要不会造成消费者混淆，产品可以不同，原因是商业世界已经认识到公司的价值依赖于品牌。商标法转而采取理性的态度对待商标许可，商标法面对商业实践，将品牌自身看作是具有价值的，这切合商业实践的发展，公司提供一种或一系列产品的时代已经过去了，公司不仅进入不相关的产品市场，消费者也已经习惯于公司通过品牌扩张和商标许可进入不相关市场。

(三) 初始兴趣混淆与售后混淆

初始兴趣混淆原则针对以下问题，消费者选择产品或服务是被商标吸引，消费者来到产品或者服务提供者处，迅速意识到这

---

❶ Deven R. Desai, From Trademarks to Brands, *Florida Law Review*, Vol. 64 (2012), p.996.

里并不是消费者希望寻找的卖家，然而，此时消费者发现提供者提供的产品与其原本打算购买的产品相似，于是消费者改变初衷，决定购买该产品。消费者此时并未发生混淆，但从传统的商标激励理论看，这并不符合消费者的理性选择。

售后混淆是另一个例子，消费者并没有混淆，搜索成本也不在考虑范围内，消费者知道他购买的是仿制的路易威登或者是罗西尼手表，售后混淆是一种明知故犯，消费者所要购买的就是品牌价值。从品牌学角度进行解释，初始兴趣混淆意在保护公司的投资而售后混淆是保护公司打造的品牌形象。

(四) 商标淡化

淡化意味着驰名商标的所有者可以制止使用者对商标的不当使用，无论是否存在混淆。淡化理论被广泛接受，但对淡化理论的批评也是不绝于耳。有学者认为，自从淡化法出现，法学家们就表现出对这种理论的排斥，淡化法被认为是无限制的，他们认为淡化法是对商标法的根本改变，法律对淡化法的支持无疑是一场灾难。❶ 另一些学者认为，淡化法代表了财产权向公共领域的扩张，此外亦有人担心淡化会抑制表达，抑制商业竞争。波斯纳甚至指出淡化是一种"诱惑诉讼"。这些对淡化规则的批评观点是从传统的搜索成本角度提出的，然而淡化规则并不关心消费者的搜索成本，其起源一致认为来自谢希特的观点，他提出商标法应保护"独特的商标以使其个性特征免受损害之可能。换言之，

---

❶ Clarisa Long, Dilution, *Columbia Law Review*, Vol. 106, Issue. 5 (2006), p. 1030.

他所关注的主要是商标个性的丧失"。❶ 保护独一无二的商标特征才是首要任务，淡化法是以商标权人为中心而不是以消费者为中心，淡化法阻止对驰名商标价值的稀释，这种淡化是未经授权使用行为引起的而不是商标权人引起的。

在美国反淡化法案出台的过程中，议会的解释是为了保护投资，以及商标自身的经济价值和特征。商标淡化理论实际上采用了品牌理论的观点来解释商标法，以保护公司投资为法理依据，这实际上与企业品牌战略相一致。商标法承认了企业寻求建立品牌形象的合法性，同时表明不仅要从消费者保护角度构建商标保护的理论框架，而且从商标权人角度分析，商标法保护理论进行了一些扩大性保护，淡化不过是对这种现象的又一次确认。

六、品牌理论与商标的显著性

"从认知心理学的角度而言，商标的名声不过是很高的获得显著性或第二含义。具体来说，名声不仅指消费者知道某商标已经在交易中使用、竞争者知道该商标在商业活动中使用，还包括消费者赋予了商标以特别的价值，以便或避免重复购买该品牌的产品。名声可以获得也可以失去，甚至可以从一种商品延伸至另一种商品，不难看出，名声就是显著性。"❷ 如果单纯将商标界定为来源识别符号，就会使理论研究趋于片面，故有学者提出"目前看来搜寻成本理论不仅无法解释现存的问题，需要通过品牌理

---

❶ Frank I Schechter, The Rational Basis of Trademark Protection, 40 *HARV. L. REV.* 813（1927）.

❷ 彭学龙：《商标法的符号学分析》，法律出版社2007年版，第174页。

论对商标法进行重构"。❶ 从品牌角度分析商标，商标法已经进入了单纯依赖生产者来关注消费者利益的状态，品牌理论提供了一个渠道，确保在市场中，消费者和生产者都能收到更丰富、准确的信息。商标经过使用已经不再是单纯的识别符号，商标被赋予了更多的内涵和理念，也可以说这些信息构成商标的"名声"，所谓商标到品牌的发展意味着显著性内涵的发展，从来源识别发展到品牌"名声"。

品牌和商标是存在区别的，在解释消费者对品牌的影响时，品牌理论认为企业可以利用消费者对品牌的认知和品牌形象来实施品牌战略。消费者与社区成为品牌的合作者，哈雷戴维森就证明了公司如何利用消费者对品牌的认知信息来维护品牌形象。自从20世纪60年代日本竞争者进入美国市场后，哈雷就失去了有力的竞争地位，在摩托车领域，美国哈雷摩托是为富人们休闲用的，而本田摩托则是工薪阶层作为交通工具的。❷ 哈雷只想将品牌打造成为一种广泛在郊区使用的交通工具。80年代，哈雷转而迎合消费者对品牌的解读，哈雷戴维森不仅是摩托车，而且是一种代表了自由、个性的独特生活方式。哈雷制造了"品牌形象"，当哈雷开始更关注和倾听消费者与社区的观点时，就会与忠实的消费者产生强烈共鸣，最终哈雷品牌的附加值远远超过产品本身。歌曲"芭比女孩"案是另一个品牌转变的判例。这首歌是嘲笑芭比，她们看起来代表一种华而不实的人生，金色头发，满脑

---

❶ Deven R. Desai, From Trademarks to Brands, *Florida Law Review*, Vol. 64（2012），p. 999.

❷ 曹琳、孙曰瑶："'日本制造'转型的品牌经济学分析"，载《石家庄经济学院学报》2010年第5期，第19页。

子都是如何打扮自己。"芭比"商标权人起诉唱片公司，认为这首歌违反了商标法，结果败诉。2009年年底，芭比商标权人获得了"芭比女孩"歌曲的使用许可，改变了曲风并发行了音乐录影带。❶ 反品牌运动的倡导者认为唱片公司的上述行为反映了唱片公司的妥协，但这实际上是唱片公司利用了品牌的"批判价值"，唱片公司认识到品牌作为信息工具可以帮助公司改变品牌形象应对品牌危机。

品牌的运作规律和价值创造挑战着商标理论中的既定规则，商标理论与规则实质上是以产品为核心的，市场行为被认为是企业主导和控制的。企业为消费者和市场提供信息，商标的关键任务是向市场传递更快捷更真实的信息。相反，目前的经济理论关注合作创造价值，以取代单向的、企业对消费者的主导模式，转而创造信息的双向传递模式。"品牌的本质是一种感觉，是一种经过企业定位、反复传播并放大了的感觉。这种感觉必须带给消费者很大的功能价值和心理价值。未来属于那些可以同消费者成功合作创造独一无二经验价值的企业，否则持续竞争带来的成本压力，最终会使企业的持续竞争力受到损害。"❷ 合作创造价值就是使市场变成一个论坛，在这里消费者、企业、社区进行对话，双向的信息流动成为合作创造价值的关键。商标理论中应吸收消费者和社区对品牌的影响的观点，接受合作创造品牌的观点，品牌是双向的，不是单向的信息导管，无论企业希望品牌原本应该是什么样的，消费者和社区都会通过相互作用来丰富品牌的内涵。

---

❶ Mattel, Inc v. MCA Records, Inc, 296 F. 3d 902 (9th Cir. 2002).
❷ 李光斗：《品牌拜物教》，复旦大学出版社2009年版，第229页。

品牌是市场的一部分，在理论上承认商标作为品牌已经成为趋势，企业与社区的相互关系表明：商业决策和社会政策都要遵从利用分享原则，也就是说，必须是互利的。如果企业只追求自身的利益，而加重他人的责任，就会发现自己走上了以短暂的获利换取失去长期利益为代价的危险道路。品牌的成长也依靠这种相互依存的关系。健康的、开放的品牌观关注和理解消费者对品牌的贡献。总之，从品牌理论分析显著性，消费者成为构筑商标显著性内涵的主体之一，在商标法中引入品牌理论，更利于公司提升品牌价值，通过关注接受来自消费者的积极、消极观点而不是扼杀这些观点，商标的核心任务应该是促进真实信息在市场中传播，而不仅仅是信息在市场中的单向传播。"商标法坚持保持内在一致性，但难点在于如何管理现代商业环境中的各方利益，很遗憾，商标法对这个核心问题的认知产生了错误，商标法需要通过品牌理论解决争端。"❶ 在法经济学的研究背景下，搜索成本理论的真正价值在于为市场提供信息，然而，商标法过度关注商标权人利益，关注他们为消费者提供的信息而忽视其他主体参与信息市场的能力。

---

❶ Amir H. Khoury, A Neoconventional Trademark Regime for 'Newcomer' States, *University of Pennsylvania of Business Law*, Vol. 12（winter 2010）, p. 10.

第三节　商标显著性的影响力：商标成为文化符号

商标显著性越来越超出识别来源的基本目标。商标成了一种文化符号，例如，"可口可乐"，传递的信息本来是一种软饮料，已经演化成代表自由、青春、快乐、全球化的文化符号。"我国是一个幅员辽阔的多民族国家，民族民间文化表现形式璀璨多姿，尤其是民间文学艺术中有很多虚构形象和一些民间文化形式的名称，为大众所熟悉和喜爱。这些形象和名称是中华民族的民间文化符号，例如刘三姐歌谣、阿诗玛、拉仁布与吉门索、花儿、木卡姆（含刀郎木卡姆）、威风锣鼓、花鼓灯、热巴舞、昆曲、评弹、傩戏、乌力格尔、少林功夫、武当武术等，一旦将它们用于商业活动，虽给商家带来巨大的经济效益，但是，这种使用必须有序进行不能不经许可随便使用。"❶ 人们越来越相信商标所被嵌入的价值观、愿景和理想。作为文化标志，商标占据了我们社会的中心地位。商标成为一种文化，即"品牌文化"就是商标显著性发展的终极目标。文化符号被商业化后，成为商标，当商标具有自身的文化内涵后，最初的文化符号的含义也改变了。但是法律体系并没有阻止文化的商业化，相反商标法提供了强有力的保护方式防止商业化的商标被混淆和淡化。所以，"这种不

---

❶ 苏喆："文化符号商业表示功能的商标法规制——滥用民间文化符号注册商标的非正当性分析"，载《知识产权》2011年第1期，第95页。

对称的保护方式使得法律鼓励商标所有人不适当地利用了文化符号的价值，通过文化符号修饰他们的商标，在这一过程中逐渐使文化符号商业化。这样看来，商标法成为文化商业化的推手，使商业价值占据了文化的中心"。❶

一、商标文化含义的生成

在商业世界中是通过语言和想象向消费者传达有关商标的信息，从文化角度看，商标实质上很重要，商标包含丰富的文化表达，我们几乎没有意识到，商标已经渗透到生活的每个角落，商标也是语言的一部分。知识产权的文化内涵被解读为，"知识产权中包含很多重要的文化形式：版权和商标被认为是直接的交流工具，他们被私人所掌控。抑或是知识产权为产品和文化领域主体构建提供了支持"。❷ 认识到知识产权的竞争是一种文化竞争，基于知识产权文化层面的研究，有学者提出了"文化战争"的观点：创造性内容在社会中的战争。❸ 事实上，商标法中对品牌文化的关注反映出研究方向已经触及商标的文化功能，但是并没有深入。人们多样丰富的生活方式已经展示了商标正成为流行文化的一部分。探讨商标的文化功能可以对商标的发展形态做出全面把握，也对商标法的发展做出正确的理解和判断，对商标法律制

---

❶ Katya Assfa, The Dilution of Culture and the Law of Trademarks, *IDEA*: *The Intellectual Property Law Review*, Vol. 49, Issue1 (2008), p. 88.

❷ Lionel Bently. Jane C. Ginsburg&Jennifer Davis (eds.). *Trade Marks And Brands*: *An Interdisciplinary Critique*, New York: Cambridge University Press, (2008), §2: 15.

❸ Jason Bosland. The Culture of Trade Marks: An Alternative Cultural Theory Perspective, *Media & Arts Law Review*, Vol. 10, Issue 3 (2005), p. 99.

度的解读和完善具有重要意义。

商标的文化功能是指"商标区别不同消费层次，反映社会经济、文化变化的功能。这种功能对于商标使用者制定生产、销售策略，研究社会经济、文化的历史及其变化都有重要作用"。❶ 商标的基础显著性在于商标具有来源识别功能，但是经过对商标内涵的打造，商标的终极发展目标在于使商标具有文化显著性。商标文化显著性的获得离不开对商标的使用，通过使用给商标注入丰富的内涵，这种使用的最直接有效的方式是广告，商标的广告功能是传达商标文化内涵的手段。"商标的广告功能通过两种形式发挥：识别和劝导。"❷ 一方面，保护商标的识别功能是正当的，在交易过程中，商标提供迅速和准确的信息以区别产品和服务，同时也可以防止竞争中带来的消费者混淆。另一方面，法律也应该保护商标的劝导价值，商标的劝导价值就是商标权人为了取得商业吸引力而围绕商标进行的包装，以吸引消费者，如果不保护商标的劝导价值，商标法的扩张就缺乏合理依据。

虽然商标具有文化显著性，但商标显著性的来源识别功能是最基本的。在确保商标具有基本显著性的前提下，经过宣传使用，商标逐渐发展为商业流行文化的来源，商标本身也可以成为被消耗的产品。在司法实践中商标文化功能亦获得了确认，"在澳大利亚最高法院审理的 Campomar Sociedad v. Nike International Limited 案中，承认了商标所具有的文化显著性，在判决理由中，

---

❶ 李扬：《知识产权基本原理》，中国社会科学出版社 2012 年版，第 710 页。

❷ Jason Bosland, The Culture of Trade Marks: An Alternative Cultural Theory Perspective, *Media&Arts Law Review*, Vol. 10, Issue 3 (2005), p. 103.

法院指出：商标在公有领域和经济资源中都扮演着重要的角色，与传统的标识来源功能不同，商标还传达着有关品牌文化的信息，这是传统的识别功能所无法发挥的。更重要的是，商标权人利用大众传媒，传达了各种有关商标的想象和叙述，这些信息包括个性，以及对周围世界的赞美或者批判。审理本案的法官在判决外评论道："商标已经和一出舞台剧、一首流行歌曲一样，成为一种文化现象，和语言一样成为日常表达的一部分。但显然，对商标的文化属性研究过于偏重对'公共利益'的保护"。❶

罗兰·巴特的符号学理论可以用来分析商标的文化功能。他提出了"符号学系统结构主义语言学"，该理论依据的是符号之间的关系，能指与所指。❷ 例如：一束玫瑰花是能指，所指是浪漫的爱情，所生成的符号含义就是玫瑰花代表浪漫的爱。因此，当所指通过能指表现出来，就生成了符号。形成的符号就是文化资源，即能指与所指的结合。然而，这些元素之间的关系不是自然生成的，而是需要经过一个意义生成的过程。根据巴特的理论，符号是可以用来表示事物含义的。因此，"古奇"这个商标就可以代表服装公司，符号的指示作用反映在法律中就是商标，商标是用来指示产品和服务的来源。符号除了指示和标签的作用之外，符号的含义本身也是在不断发展的。例如，古奇的产品奢侈、昂贵，古奇的商标本身就象征着财富。巴特认为，符号具有这样的内涵是一种文化。此时，古奇不仅代表服装公司，这种文

---

❶ Alex Kozinski. Trademarks Unplugged, *New York University law Review*, Vol. 68, Issue 3（1993）, p.961.

❷ 张淑萍："罗兰·巴特符号学思想述略"，载《贵阳学院学报（社会科学版）》2009年第4期，第97页。

化内涵使古奇渗透到人们生活的各个方面。最后，符号与含义的关系通过符号学结构发展成为更深层的关系——二阶能指。例如，古奇是能指，所指是服装公司，同时古奇的另一个能指是"奢侈"，即通过古奇，代表服装公司，进而联想到奢侈，这就是商标的文化内涵。

商标被人们赋予了文化信息，包括阶级、性别、教育、价值观等。"消费者对商标而言具有重要的意义，他们是商标的直接使用者、商标意义的确定者和商标价值的决定者。因此，商标成了价值指示状态，代表使用商标的人的喜好以及愿望。"❶ 符号的价值内涵不仅取决于符号的结果关系，也取决于符号的显著性，即符号的区别功能。巴特指出，不同的符号媒介的关系是存在区别的，通过隐喻或者借喻，符号之间的关系会变化，产生价值增值，价值增值带来的结果是符号成为流行文化的一部分，商标成为语言，成为文化表达和批判的来源。商标的"表达性使用"观点认为商标成为语言，也就是说，用商标表达价值上的关联。在某些情况下，商标会成为一种表达范式，成为日常生活中的语言，例如，娃哈哈（果奶）广告"喝了娃哈哈，吃饭就是香"用娃哈哈代表健康。

商标的文化含义不是凭空出现的，而是不断被解释和发展的，但是对商标文化含义的解读通常是颠覆性的。"有学者指出，商标作为一种符号资源，具有识别、戏仿和批判的多重功能。艺术家经常在作品中使用商标，他们将商标看作流行文化和社会身份的辨识工具。商标被压缩成为日常生活的产品和消费对象。购

---

❶ 邓宏光："论商标法的价值定位——兼论我国《商标法》第1条的修改"，载《法学论坛》2007年第6期，第89页。

买带有某种商标的产品看似是不经意的,但随着对商标的使用不断持续就会形成商标语言。"❶ 商标的符号价值可以对抗其他的商标,这是一个不断变化和演变的过程。当然,商标权人自身也参与到这个过程中。那么,如何在商标法中定位商标的文化功能呢?这需要结合商标淡化理论来分析。

根据谢希特的观点,商标的主要价值在于商标的显著性,商标的显著性可以通过淡化理论获得保护。淡化理论认为,如果使用相同的商标在不同的产品中,或者将商标做其他的使用,导致商标的显著性退化甚至丧失,商标的商业吸引力会消失。尽管谢希特的理论得到广泛的支持,淡化理论在适用中却出现了很多的不确定和难以理解的问题。随着淡化理论被适用于司法实践,反对淡化理论的观点日益增加,法律文化学者认为,商标的反淡化保护剥夺了公众利用商标表达自身观点的权利。而商标法也过于关注商标的经济价值,忽视了商标法本来具有的社会责任。淡化理论的适用存在诸多争论,实际上反映出对商标功能认识的不足,商标不止具有经济功能,还具有文化功能,经济分析并不能提供足够的理由来阐明反淡化保护的合理性。反淡化保护也要考虑公共利益的界限,商标文化功能的重要性就在于不能忽视对公共利益的界定。

从品牌的长期发展战略来看,商标权人更愿意也必须投资、维护和发展商标的文化显著性,但是法律如何保护权利人的这部分投资?这需要保护吗?"支持商标淡化保护的观点认为,防止

---

❶ Rosemary J Coombe, *The Cultural Life of Intellectual Properties*, Duke University Press, (1998), §20:70.

商标淡化就是保护公众使用商标语言的文化利益。"❶ 那么为什么反淡化保护也同时维护了公众的文化利益呢？因为，如果商标含义的符号结构被淡化或者被摧毁导致商标的退化，那么商标的表达功能就被彻底破坏。而谨慎地接受淡化理论就是为了防止上述情形发生。商标意义的稳定性越来越受到关注，因为社会的媒介越来越多，人们的关系也被媒介加强，例如广告就成为身份建设和社会表达的核心，广告和商标组成了媒介的公众话语。为了在公共领域建立信息交换，商标需要保持相对的稳定外延结构，商标的表达潜力需要被维护。"商标淡化"就是将商标外延的双重意义，即一个商标（能指）用于一个以上的交易（所指），这就破坏了商标的含义。如果商标的内涵被破坏，公众又如何使用商标来进行表达呢？如果允许商标共存，商标同时被多个人使用，商标作为表达的功能就无从发挥，即商标传递信息的能力会消失。目前商标法淡化理论的设计仍然是围绕防止商标来源识别功能的丧失，很少关注言论自由和公共利益。但需要强调的是防止商标的显著性丧失，同样有利于公众的文化利益。❷

"根据文化符号学理论的观点，一旦对符号的使用建立起来，就会进入人们的日常生活，这会逐渐改变文化符号的含义，从而对符号本来的意义构成威胁。最直接的例子就是广告，广告是从符号所指中提炼出他们所需要的表达。当符号意义开始逐渐被破坏或者缺乏稳定性，文化符号就会变少，符号就会逐渐丧失文化

---

❶ Jason Bosland. The Culture of Trade Marks：An Alternative Cultural Theory Perspective, *Media & Arts Law Review*, Vol. 10, Issue 3（2005）, p. 105.

❷ Kim Lane Schepple, Legal Theory and Social Theory, *Annual Review of Sociology*, Vol. 383（1994）, p. 20.

意义。"❶ 淡化理论难以平衡的问题是如何调整存在的利益冲突，即公众使用商标作为表达工具，而需要防止这种使用给商标文化功能带来伤害。研究这个问题的学者举了一个例子，在一则广告中，足蹬至少6英寸高跟鞋的女模特走下奔驰轿车，尽管在广告中没有使用奔驰商标作为任何符号意义使用，或者作为商标出现，但是"奔驰"商标是和财富、高品质联系在一起的，这则广告实际上就是利用了奔驰商标的文化价值提升产品的品质。问题在于，如果广告宣传中的产品是低劣的怎么办？公众不会将该产品和奔驰汽车混淆，也不会认为奔驰汽车和该产品存在赞助关系，但是在这则广告中，奔驰汽车和低劣的产品联系在一起了，这会对奔驰商标造成淡化，对"奔驰"商标的表达功能产生影响。

问题在于从商标显著性角度看是否需要保护现存的文化表达，目前的结论是公共利益中的言论自由以非商业的使用为限。任何言论如果超出了商业使用的范围，例如戏仿、批判或者评论，都是非商业化的使用。从淡化的角度谈商标的保护，适用范围限制在不会引起丑化和退化，法律保护商标的文化表达，同时，允许对商标既存的文化价值的使用。

二、商标的文化价值批判

（一）作为文化符号的商标

符号，代表一种思想或者是既定文化的象征。文化符号可以从多种形式中获得。例如，"爱情"，可以用来代表一种罗曼蒂克

---

❶ Katya Assaf, Brand Fetishism, *Connecticut Law Review*, Vol. 43, Issue 1 (November 2010), p. 92.

的关系。然而,其他的符号也可以用来指代爱情,例如钻戒。浪漫爱情观念本身就是一个文化符号。从符号理论来看:X被创建,用来区分或者是修改X与其他符号之间的关系。其他符号当与X建立起联系之后他们的意义将不可避免地发生变化。如果X足够强大,会与其他符号建立起主要联系。"例如,'纳粹'已经成为一个强有力的符号,任何与之建立联系的符号都会与纳粹建立联系。然而这个'万字符号'是源于佛教,却与纳粹建立了联系。"❶ 最常见的是新的连接只加入了附加含义并没有完全覆盖原意。所以当提及"纳粹"人们很容易将其与德国联系起来。当两个符号联系起来,在较弱的联系中这种影响会更加明显。因为德国是个很强的文化标志、纳粹与德国的联系要强于德国与纳粹的联系。立法有时对这种相互影响的语义关系表现出关注。例如,德国刑法典禁止宣传使用纳粹标志。英国1994年的商标法案,禁止以商业目的使用皇家标志。尽管对于这两个标志的态度不同,前提都是保护文化符号的内涵。在美国,法律并不禁止使用万字标记,一些政治团体用该标记来批评不义战争,例如伊拉克战争。万字符号标记通过增强符号的力量来表达一种抗议。这种与文化的符号连接表明,符号表达一种抗议,所抗议的事物是人民所憎恨的。但这种联系也淡化了万字标记的意义。如果万字标记逐渐演变成一种批评,那么它之前的可怕含义就消失了。同样的,商业性地使用英国皇室标记,就会给所推广的产品蒙上一种贵族的标记。这样的广告将会使皇家标记受到贬损,损害他们的独特性和严肃性。

---

❶ 佚名:"卐是如何成为纳粹标志的",载《文史博览》2010年第6期,第63页。

（二）商标与文化符号淡化

创造一个有吸引力的商标，首先要选择符号。有些公司会创造全新的符号，例如，联想、东芝。然而，更常见的情况是，选择一个既存的文化符号，通常是与商标建立起一个积极的联系。当公司创建了商标，商标有两个主要作用：第一个基本功能是使消费者将这个符号认定为商标，发挥识别产品来源和出处的功能；第二个功能更加重要，即要赋予商标一定的文化内涵，就是说创造一个有意义的文化标志。而符号间的影响是相互的，当文化符号的含义嵌入了商标含义中，商标的含义也会影响文化符号的含义，而这种相互影响的程度取决于两个符号的强度，如果商标的影响强，那么文化符号的影响就会减弱，商标的意义就会渗入文化符号之中。

"以耐克为例，耐克的本来文化含义是希腊的胜利女神。这个符号被选为商标，是因为其含有胜利、成功、克服逆境之意，通过'Just Do It'这个广告语来传达这些理念。"❶ 耐克商标的力量如此强大，以至于商标的价值理念完全覆盖了这个标志的本来含义，它的原始文化符号反而成了第二含义。"女鞋品牌达芙妮就取自露水之神（Daphne）的名字，她是阿波罗初恋情人，但是她拒绝了阿波罗的追求并请求自己的父亲把自己变成了一棵月桂树。作为一个女性品牌，达芙妮象征着女性的尊贵、优雅和妩媚。"❷ 这两个例子也反映出，符号含义的影响并不代表商标的强

---

❶ 戴贤远："品牌标志内涵解析"，载《上海商业》2000年第1期，第40页。

❷ 戴禄华、尹乔、谢锦芳："论希腊罗马神话对英语词汇的影响"，载《怀化学院学报》2011年第10期，第83页。

大，而是最初的文化符号含义较弱，而当文化符号的含义足够强大时，使用这种文化符号就不会导致商标的含义占据主导地位。

为了创建一个成功的商标就必须在商标与产品和服务之间建立一个很好的联系，更重要的是，要在商标中融入一定的思想和理念。现代经济环境中，商标作为一种符号是用以自我表达，自我认同，甚至是自我实现。选择一个具有积极意义的文化符号，有助于这个目标的实现。当然仅是这种积极的联系并不足以创建一个有很强的识别性又十分有意义的商标。尽管有很多商标与现有文化标志相似或者包含这些文化符号，一个成功的商标也可以创造出一个全新的有意义的标志，利用市场手段可以创造出商标的文化含义。最重要的手段是广告，现代广告的功能在于宣传商标，广告通过想象、颜色、惊喜、音乐、韵律来传达信息。用符号模型解释，就是广告的主要目的是建立起商标、产品和服务与其所代表的积极文化含义的联系。为了将商标与一定的社会文化联系起来，广告必须探索文化符号以及与其相关的文化含义。例如，要建立起商标与罗曼蒂克的爱之间的联系，广告可以用"爱"这个主题展示他们之间的关系，可以用钻石戒指代表或者一对情侣漫步在海滩的画面代表。广告告诉我们迪士尼是地球上最幸福的乐土、菲亚特是激情的象征，等等。如果不断地重复多次，这些宣传就逐渐在消费者中创建了一个连接，就是商标和它所蕴含的积极内涵。人们追求的事物很多，包括追求幸福、自由、爱和专业上的成功等，最终通过广告传递出来的就是将商标和这些理念建立联系，这个过程加强了广告中宣传商标的文化意义，强调这种文化意义是可以被消费的。尽管并不是每个广告都能增强商标和文化理念的联系，它们累积的作用在于建立起消费和重要的社会价值之间的联系。"人们开始认为消费是十分重要的，消费与幸福、欢乐、自由、自我价值联系起来。因为在符号学领域存在交互的作用力，所以这个过程就是一把双刃剑。消费的文化理念已经被整合进了商标的价值中。"❶ 换句话说，如果消费代表着幸福，那么幸福当然也就意味着消费。如果奢侈的车、在法国高档餐厅的奢华晚餐或者昂贵的珠宝是真爱的象征，那么真爱也就包括消费这些内容。"文化理念与平庸的消费概念联系起来，淡化了其原本的意义。有学者指出即使身在天堂也很难描绘出天堂，但是商标在商品和服务中制造了天堂。"❷

广告不过是一种市场工具用以将商标和文化意义联系起来。但这种工具侵入了被使用的文化符号的意义之中。例如，商业公司赞助文化活动，在活动中要植入公司的商标。奥林匹克运动的商业化就是一个例子，可以用来解释上述现象。在这期间，商标与每个运动项目都联系起来，包括运动员自身、运动精神都市场化了。奥运会本身就是一个大规模的市场推广事件。如今，"植入式广告"这一市场技术越来越受到推崇。❸ 品牌商品被嵌入到场景中，在一个自然的故事中，商标很自然地就出现了。植入广告使得公司可以和消费者沟通，而当人们试图跳过广告，抵御广告的影响，他们会发现，嵌入在娱乐信息中的广告无处不在。他们无法抵御嵌入式的非商业性信息。也就是说，将商标从市场中分离出来，使得商标更像一个创造性工作的一部分，这样产品的

---

❶ Heather Angeline Dunn, Hip Hop Culture Raises Host of Trademark, *The National Law Journal*, Vol. 15, Issues (5), 2003, p.1010.

❷ Mark A. Lemley, The Modern Lanham Act and the Death of Common Sense, *Yale Law Journal*, Vol. 11 (1999), p.1088.

❸ 植入广告是指将商业标志插入到一个娱乐事件中，主要包括电影、电视剧，以推广品牌。

优点看起来就更具可信度。因此，詹姆斯邦德手腕上的欧米茄手表比任何商业宣传传达的商业信息更令人信服，欧米茄商标代表魅力、勇气、成功、智慧和幽默。从"007"电影诞生以来，诸多的品牌因为植入"007"而获得营销上的成功，"邦德效应"也让更多的品牌抢夺"007"冠名权。❶

在符号的交互影响中，时常会使事情朝着相反的方向发展。例如，当耐克作为商标使用在运动鞋上，这个标志本身的胜利女神的含义就消退了。因为市场营销的目的在于增加商标的价值，文化符号通常被用来加强商标所代表的意义。将商标和文化符号联系起来，使商标变得更强大、更吸引人、更独一无二。因为交互式的影响，通常是朝着相反的方向发展，文化符号在这一过程中最终变得相对弱化，独特性减弱。学者将这个现象定义为"文化淡化"。❷

（三）法律与文化符号

从商标注册制度来看，除了国旗、联合国徽章及其他国家的国旗国徽，文化符号不能获得保护。除非它作为商标一部分或者已经与一个组织和个人建立起了联系。对于一些特定的文化符号，例如那些文化遗产，能否注册为商标？不是不存在可能性的，关键在于如何在权利人手中将这些符号合理地转化成商标。如今注册商标不仅用来说明产品来源，也用于许可商标的使用，通过转让商标的使用权用于其他商品的装饰，如海报、文化衫、

---

❶ 李光斗："007电影中的广告植入营销"，载《经理人》2016年第1期，第21页。

❷ Katya Assfa, The Dilution of Culture and the Law of Trademarks, *IDEA: The Intellectual Property Law Review*, Vol.49, Issue1 (2008), p.102.

杯子和服装。所以，歌手、球队、大学、社会组织、博物馆等，通常都会将他们的名字和标志注册为商标，可以从其标记的商品化权中获得利润。"最初，商标法并不是用来保护这样的权利的，只有当标志被用来指示商品的出处，并不是用来装饰，才能受到商标法保护，所以问题在于用作装饰的商标是否能得到商标法的保护呢？"❶ "有学者认为将整体形象注册为商标并且通过商品化获得利润，并不同于创造一个商标使用在产品或服务上，这种实践或多或少地将文化符号的意义融入了商标之中。带有大学徽章的文化衫、歌手或者知名运动员的照片证明歌手、球队和大学都是知名的和受到崇拜的，人们希望通过他们使自己区别于其他人。"❷ 将文化标志许可并出售进行商品化造成的结果是，符号是一种消费商品。这种附加含义淡化了文化符号的含义，并减弱了文化符号的力量、权威和可信度。这个附加意义证明，大学不仅是教育机构，歌手也不仅是艺术家、球队也不仅是一个体育组织。商业化的许可使这些团体成为商业组织，这种商业化证明，大学、艺术家和球队都属于商业社会，追求利润成了他们的主要理念。

（四）文化符号的商业化

市场技术的目的在于使商标注入文化含义，然而，这个过程中法律并没有过多的限制，所有的市场手段都意图说明一个事实，就是商标具有文化含义，而商标所标示的产品和服务就是依

---

❶ Ellen P. Winner, Right of Identity: Right of Publicity and Protection for a Trademark's "Persona", *The Trademark Report*, Vol. 71 (1981), p. 199.

❷ Katya Assfa, The Dilution of Culture and the Law of Trademarks, *IDEA: The Intellectual Property Law Review*, Vol. 49, Issue1 (2008), p. 104.

赖于消费者对这种文化的识别。例如，可口可乐公司赞助奥运会是为了使可口可乐商标融入一种全球化的理念，竞争和渴望完美。可口可乐公司赞助也证明了通过消费可口可乐公司的产品，这些价值可以被识别和承认。市场营销更倾向于从心理层面来影响消费者。"更有趣的是，这正是规避了法律体系保护的关键所在。这些信息在法律层面上看并不被认为是误导，因为理论上理性消费者并不会把这些信息太当真。"❶ 严格来说，这些信息就是文化理念与产品和服务的联系。

市场手段开发文化符号价值不会影响公共利益。很多国家的法律体系都不承认改变文化符号的意义会对公共利益产生影响。"以美国为代表的商标法立法理念导致对文化符号无休止地开发，虽然它们如此重要，却被塑造成了商标的商业化含义。"❷ 因此，尽管市场手段是在商业语境下划分的，商业话语却可以为了保护公共利益而被限制，这种分类的限制并不导致对文化符号意义的开发同样受到限制，结果就是文化符号被淡化。当文化符号被注册成商标，利用这些文化符号作为市场工具使得他们与商业利益的联系越来越强。

市场化手段对文化的影响不止于从他们直接传递的信息来看。如今，广告和赞助已经成为媒体的中心和创收的主要资源。因此，广告客户可以在很大程度上控制媒体的内容。可以预见，

---

❶ Lionel Bently. Jane C. Ginsburg&Jennifer Davis（eds.）. *Trade Marks And Brands：An Interdisciplinary Critique*，New York：Cambridge University Press，（2008），§12：32.

❷ Jason Bosland. The Culture of Trade Marks：An Alternative Cultural Theory Perspective，*Media&Arts Law Review*，Vol.10，Issue 3（2005），p.100.

商业资本的运动趋向是逐渐控制各类媒体。各种媒体都通过广告吸引观众，人们或多或少都会受到广告的影响。一旦公司发现媒体吸引观众的能力，他们就试图在媒体中植入他们的产品信息。"例如，1982年可口可乐公司购买了哥伦比亚电影公司，2006年谷歌收购YouTube。"❶ 没有大众传媒会对营销免疫。公司愿意投资的目的在于通过媒体宣传自己的产品信息。媒体的运作需要大量的资金支持，如果没有利益回报，就不会吸引到投资。在资本的世界中和自由市场竞争中，产品最终流向是落入到肯定其价值的人手中，也就是说，有人愿意出高价购买他喜欢的产品。观众是公司推广产品的前提，公司要做的是把观众的兴趣转化为利润。因此，各种媒体吸引观众都不可避免地通过传递市场信息的手段。当媒体被赞助商或者广告主控制，商业利益逐渐超越了内容。公司成为其所控制的媒介的主导力量。因为广告主愿意花大价钱在媒体中推广其产品，他们最终会对媒体的内容产生影响。因此，推广商业产品和服务逐渐成为媒体的主要内容。尽管公众对于商业集团控制媒体已经有所抵触，现存的法律制度却没有抵制这种把文化商业化的趋势。如今很难想象推广产品和服务不会侵入到文化领域。总之，创造商标意义的过程已经深深地影响了文化环境。这个过程在资本逻辑和自由市场经济中得到了实现，资本的神圣权利没有任何限制。资本可以控制和购买任何他们想要的东西。当他们想利用任何媒介来促销他们的商标和相关的消费理念，几乎没有任何阻碍来挑战这种主流的商业思想意识。

文化符号商业化的提出受到了鲍德里亚的符号消费理论的影

---

❶ 周根红：" 美国视频网站You Tube的竞争策略"，载《中国传媒科技》2009年第5期，第50页。

响。"鲍德里亚的符号消费理论是与马克思的商品拜物教和西方马克思主义学者的消费异化理论一脉相承的。鲍德里亚认为文化在资本主义社会作为一种商品,在消费方式、消费内容、消费动机方面都已经符号化了。文化符号化的实质是在消费社会中文化的意义与符号之间产生了无法逾越的跨距,在大众传媒的强大推动下,文化的意义被消解,人们的文化消费只是符号消费。"❶ 受符号消费理论的影响,在商标法学的研究中,有学者已经旗帜鲜明地对商标法进行了批判,认为商标法推动了浮躁的消费文化的发展,形成了"品牌拜物教"。"但是我国有学者对商标与消费文化的关系持支持的态度,正是由于商标符号化,消费文化的发展导致商标具有了符号表彰功能。"❷ 如果对商标作为一种文化符号持批判态度则认为应该限制商标法的保护范围,而支持的观点则认为应该顺应这种信息时代发展所带来的必然趋势,商标法的保护范围需要进一步扩大。从法律角度论证商标文化的影响还需要探讨商标的文化价值对商标显著性的影响。

三、商标文化理论对商标法的影响

商标法的立法目的在于将商标作为识别商品和服务的符号保护。这个目的具有两个利益取向:(1)保护消费者不受到混淆;(2)允许生产者依靠凝结在商标中的商誉在其提供的商品和服务中获得利润。消费者将商标作为一种"信息块",用来降低搜索

---

❶ 燕军、吴宁:"论鲍德里亚的文化符号消费理论",载《常熟理工学院学报》2008年第7期,第17页。

❷ 徐聪颖:《论商标的符号表彰功能》,法律出版社2011年版,第10页。

成本，鼓励商标所有者通过给消费者提供高质量的产品和服务创造和维持良好信誉。为了维护商标，商标所有者进行投资，投入更多的努力创造商标的文化意义。"商标所有者，试图将他们的商标和文化符号联系起来将商标打造成文化符号，而不仅仅是加强商标与商品和服务的联系。"随着时间的推移，商标所有者投入了更多的努力在创造他们商标的文化意义，从这个意义上说，有学者认为这背离了商标法的立法初衷。❶ 商标所有者不再致力于提高产品和服务的质量，大公司往往投入更多在广告和其他的市场营销手段中。商标法看起来赞同并且鼓励这样的发展趋势，因为商标法保护商业化后的文化符号的商业含义，也就是说，商标法肯定商标所有者所创造出来的这种转化后的意义。❷ 这样的保护理念造成如下三个结果：（1）对消费者混淆判断的广义解释；（2）为商标淡化提供保护；（3）认为商标是一种广义的财产权。

（一）商标混淆可能的判断

消费者对商品或服务的混淆之虞，是判断商标侵权的基石。当做狭义解释，混淆之虞测试仅包括商标的基本功能检测：识别产品或者服务来源。因此，狭义解释就是商标与产品或服务的符号关系。对于该规则的广义解释，导致保护商标与各种文化符号的符号关系，因此事实上建立和加强了一定的文化语境。在 Texas Tech University v. Spiegel berg 案中，Texas Tech 是公立大学，经

---

❶ Katya Assfa, The Dilution of Culture and the Law of Trademarks, *IDEA：The Intellectual Property Law Review*, Vol. 49, Issue1（2008），p. 110.

❷ Katya Assaf, Brand Fetishism, *Connecticut Law Review*, Vol. 43. Issue1（November 2010），p. 110.

过多年发展，该大学的各种标记已经和这所大学特别是大学的研究项目联系起来。❶大学将这些标志注册为商标并许可这些标志在不同的商品中使用，一年可以获得超过8 000万美元的收益。被告出售了未经授权而使用了该大学标记的产品。法院认为消费者混淆之虞建立在这样的假设之上，大学的标记用在商品上就是吸引公众购买的前提，而这些标记需要获得大学方面的许可。法院支持大学的请求，根据商标显著性理论分析，易识别就意味着是具有显著性的商标，对于大部分消费者来说，产品和服务来源于商标所有者。具有显著性的商标有权基于商标法获得保护，因为商标的显著性因素决定了消费者的混淆可能。本案中，大学实际上并未生产产品，大学商标的声望表明，该大学的商标是一个很强的文化符号。法律裁判的标准不仅在于支持，更在于鼓励对于文化符号的商业化使用。特别鼓励法定所有者对于文化符号的投资和建立起他们之间的紧密联系。因此，法律鼓励文化符号的所有者让消费者认为他们不仅是大学，教育提供者等，而且他们是商业主体，建立在文化符号授权之上的商业主体。所以，这样的实践事实上淡化了这些符号的意义。

(二) 售后混淆

当消费者认为获得了一个形似的产品，售后混淆就出现了。有学者指出最初的消费者如果使用了仿制品，其他人却看不出来，认为他使用的就是真品，类似这样的混淆是不应受商标法保护的。商标法的首要目的在于防止消费者的混淆。然而，售后混淆越来越被看作商标侵权的一种方式。也就是说，如今的消费者不能购买假冒的劳力士表、假冒的锐步鞋或者是假冒的里维斯牛

---

❶ Tex. Tech Univ. v. Spiegelberg, 461 F. Supp. 2d 510（N. D. Tex. 2006）.

仔，甚至他意图购买假冒商品也是被禁止的。对售后混淆的限制一般根据是否损害商标所有者的商誉来判断，当消费者认为所购买的廉价商品和商标持有人有关时，损害就发生了。1962年，美国议会修改了兰哈姆法，将"购买"与"消费者混淆"的关系删除。法院认为这样的修正扩张了商标侵权的范围，包含了不以购买为目的的混淆，重构了售后混淆原则。❶ 法院认为仿冒品的存在会严重削弱正品的价值，因为仿冒品的价值来源于真品的稀缺性，仿冒品的存在无疑会削弱驰名商标的文化内涵。

（三）网络环境下的初始兴趣混淆

在商标法中另一种商标所有人渗透商标文化意义的趋势在于网络域名的覆盖。相对于大公司对电视、广播、出版社和其他其所赞助的媒体来说，网络是一个相对难以掌控的媒体。"根据初始兴趣混淆原则，商标侵权不仅在消费者购买时出现混淆，当对商标的使用造成消费者对产品兴趣的来源混淆而不是对商标所有人的混淆，侵权依然成立。"❷ 在网络环境中，当使用者键入商标名称作为域名，法院就假设使用者希望链接到商标所有人的官网。因此，法院认为使用者如果链接到了不同的网站，则混淆成立。在这些案例中，事实不过是被告的网站容易引起对原告经济利益上的损害，因为对原告来说这足以构成商业性使用。当然，使用者键入商标名称一般搜寻的是商标所有者的网站。现实中主要目的在于通过站点信息表达自己支持或反对商标的也不乏其人。允许商标被用作域名而搜索到这样的站点可以使公众对于商

---

❶ S. Rep. No. 87-2107, at 2847, 2850–2851（1962）.

❷ 邓宏光："商标混淆理论之新发展：初始兴趣混淆"，载《知识产权》2007年第3期，第73页。

标的批评和反对有所了解,这样也可以使人们自由地讨论商标。初始兴趣混淆完全没有关注网络用户自由访问站点的结果。

(四) 商标淡化

淡化是用以保护未发生混淆时的侵权。不同于传统的商标保护,淡化原则并不是出自保护消费者利益的动机而是仅从商标权人的利益角度保护商标的独一无二的显著性,使商标显著性不被逐渐削弱。也就是说,这个标准详细设计了保护商标的文化价值。淡化分为丑化和弱化两种形式。弱化作为淡化的一种,是指当驰名商标被使用在不同的产品或服务上,弱化并不会引起消费者混淆,而是将商标与其所有者的联系切断了。

"任何一种改变文化符号含义的行为都会使这个文化符号具有新的内容。以著名的莫里斯案为例,尽管消费者认为被告店名与'维多利亚的秘密'相似,并不会相信'维多利亚的小秘密'和'维多利亚的秘密'有什么联系,毫无疑问,被告的使用行为创建了与维多利亚的秘密的精神联系",❶ 因此,很可能存在这样的情形,一个人曾经看到过被告商店,那么当他看到"维多利亚的秘密"的时候,就会想到"维多利亚的小秘密"这家成人用品商店。这就是为什么,当那位军官指出"维多利亚的秘密"被改变了,被告使用的行为将会建立一个否定性的精神联系,这会使得他不愿意再踏入维多利亚的秘密。莫里斯案已经成为一个转折点,标志着法院禁止这样使用商标,因为在没有混淆的情况下仍然存在损害关系,这意味着商标法构建了一种更强的、更高标准的防止商标被淡化的标准。

弱化行为,实际上是改变了商标的显著性。但问题是,法律

---

❶ Moseley v. v. Secret Catalogue Inc. 123 S. Ct 1115(2003).

是否要遏制这种改变呢？改变是通过建立新的精神联系，等价的问题是法律是否允许改变这样的精神联系？"有学者指出，文化符号是不受保护的，耐克的本来含义是希腊女神，作为希腊女神的含义，不受保护，对于耐克运动鞋品牌来说，这个含义也只是一个附加的含义。"❶ 现实中，很多处于公有领域的文化符号对其使用不受法律保护，但当这些符号被转换成商标后，对其使用就受到法律的限制。有学者指出这种现象是不公平的，"商标是从具有精神和重要意义的各种文化符号中创建出来的。然而，当他人试图利用这些文化符号的含义时，这些符号包含了商标的经济价值，法律就禁止这样的使用了"。❷ 这样就导致一种不对称的关系，在各种符号与商标之间，文化符号的含义只能朝着一个方向发展——从文化的公有领域进入商标的经济领域，成为私有财产。

综上所述，商标持有人使用每种可能的媒介来提升消费的文化意义，强化商标的文化价值。允许驰名商标被用在不相同的产品上，没有造成混淆，最终会淡化驰名商标的文化显著性。从经济分析角度看，弱化带来的淡化是为了阻止弱化消费者对产品的兴趣，因为当一个商标被非混淆使用所淡化，消费者脑海中与商标的联系和商标持有人的联系就会被阻断，而不再是简单和直接的。这个过程增加了消费者的搜索成本，这显然不符合商标法的主要目的。"研究表明，对商标的弱化使用会增加对商标搜寻的

---

❶ Katya Assfa, The Dilution of Culture and the Law of Trademarks, *IDEA*: *The Intellectual Property Law Review*, Vol. 49, Issue1 (2008), p. 101.

❷ Heather Angeline Dunn, Hip Hop Culture Raises Host of Trademark, *The National Law Journal*, Vol. 15, Issues (May) (2002), p. 2003.

速度迟延125秒,这是严重的增加搜索成本的行为。驰名商标,特别是受到淡化保护的驰名商标,会逐渐被这种弱化的淡化所影响。"❶ 因此,通过弱化带给驰名商标的附加的含义,会改变其本来的文化含义。

丑化表现为当驰名商标被使用在冲突的场景中,与商标权人所维护的目的不符。丑化在商标法中最精确的主张在于,是为了保护商标的文化含义。反对丑化,在于保持驰名商标许可使用的整体含义,这种标准的含义是驰名商标持有人通过努力所创造的。反淡化法定义了丑化,对其做了广义解释,即伤害驰名商标的荣誉。从丑化表达中会造成一个趋势,阻断一切有关商标含义的表达出现。"如今,商业社会由消费者和纯粹的以消费为动机的言论构成,这种言论引导着公众舆论。公众只站在经济利益角度来表达言论比阻断人们聚集在街头听音乐更加可怕。"❷ 当使用是为了批判商标的价值,或者商标被选作对社会现象进行评价,不认为是丑化。不同于批评一个商标,使用者有时会开发商标的积极文化含义作为一种工具来帮助他们传播信息。弱势团体经常使用这样的策略来挑战或者提高他们的社会形象。例如,"同性恋奥林匹克"❸ 运动员都是同性恋者,作为弱势群体他们使用奥

---

❶ Jessica Litman, Breakfast with Batman: The Public Interest in the Advertising Age', *Yale Law Journal*, Vol. 108 (1999), p. 1717.

❷ Patricia Loughlan, Protecting Culturally significant uses of trademarks, *European Intellectual property Review*, Vol. 22 (2000), p. 331.

❸ 世界同性恋运动会由同性恋者国际体育组织举办的一个运动会,创始于1982年,首届大赛在美国旧金山举行,之后每四年举办一届。它是一个由同性恋社区举办的体育和文化活动。同性恋者运动会不限制参赛者的运动水平和年龄等,业余体育爱好者和高水平的职业运动员都可报名参与。

林匹克标识，开发了商标的文化价值含义来表达一种需要社会认同的信息。但是，在奥林匹克的判例中，这种使用行为是被禁止的。奥林匹克标记不能成为同性恋者争取平等地位的工具，这是商标所有者所不愿意看到的。如果没有权利人的许可，米奇和米妮不允许被使用在有关种族歧视的表达中。而检视一下"同性恋奥林匹克"这个例子，奥林匹克是重要的文化符号，运动员参加运动竞技，公众观赏和讨论比赛，媒体和文学作品都对奥林匹克的含义赞誉有加。然而，一个团体拥有有关奥林匹克的标记的全部权利，那就是奥委会。这一权属允许奥委会控制奥运商标的文化含义并从对这些符号的经济利益的开发过程中获益。"从1984年到2000年，奥委会选择了最广泛的商业化奥林匹克运动，有观点指出奥委会剥夺了公众从这个文化符号中获得利益的可能。"❶

四、商标文化与商标显著性

商标本身来源于文化符号，因为选择商标就是选择那些具有美好意义的符号来构建品牌形象，而所谓臆造商标的设计初衷也是具有一定文化意蕴的，经过使用必定也会彰显企业文化理念，进而成为文化符号。显著性的概念一直强调识别力，但是识别力的基础恰恰是符号的文化含义，这样看来商标显著性天生具有文化内涵，而实际上文化符号的意义，应当属于公众，也就是说，属于社会，并不能被看做私有财产。商标所有者积极创造自身标记的文化含义，法律的角色在于，使个人在最小限度内控制这些

---

❶ San Francisco Arts&Athletics Inc v. United States Olympic Committee 483US522（1987），537.

符号。"奥委会没有权利对奥林匹克的文化符号含义作出决定，特别是在判断是否奥林匹克商标可以被同性恋者组织使用的情况下。通过允许奥委会对上述事物的决定，符号的财产化出现了，允许一个组织或者团体决定文化含义，这个结果是否可取成为商标法理论中的争议问题。"❶ 如今，商标的含义一般并不基于所使用在产品和服务的标志之上，商标的含义是由与它相关的很多文化符号创造的，这些符号开始与商标没有关系，商标逐渐吸收了这些符号的含义。虽然这些联系都是任意性的，都是基于心理影响和修辞所构建的。然而，当一些人希望挑战商标的文化含义时，会证明商标与文化的联系或多或少不那么紧密，法律体系并不允许这种挑战，除非改变被限制在一定程度内。因此，在论述符号的文化意义中商标所有者具有十分显著的优势。

忠实于一个品牌不是逻辑上的推理，而是精神上的偏好。消费者因为品牌的价格问题转而选择另一个价格比较低的品牌，这是逻辑原因。然而，当消费者直观地、莫名其妙地喜欢一个品牌，更容易使他们在不断变化的环境中形成品牌忠诚。商标权利被授予是为了鼓励商标所有者投资提高并维护商品和服务的质量。因此，创造和维系他们的商标显著性才是题中应有之义。保护商标不被消费者混淆，这种混淆指混淆产品和服务的来源。然而，当商标文化含义被认为是财产的一部分，商标所有者被鼓励投资打造文化含义而不是为了提高产品的质量和服务。商标的文化含义是通过心理影响创造出来的，在消费者中建立连接，消

---

❶ [美] Wendy J. Gordon 著，李扬、徐珊珊、王穗译："自我表达中的财产权利：知识财产自然法中的平等和个人主义"，载《私法》2008年，第169页。

者意识中将商标和受欣赏的文化符号连接。"这些市场手段淡化了文化符号的非经济性质，使我们生存在一个流行环境中，掌控了我们生活的内容，加强了消费主义的价值观，但是研究结果表明这种价值观对人的影响是反面的。商业公司应当抛弃，而不是鼓励，创造商标的文化含义。"❶ 商标保护范围的扩大，一个因素在于使得这些公司在文化含义的投资中获益。这是当前面临的一个问题，广告设计的主要目的是突出商标的文化含义，而不是提供任何有关产品和服务的信息。经济价值和我们对商标的精神联系鼓励商标所有者考虑通过心理学的方法宣传商标，干预我们的文化叙述。

　　商标的文化含义不应当被简单界定为财产。因为商标权人不能控制消费者的思想领域，商标的文化含义正是与消费者的思想理念相联系。"认识到这一点，有学者指出，作为文化符号，商标不应当比其他的符号优越。文化符号作为资源应当是免费的。商标的文化含义建立在我们社会的公共资源之上，我们的文化领域之中。它存在于人们的思想里，没有人可以被允许在这片领域中主张财产权利。"❷ 从"公共利益"角度看，商标法的法理依据之一就是保护"公共利益"，这在有关描述性商标的注册规定中可见一斑。商标法为了避免将"文化符号"注册为商标，妨碍公众的使用，规定了种种限制规则。但这些规则是具有局限性的，如仅限于国家的标志、地理名称等。而文化淡化理论则关注商标经过使用而具有了文化内涵进而形成与公共利益的冲突。

---

❶❷ San Francisco Arts & Athletics Inc v United States Olympic Committee 483 US 522（1987），537.

第四节　商标显著性的强度：显著性与商标的保护范围

一、来源显著性与区分显著性

在商标法理论中，一个经典的议题是讨论对商标权的保护是从消费者的立场出发还是从商标权人的角度出发，而支持消费者主导的学者认为，消费者可以衡量商标法中的一切事情，商标的存在仅仅是消费者将他们视为产品的来源指示。侵权的产生仅意味着消费者将一个商标的所指当作另一个生产者。商标存在于消费者的脑海里作为最纯粹的"无形"知识产权。这使得商标法变得十分不稳定，商标法的法律规则是结果与预期反差很大的。"为了使商标法的法律构造更理性，打破商标的不稳定因素，商标法律体系的设计走向了功利主义，就是围绕着保护消费者利益所设计的制度，学者称之为'消费者主权'这代表着功利主义的最大化。"❶"产品搜寻机制"的观点认为商标具有便利性，但是对于这种经典的法经济学分析观点，毕碧教授认为商标没有这种作用。他认为，讽刺的是在商标法中消费者不是君主而是傻瓜，消费者是广告时代的玩偶。维护商标保护功利主义的观点认为消费者通常不会轻信。从经济学的角度，兰德斯和波斯纳驳斥了

---

❶ Thomas R. Lee, Eric D. DeRosia, & Glenn L. Christensen, an Empirical and Consumer Psychology Analysis of Trademark Distinctiveness, *Arizona State LAw Journal*, Vol. 41 (2009), p. 1034.

"品牌的广告力量欺骗了消费者因此造成垄断"的观点。兰德斯和波斯纳认为,消费者依据商标作为信息工具而已。这场争论也影响了法院的判决,法官们在做出判决时,有时站在消费者的立场上,有时又认为消费者是不理性的。

理性消费者理论认为保护商标的信息内容具有正当性,从这个角度看,该理论也认为对于近似商标应当缩小保护范围,也是具有正当性的。否认消费者的理性特征的商标理论将商标法的理论界定为说服力,认为当给予商标保护时应当扩大保护范围。这两种理论导致在商标诉讼中,控辩双方分别援引不同的理论各执一词,原告倾向于援引消费者中心论,而被告在阐明商标保护的基本原理时他们更多地提到消费者是非理性的概念。但具体又因双方的诉求不同而不同,例如如果当事人希望提高商标的保护范围则提出消费者会被愚弄的观点,如果希望对商标保护进行限制,则主张消费者是理性的。这种争论的持续会造成审判结果的敷衍,因为商标法中始终缺乏一个体系化的合理的消费者理论,特别是缺乏对消费者复杂性的深入研究。意识到问题的根源,毕碧教授从经济和社会意识层面提出两个概念,消费者的搜寻经验和劝导经验。"搜寻经验"将消费者描述为具备在搜寻中可以辨识相似商标的能力;"劝导经验"将消费者描述为通过搜寻可以或者以其他方式抵制商标显著性的说服力和感染力。因此,搜寻经验会在搜寻中引起消费者混淆,劝导经验会使消费者对偏爱的产品信息产生错觉。

要确切理解"显著性"的含义是有难度的。如前文所述,商标的显著性实际上是一个循环的概念,具有显著性的标识可以成为商标,商标就是具有显著性的标识。还有一个问题是,无论在理论上还是实践中都认为淡化会造成对商标显著性的损害,但如何判断"损害显著性"无法具体化。商标法中权威的经济分析理论也绕开了对这个概念的讨论。"商标显著性作为商标法的关键概念成了一个封闭的模糊的区域。"❶ 为了清晰地界定显著性的概念,毕碧教授从符号和语言学的角度对商标显著性进行了分析,解释商标显著性和商业信息以及品牌营销中劝导的关系。他认为,商标"显著性"作为一个一般概念是商标法中长时间使用形成的一种不加区别的指代词汇,逐渐地显著性具有了自身的分类。第一是来源显著性,商标首先用以表明归属。第二和更重要的是区分显著性,以界定商标的保护范围。

(一)来源显著性

显著性的概念问题源于对商标的定义,商标作为来源识别符号。这个定义包含两个不同的商标功能:第一,指示产品来源,和劝导无关;第二,从他人产品中区分产品,就是劝导。为了受到保护,商标必须具有来源显著性。商标的来源显著性如果被消费者认为是指示产品来源,某种程度上是对产品的装饰或者对产品的说明。一些商标具有固有的来源显著性,这些类型的商标和产品没有语义上的联系,例如香烟盒上印着骆驼或者电脑上一口被咬了的苹果的标志,人们看到这样类型的商标就会意识到这些符号具有指示来源的功能。消费者不需要被告知这些符号是商标。这种固有的来源显著性商标可以从其第一次作为商标使用开始受到商标法保护。并不是所有的商标都具有固有来源显著性,很多商标被理解为是具有描述性的或者是产品的装饰。然而,消费者之所以认为他们是商标,是因为经过一段时间的使用这些标

---

❶ Barton Beebe, Search and Persuasion in Trademark Law, *Michigan Law Review*, Vol. 103 (2004–2005), p. 2021.

识取得了来源显著性。这些标识的"第二含义"对消费者来说就是它们表示来源。无论是描述性或者装饰符号，通过商业使用和推广作为来源识别标识获得"第二含义"，就可以受到商标保护。说到商标显著性，所指的是商标的语义，就是符号的"意义"，标识具有来源显著性意味着其功能在于表明来源。

（二）区分显著性

"商标是否具有来源显著性意味着其是否有资格受到保护，具有来源显著性和不具有来源显著性的商标的区别在于种类的不同不是程度的不同。"❶ 当说到显著性的比较或者强度时，则是从其他的商标的角度来探讨显著性。为了传达来源显著性，商标通常在市场中传达，"品牌差别"即"区分显著性"。简而言之，商标不仅是符号或者代表一些事物，商标也可以从所代表的产品中分离。

固有的来源显著性商标被认为是强商标，例如 YAHOO！（雅虎）、Lenovo（联想）。固有的来源显著性商标具有更深层的区分显著性，同样的不具有固有来源显著性的商标需要获得来源显著性和区分显著性：通过商业使用和宣传促销，商标最终从其他的商业符号中分离出显著性，通过和市场联系起来取得"声誉"。"当谈到显著性，不是说的参照，不是对符号含义的引用，不是商标的来源。而是，商标的差别，商标从符号意义上'价值'，在符号系统中一个符号和其他符号的不同。"❷ 区分显著性和来源显著性是密切相关的，但是它们不同。例如，一个商标比其他商

---

❶ Barton Beebe, Search and Persuasion in Trademark Law, *Michigan Law Review*, Vol. 103（2004 – 2005），p. 2022.

❷ Ibid., p. 2028.

标具有更强的显著性,将会被广泛地认知为具有来源识别力,简单地说"商标来源识别",这样的定义合并了商标的来源区别和程度区分。

二、商标显著性与商标的保护范围

分析是否显著性更强的商标可以受到更强的保护,必须清楚一件事情:商标区分显著性很强不能被理解为对于这种商标消费者具有更多的经验。强商标相比弱商标并非总可以获得相对高的保护,考虑到消费者如果形成很强的品牌意识,他们会自动检测到哪怕一丁点的变化,这些变化可能来自品牌外观,例如(Lenovo 变成 Lenovoo),因此避免了来源混淆,意识到任何未授权的品牌扩张(Lenovo 手袋、Lenovo 石油),因此避免了推理混淆。可以确定的是,区分显著性增长的结果是商标保护范围的扩大,商标保护范围的扩大又加强了区分显著性,但这种力量的增加对于消费者搜寻经验没有影响。

(一)消费者的搜寻经验

商标争议中原告倾向于主张消费者在面对产品时是"无知"的,然而被告总是持不同的观点。之所以出现这样的争议是因为站在不同的角度判断商标的保护范围是不同的,如果消费者是成熟的,那么商标保护的范围会缩小,如果消费者是不成熟的,商标的保护范围会相应扩大。消费者"成熟"是指消费者可以在搜寻产品过程中通过商标在相同的产品中避免识别混淆,而且识别出这样的使用指示不同的来源即避免推理混淆。影响消费者作出搜寻判断的因素包括年龄、收入、教育水平、经验和认知行为(指对产品商标和产品领域的认识)。

在确定消费者混淆可能和商标侵权的判例中,法院需要比较相关消费者的搜寻经验，例如，特殊的消费者人群对原告或者被告商标的接触，以考察消费者的搜寻经验。从一般消费者的搜寻经验分析：一些消费者具有极高的搜寻经验（例如专业买手），一些消费者没有，大部分消费者介于两者之间。如果被告的产品是昂贵的或者特殊的产品，那么假定相关消费者的注意程度要高于普通消费者，相反仍然成立。当责成被告停止混淆使用时，法律无法关注全部的相关消费者群体混淆，法律也不寻求消除所有的相关消费者混淆。也就是说竞争性使用的结果是仅仅当一定的相关消费者被混淆，一些消费者和相关人群被类型化为需要帮助。在侵权认定成立时，需要相关消费者混淆达到一定比例。消费人群并不要求具有很高的搜寻经验比例，或者因为经验值低的消费者的存在而扩张商标保护。"如兰德斯和波斯纳提出的观点，这实质上是一个信息成本比较的问题。在涉及专业购买者的案例时，例如，法院提供给原告类型化限制保护范围有时甚至几乎允许相同的商标存在。这反映出法院的裁判在制造者的商标竞争和专业买家之间的徘徊，购买者避免混淆成本低，当他们的信息成本低于那些制造者时。根据消费者在搜寻商品时的注意程度及其购物技能，他们在不同商标之间做出区别的能力是因人而异的。"❶ 在美国判例法中法院假设消费者的搜寻经验是很低的，一些判例展示了令人"难以置信的愚蠢的消费者"。"在这种假设下，法律提供给原告的保护范围会膨胀甚至一些并不近似的商标

---

❶ ［美］威廉·M.兰德斯、理查德·A.波斯纳著，金海军译：《知识产权法的经济结构》，北京大学出版社 2005 年版，第 261 页。

使用也被认为构成侵权。"❶ 在这些判例中,为避免低成本混淆,消费者越不具有经验,所保护的范围就越广。

在相关消费群体的搜寻经验的争论中对立的双方在商标侵权中持对立的法律观点。原告认为相关的消费群体具有较低的搜寻经验。原告希望商标保护的范围扩大,主张被告的商标落入保护范围内,因此要禁止被告的使用行为。而被告则通过主张一定消费者具有相对高的搜寻经验,被告希望商标最终落入原告商标的保护范围之外,缩小商标的保护范围。"有学者表示,法律将消费者界定为'白痴',他们看起来对任何事情都一无所知。"❷"也有观点认为消费者拥有最低限度的搜寻经验。"❸ 根据毕碧教授提出的分析曲线,原告试图扩大商标保护范围而被告则试图限制商标保护范围,然而每个阵营都需要面对一个向相反方向运动的压力。如果一方认为消费者通常不是具有搜寻经验的,以消费者理性为主导的设计基础就动摇了。因为以消费者理性为主导的理论设计认为消费者主要将商标用作信息工具,消费者是理性的不是无知的。奇怪的是,没有任何一方愿意完全遵循他们自己的定位,反而将他们推入更复杂的有关搜寻经验的争论中。毕碧教授认为,之所以争论变得复杂和毫无进展,是因为没有认识到商标显著性的另一特征——劝导经验。

(二) 消费者的劝导经验

商标法广泛接受的理论是在商标用以搜寻的过程中,强商标

---

❶ Stacey L. Dogan, Mark A. Lemley, A Search-Costs Theory of Limiting Doctrines in Trademark Law, *Trademark Rep*, Vol. 97 (2007), p. 1227.

❷ Ibid., p. 1229.

❸ Barton Beebe, Search and Persuasion in Trademark Law, *Michigan Law Review*, Vol. 103 (2004 – 2005), p. 2027.

的搜寻能力要强于弱商标。商标比其他商标越具有显著性，在区别过程中对消费者来说成本越低，无论他们在搜寻中是否有经验。商标的区分显著性强意味着商标权人因此需要内在化一些消费者的搜索成本。区分显著性不过是简单的告知，而商标限制理论认为法律要限制商标保护的范围，必须限制商标的劝说力量，商标权人寻求通过品牌力量改变消费者的喜好，但是消费者一般会对这种劝导进行抵御，甚至根本不接受劝导。

当品牌营销和广告通过大众市场具有了影响力，谢希特指出现代商标法的价值在于商标的出售力，这个出售力取决于消费者的心理，不仅取决于产品的优点，还取决于商标自身的独特性和奇异性。如同谢希特强调的那样，商标的"出售力"不是源于商标的含义，语义内容，而是商标实际独特的程度与其他商标的区别。在有关商标的一份革命性的评论中，谢希特断言"商标在实际上出售产品"。显然，显著性越强的商标，出售力越强。谢希特是首位将商标的显著性推崇至极的商标学者，他认为显著性不只是一种告知消费者来源的手段。他承认，商标的显著性，通过他所认为的"独特性"或者"个性"，同样产生了说服力，影响消费者喜好，显著性越强，说服力越强。"更本质的，他认识到了消费者寻求商标的显著性，甚至是'毫无意义的差异'，这是为了他们自己的喜好。"❶ "商标具有'商业化的吸引力'，商标是一个推销商品的捷径，诱使购买者选择他想要的或者他确信需要的。商标权人开发个性，通过各种努力制造一个市场氛围，创造一个和目标消费群体志趣相投的标志。无论含义是什么，目的

---

❶ Frank I. Schechter, The Rational Basis of Trade-Mark Protection, *HarvL Rev*, Vol. 40 (1927), p.816.

是一致的即通过商标传达到潜在的消费者脑海中,告诉消费者他们遇到了可取的产品。"❶ 商标作为"一种特殊的广告",谢希特认为法律应当给商标的"出售力"予以保护,即商标法保护商标的区分显著性,因为他们可以产生"出售力"。

当在先和在后的商标是相同的或者高度近似,但是指代的是不同的来源可能出现商标淡化。第一个使用者的商标会渐进地受到伤害,在后使用者的商标通过模仿在先商标的在市场中的"独特性或者个性"并减少在先商标的商业说服力。因为担心在后使用的商标将会使在先商标显著性降低,所以寻求反淡化保护,防止任何类似的模仿。美国议会有关联邦商标淡化法(1995)的报告指出,混淆导致立刻的伤害,然而,淡化是一种感染,如果任其蔓延会造成最终毁坏商标的广告价值。❷ 商标的法律和经济理论虽然疲于解释反淡化保护,但至少涉及了搜索成本,这些观点对域外判例产生些许影响。当法院讨论反淡化保护的基础时,开始承认通过法律需要保护商标的"出售力""广告价值""商标显著性"。

当然,区分显著性不是对所有的消费者都具有相同的劝导影响。一些消费者相比其他人来说需要更高的"劝导成本"。这是因为一些消费者比其他消费者更具有经验。劝导力是指消费者能够抵御劝说。"一个重要的概念是'劝说知识'(Persuasion Knowledge)。一个消费者的劝导知识组成为他的常识和经验,经

---

❶ 许聪颖:"我国商标权法定赔偿的现状及反思",载《甘肃政法学院学报》2015年第5期,第86页。

❷ Model State Trademark Act, section 12, reprinted in Thomas McCarthy, McCarthy on Trademarks and Unfair Competition (3d Edition, 1996).

验是指有关动机、策略、商业劝说的效果，例如广告、销售员和品牌。"❶ 这些常识和经验往往是"说服启发式"的使消费者跟得上市场的劝导。消费者也会或多或少成功地抵御这些尝试的劝说。"社会学研究已经区分出影响搜寻经验的各种因素，他们加强或者削弱消费者劝说经验，包括认知能力，知识的主题和主题相关的反劝说能力，自信或者自我选择、自尊、冲动、文化、年龄、性别等。"❷ 一些消费者具有很低的劝说经验，特别容易受到具有很强的显著性的品牌的影响（例如儿童和青少年），一些人具有很强的劝说经验（例如专业买家），而大部分消费者介于两者之间。法律既定消费者的劝导经验和区分显著性的程度对消费者喜好的影响，消费者具有相对较高的劝导经验需要相对高的区分显著性来劝导，在这种情况下，强显著性商标面对消费者具有较弱的劝说经验。诉讼双方通常在商标诉讼中避免使用劝导经验的概念，而选择辩论是否会出现消费者混淆或者欺诈。劝导往往和淡化联系起来，反淡化理论虽然已经成熟，但在司法实践中通过反淡化胜诉的案例并不多见，因为怕造成垄断的结果。在商标侵权案例中需要对利益进行取舍，法律授予对可专利的和可版权的主体财产权，因为他们相信这样做会"促进进步"。商标注册被驳回的原因在于，当法院评估形成垄断的可能而放弃了对商标"销售力"的保护，因为没有更好的理由保护后者。

假设经验是一个重要的中心概念，而过度地估计消费者的劝

---

❶ Barton Beebe, Search and Persuasion in Trademark Law, *Michigan Law Review*, Vol. 103（2004-2005），p. 2029.

❷ 王燕：《消费者主权的社会建构——以"小米社区"为例》，南京大学 2013 年硕士学位论文，第 78 页。

导经验就会形成商标权需要被限制的观点。"限制商标权观点的主要倡导者提出了劝导经验的概念。他们认为消费者的现实主义、怀疑和冷漠是'销售阻力',也能抗衡广告宣传。"❶ 相反的观点认为消费者作为无助的现代广告的受害者,已经失去了对自己喜好的控制权。将消费者假设为具有很强的劝导经验,或者至少认为商业的劝导不会过度地影响消费者的喜好,显然兰德斯和波斯纳接受了这个观点。"商标保护的支持派都承认消费者易感性的问题。然而,他们都没有做出一个原则性的归纳。"❷ 从拥护者的观点看,消费者不是被理解为是可以禁受住劝导的,而是会接纳这种劝导。

搜寻经验和劝导经验的关系不仅是学术争议,伴随着这个争议,商标法保护在缓慢而稳定地扩张。学术讨论对广告或者大众媒体的看法是"操纵",认为广告作品下意识地创造了特定的欲望,消费者需求是一种欲望创设而不是本能,是一种"情境"而不是自主选择的。"假设消费者或多或少开始被操控,如果:(1)他们的选择是从感情或者想象的角度,而不是纯粹从理性的分析角度或者;(2)消费者被劝导购买产品的原因在于不是内在的实用性。"❸ 这个理论将商标预设成为一种和人的本能欲望联系在一起的存在,商标甚至成为文化,这种商标理论是以消费者为主导地位的。

---

❶ Barton Beebe, Search and Persuasion in Trademark Law, *Michigan Law Review*, Vol. 103 (2004–2005), p. 2027.

❷ Ibid., p. 2023.

❸ Deming Liu, Intellectual Property. Other Related Subject: Arts and Culture. Legal Systems, *European Intellectual Property Review*, Vol. 33, Issue 3 (2011), p. 170.

支持商标法的理论则将商标看作一种消费，是满足人们需求的最有效的手段。商标具有文化样态，当一个女人使用欧莱雅的护发产品，她会想到那句著名的广告词"你值得拥有"。事实上，诸如华纳兄弟、欧莱雅公司，这些大公司在打造商标的文化功能时可谓不遗余力，他们创建了消费的神秘氛围。"从消费文化理论看，消费产品不过是'稀缺资源'对于消费者的'象征性的'作品，完美的消费者亦是合格的艺术家。"❶ 文化学者认为，"观众，从商业中来，开始成为制造者，他们制造了品牌的内涵并体验到欢乐"。❷ "文化理论学者的观点是消费社会引发了'权力从制造者到消费者的转移'，消费者具有'生产'的能力，其驱动力是市场和文化。"❸ 但是在回答控制消费文化的腐蚀性和非经济价值的问题上，文化民粹主义并不一定就比新古典主义的观点更好。❹ 换句话说，这个理论没有解释赋予消费者对商标的权力是进步还是倒退。关于搜寻经验和劝导经验的定位在限制论和支持论之间的张力，学院派试图重新思考这个问题。考虑到不同学派对商标保护的不同分析，支持商标保护的观点认为消费者容易被蒙骗，通过劝说使用强商标，混淆的成本要超过信息本身。限制的观点是相反的，消费者不容易被蒙骗，通过劝诱使用强商标，

---

❶ Jason Bonsland, The Culture of Trade Marks: An Alternative Cultural Theory Perspective, *Intellectual Property Research Institute of Australia Working Paper*, No. 13 (2005), pp. 1–10.

❷ Catherine W. Ng, Some Cultural Narrative Themes and Variations in the Common Law, *The Trademark Reporter*, Vol. 99 (2009), p. 839.

❸ Ibid., p. 838.

❹ Katya Assaf, Brand Fetishism, *Connecticut Law Review*, Vol. 43, Issue 1 (November 2010), p. 101.

无论如何，使用这样的商标是信息的获取，超过任何假定劝导的成本。也就是说，商标保护的限制观点强调劝导和消费者的经验。支持的观点强调信息和消费的非经验。限制商标保护的观点认为使用相似的商标消费者是不容易混淆的，因此保护的程度应当收缩。支持的观点做出了相反的回应，消费者事实上很容易混淆，因此，商标的保护范围如果不扩大就需要维持。限制理论强调消费者的信息和经验，支持的观点强调消费者的无经验。张力就在于：限制观点认为一般消费者不容易混淆，但是容易被蒙骗；消费者具有很高的搜寻经验和很低的劝导经验。支持者主张，一般消费者很容易混淆，但是不容易被蒙骗。消费者具有很低的搜寻经验但是具有很强的劝导经验。

每个学术观点都基于一定的政策目标：限制观点认为消费者对于搜寻是有经验的；缩小保护不会引起混淆而是会将错觉降到最低。支持的观点认为消费者在劝导方面具有经验，保护范围的扩张将会引起混淆。"心理学方面的研究提供了一个特别令人沮丧的结论，心理学观点指出消费者容易被商业符号的权力蒙蔽，很多品牌的细节被圣礼化了。"❶ 可以设想一个消费者并不关心某品牌的含义，而购买是出于价格或者一时突发奇想。"消费者是普遍存在的，消费者是不受劝说的影响，在搜寻中毫无经验。"❷ 这样产生两个结果：第一是经验上的；第二是理论上的。作为经

---

❶ Jacob Jacoby, The Psychological Foundations of Trademark Law: Secondary Meaning, Genericism, Fame, Confusion and Dilution, *The Trademark Reporter*, Vol. 91, Issue 5 (2001), p. 1020.

❷ Ellen P. Winner, Right of Identity: Right of Publicity and Protection for a Trademark's "Persona", *The Trademark Report*, Vol. 71 (1981), p. 196.

验的事物，搜寻经验看起来和劝说经验正相关。这很好地确立了消费者具有低的搜寻经验同样具有低的劝说经验。相反的例子也存在，因为媒体的发达，同样出现了消费者具有很强的搜寻经验同样也具有很强的劝说经验。理论的影响更深刻，消费者为君主的理论和消费者为傻瓜的理论都不是法律意义上的消费者而是普通人。商标法理论必须强调理论的政策价值。作为政策理论，支持者和反对者提供给我们的消费者形象都是片面的。"无论是混淆还是蒙蔽；消费者要么选择本能，但本能可能会带来错误的选择，要么选择他所希望获得的，但是选择要根据外部指令。"❶ 毕碧教授认为无论如何选择，事实上分裂的消费者观点根本无法形成一个统一的政策适用基础，进而形成系统的商标理论。政策理论导致两种学院派观点都站不住脚：从法律文化主义的商标理论来看，消费者是一个积极的主体，作为被劝说的对象，他们可以基于他们所创造的文化形式主张所有权。可以说，实际上是消费者释放了文化资源。最终，文化功能观表达了一种被迫"乐观意志"，而从实用主义角度看，不过是给交易的劝导制造借口。

信息和劝导之间权衡的一个驱动力是商标范围的扩张。从20世纪初开始，这个驱动力的核心是商标生产者承担搜寻成本是为了获得劝导利益。事实上，在商标法中，商标保护范围和消费者经验是密切相互依赖的变量；范围影响经验如同经验影响范围。商标法的保护范围是对在市场中的消费者基于法律的对实际搜寻经验的评估，法律因此将消费者预期作为衡量法律授予的标准。"商标权向着一种更广的保护范围发展而消费者的经验越来越少。

---

❶ Ann Bartow, Likelihood of Confusion, *San Diego Law Review*, Vol. 41 (2004), p. 722.

这是因为，商标在消费者预期和法律权利之间涉及更多的并不是简单的双向关系。"❶ 还有一方不能忽略，就是商标权人，特别是强商标的权利人愿意承担消费者搜寻成本，承担了成本，对于生产者来说同样产生了劝导。理性分析消费者成本最小化，同时，十分愿意转移这种成本。商标的显著性越强，法律对消费者的搜寻经验要求越低；而消费者的搜寻经验越低，法律就要提供给消费者更全面、积极的保护。最终，保护的范围开始成为独立变量，而经验由其决定。生产者的商标显著性强，商标的竞争力更强。他们比竞争对手更多地承担了消费者的搜寻成本，也就是说，他们的产品更容易被发现。他们寻求的一言以蔽之，就是积累显著性，从纷乱的市场中脱颖而出。显著性膨胀的结果并没有造成法律中消费者的麻木，而是刺激了消费者。"有学者认为美国商标法的历史是生产者被鼓励在市场中创造更多的信息，之中有劝导，消费者所起的作用越来越少，劝导经验的作用越来越强。"❷

那么，法律可以干涉的是什么呢？事实上只是一点，就目前的理解，商标法主要关注于企业，就是确保市场信息的真实传递和理解。特别是对消费者混淆的探索。"在评估混淆可能的证据时，法官必须把自己放在准买家的位置上。在这个角色内，法院不是作为一个教导公众的开明的教育家，而是作为一个普通的购

---

❶ Barton Beebe, Search and Persuasion in Trademark Law, *Michigan Law Review*, Vol.103（2004－2005）, p.2029.

❷ Ibid., p.2032.

买者具有一种区分的能力也会因为粗心而犯错。"❶ 事实上，法官或多或少要处于这个位置上，法院主张要限制认为消费者是"蠢钝"的。但是更常见的是，法院接受理性消费者的标准，是基于在相关人口中消费者的经验程度，而不是基于什么是消费者的理性经验。

商标法的目的是最低限度地降低消费者的搜寻成本。20 世纪 80~90 年代商标法体系发生了根本的改变，商标变得更强而消费者变得更弱。"裸许可"的障碍放松，以及"一揽子授权"标准减低，法律开始关注"初始兴趣"和"售后"混淆。新媒体的使用，如互联网所带来的更多的消费者的非经验，导致商标法保护的触角延伸。最重要的发展是商标淡化：商标淡化理论被立法采纳宣告了商标法的形式主义。为了保护商标，驰名商标的所有者，会从两个方面阻断被竞争对手搭便车。第一，提出混淆之诉。必须思考，商标的近似性、产品的近似性、消费者的经验、任何形式的"市场渠道重叠"，等等。这些都是对负面功能的限制。第二，提出淡化之诉。但证明存在难度，被告的商标是否和原告的商标足够相似，在消费者的脑海中会产生怎样的"关联"。"而劝导经验和调查根本无关，从消费者的劝导经验来看无论消费者多有经验，都不能控制消费者脑海中的联系。如很多经典的文献所证明的那样，人类拥有两个理性系统，一个是基本规则和分析，其他的是联想和直观感觉，反淡化保护的全部观点开始清

---

❶ Ann Bartow, Likelihood of Confusion, *San Diego Law Review*, Vol. 41 (2004), p. 726.

晰：寻求最大限度的商标诉求和消费者的理性联系。"❶ 毕碧教授的最后结论在于："法律归根到底是规定的，指令性的。未来的商标法应该以商标为中心而不是以消费者为中心，以商标为中心意味着需要调整在消费者领域内无法预见和无法管理的内容。调整的目标是，加强商标作为符号系统的力量。"❷ "尽管人们在探讨商标保护范围时会提到标识力、商标强度、商标名声、商标独特性等概念，但所有这些概念都可以以各种方式归结到或落脚在显著性这一核心概念之上。"❸

本章小结

从定义分析，商标与商标显著性这两个概念是互为定义与被定义项，也可以说商标与商标的显著性这两个概念是同一个问题。商标显著性是一个宽泛的概念，定义其难度在于无法用语言全面概括商标显著性的内涵。其原因在于商标显著性是一个不断发展的概念。要研究商标显著性的内涵需结合商标以及商标功能的发展来说明。商标是一种区别商品或者服务来源的符号或标志。商标显著性为商标标示产品出处使之区别于其他同类产品的

---

❶ Barton Beebe, Search and Persuasion in Trademark Law, *Michigan Law Review*, Vol. 103 (2004–2005), p.2035.

❷ Ibid., p.2037.

❸ 彭学龙：《商标法的符号学分析》，法律出版社2007年版，第176页。

属性。而商标识别商品或者服务来源的功能又是商标的基本功能。这三个概念之间存在紧密联系。商标产生之初是作为一种确权符号，具有简单的区别功能，但商标使用多受到政令约束，商标法律体系没有建立之前也就无所谓商标的显著性。随着商标保护制度的建立，商标显著性的概念才正式确立，对商标显著性概念的研究也就十分必要。随着经济的发展，使用商标成为开展商业活动的基本手段，商标已经不再是简单的标示和区别符号，这体现在商标功能的扩张之中。匿名来源规则的确立打破了商标严格的标识功能，商标还逐渐具备了广告功能和文化功能。商标功能的扩张导致商标内涵的扩张，从而导致商标显著性内涵的扩张，因为商标与商标显著性是同一个问题，商标内涵的变化必然影响对商标显著性的界定。在论及商标显著性问题时，一个具有共识性的观点就是承认商标显著性不是固定不变的，而是随着商标的使用不断增强。也就是说，商标显著性的基本属性在于标示和区分，而当商标成为一种质量表征符号，成为促销工具，最终发展出自身的品牌文化，商标的显著性也增强了。承认商标显著性通过商标使用增强，也为探讨商标权保护留有余地，特别是商标淡化理论的提出和发展与商标显著性的内涵紧密相关。总之，商标显著性的基本内涵就是商标所具有的来源识别能力，这也是标识可以作为商标的基本属性，亦是商标功能发挥的前提。

商标显著性是一个变化的概念，研究商标显著性的发展，可以从商标显著性的基本目标、发展形态和终极目标三个角度来分析。从商标显著性的基本目标分析，商标显著性的根本作用在于发挥商标的来源识别功能，降低消费者的搜寻成本。商标是信息来源，这些信息是企业在市场以及市场竞争中产生的。商业信息的自由流动是不可避免的，消费者信息的采集有一个搜索成本，商标信息的效率使得市场进入成本变低，特别是当消费者可以将商标从相关市场中识别出来。商标权人通过使商标更有显著性从而更有竞争力，也就是从显著性中获得经济利益。商标显著性基本目标的实现需要竞争者向市场提供更多的产品以影响消费者对于商标的看法，最终，商标传递信息的功能就发挥出来。那些缺乏显著性的标记不能注册为商标，因为这些标识无法承担商标的重要功能。

商标显著性的基本目标实现之外也产生了一种消极影响即商标带来一定程度的垄断。商标排他的垄断在现代社会不会被改变，因为这种垄断是确保"消费者选择和决定的权利"。从商标法角度来看，商标垄断的产生是绝对的、排他的。那些拥有驰名商标的大公司，可以通过有效的广告垄断消费者，对其他公司造成市场进入障碍，因此创造垄断利润。商标法与竞争法之间的关系可以解释为：判断商标垄断权利是否适当，商标保护鼓励企业生产产品以及提供高质量的产品，消费者依靠商标在市场中获得认知信息。使用相同或者类似的商标是不允许的，因为非法使用是利用原始生产者的商誉，以及与权利人商标有关的描述。商标与其他的知识产权区别在于，只要存在显著性，商标可以永久持续地存在。这意味着商标法保护了商标权人排他的权利，事实上也保护垄断。总之，商标法规定了商标必须具有区别商品或者服务的功能，授予商标保护的原因是确保标识区分来源。商标显著性的关键在于在正常的竞争环境中发挥商标的本质角色。

从法律层面的研究往往将品牌与商标作同义词解释，但品牌与商标存在区别，品牌具有象征意义，可以浓缩、表达简单、复杂和微妙的情感。品牌往往被赋予巨大的情感内容，激发出消费者超出理性的忠诚度。品牌是商标经过使用后发展的高级样态。

进一步说，商标具有来源识别功能的基本显著性是商标显著性的基本目标，而经过使用商标的显著性进一步发展具有了影响消费者选择的情感内容，这是商标显著性发展的另一阶段。将商标显著性仅解释为降低搜寻成本已经无法解释商标法的转变。商标法理论逐渐无法合理解释一些新问题，原因在于将品牌与商标不加区分的解释，没有认识到商标显著性随着商标使用产生的发展。从商标显著性的基本目标来看，商标与品牌的观点是一致的，品牌学认为品牌可以降低搜寻成本，消费者可以快速掌握产品信息以决定是否购买，商标的功能和品牌的功能在搜寻成本理论中发生了重叠，以至于在研究中将品牌与商标混为一谈。当匿名来源规则被提出后，商标的规则扩张到保护包括赞助者公司品牌，扩大至赞助商的概念，表现出商标法反对对产品商誉造成损害而导致消费者流失，因为被告仿冒的产品低劣，或因其他的原因导致产品流失而影响原告的商标进入一个新的市场。该观点和公司品牌的观点不谋而合，品牌学认为，品牌是围绕声誉建立起来的，当商标规则开始保护公司进入新市场的能力时，就是关注到了品牌优势。产品声誉的增加也是商标显著性扩张的原因，商标法保护开始关注品牌优势，仍然可以看作对商标显著性的保护，不仅保护商标的来源识别功能，还保护商标经过使用所具有的其他功能。品牌学者承认，消费者有利用品牌表达观点的自由，且公司不能干预消费者对品牌的创造、使用而商标理论没有充分关注这一点。商标法理论中对待消费者的态度是自相矛盾的，商标法认为，商标作为消费者的信息资源，体现在购买过程中，在这一过程中，消费者是完全理性的，而商标法中的"理性"消费者的存在值得怀疑，也缺乏说服力。令人困惑的是，当涉及侵犯和保护消费者权利的问题时，这些高度理性的"消费者"又变成了傻瓜，他们无法使用任何办法来识别商标，即法律一方面假设一般谨慎的消费者不会接受商标所有人的劝导信息，另一方面又认为消费者痴迷于"品牌"，没有能力做出独立的判断。事实上法律对消费者的认知，从品牌学的角度分析是错误的。消费者会受到品牌所传递的劝导信息的影响，同时消费者也利用这些信息表达对品牌的看法，最终影响品牌文化的发展。为了平衡商标权人与消费者对品牌信息的解释，需要建立有关商标的合理使用制度。品牌学的观点已经对商标法的发展产生了影响，如对商业外观保护以及商标的商品化的承认。从品牌学角度分析更能体现商业外观保护的合理性，因为在目前的市场竞争中，每个公司实际上提供的产品没有本质的区别，他们寻求使用商业外观来维护市场竞争的优势地位。品牌学者指出，在产品之间没有显著区别的情况下，产品外观就变得十分必要，商标法当然要保护这些品牌利益。从品牌学的角度看，如果消费者购买品牌，将品牌作为公司价值的一部分，公司就可以将品牌出售，但根据商标法理论分析，这种品牌通过出售重新分配就变成了谬论。商标法转而采取理性的态度对待商标许可，商标法面对商业实践，将品牌自身看作是具有价值的，这切合商业实践的发展，公司提供一种或一系列产品的时代已经过去，公司不仅进入不相关的产品市场，消费者也已经习惯于公司通过品牌扩张和商标许可进入不相关市场。当商标成为品牌，显著性的增加亦带来保护方式的增加，例如初始兴趣混淆意在保护公司为增加商标显著性的投资而售后混淆是保护公司打造的品牌形象。对商标显著性保护的集中体现则是商标淡化理论，商标淡化理论的确立意味着商标法承认了公司建立品牌形象需要获得法律保护，而所谓品牌形象正是商标显著性发展的体现。

商标显著性发展的终极目标在于创造品牌文化。当公司创建了商标，商标有两个主要功能：第一个基本功能是使消费者将这个符号认定为商标，发挥来源识别功能；第二个功能更加重要，即要赋予商标一定的文化内涵，就是说创造一个有意义的文化标志。商标并不是都是臆造的，大部分商标都是选取了具有美好意义的文化符号作为商标，而符号间的影响是相互的，当文化符号的含义嵌入了商标含义中，商标的含义也会影响文化符号的含义，而这种相互影响的程度取决于两个符号的强度，如果商标的影响强，那么文化符号的影响就会减弱，商标的意义就会渗入文化符号之中。文化符号的意义，应当属于公众，也就是说，属于社会，并不能被看作私有财产。法律的角色在于，使个人在最小限度内控制这些符号。然而，当一些人希望挑战商标的文化含义时，会证明商标与文化的联系或多或少不那么紧密，法律体系并不允许这种挑战，除非改变被限制在一定程度内。因此，在论述符号的文化意义中商标所有者具有十分显著的优势。作为文化符号，商标不应当比其他的符号优越。文化符号作为资源应当是免费的。商标的文化含义建立在我们社会的公共资源之上，我们的文化领域之中。它存在于人们的思想里，没有人可以被允许在这片领域中主张财产权利。从"公共利益"角度看，商标法的法理依据之一就是保护"公共利益"，商标法为了避免将"文化符号"注册为商标，妨碍公众的使用，规定了种种限制规则。但这些规则是具有局限性的，如仅限于国家的标志、地理名称等。而文化淡化理论则关注了商标经过使用而具有了文化内涵进而形成与公共利益的冲突。为了维护和发展商标显著性，商标所有者进行投资，投入更多的努力创造商标的文化意义。商标法保护商标权人对维护和扩大商标显著性所进行的投资，初始兴趣混淆、售后混淆、商标淡化理论的出现都是对商标显著性所具有的文化价值的保护，但是文化符号是一种共有资源，对其使用应当是自由的，所以还应当从法律层面构建商标的合理使用制度，进一步完善商标侵权制度中的具体判定规则。

商标"显著性"作为一个一般概念是商标法中长时间使用形成的一种不加区别的指代词汇，逐渐地显著性具有了自身的分类。第一是来源显著性，商标必须拥有属于商标保护的标的物。第二和更重要的是区分显著性，以界定商标的保护范围。强商标相比弱商标并不是总可以获得相对高的保护，考虑到消费者如果形成很强的品牌意识，他们会自动检测到哪怕一丁点的变化，这些变化可能来自品牌外观，因此可以避免来源混淆和推理混淆。可以确定的是，区分显著性增长的结果是商标保护范围的扩大，商标保护范围的扩大又加强了区分显著性。商标显著性的基本目标是否实现，最终的判断者是商标法中的"消费者"，商标的存在是消费者将他们视为产品的来源指示。商标侵权的产生意味着消费者将一个商标的所指当作另一个生产者。如果消费者是成熟的，那么商标保护的范围会缩小；如果消费者是不成熟的，商标的保护范围会相应扩大。消费者"成熟"是指消费者可以在搜寻商品过程中通过商标区分产品以避免识别混淆，而且，意识到这样的使用指示不同的来源即避免推理混淆。影响消费者作出搜寻判断的因素包括年龄、收入、教育水平、经验和认知行为。在商标法中，商标保护范围和消费者经验是密切相互依赖的变量，商标法的保护范围是对在市场中的消费者基于法律的对实际搜寻经验的评估。法律因此将消费者预期作为衡量法律授予的标准。商标权向着一种更广的保护范围发展而消费者的经验越来越少。而从商标权人角度看，商标生产者承担搜寻成本是为了获得劝导利益，特别是强商标的权利人，证明了愿意承担消费者搜寻成本，承担了成本，对于生产者来说同样产生了劝导。商标的显著性越强，法律对消费者的搜寻经验要求越低；而消费者的搜寻经验越低，法律就要提供给消费者更全面、积极的保护。最终，保护的范围开始成为独立变量，而经验由其决定。生产者的商标显著性强，商标的竞争力更强。他们比竞争对手更多地承担了消费者的搜寻成本，也就是说，他们的产品更容易被发现。他们寻求的一言以蔽之，就是积累显著性，从纷乱的市场中脱颖而出。本章内容从多角度对商标法的理论进行了归纳并从中总结出这些理论所发展的观点对商标显著性概念的影响，这些理论看似千差万别，实际殊途同归，归根结底都是关注了显著性的发展所带来的商标保护范围的扩张进而提出重新思考商标法理论中商标权人和其他公众对商标所享有的权益，构建商标保护的合理理论基础和保护范围。

第二章

商标显著性的分类与判定

商标显著性的四分法是在司法实践中确立的界定商标显著性的经典方法。这个方法具有一定的合理性但并不是判断商标显著性的唯一准确的方法，其本身具有先天的不足，随着商标类型的发展，这个方法越来越受到质疑和批判。本章第一节详细介绍商标显著性四分法的具体内容和存在的不足。第二节运用认知心理学理论结合相关的实证研究结果，具体分析商标显著性四分法作为备受推崇的经典分析方法所存在的缺陷，并进一步指出商标显著性的判断要结合商标的使用来考察，从这一层面看，商标的获得显著性才是商标显著性的根本。商标显著性的分析归根到底是从消费者的角度来进行判断的，考察消费者对商标显著性的认知最具说服力和有效的方式在于消费者调查。在第三节商标显著性的判定中，详细介绍消费者调查的方式，总结国外判例法中有关消费者调查作为证据的应用，对消费者调查的类型和问题设计、认定规则进行分析，以期对我国司法实践提供借鉴。但是消费者调查是一种十分灵活的证明形式，并没有一个统一的设计和适用规则，具体的证明效力还需要结合个案认定。

第一节　商标显著性的分类

一、商标显著性的四分法

由于商标的表现形式不同，在审判中法院也逐渐意识到需要对商标的各种形式进行归类，但这些分类散见于各种判例中，且法官们进行的归纳用语也不同。在美国的早期判例中，对描述性商标的使用较为一致，但在 Abercrombie & Fitch Co. v. Hunting-

World，Inc案中所确立的规则出现之前，还没有对商标的归类达成共识。在早期判例中与描述性商标的概念对应的是技术性商标，即那些被创造出来的词汇专门用作商标，这些概念相对比较笼统。一般认为商标显著性的四分法确立于 Abercrombie & Fitch Co. v. HuntingWorld，Inc案❶，是由富兰德林法官在该判决中提出的。原告认为被告侵犯了其在服装和其他产品中的注册商标专用权，本案涉及的商标是"safari"（其中文含义为猎装）。初审法院驳回了原告的诉讼请求并撤销了原告主张的"safari"商标在一些产品中的注册。原告上诉至第二巡回法院，上诉法院法官富兰德林认为在某些特殊的服装类别中，原告的商标属于通用名称，不能作为商标保护，而在另一些类别中，例如在长靴中 safari 属于"暗示"或者"仅仅是描述性"的商标。最终上诉法院维持了初审法院的判决，但是对一审法院所作出的商标撤销的判决作出了部分修正。富兰德林法官在本案中提出了著名的商标显著性四分法，将商标显著性的大小按照递增的顺序来划分，以确定商标可受到保护的程度，包括：（1）通用名称（generic）；（2）描述性（descriptive）；（3）暗示性（suggestive）；（4）随意或者臆测（arbitrary or fanciful）。这一分类实际上反映了标识和产品或者服务的关系，即识别。通用名称，例如，汽车用在机动车产品中，构成产品或者服务的一般名称，这样的标记是无法识别产品的。因此，词汇和图形如果是通用型的不能作为商标保护。词汇和图案如果是第二类的——描述性标记，例如"crunchy"（脆脆）用在曲奇饼干中，不能认为具有固有显著性。一个标识是暗示性

---

❶ Abercrombie & Fitch Co. v. Hunting World, Inc., 537 F. 2d 4, 10 (2d Cir. 1976).

的，它应当具备想象、思维和感知产品属性的特征。例如，商标"水当当"是对防晒霜产品的暗示。臆造和随意标识与产品或者服务在意义上无关，他们就是起到识别作用。臆造商标是为了作为商标使用而创造出来的词汇或者图形，例如，作为商标使用的新词语"Lenovo"和"Sony"。随意标识——例如，"Apple"商标用于计算机，使用普通词汇来表达毫不相关的事物。但是富兰德林法官在判决中也指出，这一划分界限并不总是清晰的。因为在现实中总会出现各种类别的复合，例如，在一类商品中使用的商标可以是暗示性的，但当这一商标被使用在其他类别的产品中就可能成为描述性的商标。此外，经过使用，商标的分类也会发生变化，对不同的消费者来说他们对商标的理解也不相同，同一种产品中对同样词汇的使用方式也是不同的。这是对商标显著性分类的重要总结和归纳，结束了之前判例中用语的分歧，逐渐被接受成为重要的商标法理论。

根据四分法的观点，通用名称不能获得商标保护，因为这种词汇已经被理解为或者作为某类特定的产品的通称。在商标法中，通用名称和描述性词汇一般都难以成为商标，这个原则早在1872年的Delaware & Hudson Canal Co. v. Clark案中就得到承认。[1]本案中法官认为通用名称或者是仅仅对产品质量、成分或者特征的描述的词汇不能获得商标法保护。"在之后的Standard Paint co v. Trinidad Asphalt Mfg. co案对这一规则又作出了除外规定，对上述商标在先排他使用超过十年的不受该规则约束，这被认为是商标法对描述性标识获得第二含义的重要规定，但是通用名称不适

---

[1] Delaware & Hudson Canal Co. v. Clark, 80 U. S. (13 Wall.) 311, 323, 20 L. Ed. 581 (1872).

用该规则。"❶ 上述判例规则都被纳入了美国1905年的商标法中，该法规定通用名称和"仅仅是描述性的词汇"原则上都不能作为商标注册，但作出了除外规定，如果商标在先排他使用十年以上，可以获得注册。在 J. Kohnstam, Ltd. v. Louis Marx 案中，法官在判决中对通用名称作为商标无法受到保护的规则做出了重申和解释，无论通用名称的使用者投入多少时间和金钱来促销产品并获得成功受到公众的认可，都不能剥夺其他竞争者使用同样词汇的权利。❷ 很多著名的判例都证明了这一规则的普及，暗示或者随意标识由于制造者不恰当地使用成为通用名称，商标法将不再保护这些标识除非这些标识不再作为通用名称使用或者具有第二含义。但需要指出的是一个标识在一个市场中属于通用名称，在其他的市场中可能属于描述性标识或者暗示性标识。因此，在市场中有些标识可能属于通用名称也可能属于暗示性、描述性或者是随意商标，这一判断充满不确定性。在涉及商标显著性的判例中，通用名称和描述性标识的判断也存在界定困难，例如属于描述性词汇而不是通用名称的认定，商标法规定仅仅是描述性的词汇一般不能获得注册，但是通过使用获得显著性的除外。商标法对未注册的通用名称和描述性词汇的使用做出限制是因为赋予这些类型的标识以商标权会造成垄断，使得其他权利人无法正常使用上述标识出售产品。对注册商标来说允许竞争者使用权利人的商标会造成对权利人劳动成果的剥夺，因为权利人投入了大量的

---

❶ Standard Paint Co. v. Trinidad Asphalt Mfg. Co., 220 U. S. 446 (1911).

❷ J. Kohnstam, Ltd. v. Louis Marx and Company, 280 F. 2d 437, 440, 47 CCPA 1080 (1960).

时间和金钱将标识和商誉之间的联系建立起来。

"暗示性"商标的定义也十分模糊，有一种观点认为既不是描述性的也不是随意商标，可以认定为是暗示性商标。"在法律中界定暗示性是一个难题，实践中直接描述性词汇与暗示性描述词汇之间的界限很难划分，很多商标将其理解为直接描述性及暗示性描述均有道理。"❶ 在美国判例法中逐渐形成的观点是，标识是暗示性的，如果它是需要想象的，这种联想是结合产品的特点做出的结论。词汇是描述性的则是指该词汇传递的是产品的质量、成分或者特征。对描述性词汇进行限制保护，但对暗示性词汇作为商标没有限制，总之在注册申请中，暗示、随意、臆造商标都可以或获得注册而无须证明第二含义，描述性商标则除外。至于上述类型的具体划分和侵权判定还需要个案分析。

臆造商标是商标法中的经典概念，臆造商标是指那些为了作为商标使用而被创造出来的标识，而当一个普通的标识使用在一个与该标识本身含义相比反差很大的产品中，就被称为随意商标。Abercrombie & Fitch Co. v. HuntingWorld, Inc 案中，在一些特殊的服装类别中（如狩猎服），safari 属于通用名称，而在靴鞋类产品中，safari 则属于暗示性的或者描述性商标。除非是臆造商标，事实上很多受到商标保护的标识多少具有一种通用的使用含义，而商标权人是不应当垄断其他人对这些通用含义的使用的，所以，商标法需要对商标的合理使用制度做出规定。例如，在兰哈姆法中对合理使用的规定为，只要对商标的使用不是商业性的，而是善意地对使用者产品或者服务的描述，或者是产品来源

---

❶ 芮松艳："商标法显著性条款的理解与适用"，载《中华商标》2009 年第 9 期，第 68 页。

的描述就可以成立合理使用。当原告选择了一种描述质量的商标，就不能排除其他竞争对手的合理使用，尽管商标已经被注册。而当词汇成为通用名称时，权利人将丧失商标权。

Abercrombie & Fitch Co. v. Hunting World, Inc 案的实践意义在于为之后的审判确立了基本的原则，但是根据案件的具体情况会有所不同，即商标显著性四分法的界限并不是泾渭分明的，这也是商标显著性四分法的先天缺陷。随着商标类型的不断发展，四分法越来越受到质疑，特别是在判断商业外观的显著性中，适用该规则进行解释显得牵强，Abercrombie 规则可以很好地解决词汇商标显著性的认定，法院将这个规则适用到其他类型的商标中就遇到了困难。

二、商标显著性分类的不足

随着商标种类的增多，仅依靠商标显著性的分类已经无法解决现实生活中的争议，这在商业外观判例中尤为突出。商业外观的概念源于美国商标法，在 Two Pesos, Inc. v. Taco Cabana, Inc 案之前，法院普遍认为证明第二含义是商业外观侵权救济的前提。自 Two Pesos 案后，原告无须证明产品的商业外观具有第二含义，即法院认为商业外观可以具有"内在显著性"。然而，法院没有为商业外观"内在显著性"的判定提供指南，因为用四分法无法提供合理的划分和解释。这又导致各巡回法院在具体审判中开始出现分裂，一些巡回法院使用传统的商标分类法"Abercrombie 测试"，认为该规则同样适用于商业外观判例，而亦有巡回法院反对适用"Abercrombie 规则"，进而提出新的判断规则。

除了文字、标语、符号，在司法实践中保护产品的包装和产品本身也成为诉求，这被称为商业外观保护。"商业外观"是指产品包装和产品设计以及组成整个产品外观的元素。为了符合商标法的保护要求，产品的商业外观必须具备区分功能，即能将自身同他人的产品区分开来，指示产品出处。也就是说，商业外观必须具有内在显著性或者通过第二含义取得显著性，才能受到保护。商业外观开始仅限于产品包装或者装潢，后逐渐扩张到产品的结构，因为消费者同样可以通过产品结构来识别产品来源，和其他商业外观一样，产品结构需要具有显著性才能受到保护。此外，产品商业外观的显著性必须是非功能性的才可以受到保护。商标法的立法目的之一在于维护公平竞争环境，从立法角度看，允许生产者复制竞争对手产品的功能性特点，并不会危害市场竞争。在专利法中，鼓励在一定时间内授予发明人对产品设计的垄断，期满后，其他的竞争者就可以使用该发明。而如果允许产品的功能性特征可以作为商标使用，就赋予了权利人基于功能性特征的永久垄断权，因为商标可以通过续展永久有效，垄断就会永久延续。为了避免造成永久垄断局面的出现，促进和维护公平竞争环境，在商业外观显著性判定中需要判断商业外观的功能性。

"1987年，Taco Cabana，一家墨西哥连锁餐厅起诉另一家与其存在竞争关系的墨西哥风格连锁饭店Two Pesos。原告认为被告直接复制了其商业外观，构成商标侵权。"❶ 原告认为其饭店的商业外观是非功能性元素的组合，具有显著性，所以其连锁饭店的商业外观应受到兰哈姆法的保护。最终巡回法院支持了原告的主张，法院认为"本案中商业外观包括饭店外部整体外观，饭店所使用的识别标记，甚至厨房地板的设计、菜单、装饰风格、服务

---

❶ Two Pesos, Inc. v. Taco Cabana, Inc, 505F.3d 895, 907（11th Cir. 1992）.

员的着装都可以包含在内，只要外观元素可以反映饭店的总体形象。被告直接并且故意地侵犯了原告的商业外观需要对其损失进行赔偿。而被告则认为，商业外观不具备内在显著性，需要证明获得第二含义才能受到保护，原告的举证无法证明其饭店的整体装饰风格具有第二含义。本案最终上诉至美国最高法院，在美国最高法院作出判决前，对于商业外观是否具有固有显著性的问题一直存在争论。反对商业外观具有固有显著性的法院一般要求权利人举证证明商业外观获得第二含义具有获得显著性。最高法院力图借助该案的判决结束对商业外观内在显著性判断的争议，美国最高法院认为"商业外观具有固有显著性，可以直接受到商标法的保护而无须证明第二含义"。但遗憾的是，最高院并没有在本案中确立一个清晰的测试标准来说明如何判断商业外观的内在显著性，这样下级法院需要解决一个棘手问题：如何判断商业外观的内在显著性，事实上仔细推敲这个问题仍然是商业外观是否具有显著性的延伸，所以 Two Pesos 案虽然作为解决商业外观显著性问题的里程碑式判例，但实际上并没有解决实质问题。美国最高院的判决导致各巡回法院对是否适用"Abercrombie"测试规则产生了分歧，这也被认为是商标显著性四分法的不足。

第二节　商标显著性分类的缺陷

目前从认知心理学角度对商标法理论展开研究变得流行，根据认知心理学理论，显著性是建立在对消费者的心理假设的基础之上的：是消费者对臆造、随意、暗示商标作为产品或者服务来源识别的一种认知。尽管显著性理论如此重要，却缺少从消费者经验和消费者心理层面展开的分析。商标显著性理论是商标法保护理论的基石。现代商标法保护的客体日趋宽泛，可以区分和识别制造者的产品将其从其他制造者或者销售者中区分出来的词汇和符号都可以作为商标保护，概言之，具有指示来源功能的标识都可以作为商标使用。可以说法律语境下的商标的概念内涵是广泛的，包含任何形式的可以传达含义的具有来源指示功能的标志，如颜色、外观、气味、词汇等。而传统的商标显著性分类法则已经不适应新型商标显著性的判断。

一、商标显著性分类的局限性

商标保护客体的增加，使得传统商标显著性的分类受到挑战。对于词汇商标来说，法律确立了基本的分类，即在Abercrombie案中形成的四分法，将商标分为通用名称、描述性、暗示性、臆造和随意商标。暗示、随意和臆造商标因为具有固有显著性而不需要证明第二含义就可以受到保护，而描述性的标识不能受到法律中的拟制保护，描述性标识根本上是不具有固有显著性的，这一结论的形成也是根据消费者对显著性的认知作出的，描述性的标识描述产品的特征或者质量等信息，不能产生自动识别作用，以发挥指示来源的功能。

商标法中这种建立在消费者对显著性认知基础上的分类并未受到质疑，无论是在法学理论中还是在法学实践中都被自然地接受了，法官、律师和学者都不约而同地接受了在Abercrombie案中形成的商标显著性分类规则。"无怪乎有学者指出，正是由于缺乏严谨的论证造成评估消费者的认知几乎是一个司法能力问题。如同商标法中的很多关键问题一样，显著性的问题可以而且应该从理论上论证从学理上谨慎地分析这个问题。"❶ 他们从实证角度进行分析提出，"商标法过于依赖对消费者行为的假设，而忽视了从整个的理论体系来专门探讨这个问题"。要使显著性理论构造趋于严谨，需要借助消费者心理分析并辅之以实证研究。但是目前的理论缺陷在于，结论的提出是法律长期对消费者认知的假设建立在有关文字商标领域内，这种片面的认知是值得怀疑的，特别是利用消费者心理模型分析可以发现消费者在识别产品来源时，作为消费者认知的实际信息，消费者主要依赖非语言的视觉线索，例如标识的位置或者标识被展示在产品包装中的尺寸，而并非商标的语义含义。

通过相关问卷调查和实证分析发现，描述性商标的识别作用比起暗示性商标、臆造商标或者随意商标毫不逊色，非词汇商标发挥来源识别功能的因素多样，主要通过商标的尺寸和位置，而很多非词汇商标对于消费者来说是描述性的。"从消费经验和心理认知角度得到的结论是，应该放弃 Abercrombie 分类法对固有显著性和获得显著性设置的界限，取消长期存在的描述性、暗示性、臆造和随意商标的分类。"❷ 所有非通用名称的文字商标只要满足"商标使用"的要求都应当受到法律保护，虽然 Abercrombie 分类可以解决文字商标显著性的判定，但是又人为地造成一种不公平状态的出现，所以打破 Abercrombie 规则也有利于对非文字商标的平等保护。所要明确的是，通用名称词汇仍然不能获得商

---

❶ Craig Allen Nard, Mainstreaming Trade Dress Law: The Rise and Fall of Secondary Meaning, *Detroit College Law Review*, Vol. 37 (1993), p.210.

❷ Chad M. Smith, Undressing Abercrombie: Defining When Trade Dress is Inherently Distinctive, *Trademark Rep.* Vol. 87 (1997), p.162.

标法保护，描述性词汇可以受到保护，只要当描述性词汇符合商标使用的标准。

(一) 商标显著性分类的局限性

"麦卡锡教授对商标的定义做出了解释，理解商标的定义包括三个因素：(1) 商标是有形的标识，即词汇、名称、符号或者设施或者是这些元素的组合；(2) 使用的类型，通过制造或者出售产品或服务实际接受或者使用这些标识；(3) 功能，标识可以将使用者的产品或者服务与其他的产品和服务相区别。"❶ 而关键是第三点，商标的功能在于"识别和区分"产品的生产者以及"指示来源"。这样利用经典的分类体系——Abercrombie 规则来解释文字商标，将其划分为固有显著性和获得显著性，还对第二含义和"商标使用"原则进行分析，适用该原则时，法律所假设的有关消费者对商标显著性的认知在每一个阶段都需要被解释。Abercrombie 规则受到从美国最高法院到法学家的一致认可，而当商标概念开始扩张，商标可以包括"任何具有来源指示的信息"，从而延伸至颜色、声音甚至气味时，这些判例中也引入了 Abercrombie 分类规则。"在 Wal-Mart Stores v. Samara Bros 案中，法官指出，作为商业外观的组成元素，这些标识同样可以产生一种结果——可以自动告诉消费者它们指的是商标，它们可以立刻就作为品牌符号的代表或者指示产品来源。"❷ 沃尔玛案对描述性商标的分类提出了批评，认为描述性商标不合理地假设消费者倾向于

---

❶ J. Thomas Mccarthy, *McCaryhy on trademarks and unfair Competition*, A Thomson Reuters business, 2007.

❷ Transcript of Record at 4, Wal-Mart Stores, Inc. v. Samara Bros., 529 U. S. 205 (2000) (No. 99 – 150).

使用包装或者所贴附的文字作为指示商品的来源。可以看出，法律对文字商标的简单分类主要是假设在商业背景下的消费者认知。"根据麦卡锡教授的观点，法律对描述性商标的判断是这样的：描述性的形容词可以如实地适用在商品和服务的整个范围。因此，在一个只有卖方的市场中，描述性词汇不能发挥识别和区分产品和服务的功能。描述性词汇仅仅是告知买方产品的信息诸如质量、成分等。"❶ 法院在判例中经常重申的一个观点是，描述性商标不过是告知消费者有关产品的特点，法院认为描述性词汇是传达有关产品成分、质量或者产品特点的信息，因此不能识别产品的来源，故而法院一般主张没有第二含义描述性词汇不能发挥指示来源功能成为商标。

有关描述性商标的第二个法律定位是，描述性标识应当可以被竞争者使用来出售的产品或者服务。"根据麦卡锡教授的分析：描述性商标是'公共领域'的词汇，在这个意义上，所有的销售者都可以自由地使用这些词汇描述他们的商品，也就是说，一个生产者或者消费者不能获得一个排他的权利阻止其他人使用描述性词汇，没有一个商标权人可以被允许排他地使用描述产品主要特征的词汇抢占或者限制竞争者使用该词汇作为自己产品的描述。"❷ 那么基于这种判断，商标显著性理论的另一个出发点是有关竞争的需要——确保商标所有者的竞争对手对描述性词汇的使

---

❶ J. Thomas Mccarthy: *McCaryhy on trademarks and unfair Competition*, A Thomson Reuters business, 2007, §12: 32.

❷ Lucy C. Ridgway, Has Abercrombie Become Unfasionable? A Review of Trends in Product Configuration Trade Dress Cases and a Proposed Test for Uniformity, *Mississippi College Law Review*, Vol. 20 (2000), p. 182.

用，以维护有效竞争。根据 Abercrombie 规则的划分，造成暗示性和描述性商标的区分问题的产生，因而产生了一种有关想象力的测试，法律对描述性商标的认知是，词汇可以立即地、直接地传达出有关产品的信息，假设消费者不会立即将这些词汇看作识别来源的商标，那么这些标识就是描述性的，也就是说法律要求对"消费者对标识的反应"做出判断。而在对申请商标的一般检测过程中，决定商标是否具有描述性，部分取决于市场中产品或者服务的潜在购买者认为商标可能具有的意义，然而法律在评估"消费者"的反应时是以标识的语言含义为依据的，但事实上这是一个十分复杂的问题，即如何探寻消费者的"想象力"呢？

"看来显著性理论开启了消费者预期和固有显著性的关系，显著性的测试却没有沿着这个思路进行，而固有显著性理论的局限性又导致对非词汇符号显著性分析的忽略，使用非词汇的设计作为商标，一般消费者会将其作为描述性词汇一样发挥识别来源功能。"❶ 法律在界定暗示性词汇和描述性词汇时，借助于语义含义和词典含义来做出判断，这种想象力测试在于：词汇是描述性的，如果它们指出了产品或者服务的特点或者质量，暗示商标则是对产品特征的隐晦表达而不是像描述性词汇那样直截了当。从消费者的想象出发分析，描述性商标是指示产品或者服务的一般的特点而不是特殊之处。法律中认定描述性标识的所有元素的信息都和标识本身的语义信息有关，因此当法律判断标识是否是立即传达产品的质量信息、特征、功能或者产品、服务的其他特

---

❶ Lucy C. Ridgway, Has Abercrombie Become Unfasionable? A Review of Trends in Product Configuration Trade Dress Cases and a Proposed Test for Uniformity, *Mississippi College Law Review*, Vol. 20 (2000), p. 181.

点，要求这些信息的传递都是通过语言线索而不是通过非语言的线索来探寻消费者对标识商业使用的看法。

"在Bayer案中，联邦巡回法院拒绝了拜耳公司申请注册'ASPIRINA'，这一词汇在西班牙语中是'阿司匹林'之义，因而认定这个词汇仅具有描述性。"❶ Bayer案中，法院重新反思了有关暗示性商标关联性的评估，认为关联性的评估不是考虑一个概貌而是需要结合特定的产品来进行认定，而从商标注册的角度看也不是仅看词汇本身，而是需要考虑使用的内容，词汇可能的特点、一般产品的购买者对产品的使用方式，考虑到使用内容，要结合词汇的语义含义与特定的产品之间的关系。"在商标注册申请中，所有的参与者都试图找出一个'范例'，但是法律表达回避了涉及显著性问题的'范例'问题。"❷ 如果标识具有了第二含义，那么也可以发挥来源识别功能，例如"顶呱呱"这个词如果使用在食品、服装中买家会认为是卖家对产品的自卖自夸，显然"顶呱呱"是一个描述性词汇，然而不排除这样的可能，经过大量密集的广告宣传，在一个时期之后，"顶呱呱"对于消费者来说就具有了全新的、不同的含义，如果"顶呱呱"产品的销量不断提高，广告影响也不断扩大，消费者看到"顶呱呱"这个词汇就会开始意识到，这个词不仅代表质量好的产品，而且已经形成新的含义，那么"顶呱呱"就成为商标。❸ 在判例法中，商

---

❶ Bayer Co. v. United Drug Co., 272 F.505, 510 (S.D.N.Y.1921).

❷ Chad M. Smith, Undressing Abercrombie: Defining When Trade Dress is Inherently Distinctive, *Trademark Rep.* Vol.87 (1997), p.166.

❸ 目前"顶呱呱"商标在我国已经被注册在食品、服装、投资服务等产品及服务中。

标是否获得第二含义需要从出售时间、广告和销量多种角度进行判断,而对于第二含义的获得所需要的时间也有不同的看法,一些法院认为商标经过使用可以很快获得第二含义,然而也有法院坚持认为第二含义获得的过程必须是渐进的。这种争议实际上反映出一种僵化的思维方式,麦卡锡教授批评了这一争论,认为这是企图设置一个"一刀切的时间长度的要求来判断第二含义。"❶法院过于强调概括性而忽视了对事实问题的考察,可以肯定的是法律无法给获得第二含义设定具体时间,但是第二含义的获得需要时间。法律讨论的前提是仅具有描述性的词汇不具有天然的显著性,描述性词汇获得显著性需要经过时间,在这一过程中通过销售活动与消费者进行交流。除了时间上的区别,"固有的"和"获得的"显著性是相同的概念。要获得保护都需要证明具有来源识别功能,第二含义所要证明的是一种"联系",这种联系是标识转变为法律承认的商标的决定因素。法院评估第二含义是基于商标是否具有来源识别功能,而判断的主体是消费者。"第二含义是指直接表达商品的名称、图形、质量、原料、功能、产地等特点的叙述性文字、图形或其组合,经过长期使用后,产生了原叙述性含义以外的新含义,从而逐渐演变成具有标示商品特定来源功能的一种特殊商标。它实际上是被禁止用作商标的叙述性文字或图形转化而来的,是受传统商标法保护以外的商业标志。"❷

---

❶ J. ThomasMccarthy:*McCaryhy on trademarks and unfair Competition*,A Thomson Reuters business 2007,§(20):10.

❷ 张耕:"试论'第二含义'商标",载《现代法学》1997年第6期,第55页。

(二) 商标显著性与商标使用

"有学者指出显著性是受到商标法保护的必要但不是充分条件，无论商标属于 Abercrombie 规则中的哪一类，只要作为商标使用，都可以受到保护。商标使用也以消费者认知为前提，商标使用的标准在于商标使用的方式应当是作为区分特殊产品和识别商标出处或者产品来源的。判断商标使用的标准包括，商标的尺寸和商标在产品或者标签中的位置。不是被使用在印刷制品中的所有标识都可以被认为是商标，如果标识的使用过于模糊，或者在广告中没有给人留下独立或深刻的印象，都不能被认为是作为商标使用。"❶ "麦卡锡教授对商标的使用也进行过分析，判断标识是否作为商标使用可以考虑印刷的尺寸，表现形式是大写字母或者首写字母，印刷风格、颜色、标识在广告或者标签中所处的显著位置等。麦卡锡教授认为，除非是反复地使用，偶尔地和单独地使用难以表明产品的来源。"❷ 因此，标识满足商标的使用要求，使用应当是连续的和持久的，作为来源识别符号来传递印象而不是一个描述符号或者装饰。

标识如果作为商标使用，发挥商标功能，指示来源，即使显著性较弱仍然可以受到商标法保护，如果标识仅作为功能性使用，作为一种装饰或者传达与区分功能无关的信息则不具有商标功能。而从相反的角度考虑，即使是作为装饰性的符号使用，如

---

❶ Thomas R. Lee, Eric D. DeRosia, & Glenn L. Christensen, An Empirical and Consumer Psychology Analysis of Trademark Distinctiveness, *Arizona State LAw Journal*, Vol. 41 (2009), p. 1042.

❷ Microstrategy Inc. v. Motorola, Inc, 245 F. 3d 335, 339 (4th Cir. 2001).

果这个符号经过使用开始具有显著性依然可以作为商标保护。对于描述性商标，要证明具有显著性事实上也是证明商标的使用问题。法院要求申请人展示其将标识作为商标实际使用，同时需要证明这种使用表现为商标的功能是区分来源。"为了确定符号是否被使用作为商标，法院必须思考实际使用和商标的位置，例如，在 MicroStrategy v. Motorola 案中，美国第四巡回法院拒绝对一个词汇商标侵权授予禁令，因为所申请的商标使用不是频繁的和持续的。"❶ 在该案中，法院指出，申请人申请保护的词汇印刷在产品中比产品的名称还小，完全无法被认定为该词汇是被作为商标使用的，因为没有刻意地和持续地表现商标的地位，所以法院不认同申请人的主张，这个短语不可以用来识别产品和服务，申请人的使用行为没有体现为一个显著的字体、颜色或者其他一切有关商标的使用意图。但是，要明确的是，商标使用理论是区别于商标显著性理论的，一个文字商标可能具有固有显著性，因为该文字的文义含义和产品的任何特征、目的或者产品的质量毫无关系，如果这个词汇不是作为商标使用的就不会作为商标受到保护。例如，SUNTOST 是一个臆造的词汇（因此具有固有显著性）使用在果酱产品中，如果该词汇仅被使用在产品的精美印刷宣传材料中就不能作为商标保护，如果该词汇被使用在产品的标签中，或者在产品的显著位置上或者被制作为特殊的字体使用在产品中，就可以获得商标保护。商标显著性和商标使用的共同之处在于都呈现为对消费者预期的评估，即消费者是否将商标作为识别来源。但是相比之下，商标使用的要求更具有综合性和全面

---

❶ Microstrategy Inc. v. Motorola, Inc., 245 F. 3d 335, 339 (4th Cir. 2001).

性。"根据商标显著性的一般要求，判断标识的显著性往往从标识本身的文义或者词典含义进行评估，而商标的使用则聚焦于词语本身的含义和使用者的意图。"❶ 如果商标仅仅被使用在宣传材料中，与产品分离则不认为商标具有显著性。从商标显著性角度分析，商标的显著性取决于商标的内在含义和使用方式。总之，"消费者预期"是一种理论上的分析，要将对消费者预期的分析落实在商业环境中标识的"内在含义"和"使用方式"中。

二、商标显著性分类的缺陷

商标显著性的判断遵循的一个基本前提是商标法保护消费者对商标作为识别来源的预期。但是商标显著性的判断规则存在很大的不确定性或者说不稳定性。首先，法律规则是不稳定的，这体现在有关固有显著性的认定中，这也可能是对标识本身的语义含义或者符号语法判断的不可克服的因素。而那些作为不具有文义性的非文字商标以及组合商标在使用显著性判断规则时也面临种种不兼容和限制，因为这种类型的标识在消费者印象中的判断更为抽象。第二含义的判断显然认识到了描述性词汇需要经过一段时间的使用获得显著性，将使用时间看作获得显著性的驱动力。"商标使用"则要求在证明标识作为识别来源过程中表达一个商标使用的路径。"但在商标使用和商标的显著性理论中存在一个矛盾的现象。例如，标识符合商标使用的标准，但是在评估标识的显著性过程中，这些与使用有关的因素又被置之度外，在判断显著性时，法律往往更为关心标识的文义含义，以消费者的

---

❶ Wallace R. Lane, Development of Secondary Rights in Trade Mark Cases, *Yale Law Journal*, Vol.9, Issue 8 (1909), p.572.

预期为出发点。"❶

在目前的商标法理论中存在一个现象,对商标显著性的关注多集中在对商标保护扩张的研究,例如商标淡化,被认为是对商标做出的错误判断,给予了保护商标"商誉"不必要的过分的重视。另一个关注的焦点则是对商业外观的保护,但是所有的争论都忽视了一个问题,对商标保护客体的探讨已经超出文字标识。因为对商标显著性的分析无条件地使用了 Abercrombie 分类,而这个分类对消费者预期做了一个假设。学者们在分析这个问题时,认为消费者会自动认识到内在显著性,但是 Abercrombie 分类是建立在词汇商标的基础上,其本身具有局限性。有学者用兰德斯和波斯纳的经济分析以及毕碧教授的符号学分析模型来探讨 Abercrombie 分类。这两种理论在分析商标法的一些基础理论问题时都取得了成功,但是都没有提供一个令人满意的答案来解答 Abercrombie 分类的问题,消费者是否可以自动识别出暗示、臆造、随意商标,将其作为识别来源,而将描述性标识仅仅当作描述性的?

(一)商标显著性的经济分析理论与商标显著性的分类

作为商标法经济分析理论的奠基人,兰德斯和波斯纳的分析模型解释了"美国商标法的理论定义",商标法经济分析理论的地位几乎无可撼动。基于经济分析理论,商标保护的理念是最低限度地降低"搜寻成本",所谓搜寻成本是降低消费者在寻找他们所要购买的产品时的辨识成本。❷ 兰德斯和波斯纳主张,只有

---

❶ 黄汇:"商标撤销制度中'使用'界定基本范畴研究",载《知识产权》2013年第6期,第6页。

❷ [美]兰德斯、波斯纳著,金海军译:《知识产权法的经济结构》,北京大学出版社2005年版,第218页。

当文字或者其他的符号可以作为识别产品或者服务来源，给予其商标保护才是可行的，而缺乏显著性的标识不能起到辨识产品的作用，也就无法使消费者在见到标识时能够回忆起有关产品经验的信息，降低搜寻成本。"对于生产者来说，使用缺乏显著性的标识也不利于对产品定价，至少无法控制一个相对合理的价格来出售产品。"❶ 法律保护具有识别来源功能的商标，一方面确保有效竞争，另一方面避免消费者花费较高的价格去购买质量低劣的产品造成搜寻成本的增加。经济分析理论同样关注另一种成本即有关法律评估商标保护的"行政管理成本"，这其中又包括"个人成本和社会成本"，这些成本问题都与商标保护的立法和解决纠纷有关。法院在对判例做出裁决时，要考虑其中的经济利益，适当地赋予特定的生产者对商标的排他的权利。而这些个案中就体现了商标的行政管理成本，如果给予商标保护造成商标滥用的结果，这样会限制商标降低消费者搜寻成本功能的发挥。

兰德斯和波斯纳认为臆造和随意商标，这种词汇的供给弹性是很强的，而暗示性商标比起臆造商标和随意商标的替代性则存在更多问题。他们认为暗示性商标的供给要少，而描述性商标是对给定产品特征的说明，这些特征是消费者产生购买兴趣的所在，使用描述性词汇作为商标使商标持有者通过更高的价格来运作品牌，因为商标权人需要投入更多的成本才能告诉消费者这些品牌的特点使其与商标产生联系。兰德斯和波斯纳也提出了描述性商标的另一个特点，就是描述性的含义很可能被遗忘，而产生

---

❶ Patricia Kimball Fletcher, Joint Registration of Trademarks and The Economic Vale of a Trademark System, *University of Miami Law Review*, Vol. 36 (1982), p. 299.

与品牌建立起联系的含义，这些含义是消费者用来进行识别来源的。"如果保护描述性词汇导致的结果是权利人花费了更高的价格告之消费者这些产品的特征，结果却是这些词汇的本意往往不会得到发挥。"❶ 所以兰德斯和波斯纳始终强调商标保护的前提是词汇或者其他标识具有区分功能，而在商标法中设置商标显著性的评估可以降低搜寻成本，淘汰那些不能识别产品的标识。尽管这个观点获得了普遍的承认，但是兰德斯和波斯纳并没有提供任何的理论来分析这个观点中有关描述性商标不能作为识别来源的理由，而仅仅强调对非固有显著性的标识提供保护会引起消费者的损失。鉴于臆造、随意和暗示商标的供给弹性较高，所以他们可以自动获得保护，而描述性商标获得保护的前提是商标持有者经过投入大量成本告知消费者他们的产品特征，使用描述性词汇传达产品的关键特征，最终建立起联系。商标法应保护商标权人的投资，因为这些都是竞争的需要。对于通用名称，兰德斯和波斯纳认为这种词汇是无效率的。对商标法的经济分析理论的观点，有学者提出了不同的看法，"兰德斯和波斯纳对于显著性的分析并没有严格地按照经济理论规则展开，很大程度上说是一种大胆而简单的假设，事实上描述性商标是否可以受到保护从经济分析角度无法得到全面地回答，而这个问题最好的答案需要从消费者心理层面分析"。❷ 只要消费者认识到描述性的标识可以作为来源识别，就可以作为商标保护，利用经济分析理论可以解释，

---

❶ William M. Landes and Richard A. Posner, The Economics of Trademark Law in The Economic Structure of Intellectual Property Law, *The Journal of Law and Economics*, Vol. 265 (1987), p.170.

❷ Ibid., p.172.

但是该理论无法解释描述性商标为什么不能具有固有显著性。经济分析只是提出了描述性商标可以具有显著性但仅是获得显著性,也就是说描述性标识不能获得和其他类型标识一样的全面保护。

(二) 商标显著性的符号学分析理论与商标显著性的分类

毕碧教授利用语言学的分支——符号学,分析商标法的基本理论问题。他的分析包括"符号的三元结构":所指可以解释为一种从无到有;所指对象可以是有实体的事物或者精神领域的符号和想象。能指,"恰当的指示功能"或者"恰当的符号作用"。[1] 用符号三元结构解释商标的显著性,要从以下几个层面展开:首先,分析词汇、名称、符号、设计或者上述要素的组合;其次,结合使用方式分析,制造者制造或者销售产品中对上述符号的使用程度;最后,要考查标识的功能,这些标识要能够将生产者或者销售者的产品从其他的生产者或制造者的产品中识别和区分出来。第一个元素是根据符号学的原理"所指",第二个元素是"对象",第三个元素是"能指"。用符号学的三元结构理论解释商标的显著性,首先根据所指理论,分析消费者对商标的感知,所指所对应的是商标的使用,而"区分和识别的功能"对应的是最终的所指对象——产品的特殊的来源以及标识来源的商誉。在商标中,例如 NIKE(耐克)所指是词汇耐克,能指是耐克公司的商誉,所指对象是使用了耐克这个所指的鞋或者其他的运动产品。利用符号学的三元结构理论分析商标显著性的分类,毕碧教授认为内在显著性商标是一个所指不能够理解为描述性

---

[1] Barton Beebe, The Semiotic Analysis of Trademark Law, *UCLA Law Review*, Vol. 51 (2004), p. 621.

的，例如，APPLE（苹果）公司、加多宝凉茶饮品。

消费者具有一定的倾向性和简单的市场认知能力，消费者可以自动地识别一定的所指作为来源识别。不是所有的商标都具有固有显著性，很多商标包括能指都被理解为描述性的，这样的标识如果需要获得保护只有他们被使用在产品中，在市场流通或者通过广告宣传获得第二含义作为来源识别，才能受到保护。根据符号学理论分析商标法的 Abercrombie 分类，可以看出这个分类是按照不同类别商标的所指程度来划分他们在商标中的位阶。在符号中，动机是通过对象表现的，所指如果表现了更多的动机，那么其作为来源的内在显著性就会降低。因此，通用名称标识的所指体现了很强的动机，所以消费者不太会将这些所指认为是来源指代。描述性商标，需要证明他们使用在产品中具有第二含义，这意味着产生了非字面的隐喻可以作为来源指示进而受到商标法的保护。"符号学模型的问题是要回答是否所指的动机对于其对象来说可以被理解为与能指建立联系。但是在符号学模型中并没有解决这个问题，利用符号学理论分析将每个因素独立起来分析，可以发现符号学的思想和商标的分类规则十分相似，符号分析理论认为商标显著性分类本质上是一个形象的分层，这个层次就是商标所指的层次，在符号学分类中，动机是对象，所指中所包含的动机越多，固有显著性就越弱。"这个分析中存在两个方面的问题，第一，符号学理论仍然没有说明描述性词汇作为商标的显著性可以被假定为较弱；第二，符号学理论所强调的语言符号的价值取决于内容或者其他符号价值的观点在分析显著性问

题时毫无体现。"❶

符号学理论在解释显著性问题时提到动机,所谓动机是与随意性相对的。从这个定义分析,所指和所描述的事物具有相似性。"根据符号学的观点,所指包含的动机越多,固有显著性越低,这个分析取决于动机的异常。"❷ 但是从语义角度分析动机是和显著性分离的,臆造商标并不比描述性商标更具显著性。符号学分析的另一个不足在于,尽管符号设计的着眼点在于对符号的综合性研究,但是他提供的分析样本仅仅围绕词汇商标展开,对解释非词汇商标关注很少。语言学家认为,当人们在交流时,他们并不意识到实际说的词汇、语法结构和语调方式。"符号学模型的特点是'语言'作为'空瓶'是形式而非实质。因此,符号学中还存在没有被解答的问题,很明显,APPLE(苹果)这个词的价值取决于与其一起使用的词汇,并不是所指和对象之间的动机所决定的。"❸ 如果 APPLE 被使用在计算机产品中,但是在产品中印上"一天一个苹果,远离医生",这样的使用会导致消费者无法自动认识到这个词汇代表计算机,也就是说一旦另外的符号产生干扰会破坏 APPLE 商标的指示价值。

---

❶ Thomas R. Lee, Eric D. DeRosia & Glenn L. Christensen, An Empirical and Consumer Psychology Analysis of Trademark Distinctiveness, *Arizona State Law Journal*, Vol. 41 (2009), p. 1039.

❷ Barton Beebe, The Semiotic Analysis of Trademark Law, *UCLA Law Review*, Vol. 51 (2004), p. 625.

❸ Thomas R. Lee, Eric D. DeRosia, &Glenn L. Christensen, An Empirical and Consumer Psychology Analysis of Trademark Distinctiveness, *Arizona State Law Journal*, Vol. 41 (2009), p. 1042.

三、商标显著性的分类规则再认识

（一）有关商标显著性分类规则的实证研究

消费者心理理论关注了描述性标识作为商标使用的结果，这些在法律中被定义为描述性的标识使用在产品中会产生怎样的影响，这个问题最终是一个实证研究问题，需要进行长期的实证研究评估。"有学者曾经用三个实证研究来说明这个问题，研究设计选取了文字商标作为样例，虽然没有涵盖所有的商标类型，但也说明了消费者的心理对商标显著性的影响，而研究结论是为了证明描述性商标与其他三类商标作为商标使用其实并无区别，最后的结果也印证了这个假设的成立。研究发现当描述性词汇被使用在特定的产品中投入市场后，作为识别来源的标记这些标识与暗示商标、随意商标、臆造商标并无区别。"❶ 这个实证研究的第二个目的在于考察法律对商标语义的依赖性。该研究选取了几组描述性商标和暗示性商标分别使用在四组不同的产品中，消费者很快判断出暗示性标识是作为商标使用的，这说明暗示性标识的显著性比描述性标识强。而对测试方式稍加改变，结果出现了微妙的变化，选取的描述性标识不变，只是对使用方式作出改变，在产品的包装和格局中突出显示描述性标识，结果发现消费者同样很快识别出了描述性标识是被作为商标使用的。这个发现印证了法律对描述性词汇标识作为商标的定位是毫无依据的。

为了证明标识的文义含义对标识作为商标的区分来源作用的

---

❶ Thomas R. Lee, Eric D. DeRosia & Glenn L. Christensen, An Empirical and Consumer Psychology Analysis of Trademark Distinctiveness, *Arizona State Law Journal*, Vol. 41（2009），p. 1045.

影响，实验采用 Abercrombie 分类标准作为研究展开的基础，基本的假设是：通用名称标识的显著性弱于描述性商标；描述性商标的显著性弱于暗示性商标；暗示性商标的显著性弱于随意商标；随意商标的显著性弱于臆造商标。其中将描述性商标的类别进行细化，将描述性标识分为代表产品成分或者特点的商标、代表消费者对产品使用方式或者消费者希望获得的使用结果的商标；对产品广义上的美称。研究结果表明通用名称商标的显著性是最弱的，没有争议。但至少有三组结论不支持描述性商标的显著性弱于暗示性商标，这些研究都破坏了 Abercrombie 分类的结论。深入研究还发现暗示性商标的来源识别功能弱于随意商标的结论也不能成立。研究开始是将所选取的词汇商标展示给参与人，他们被询问是否认为这些词汇可以作为商标。实验的关键在于要将描述性商标和暗示性商标作出明确区分以确保研究的准确性，描述性词汇是直接的描述，而暗示性词汇的选择选取了比喻的描述。通用名称的选取比较简单，主要选择市场中的产品分类的标准术语。随意商标的选择依据是词典中的词汇，当然是那些不具有描述性的词汇。臆造词汇则通过在线词汇合成工具进行随机的合成杜撰。当然这些词汇是不能具有第二含义的，否则会造成对研究结果的破坏。

为了确保研究报告的可信性，首先对选取标识的第二含义进行考察，总计 120 名消费者参加了在线问卷调查，这些消费者仅限于成人，而选择的产品则是这些消费者在过去一年中会购买的产品例如包装的饼干、薯片、维生素食物补充剂、洗衣粉和去污剂等。接受调查的消费者要回答一个问题："你是否曾经听说过这个品牌"或者"你看到过或者听说过该品牌的饼干吗"，参加者会有三个备选答案：（1）是的，我看到过或者听说过；

（2）不，我没看到过或者听说过；（3）我不知道。每个商标的第二含义都是通过对参与者问题的统计得出的，如果参加者可以将描述性词汇作为商标对待就可以证明标识获得了第二含义。为了论证描述性标识的显著性，需要研究素材必须不具有第二含义，所以在实证研究中所使用的产品包装或者词汇都是没有经过商业化使用的。产品包装中对标识的使用尺寸、类型和位置都做了设计，而且设计了很多非文本的标识，与选取的商标联合使用。产品包装基本包含六个图形元素：字母、颜色、描述性词汇、颜色组合、图案、背景色。以上六个因素的尺寸根据产品的不同会有所差别。研究者采取的分析方法会对六个要素的类型、尺寸、位置作出定量测定。研究对非语言文本的符号样例在包装中的使用也进行了设计，利用计算机软件，设计商标文字的角度和线形、字体的宽度和字符的高度，商标颜色的对比度等。最后通过计算机软件设计出最终的产品包装。第一个研究选取了七个不同的商标，包括一个通用名称、三个描述性商标（一个对产品成分的描述，一个对产品使用结果的描述，一个赞美型的词汇）、一个暗示商标和一个臆造商标以及一个随意商标。每个商标都作为商标使用在特定的产品包装中。实验选取了201位参与者进行问卷调查，这些参与问卷调查的人必须在美国生活且在过去一年购买过相应产品。首先参与者需要指出这些词汇是否是商标。如果参与者认为标识是品牌名称，就证明他将这个标识看做来源指示。这些参与者会接受一些培训来确保他们在一个稳定的环境中将词汇认知为商标。参与者会被告知商标的定义，之后向他们展示两个产品包装和商标，例如 DELIMEX 冷冻食品，同时展示一个通用名称词汇，例如"sugar"与五磅的糖包，和一个描述性词汇，例如"fat free"（脱脂）使用在一个牛奶包装中。在经过这些培训后，参加者才开始接受有关来源指示问题的询问，为了确保研究结论的准确性，会有一个问答热身，提供一个著名的品牌 BANQUET 鸡派和一个产品包装以及一个使用在汤料包装中的描述性词汇 microwavable（微波炉加热）。所有的参加者都指出，BANQUET 是产品来源指示而 microwavable 不是，这证明实验设计具有可行性。

实证的研究方法是可以用来检验法则的有效性的。为了测定来源指示的有效性，在实验中还加入了一个测试设计，提供五个驰名商标、五个通用名称和五个描述性词汇，让参与者判断上述标识的显著性，结果的匹配度与实验预期相吻合，证明实验设计可以有效地保证对来源指示功能的判断。第一组研究结论表明通用名称符号的来源指示比三个描述性商标弱。接受测试者指出通用名称商标为来源指示的占 26.7%，将成分描述性商标作为来源指示的占 83.3%，通用名称词汇的显著性小于描述性商标。其他各组的研究也表明通用名称词汇很少被看做商标，只占 26.7%，而描述性标识被看做商标的比例达到 100%，常用的代表产品美誉度的描述性词汇被看做商标的比例达 76.7%，通用名称的显著性要弱于描述性标识的所有类别。第二个测试的结论是描述性商标的显著性弱于暗示性商标，这个测试设计选用了三类描述性商标，结果显示暗示性词汇被认为是商标占 86.7%，描述性词汇被认为是商标占 83.3%，代表产品美誉度的描述性词汇被认为是商标占 76.7%。研究数据表明，Abercrombie 分类中描述性词汇的显著性弱于暗示性词汇的结论值得商榷，因为所选取的三个描述性商标被认为是具有很强的来源指示功能的，百分比间的差别是很小的。继续探究描述性商标和其他类型商标的区别，结果表明描述性商标被识别商标的概率达到 87.8%，而暗示性、臆造和随意商标被选择为商标的比率达到90%，这表明描述性商标作为来源识别符号并不明显低于法律规定的具有固有显著性的标识。实验也设计了专门分组研究暗示商标和随意商标的区别。结果表明，暗示词汇被认为是商标的比率为86.7%，随意词汇仅为76.7%，所以暗示性商标的显著性并不低于随意商标，这又进一步否定了经典的Abercrombie分类。随意性词汇被认为是商标的比率达到76.7%，而臆造商标的比率达到100%，臆造商标的显著性高于随意商标。由于该实证研究的分析将描述性商标进行了细分，所以对描述性词汇不同类别的显著性也进行了对比，对于特点、成分的描述性词汇被作为商标的比率达到83.3%，对产品美誉度进行描述的词汇被作为商标的比率达到76.7%，对产品使用以及使用结果进行描述的词汇被作为商标的比率达到100%。可以看出，所有三类描述性商标都具有很强的来源指示功能，比率都超过75%。

"当商标使用在产品包装上，即作为商标使用，描述性商标和暗示性商标一样具有很强的来源识别功能，这与法律预设的结论——描述性商标需要具有第二含义才能获得显著性的结论存在差别。当描述性标识作为商标使用时，消费者会认为描述性标识具有很强的来源识别功能，和暗示性商标的差别并不大，而且描述性商标的三个子分类也表明，描述性商标都具有来源识别功能，这表明所有类型的商标都同样发挥着来源识别功能。"❶

上述研究都围绕词汇商标展开，没有对非词汇商标的来源识

---

❶ Thomas R. Lee, Eric D. DeRosia & Glenn L. Christensen, An Empirical and Consumer Psychology Analysis of Trademark Distinctiveness, *Arizona State Law Journal*, Vol.41 (2009), p.1046.

别功能进行检测，对非词汇商标的显著性研究是否必要？研究者设计了第三组模型来解决这个问题。第三组测试将很多非词汇的商标作为描述性标识进行测试，研究表明非词汇符号的使用会影响描述性商标的来源识别功能，例如在产品包装中使用非词汇商标会提高描述性标识的显著性。第三组实验选择了120位消费者，但是对商标的使用方式做了改变，更改了商标的尺寸、使用的位置。结果表明对商标使用方式的更改会影响商标的显著性。研究结果进一步表明，非词汇商标的使用是描述性商标被看做可以发挥来源识别功能的一大诱因，而在使用中去除一些非词汇商标的使用会导致显著性的下降。如果标识未被作为商标使用，其来源识别功能甚至低于通用名称。

通过实证分析，研究小组得出的结论是"研究商标显著性应当结合消费者的心理、商标对消费者的影响等因素，从功能层面分析，商标作为来源识别提供给消费者一个短线的对产品的质量和价值的认知，商标的重要性在于降低消费者认知风险缩短，消费者的搜寻时间和成本"。[1]而商标对于消费者的更高的利益层面在于消费者在选择和使用品牌的时候其实也实现了一个自我定义，构建消费者自己的想象，消费者与品牌建立起联系，甚至消费者还建立有关品牌的社区。由于品牌的这种功能和更高的利益诉求，所以需要面对市场，结合消费者的动机判断标识的识别来源功能，识别来源的判断就是消费者区分产品来源的认知过程。消费者认知过程的开始是通过聚集产品信息，通过标识与产品的

---

[1] William M. Landes and Richard A. Posner, The Economics of Trademark Law in The Economic Structure of Intellectual Property Law, *The Journal of Law and Economics*, Vol. 265（1987）, p.182.

各种潜在关系作出来源识别判断。这里的信息在市场中表现为视觉信息，如商标被展示在产品包装中，评价消费者的视觉信息认知有助于理解消费者对标识来源识别功能的判断。"从个体消费者认知心理学的视角看，他们对商标信息的接受和认知，受到'图形—背景'、概念等因素的影响，所以商标显著性随着这些因素的变化而具有动态特征。同时，消费者不同群体的认知变化也会导致显著性的动态变化。传统的商标'Abercrombie 分类'，因其静态性和对消费者模型的依赖，而较难指导理论和实践。"❶

（二）商标的商业使用与消费者的视觉认知

视觉认知是一个循环的过程，视觉输入的内容以及主体接受的可视性内容与接受主体和记忆形成互动。首先，眼睛的注视唤起了储存为长期记忆的"感知模式"，这可以通过原始的感官数据和直接的后续关注来解释。感知范围的记忆建构的建立需要通过认知经验支持，也就是说这个过程贯穿整个生命。长期的记忆存储是一种想象或者情境。在感知者的脑海中，一般使用他们最有可能的知觉模式对信息进行分析，这些信息的来源以视觉信息为中心，在当前感知模式的基础上决定后续的视觉关注点。如果后续的感知与之前的感知产生了不一致，人们会在现有的感知范围内选择一个更相关的积极的感知范围，促成这种转变的因素是可视的数据收集。这个过程是持续的、反复的和相互影响的，直到感知者满意为止，满意的结果是在视觉环境中促成的。认知心理学中的感知范围可以理解为一个可视的精神模型世界，在这个世界里人们看到世界，没有认知范围，通过视觉的固定、加工、

---

❶ 刘媛："论商标显著性的动态特征——以认知心理学为视角"，载《知识产权》2014 年第 2 期，第 51 页。

在感知的环境中结合每个独立的行为，这个过程是缓慢发展的直至衰弱。眼睛在接受这些认知信息后很快将其固定并允许解释这些固定的信息，给大脑提供一个可视中心。这个过程很复杂，但是呈现出来的可视认知的预期过程是迅速的，从观察者的角度看转瞬即逝。而重要的是指出认知者如何对这些内容进行交流并产生影响，就是对认知如何进行解释。认知过程的第二个前提是感知的目的、目标激励行为。感知不是积极的行为，而是感知者的目标行为的作用，这些目标指引着感知者的行为范围、感知的过程和解释。感知不仅发生在物理世界中，而且是一种存在于心理层面的目标激励。消费者对商标的判定体现了视觉认知的循环过程。

（三）消费者对商标的认知范围

把消费者的预期和市场中可视的线索看做一类特殊的可视的感知类型和兴趣就是标识的识别产品来源的功能，这个过程的形成就是一个可视性的感知形成的过程。消费者在市场中面对一个产品包装的时候，基于一种分享的意识和对品牌利益的更高的利益要求的驱动下，将会被激励表现出识别来源的判断，这个识别是制造者的来源引导消费者之后的可视性感知行为。消费者在看到产品包装时，将记忆中的感知复活，根据其消费经验观察市场中的产品包装，他会结合自己对产品的期望来作出判断，所以一般的产品感知范围包括特殊的产品的包装、一般的标签的位置以及其他有关商标的信息，还包括消费者对商标的期待和产品在市场中的表现。商标被展示在产品包装中，例如商标与产品的空间关系，这些视觉信息都将被注入之前的对文义含义的理解中。识别产品来源是通过认知目标的引导，在产品包装中注入认知的范围，消费者将直接把眼光投入产品包装的"商标点"❶上，这个点是他期待发现商标的目标。在经过观察商标点中的词汇或者符号，消费者将对商标与其记忆中的认知进行对比，如果观察是对等的，符合他们对品牌的认知，之后他们便会将这个标识作为来源识别符号。如果该词汇或者符号和消费者对品牌的预期是不一致的，消费者就会拒绝将这个标识当做产品识别来源符号，而继续搜寻产品包装中的信息来完成他的感知目标。因此，感知的直接范围是标签中的词汇或者标识的商标点，这个标识最终成为识别来源。

品牌认知和商标显著性的判断中心在于理清感知过程和来源识别的关系判断，而消费者在市场中的感知分析可以提供一个分析帮助。消费者在面对市场中的产品时并不会将文字商标隔离出来，而是要将文字商标和包装、标签结合在一起，综合考虑商标的使用内容。例如，"博士伦"这个词汇被用在隐形眼镜中，在消费者作出来源识别判断时，首先看到隐形眼镜的包装，之后消费者将通过产品包装积极展开认知。如果"博士伦"这个词汇在"商标点"中，那么消费者将会考虑"博士伦"是否是一个合理的识别来源标识。如果博士伦仅仅被看做一种宣传，而消费者仍然可以通过其他元素的非文本内容的组合来判断博士伦是一个品牌名称，如果没有其他非文本内容的辅助，当"博士伦"与消费者对品牌的认知范围不一致时，就不会被消费者视为指示来源标识。基于认知模式的范围，在判断符号是否作为来源识别标识时，符号要表现为商标点，而非文字的元素和符号本身的文义起

---

❶ 托马斯·R. 李（Thomas R. Lee）教授认为"商标点"可以理解为标识作为商标在产品中处于显著的位置。

到辅助的作用。消费者对广告的反应也可以反映出消费者对品牌的认知模式。"学者指出,当消费者看到广告,因为消费者的经验存在,广告中的元素会引导消费者期待一定的信息被这些元素表达。消费者的预期引导消费者对广告进行阅读,对广告中的任何图片或者词汇进行理解。消费者阅读词汇、浏览图片、听到声音,以上的认知行为组成消费者对产品的认知。"❶ 而商标法中的显著性分类模型的假设是以商标的含义为依据的,法律认为文义含义是相关消费者对标识的认知来源,但是经过上述分析可以发现标识的文义不是判断产品来源唯一的也不是最重要的因素。如果商标在商标点中,在产品的外观中所表现出的尺寸和风格与消费者对商标的期待是一致的,消费者就将该标识作为判断商标来源,甚至当商标是描述性标识,消费者也不是以文义作为主要判断依据的。"因此,Abercrombie 的经典分类系统是建立在错误的假设基础之上的,该分类假设是将文义含义作为消费者判断标识来源的唯一依据。"❷

消费者心理理论提供了一个样例,分析法律对描述性商标的界定。事实上,描述性商标显著性的判断问题最终是一个实证问题,需要长期的实证评估。而经过实证分析发现,当描述性标识被使用在特定的产品中作为商标使用时,它们发挥指示来源的功能和暗示商标、随意商标、臆造商标是一样的。从商标使用的角

---

❶ Ralph S Brown Jr, Advertising and the Public Interest: Legal Protection of Trade Symbols, *Yale Law Journal*, Vol. 108 (1999), p. 1619.

❷ Lucy C. Ridgway, Has Abercrombie Become Unfasionable? A Review of Trends in Product Configuration Trade Dress Cases and A Proposed Test for Uniformity, *Mississippi College Law Review*, Vol. 20 (2000), p. 181.

度分析，商标法中对描述性标识的定位是毫无依据的。根据实证研究的结果，通用名称词汇的显著性小于描述性商标，即通用名称标识的显著性最弱。描述性商标的显著性并不比具有固有显著性的商标弱，那些非词汇的符号会提高描述性商标的识别来源功能，因为非词汇符号被认为是描述性商标发挥识别来源功能的辅助因素。所以，如果描述性词汇要成为商标，只要在产品设计中进行突出的使用，符合消费者的购买心理，其显著性并不会比臆造词汇或者暗示性词汇弱。商标显著性的衡量标准并不应该是僵化的，而是需要结合商标的使用作出具体判断。

（四）商标显著性分类标准的检讨

心理学的实证分析完全破坏了 Abercrombie 分类的标准，如果描述性标识被用作商标，根据其在空间中所处的位置、尺寸和风格、只要商标使用符合消费者的心理模式范围，这个标识就可以作为来源识别符号，而不论这个标识的语义含义是否"仅仅是描述性的"。Abercrombie 分类的前提是错误的，也就是说描述性商标和暗示、臆造、随意商标一样，当作为消费者的认知来源标识时，它们的功能和作用是一样的。"固有显著性"（暗示、随意和臆造）和"获得显著性"（描述性）没有区别。"根据实证分析的结论，研究人员认为应当放弃获得显著性的分类，这样并不会导致给予商标权人商标垄断的权利，而是需要确立"商标使用"的标准发挥商标保护的守门人角色。当商业表达词汇使用在产品中，其位置和风格与消费者预期和认知保持一致，就可以发挥来源识别的功能，如果不符合这个要求，商标的文义含义就超过了商标使用的含义,自然不能作为商标使用。"❶ 而心理学研究范式忽略了商标基本理论中的"竞争性需求"理论,根据该理论,保护描述性标识会阻碍新的市场进入者通过主张使用相同的词汇进行有效的竞争。"竞争需要的前提被过高估计和错误认识了。根据目前的标准,法律没有仔细地考虑描述性词汇的竞争性本质。描述性词汇商标注册和证明第二含义,不需要考虑任何竞争性需要。"❷ 提出竞争性需要这个观点的是兰德斯和波斯纳,他们认为描述性词汇识别产品的"主要的特点"这样的商标保护"将可能阻止其他的识别的使用要求而影响竞争效率"。❸ 这个分析依赖于过于简单的假设和举例。这个假设是脆弱的,如果一个生产者希望打开市场,必须寻找一些路径来将自己的产品和竞争对手的产品区别开来,设想一个汽车旅馆连锁酒店的"假日酒店"品牌强调逃离喧嚣的世界,如果一个新的市场参与者想要开展同样的业务强调相同的理念,必定要建立一个不同的联系,例如他可以强调提供一种平和美好的睡眠质量。每个产品或者服务的功能性特点一般都会被消费者评估,管理者则会看重品牌的一些非功能性特点,例如品牌是否可以久负盛名,或者满足人们主

---

❶ Jacob Jacoby, The Psychological Foundations of Trademark Law: Secondary Meaning, Genericism, Fame, Confusion and Dilution, *The Trademark Reporte*r, Vol. 91, Issue 5 (2001), p. 1015.

❷ Stacey L. Dogan, Mark A. Lemley, A Search-Costs Theory of Limiting Doctrines in Trademark Law, *Trademark Rep*, Vol. 97 (2007), p. 1223.

❸ Xuan-Thao N. Nguyen, Shifting The Paradigm In E-Commerce: Move Over Inherently Distinctive Trademarks—The E-Brand, I-Brand And Generic Domain Names Ascending To Power?, *American University law Review*, Vol. 50 (2001), p. 939.

张的环保意识等。有学者提出了有关品牌非功能特点的 42 个特征，管理者很难限制一些"关键的"特征，因为这些特征在品牌中会进行各样的转换。有关消费者的心理分析有一个重要的具有影响的结论，不仅是产品的主要特征吸引消费者的购买行为，从消费者认知的角度看，消费者眼中的产品特征的重要性和价值也起着重要作用，这些因素反映出消费者对功能性的要求和消费者寻求的一种社会心理支持。从认知角度来看，一旦消费者在脑海中形成一定的产品创新顺序，就更容易回忆起其心中的先锋品牌及其产品属性，并且往往认为该品牌在所有竞争品牌中最可信，最有经验，最具独创性，进而对该品牌态度更积极，也更信任该品牌。❶ 这些因素重要的原因是消费者将这些因素作为支持他们个人价值观和人生目标的支撑，因此任何这样的价值都是潜在的品牌力量，产品特征是具有市场价值的。

拉尔夫·劳伦香水（Ralph Lauren）商标"ROMANCE"专注于突出消费者的心理需求即对浪漫氛围的追求，所有这些价值目标都可以用来评估商标，商标的战略价值和市场可行性都能够提升商标的显著性，因此这又说明用词汇含义本身判断描述性商标的错误定位。事实上，法律认为词汇必须可以被竞争性使用，如果当一个词汇开始如此关键，而被消费者理解为描述一个种类或者类别的产品时，法律就会根据竞争性需求原则而排除对该标识的商标保护。但是语言文字是丰富的，差别只在细微的含义中，所以选择标识作为商标也不能聚焦于单一的特征。"仍然以汽车旅馆连锁店的商标为例，即使很多竞争对手选择把重点放在和平

---

❶ 陈姝、刘伟、王正斌："消费者感知创新性研究述评与展望"，载《外国经济与管理》2014 年第 10 期，第 9 页。

与休息,而竞争对手要表达安睡这个特征可以选择的词汇范围很多,如舒适、休息、放松心情、休养生息、舒缓、温馨、平静,等等。"❶

如果假设存在这种词汇消耗,同样也不能得出描述性商标的禁用推定结论。以颜色商标保护为例,在颜色商标保护中出现了同样的命题,那些反对颜色商标保护的观点认为颜色会消耗,所以一旦给予颜色商标排他保护,就会有其他的人跟随申请颜色商标注册,那么颜色很快就会被耗尽。而在判例及商标理论中都批驳了这个观点,不能用偶发的问题来构建一个"一刀切的"禁止规则。这个解释同样适用于有关描述性词汇作为商标的"关键特征"耗尽的结论。如果当所有有效的同义词都耗尽了,描述性标识的可保护性就受到质疑,但是除非这个情况真的出现,不能从同义词的耗尽角度来拒绝保护描述性商标。"根据兰德斯和波斯纳的观点:承认权利人颜色商标具有显著性,给予其商标法保护,并不排除他人对相同或者相似颜色的使用。如果法律允许使用颜色作为商标,会产生关于颜色类型的不确定的和难以解决的法律争议——什么样的颜色类型是竞争者可以合法使用的,颜色商标的混淆如何判断。如果承认颜色商标具有固有显著性,那么描述性商标同样具有固有显著性。在评估描述性词汇之间是否会产生混淆时,可以考虑的判断因素包括商标的显著性、竞争商标间的相似程度、产品间的竞争范围、市场渠道等。而如果要对商标权进行限制需要辨别出一个显著性较弱的描述性商标,还要判断商标使用中的非文义因素是否近似,被告是否不当地利用了权

---

❶ Ray K. Harris, Stephen R. Winkelman, Why Product Configurations Cannot Be Inherently Distinctive, *Trademark Rep.* Vol. 91 (2001), p. 996.

利人的商誉来美化自己的产品,如果商标显著性是相对较弱的,那么竞争者使用的空间就更大。"❶ 描述性商标和暗示、随意、臆造商标一样可以被看做具有显著性的来源识别符号,同样适用混淆之虞的判断规则,在判断描述性商标的显著性时非文义的内容比符号的文义内容对消费者的影响大,所以在判断显著性问题时要考虑非文义符号的使用。那么,描述性商标是否可以具有固有显著性而自动获得保护呢?解决这个问题要考虑"竞争性需要"和有关合理使用的标准,如果对描述性商标的使用不是作为商标使用而是从公平使用的原则考虑,使用者可以以此对抗商标侵权的指控。

如同兰德斯和波斯纳提出的,法院可以"根据特殊的生产者对特殊的商标具有排他使用权,探寻每一个案例中的经济效率"。❷ 但是暗示性和描述性的区分并不是客观的,而是一种简单的和预先的决定,这种主观的和不确定的法律中显著性的判断问题产生了极高的管理成本,集中体现在注册制度中,而确立商标使用规则可以有效地降低成本。品牌管理者和新的市场进入者也要考虑这个问题,决定如何选择和保护商标,这需要进行时间和支出方面的评估,选择描述性标识还是暗示性标识作为商标涉及行政管理成本和第二含义评估问题。兰德斯和波斯纳认为Abercrombie分类是一种商标行政管理中的最好制度,可以形成最有效

---

❶ C. Andrew Wattleworth, Inherently Distinctive Product Configurations Under § 43 of The Lanham Act: Where do We Stand in the Aftermath of Two Pesos? *Cumberland Law Review*, Vol. 26 (1996), p. 1082.

❷ William M. Landes and Richard A. Posner, The Economics of Trademark Law in The Economic Structure of Intellectual Property Law, *The Journal of Law and Economics*, Vol. 265 (1987), p. 177.

的行政管理制度。

商标保护是为了减少消费者被误导购买他们不想要的产品的风险。那种故意的、欺诈的、有违道德规范的造成消费者混淆的行为是破坏商标法的运行效率的，令人怀疑的是如果赋予描述性商标固有显著性是否会造成破坏效率和打开不诚信的大门的结果，因为第三方会利用消费者认知和第二含义使用描述性商标。给予描述性商标保护不是假设描述性商标所有者可以和使用产品的消费者交流"质量"，而是不鼓励描述性商标具有显著性，因为这会使新的市场进入者遇到障碍，从而扭曲品牌选择，但是商标使用标准可以很好地解决这些问题。

显著性是维持商标结构完整、保证商标发挥其应有功能的关键因素。传统显著性分类理论存在固有缺陷。"商标的显著性也就是表示商品出处的作用只有通过附注有商标的商品行销于市或广告宣传等手段才能实现，从这个意义上讲，商标的显著性只可能是获得显著性，而无所谓固有显著性。没有天生的商标，商标只能是市场作用和选择的结果，自然也就不可能存在天生具备标示和区别含义的词汇或者其他标志。而获得显著性的取得只有将商标使用在产品中，通过市场作用，消费者选择才能获得。"❶ 那些只注册而没有被使用的商标只能是商标的初始样态，而不能成为品牌。固有显著性与获得显著性的划分从商标注册角度看有利于提高注册效率，但这个原则本身具有一种僵化的特点，而那些被认定为具有固有显著性的商标要发展成为品牌，必须通过使用增加获得显著性才能具有品牌价值。

---

❶ 彭学龙："商标显著性新探"，载《法律科学》2006年第2期，第66页。

第三节 商标显著性的判定

一、商标显著性第二含义的证明

（一）商标显著性第二含义

设想一个词组或者短语本来具有一个含义，是主要含义，不能被市场中的特定主体独占，因为某些原因这类词组可能被某个市场主体长期排他使用在其产品中，结果这个词组或者短语就成为商标，也就是说这个词语具有了"第二含义"。例如，词汇"STANDARD"（标准）的含义被更新，这个词汇也被认为是石油行业 Standard Oil Company（标准石油公司）的代称。第二含义的判断取决于消费者，他们通过具有第二含义的词组区分产品。汉德法官指出，"双方争夺的是被消费者理解的何种词汇呢？一方面，如果一个名称或者词汇被买家与特殊产品联系起来，进一步说就是他们将词汇或者名称与产品相联系，不会构成谎言和欺骗，第二含义就存在了。另一方面，如果消费者认为销售者不能使用商标指代其产品，就不存在第二含义"。❶ "'第二含义'规则是给予商标权人一个排他的权力，将该标记作为商标使用，尽管该标记开始是无效的商标，但经过使用，这种类型的标记可以

---

❶ Wallace R. Lane, Development of Secondary Rights in Trade Mark Cases, *Yale Law Journal*, Vol.9, Issue.8 (1909), p.577.

说是独家财产。"❶ 如果原告使用特定词汇指代其产品，是排他的使用，那么这个词组或者短语就意味着这个产品是他的，这样该词组或者短语就具备了第二含义受到法律的保护，而且这些词汇具有公共属性，也不会像专利那样到期。"当然，商标权人不一定要被识别为生产者，相反，只要该主体被认定为来源与单一的某处，尽管是匿名来源也可以。"❷ 这个结论来源于一般消费者的普遍认知。当消费者购买了拉菲红酒或者哈瓦那雪茄，没有人会想起制造者，特别是在如今的条件下，购买公众购买某产品的动机是复杂的，通常会忽略生产该产品的人。

描述性词汇作为商标使用需要具有第二含义，例如姓氏商标，每个人都有权力使用自己的姓名。他的姓名代表他作为一个个体，代表他的名誉和信誉。自然，他也有权把自己的姓名使用在法定的事业中，但是使用姓名作为商标易导致拥有相同姓名的人将姓名作为商标，容易造成消费者混淆和消费者流失。"地名的显著性比人名更低。每个人都有权在相同的地方经营生意，但是没有人可以将地名独占。同样，地名也不能被他人排他使用，从而使在相同地区生产产品的其他生产者无法使用同样的名称。"❸ 同样，每个人都有权描述其售卖产品的特征和质量。描述性词汇，本身不受商标法保护，因为这种排他保护会剥夺其他人

---

❶ Wallace R. Lane, Development of Secondary Rights in Trade Mark Cases, *Yale Law Journal*, Vol. 9, Issue. 8 (1909), p. 582.

❷ Ray K. Harris, Stephen R. Winkelman, Why Product Configurations Cannot Be Inherently Distinctive, *Trademark Rep.* Vol. 91 (2001), p. 991.

❸ Walter J. Derenberg, Registrability of "Distinctive" Geographical Designations: The British "Yorkshire" Copper Case, *The Trademark Report*, Vol. 43 (1953), p. 249.

使用相同词汇描述其产品的权利。

描述性词汇要证明获得显著性可以作为商标使用，重要的是证明标识具有第二含义。持久广泛的排他使用和持续较长时间的广告宣传，是用来判断描述性词汇被转换成具有很强显著性的识别符号的最主要的方法。根据法律要求，作为损害赔偿的先决条件在于公众知道所有者的标识。这就要求所有者要在公众脑海中建立起商标，强调标识作为商标用以识别产品的来源。当标识获得了商标的地位，经过适当的使用可以帮助建立起品牌并维护其显著性。在司法实践中，广告投入是证明第二含义的证据之一，"例如，在一则美国判例中，法院认为商标权人为发展和维护商标的显著性所投入的广告价值已经高达 1 434 773.95 美元，这些销售数据很有意义，因为他们证明了广告的成功和公众对产品的接受和满意。"❶

"总的来说，第二含义的证明需要考虑以下因素：（1）在特定产品中的首次和排他的使用并超过一定的合理期限；（2）大量的和持续的广告用以说明使用在特定产品中的商标是存在一个特定的来源；（3）充分的销售记录，用以说明消费者的接受程度；（4）第三人不正当使用标识，意图借助首次使用者的商誉；（5）因为在后一方使用标识造成的消费者被实际的欺骗、混淆或者作出错误购买的决定。"❷ "美国兰哈姆法对第二含义的规定为，

---

❶ Joel W. Reese, Defining the Elements of Trade Dress Infringement under Section43（a）of the Lanham Act, *Tex. Intell. Prop. L. J.* Vol. 2（1994），p. 113.

❷ Julius R. Lunsford, Jr, The Mechanics of Proof of Secondary Meaning, *The Trademark Rep.* Vol. 60（1970），p. 272.

申请人的标识不可以将自己的产品和他人的产品相区别不能获得注册。审查员要审查的主要证据包括标识具有显著性，原告将该标识使用在商业活动中，证明排他的持续使用，申请人对申请标识的持续商业使用是指在提交申请的下一日满 5 年。"❶ 兰哈姆法对第二含义的规定经历过一个变化期。1905 年的联邦法案对显著性理论进行了定义。设置了一个 10 年条件，即地名，或者描述性标识或者人名标识申请注册，如果排他的使用达到了 10 年，那么根据法案注册是有效的，这是法案对第二含义的确认。"但这一规定日渐受到质疑，一些大公司认为时间规定是无效的，因为按照这样严格的规定，卡迪拉克、迪士尼、福特这样具有价值的商标无法受到注册保护，因为这些标识没有达到十年排他使用标准。之后兰哈姆法删除了十年的规定，改为标识可获得注册，如果标识的显著性与产品建立联系，持续排他使用 5 年，作为显著性成立的证据。"❷ 五年的持续使用和排他使用，作为第二含义成立的证据。如果审查人员对申请标识显著性的识别力存疑，还需要提供其他证据。第二含义的判断需要对实务中的案例作出分析归纳从而得出结论，"美国商标审查机构提出了证明规则的三个特征：长度、广度和深度。长度包括商标使用的时间长度，是指排他使用，使用的方式。广度包括销售市场的范围以及广告，还有销量和销售额、广告数量。广告可以证明申请人试图建立标记意识。深度是指长度和广度的影响，公众通过申请人的努力，

---

❶ 杜颖译：《美国商标法》，知识产权出版社 2013 年版，第 43~44 页。

❷ 刘媛："论商标显著性的动态特征——以认知心理学为视角"，载《知识产权》2014 年第 2 期，第 54 页。

建立起来符号和出处的联系"。❶ 前两种使用可以通过原告提供的确认书，或者官方通过自己的知识或者通过商业记录作出确认，广告和数据可用来作为确认的辅助。深度必须由确认书或者经公证的消费者陈述来证明。此外，美国商标审查机构还建议使用问卷调查和民意检测的方式证明显著性。"也有学者指出，在商标审查过程中遇到的新问题层出不穷，如今，最简单的词汇都可能造成来源混淆，法律规定和语言层面的分析都很简单，最佳证明第二含义的方式是混淆可能。"❷ 尽管审查机构在决定是否注册时不会拘泥于法律的侵权认定，但是会慎重考虑。

判断第二含义与混淆可能性具有相似之处。在大部分有关商标侵权的案例中，最常见的抗辩方式是侵权诉讼中的被告试图否定原告商标注册的合法性。在这些案例中，原告也须提供证明第二含义的证据，即使该标识已经注册并且是有效的。如果举证失败则会面临商标无效或者被撤销的危险。"一般原告需要提供的证据包括：（1）实际使用和广告范围以及广告支出；（2）因为后来者使用造成实际混淆的证据；（3）消费者或者公众对商标的认知。"❸ 从逻辑上看，最后一个才是最直接的证据。"法院在判断第二含义时，需要权利人提交足够合理的证据，如果这些证据被认为是不充分的，就不会成立第二含义。曾有学者建议，测试消费者对第二含义的认知要具有说服力，应引入'相对合理数量的

---

❶ Julius R. Lunsford, Jr, The Mechanics of Proof of Secondary Meaning, *The Trademark Rep.* Vol. 60（1970），p. 264.

❷ Richard L. Kirkatrick, *likelihood of Confusion in Trademark Law*, New York: Practising Law Institue, 2010, §3: 2.

❸ Ray K. Harris, Stephen R. Winkelman, Why Product Configurations Cannot Be Inherently Distinctive, *Trademark Rep.* Vol. 91（2001），p. 988.

公众'规则。要求挑战者从法律事实角度质疑注册商标的合理性。"❶ "最重要的问题在于不是所有的公众都知道某个商标，而是是否有足够数量的公众认识到这个标识是一个商标从而可以给予保护。商标总要与消费者联系在一起，所以判断商标的显著性，必须考虑到具体的相关公众的认知习惯。"❷ "从显著性条款分析，普遍性的认可是不必要的，要求实际购买的公众证明通过标识来区分原告产品，这是判断商标显著性真实而直接的做法。如果消费者渐渐了解到该标识指向某一来源，并以此种方式联想到该标识，就证明存在显著性。"❸ 十分明显，举证使用商标的时间、范围不能仅凭借一个证人或者几个证人向法院举证这个名称对于他们来说具备来源识别功能。如果这可以成立，那么是不可能维护商标的稳定性的，因为总会找到一些人来证明商标不具有来源识别功能。有关商标法中的消费者应该是那些购买这些服务或者产品的消费者，通过这些标识来区分产品或者服务。这个证明任务在现代社会是可以实现的，在如今的信息社会，通过计算机可以对证人证言、几百份简单的报告、调查报告做精确分析。

无论商标初始的显著性多么脆弱，如果经过几年的使用取得第二含义就可以作为指示产品来源的商标。"在 Coca-Cola Company. v. Koke Company 公司案中。本案的审理法院认为为了证明第

---

❶ Mark P. McKenna, Testing Modern Trademark law's Theory of Harm. *Iowa Law Review*, Vol. 95, Issue 1（November 2009），p. 84.
❷ 李祥章：《商标显著性判定法律问题研究》，中国政法大学硕士学位论文 2010 年，第 16 页。
❸ ［美］谢尔登·W. 哈尔彭、克雷格·艾伦·纳德、肯尼思·L. 波特著，宋慧献译：《美国知识产权法原理》，商务印书馆 2013 年版，第 352 页。

二含义的形成，可以借助于一些个人经验。本案中，可口可乐和'COKE'是不同词汇，尽管 COKE 并没有使用在可口可乐产品中，COKE 被认为是可口可乐的缩写，已经被很多公众使用并用来指示可口可乐公司的产品。然而，20 年之后被告使用'COKE'作为其产品东区樱桃可乐的商标，因为被告认为可口可乐公司并没有实际使用'COKE'在其产品中，所以'COKE'无法产生来源识别功能，指示可口可乐公司的产品。"❶ 然而，法院认为"COKE"从 1920 年开始作为软饮料的代称是公众用来指代可口可乐公司的产品名称，尽管可口可乐公司直到 1941 年 12 月 10 日都没有使用过"COKE"，但仍然具有商标权。本案中可口可乐公司从以下方面证明其商标具有显著性：第一，消费者证据。一定数量的证人，本案中为 20 人，他们证明在订购可口可乐时，使用 COKE。如果顾客要求另外的口味，例如柠檬、樱桃或者酸橙，对于这样的订购，他们也会收到可口可乐公司的这些额外订购产品。也就是说，销售人员会明白这样的订单是表明顾客需要可口可乐公司的饮料或者是可口可乐公司的添加风味饮料。经销商和服务人员的证词可以证明，他们接到有关 COKE 的订单，就认识到是订购可口可乐公司的产品，他们按照习惯提供可口可乐公司的产品满足这些订购需求，也没有顾客对订购提出过反对。因此，从商业角度看订购 COKE 就是订购可口可乐。第二种证明是记者和专栏作家的使用证明。他们在作品或者在专栏、新闻故事中使用 COKE，COKE 就是指可口可乐，他们用 COKE 来代表可口可乐是因为他们知道读者也是这样使用这个词

---

❶ Coca-Cola Co. v. Koke Co. of Am., 235 F. 408, 409 (D. Ariz. 1916), rev'd, Koke Co. of Am. v. Coca-Cola, 255 F. 894 (9th Cir. 1919).

汇的。很显然，以上的例证都说明，Coke是可口可乐。没有相反的证据证明在消费者中没有人认为COKE不是指可口可乐。本案的特殊之处在于，可口可乐公司实际上并没有将COKE注册为商标，也没有在经营活动中将COKE实际作为商标使用，COKE之所以被判定为属于可口可乐公司的商标皆因消费者将COKE作为可口可乐公司的商标看待，COKE事实上发挥了指示可口可乐公司产品来源的功能。

商业外观要获得商标保护，通常也需要证明第二含义。"从法律上看如果产品外观可以注册，事实在于其发挥了识别产品来源功能，'PINCH BOTTLE'是第一个获得产品外观注册的商标，这款外观设计注册争议源自Haig & Haig Ltd案，当申请被拒绝后，申请方开始准备大量证据进行上诉。"❶ 上诉人提供的证据证明在美国1916~1959年，这种瓶子的销量是6 570 858 528支。瓶子的平均使用寿命为35人次的交易。另一份证据是派克公司在美国中西部的调查，该公司向400人提供派克钢笔的照片、一辆福特汽车、一个罗森打火机、一个PINCH BOTTLE，所提供的测试产品都没有文字商标。测试的结果表明，接受测试的人中有399人都认出了这个著名的瓶子。一名广告导演提供证词，他指出广告的主题就是突出瓶子的显著性，著名设计师认为这是最完美的设计，作为现代外观设计已经成为经典，这个产品外观的故事"证明了这个外观代表着质量和信誉并延伸到地球的每个角落。很多展览也可以证明，包括第三方在其广告中使用了该瓶子的图案，足以证明公众的认知和瓶子的知名度。这个瓶子已经在

---

❶ "PINCH BOTTLE"是"二战"时期美国一款知名的威士忌酒，由Haig & Haig公司生产。

世界上102个国家获得了商标注册。最终该商标注册申请被通过且没有要求再提供其他证据，因为瓶子的外观发挥着商标的功能具有显著性"。❶ 注册商标证明第二含义或者在权益诉讼中证明第二含义，实质上是证明商标的来源识别功能。

"第二含义中存有争议，一种观点认为，取得获得显著性的标识存在固有的缺陷和弱点。另一种观点认为，不具有显著性的商标一旦通过第二含义获得了显著性，代表着其和具有固有显著性的商标一样具有同等地位。"❷ 以混淆可能性的证明规则为例，如果相同的商标用在相同的产品中，混淆可能成立，这时不需要考虑商标的显著性，如果标识不同或者产品不同，混淆可能出现的概率就小，标识的显著性就成为一个判断因素。如果留心观察，在现实生活中，在很多产品中使用的商标都极其普通，不乏在不同的产品中使用相同商标的情形，但是消费者并不会认为它们具有相同的来源，不会产生混淆。要保护商标的来源识别功能不被破坏，关键的问题在于防止商标混淆。今天使用的商标，包括那些最有价值和被最广泛认知的商标，都是取得了第二含义的外衣。对于证明第二含义的方法，除非是驰名商标，法律体系还不能提供一个完善有效的证明机制。

（二）商标显著性第二含义的证明

有关商标显著性第二含义的证明，国内很多研究都支持调查问卷法，将调查纳入到证据中，但这仅限于学术探讨，在审判实

---

❶ Vincent N. Palladino, Surveying Secondary Meaning, *Trademark Rep*, Vol. 84（1994），p. 160.

❷ 李琛、孙维国："商标固有的显著性对其扩大保护的影响"，载《知识产权》2003年第5期，第48页。

践中并没有全面推广。在美国商标侵权纠纷中很多法院将第二含义调查列为他们所考虑的证据清单内。"美国学者总结美国判例法发现,法院将第二含义调查作为有力证据,很少有人能达到要求。建议诉讼双方在设计证明时要考虑如下因素:(1)专家的角色。提交给法院的专家证言或者专家意见书,'这些调查结果都是开放的,可以接受考验的'。在实践中,双方辩论时通常在庭审中发动专家竞赛或者研究竞赛,因此,在庭审中通常需要一名专家。法律顾问需要告知专家如何界定'法律问题的范围'。(2)时间。调查存在的一个问题是,原告如何证明在原告提出被告的侵权行为时第二含义的存在,如何判断被告进入市场的时候,第二含义的存在呢?这种在后侵权调查需要在评估时的市场条件下评估商标显著性。"❶ 更多的争议在于,经过一段时间,语言或者标识的含义改变,只要词组或者符号开始具有显著性,侵权或者不正当竞争行为就可能出现。"因此,即使原告在被告进入市场的时候其商标或者商业外观的显著性还不强,这时被告继续使用词汇或者标识,会出现商标的共存,直到在原告已经将这些元素打造出第二含义时,就会造成侵权或者是不正当竞争。"❷ 当然,随着被告在市场中取得合法地位,在一些案例中原告就不能通过第二含义主张享有排他使用的权力。

有学者指出第二含义是"一种联系而已",这种联系介于

---

❶ Vincent N. Palladino, Surveying Secondary Meaning, *Trademark Rep*, Vol. 84 (1994), p.162.

❷ 王玲美:《论商标显著性的认定》,宁波大学硕士学位论文 2011 年,第 11 页。

"一定的词汇,文字、符号与一个商品的来源之间相联系"。❶ 商标的基本定义和第二含义被普遍接受的定义,都表明了一个观念,商标不需要是产品来源的名称。"在现代社会中,人们的消费蕴涵着双重过程,显性和隐性。隐性消费是对产品符号内涵的文化消费,所以消费者不会相信产品具有单一来源,因为复杂的现代市场模糊了来源。"❷ 因此,定义第二含义意味着原告要证明其商标或者商业外观和一个公司产品相关,即商标具有来源识别功能,归根结底是要证明原告的商标或者商业外观具有显著性。如果在审判实践中过于坚持事实上的第二含义标准,显然没有顾忌定义和学说的内在张力。实际上,从"保守"的观点看来,文字、名称、符号或者外观、与产品的独特联系,从单一来源看,如果词汇或者名称是通用名称或者符号或者外观是功能性的,就不能作为商标。最后,最重要的是产品特征的调查,第二含义被定义为"来源识别、因为来源而刺激购买"。❸ 这个测试起源于 Crescent Tool Co. v. Kilborn & Bishop Co. 案,本案中汉德法官讨论了有关产品的构造,指出:不是每一个人都会注意到谁制造了这些产品,他们往往更在意产品的外观和结构。该观点总体上在讨论功能性,并不是争论第二含义的概念。要明确的是"商标功能不在于转移公众的注意力,而是识别和区分自己的产品和其他人

---

❶ 吴汉东:《知识产权基本问题研究》,中国人民大学出版社 2005 年版,第 368 页。

❷ 徐聪颖:《论商标的符号表彰功能》,法律出版社 2011 年版,第 22~23 页。

❸ Michael J. Allen, Who Must Be Confused and When: The Scope of Confusion Actionable Under Federal Trademark Law. *The Trademark Reporter*, Vol. 81, Issue 3 (1991), p.229.

的产品。来源识别功能是商标的最基本功能"。❶

有关第二含义的调查设计,美国司法判例中的相关判例论述比较全面成熟,所以下文仍然以美国判例法中的几则经典判例展开研究,在结论部分对该问题进行总结。第二含义调查应当测试原告主张的商标或者商业标识与原告产品的相关度。这要求:(1)技术隔离商标或者商业外观;(2)适当的和一系列的问题设计。"使用商标可以看做权利人习惯于印制商标在显著位置上,是希望以一种形式展示商标,用特殊的展示方式来建立第二含义。但这种思路在Spraying Systems Co. v. Delavan, Inc案中受到批评。"❷ 因为本案的消费者调查没有隔离关键部位(JET),包括词组例如TEEJET,TWINJET。本案引起了如何在实践中实施第二含义判断的讨论。"在Schwinn Bicycle Co. v. Ross Bicycles, Inc案中,法院认为证明商标的第二含义在具体操作中需要创造一个'支撑',来消除其他指示来源标记的干扰,来决定商标是否具备第二含义。"❸ 不恰当的选择标识会影响调查结果,在Brooks Shoe Mfg. Co., Inc. v. Suave Shoe Corp案中,争议的焦点在于是否这种原告在鞋中的V型设计外观获得了第二含义。❹在原告提供的调查中,只有BROOKS❺这个标识被屏蔽,71%的受访者正确识别了Brooks鞋。但是只有1/3的人是通过V型设计来识别的,也就是说屏蔽了BROOKS并不能消除其他的识别元素的影响。然而,根

---

❶ Crescent Tool Co. v. Kilborn & Bishop Co. 247F. 299 (2d, Cir. 1917).

❷ Spraying Systems Co. v. Delavan, Inc., 762 F. Supp. 772.

❸❹ Brooks Shoe Mfg. Co. Inc. Y. Suave Shoe Corp., 716 F2d 854, 857 (CA 11 1983).

❺ Brooks是美国著名体育品牌,以生产跑步运动产品闻名。其商标由Brooks和"V"型标记组成。

据被告提供的调查显示,当除了V型以外的其他标识被遮蔽,只有2.9%的受访者识别出了BROOKS鞋子。

在第二含义调查时设置一个"支撑",作为判断的标识不能与混淆可能性调查相混淆。从产品或者包装上删除原告的名称,以判断原告的产品或者服务是否具有第二含义。从产品或者包装上删除原告的名称,是判断第二含义的存在所需要的。通过对比,遮蔽原告的名字在混淆可能性测试中就消除了一个线索,这个线索关于产品的来源,降低了实际购买的混淆可能。"显著性调查和混淆可能调查之间存在相似之处,已经在American Basketball Assn. v. AMF Voit, Inc.案中的得到证实。本案中法院没有采纳原告的调查证据,因为该调查没有在产品中删除标识。事实上,删除ABA的标识,是界定颜色是否可以作为识别功能所必需的。而如果在调查混淆可能时,就不需要。"❶ "在Schwinn Bicycle Co. v. Ross BicyclesInc案中最终确认,删除制造者的信息是确定商标是否具有识别原始来源功能,是否获得第二含义所必需的。"❷ 在混淆可能性调查中,通过对比,移除制造者的名称,就是删除了产品来源的线索——这个线索实际上指示购买者被混淆的程度,所以在判断第二含义时要对相关信息进行遮蔽而在判断混淆可能性使则不需要。

二、商标显著性证明中的调查问卷设计

前文提及了第二含义证明与商标混淆证明存在联系也存在区

---

❶ Vincent N. Palladino, Surveying Secondary Meaning, *Trademark Rep*, Vol. 84 (1994), p. 155.

❷ Schwinn Bicycle Co. V. Murray ohiomfg co. 339F. supp. 973. 981 (M. D. Tenn. 1971).

别，但是在调查问卷的具体设计中，判断第二含义时也要考虑匿名来源规则。就是要确定商标是否与商标权人有关，而不要求受访者说出商标权人的确切名字。国内外实践中没有特别被认可的设计形式，总体来说，调查问卷中的问题可以设置如下。

问题1. 你是否将 A（商标）与产品 B 联系起来，或者是和一个企业，或者是多个企业联系起来？如果足够数量的受访者回答"B 代表一个公司的产品"，原告就成功证明了第二含义；如果结果相反，那么，就不能证明具有第二含义。在 Spraying Systems Co. v. Delavan, Inc 案中采纳了这个相对简单的证明模式，但是很快在其他判决中这种证明模式被认为是有缺陷的。❶ 在 Storck U. S. A，L. P. v. Farley Candy Co. Inc. 案中，使用了第一个问题。❷ 为了证明其销售的金色和白色相间的软糖包装具有第二含义，原告询问受访者：你认为这种奶油糖果看起来是一家公司生产的还是多家公司生产的？之后要求受访者解释原因。法院认为这个问题设计存在以下问题：（1）"看起来"更具有猜测性。（2）焦点在于"一种糖果"这个产品，而没有强调商标。（3）短语"这些看起来"显示了问题设计没有明确指向原告的商标。所以法院没有采纳这种调查，因为该调查没有探测第二含义。第二含义是一种显著性，是经过时间所取得的，经过这段时间消费者通过该标识识别产品出处。特别是在没有看到受访者的解释，法院很难对商标的显著性进行判断。可以假设这些受访者对糖果形状的反应，而不是对商标的调查，因为问题设计的重点是"这种糖果"。

---

❶ Spraying Systems Co v. Delavan Inc，762F. Supp. 772.

❷ Storck USA, L. P. v. Farley Candy Co.，785 F. Supp. 730，22 U. S. P. Q. 2d 1204，1207（N. D. Ill. 1992）.

从这个层面看，产品（糖果）的显著性，与商业外观（包装）的显著性是不同的。

在 Sunbeam Corp. v. Equity Industries Corp 案中，❶ 争议是一种加工食品的商业外观是否取得了第二含义。受访者在没有产品标记的样品上接受调查，看他们是否知道谁生产了产品，以及产品品牌名称是什么，调查的问题是：你可以将这种加工食品的外观和一个公司或者多个公司联系起来吗？这个问题设计获得了法院的认可：从法律对第二含义的定义看，这个问题的设计比较适当，关注了加工食品的外观设计而不是加工食品本身。当询问受访者认为是一个公司还是一个以上的公司制造了这种产品时，这个问题设计的后半段很容易被误解。毫无疑问，受访者完全不明白区分产品外观和产品本身的法律要求和市场策略的区别，例如，如果这样设问：你是否将加工产品的外观和一个或者多个加工食品公司联系起来呢？受访者的思考角度就会不同。问题在于，法院关注于区分产品外观和产品本身，需要回答的问题是，在第二含义的调查中：这两者之间的关系到底是什么？但是受访者对这个问题的回答并没有按照既定的思路展开，有些受访者对产品和商标都一无所知，所以，为了避免出现无效设问，需要将问题再细化，首先要确定受访者是否知悉商标，将问题可以设计如下。

1.1. 你熟悉 A 品牌吗？或者 1.2. 你曾经看到或者听说过 A 品牌吗？如果答案是肯定的，回到问题 1. 你可以将 A 品牌和 B 产品联系起来吗，是一个公司还是多个公司？根据问题 1 的设

---

❶ Sunbeam Corp. v. Equity Industries Corp., 635 F. Supp. 625（E. D. Va. 1986），aff'd without op., 811 F. 2d 1505（4th Cir. 1987）.

计，被告可能会提出是否原告公司的商标作为单一来源存在于消费者印象中的抗辩。因此，被告也许会倾向于提出以下相关的两个问题：2. 你可以将 A 品牌和 B 商品通过一个公司或者超过一个公司联系起来吗？2.1. 如果你识别出一个公司，那么是哪一家公司呢？问题 2.1 存在的问题是，在案例中增加了原告的证明责任，原告不应承担证明匿名来源的责任。"这个证明责任在 Federal Glass Co. v. Brennan Glass Works 案中已经出现。调查设计证明蓝色的矢车菊设计是否具有第二含义，很多受访者将这种设计看做'原告生产产品的特殊系列产品'而没有和原告的名字联系起来。"❶

问题 2.1 使用在商业外观的案例中影响很小。因此，下面的问题可以尝试：（展示产品或者包装、特征）3. 你可以将 A（产品，或者包装、特色）和一个或者超过一个品牌联系起来吗？3.1. 如果一个品牌 A（被识别的品牌），是哪一个品牌？如果原告的产品或者包装被广泛认识，超过了品牌本身，问题 3.1 对原告不利。在这样的案例中，商业外观和原告产品的关联被完全反映在问题 3.1 中，因为一些受访者认识商业外观却不能说出品牌名称。一个办法是改变问题设计，不提及原告的商业外观，让受访者自发回答原告的商标名称，以证明商标具有来源识别功能。

还有一种情况，现代消费者不会将产品与一个公司联系起来，所以将问题 1 进行替换：4. 你可以将商标 A 从一个或者多个产品中区分出来吗？然而，这看起来超出了商标的定义。法律允许一个单一的来源可以是匿名的，但仍然要求产品具有一个最终的控制来源。当使用同一个商标公司销售某一特定产品的不同品

---

❶ CORNING GLASS WORKS v. BRENNAN,（1974）No. 73 – 29.

牌或型号，问题4就具有证明难度。现代市场的问题在于确定受访者是否将原告的商标或者商业外观和原告的产品赞助联系起来。这就需要修改第1个问题为：5. 你可以将商标A和产品赞助商联系起来吗？是一个还是多个公司？这个问题可以被分成两个相关的问题：（展示产品的商标）5.1. 你认为该产品是由一个公司还是多个公司赞助的？5.2. 你为什么这么认为？问题5.2的设计在于确认是否受访者将标识和产品赞助方视为一个公司。问题1的设计是严格按照商标的定义设计的，展示公众对符号或者外观的关系的认知，识别出唯一的公司。"但是其缺点在于，无法将商标的来源识别功能尽可能地检验出来。实际上，这个观点对商标的定义的理解是不充分的，因为词汇、名称、符号或者外观和唯一的公司产品联系起来，已经不符合商标使用的实际。从这个角度看，在没有竞争对手的情况下，人们可以很容易地识别一个产品。从常识和经验看，在任何领域，每个产品品牌都存在竞争。产品在市场中是没有竞争对手的情况是不存在的，甚至像专利产品那样具有稀缺性也要面对激烈竞争。"❶ 最大的问题在于，严格按照商标定义设计调查问卷不具有灵活性，无法检测商标的匿名来源。

意识到直接设问存在缺陷，法院逐渐转向注重通过个案分析来判断调查问卷是否设计合理且具有证明效力。谈到类型调查，法院在SchwinnBicycle Co. v. Ross Bicycles, Inc案中，提出"一些问题没有涉及实质性内容，如商业外观是否和唯一的生产者相联

---

❶ Mark V. B. Partridge, Trade Dress Protection and The Problem of Distinctiveness, *John Marshall Review of Intellectual Property Law*, Vol. 1 (2002), p. 244.

系，因而问卷的证明力存疑"。❶ 在一些案例中，法院讨论的问题，不能测试第二含义，因为他们的设计反而证明商标具有描述性含义。"在 A. J. Canfield Co. v. Vess Beverages，Inc 案中，批评了调查中的如下问题：1. 你看到'Chocolate Fudge'（巧克力软糖）这个词会想到什么？"❷ 毫无疑问，大量的受访者的答案是味道、香味或者是产品种类。所以，这种调查问卷设计不周密反而弄巧成拙，法院最终认为这是一个判断商标是否具有描述性的很好的辅助方法。在第二含义调查证明中还没有一个放任四海皆准的统一标准，调查结论的证明效力还需要结合具体案件的实际分析，但基本原则在于对调查证据的证明设计要证明商标是具有来源识别功能的。

有一种观点认为证明第二含义的结论也可以用来判定是否具有混淆可能性。这个方式可以一石二鸟：帮助确立责任问题，也使法院判断出第二含义是否存在。如果被告的商标或者商业外观造成混淆，因为错误地和原告的商标或者外观显著性产生了联系，在缺少第二含义的情况下，会产生混淆可能。"有学者指出将第二含义和混淆可能过于紧密地联系起来是一个错误。"❸ 这两个规则的联系很紧密，如果调查结果证明混淆存在，那么会存在

---

❶ Schwinn Bicycle Co. V. Murray ohiomfg co. 339F. supp. 973. 981（M. D. Tenn. 1971）.

❷ A. j. Canfield Co., a Corporation, Plaintiff-appellee, v. Vess Beverages, Inc., a Corporation, Defendant-appellant, 796 F. 2d 903（7th Cir. 1986）. A. j. Canfield Co 公司是一家生产瓶装汽水，巧克力软糖的企业，本案涉及一款巧克力软糖商业外观纠纷。

❸ Vincent N. Palladio, Assessing Trademark Significance: Genericness, Secondary Meaning And Surveys, *Trademark Rep.* Vol. 92（2002），p. 857.

第二含义。在这样的案例中，调查结果表明，如果20%的受访者认为存在混淆可能性，也就是说20%的受访者也会支持品牌认知，即认为商标具有第二含义。而事实上进行逻辑分析：如果没有证明第二含义，那么也不会有混淆可能。在混淆可能性的调查中，38%的受访者产生了混淆就可以证明混淆可能性成立。而为了证明商标具有第二含义，获得在实际购买者中的这种认知的比例，必须证明消费者将商标和特定来源联系起来，一般第二含义的调查数据要求必须有超过50%的受访者确认比例才可以认为是充足的。总之，混淆可能性的判断和第二含义的判断是两个独立的概念，那些认为证明存在混淆可能可以认为存在第二含义的观点，以及认为如果没有混淆可能性也不具有第二含义的观点都是错的。显著性可以成为判断是否具有混淆可能的因素，但并不是确定因素，混淆可能的成立是多因素判断的结果。

三、商标显著性与品牌意识调查

商标成为品牌意味着其具备了一定的影响力和知名度，那么品牌意识调查是否可以用来作为证明商标具有第二含义的证据，这个问题值得深入分析。在美国相关判例中已经对品牌意识的调查作出过分析。Sprinklets Water Center, Inc. v. McKesson Corp. 案中提供了一个不同的建议测试第二含义的方法，法院认为品牌调查结果证明了第二含义的存在，尽管使用的调查技术很肤浅甚至有些不健全。❶ 第二含义的调查问题是判断描述性术语是否是一个商标，但品牌知名度的调查涉及商标是众所周知的，问题设计

---

❶ Sprinklets Water Center, Inc. v. McKesson Corp., 806 F. Supp. 656 (E. D. Mich. 1992).

如下：当你选择非碳酸饮用水品牌时，你所第一个想到的品牌是什么？你能想到其他的非碳酸饮用水品牌吗？诚然，受访者回答以上问题的答案形式就是商标。然而，问题仍然在于，需要多少受访者给出答案，才能确定第二含义的存在。受访者没有回答出名称也不意味着失败。这个术语可能是一个有效商标，但不一定是众所周知的，如果受访者所答出的商标数量以原告商标为多数，即可证明第二含义存在。所以如果商标知名度越高，此种设计效果的证明力度会更大。

美国一家公司发起了"蜂蜜火腿"品牌调查：调查结果显示53%的调查受访人认为 HONEY BAKED HAM（蜂蜜火腿）是一个火腿品牌的名称。❶ 这个百分比是其他品牌的近2倍，本次调查结果还表明超过96%的受访者意识到品牌的名称是"蜂蜜火腿"。该公司将这个调查结果作为证明商标获得显著性的证据提交给法院，法院认为这个结果意味着 HONEYBAKED HAM 取得了第二含义。但是并不是说53%、96%或者这两个百分比导致这个结论，不能因为很少作为品牌名称使用就判定其为无效商标。❷ 有学者指出这个结果只能证明受访者知道产品的单一来源，不能证明其为商标组成。品牌意识调查的问题告诉受访者"Honey Baked"是一个品牌。而第二含义调查的目标在于，确定消费者是否认为这些词组是商标。品牌意识调查是调查公众对相关商标

---

❶ HONEY BAKED HAM 公司1957年成立于美国，主营食品零售，该公司销售蜂蜜烤火腿、火鸡胸脯和其他预煮主菜、配菜和甜点。

❷ Vicent N. Palladino, Techniques for Ascertaining if There is Secondary Meaning, *Trademark Rep*, Vol.73（1983），p.400.

的熟悉程度。❶

在 Chase Federal Savings & Loan v. Chase Manhattan Financial Services 案中，涉及对 CHASE 商标状况的调查，法院否定了品牌意识调查的结论：在本案中，人们首先会辨识出 Chase Federal❷的名称。受访者也联想到了一些不相关的银行业服务机构。法院指出问题不是"你是否听说过 Chase Federal"或者"你脑海中出现的第二个或者第三个银行服务机构是什么"，而是当你听到 Chase 时，你想到了什么。法院批评了品牌意识调查，认为没有解决问题，即证明"消费者是否将银行机构对应为单一来源"。❸关键问题在于人们是否将"chase"和金融服务机构联系起来，例如，"chase"这个单词是否是服务商标，因为其取得了第二含义所以可以代表金融服务。法院认为"当你听到 chase 这个单词时，对你来说意味着什么"。这个问题在于证明 Chase 是一个品牌，回答也就意味着他们是否知道这个品牌。如果给出的答案是"金融服务机构"，那么就证明受访者知道 Chase 是金融服务业品牌。但是如果"金融服务"不是给定的，答案可能就会证明 Chase 不是金融服务品牌。（1）受访者也许并不熟悉 Chase 是金融服务品牌，但并不意味着受访者认为 Chase 是描述金融服务的一个描述性词汇。（2）受访者也许知道 Chase 是金融服务业品牌，但是他不自觉地将 Chase 和其他的产品或者服务联系起来了。在 Hall-

---

❶ Vicent N. Palladino, Techniques for Ascertaining if There is Secondary Meaning, *Trademark Rep*, Vol. 73（1983），p. 402.

❷ 美国大通银行，chase 的字面含义为"追捕"。

❸ Vicent N. Palladino, Techniques for Ascertaining if There is Secondary Meaning, *Trademark Rep*, Vol. 73（1983），p. 404.

mark Cards, Inc. v. Hallmark Dodge, Inc 案中,也涉及 Chase 方法的使用。❶ 在被问到"当你听到 Hallmark 时,你想到了什么"时,88% 的受访者提到了"礼品包装、名片、信纸",结果只证明 Hallmark 是一个著名的礼品包装品牌,与其是否具有第二含义无关。美国最高法院指出,主张第二含义,制造者必须展示在消费者的脑海中,产品的主要特征或者短语是用以区别产品的来源而不是产品本身。意思是,区分产品的单一来源或者匿名来源,不是描述产品本身。"最高法院最终将证明第二含义的模式又严格地限制在了证明来源识别的范围内,例如提问:'你可以将商标 A 和产品 B 联系起来吗,是一家还是多家公司?',当这个问题向受访者提出,如果超过半数的受访者说这个产品是一家公司生产的就可以推断出第二含义,如果超过半数的受访者说这个产品是一家以上公司生产的,那么就可以推断第二含义不存在。也就是说,结论取决于大部分受访者的反应。"❷

在大部分案例中很少会有关于这种关联关系的指南,因为原告需要证明商标或者商业外观和产品的其他联系,多数情况下原告展示了商标或者外观与其品牌或者公司名称的联系,在这些案例中,受访者将商标或者外观与原告的品牌或者公司名称联系起来的百分比通常超过 50%。大部分问卷调查结果没有被法院接受,因为这些结果经常受到质疑。在匿名来源规则的案例中,法院对调查程度进行了解释:只需要证明相当比例的相关消费者群

---

❶ Hallmark Cards, inc 由 Joyce C. Hall (1891~1982) 创立于 1910 年,是深受消费者青睐的贺卡品牌。

❷ Lawrence E. Evans, Jr., David M. Gunn, Trademark surveys. *The Trademark Reporter*, Vol. 79, Issue 1 (1989), p. 1.

体对产品和生产者的联系有所认识。尽管调查结果没能说明任何联系的问题，法院还是认为原告的商标具有第二含义，因为法院意识到调查结果存在缺陷，但是记录从其他的侧面反映出第二含义存在的证据。品牌意识调查可以用来证明商标是否成为消费者熟知的品牌，要使品牌意识调查作为证据证明商标具有获得显著性，还需要对调查问卷的问题设计进行合理设置；要反映出商标被消费者所知悉，还要证明消费者将商标与商标权人联系起来，可以是确定的知悉也可以是对赞助关系的联想。

总之，调查第二含义的设计问题仍然是一个困难的任务，充满不确定性。通过比较分析，即使在承认消费者调查问卷具有证明力的美国判例法中，对调查问卷的设计和作为证据的采信程度也出现了反复，总体来看，消费者问卷要具有证明力度需要对问题设计进行仔细推敲，问题之间的设置也需要具有很强的逻辑性。有效的测试设计的前提是需要正确理解第二含义的定义，但是对定义也存在不同认识。只解决定义的问题也不能解决所有问题。最后，证明的相关程度也缺乏司法操作指南。学者的建议是"为了提高调查的质量，法院和律师要明确：第二含义证明不仅仅要依据调查结果，调查的设计和对结果的解释都需要通过经验积累、结合具体的商业环境进行解释才有意义"。❶

---

❶ 金海军："调查统计方法在商标诉讼案件中的应用——以商标混淆可能性的认定为视角"，载《知识产权》2011年第6期，第26页。

本章小结

商标显著性四分法,将商标的显著性的大小按照递增的顺序来划分以确定商标可受到保护的程度。但是这一划分界限并不总是清晰的。因为在现实中总会出现各种类别的复合,例如在一类商品中使用的商标可以是暗示性的,但当这一商标被使用在其他类别的产品中就可能成为描述性的商标。此外,经过使用,商标的分类也会发生变化,对不同的消费者来说,他们对商标的理解也不相同,同一种产品中对同样词汇的使用方式也是不同的。根据四分法的观点,通用名称不能获得商标保护,因为这种词汇已经被理解为或者作为某类特定的产品的通称。暗示、随意、臆造商标都可以或获得注册而无须证明第二含义,描述性商标则除外。商标四分法的界限并不是泾渭分明的,这也是商标四分法的先天缺陷,在一些判例中出现了对商标分类界定不清的情形,随着商标类型的不断发展,四分法越来越受到质疑,特别是在判断商业外观的显著性中,适用该规则进行解释显得牵强,商标显著性划分可以很好地解决词汇商标显著性的认定,法院将这个规则适用到其他类型的商标中就遇到了困难。所以商标显著性的四分法并不是解决商标显著性划分和判定的唯一准确规则。

商标法分类理论的缺陷在于,结论的提出是法律对消费者认知的假设建立在有关文字商标领域内,这种片面的认知导致结论的失真。消费者主要依赖非语言的视觉线索对商标显著性进行判断,例如标识的位置或者标识被展示在产品包装中的尺寸,而并非仅依靠商标的语义含义。通过实证分析发现描述性商标的识别作用比起暗示性商标、臆造商标或者随意商标毫不逊色。从消费经验和心理认知角度得到的结论是，应该放弃对固有显著性和获得显著性设置的界限。所有非通用名称的文字商标只要满足"商标使用"的要求都应当受到法律保护。商标显著性和商标使用的共同之处在于都呈现为对消费者预期的评估，他们的判断标准都作为一种消费者评估，即消费者是否将商标作为来源识别。相比之下，商标使用的要求更具有综合性和全面性。固守商标显著性四分法的标准容易在司法实践中形成只看商标文义而不深入分析商标使用方式的僵化审判思维。从功能层面分析，商标作为来源识别提供给消费者一个短线的对产品的质量和价值的认知，商标的重要性在于降低消费者认知风险，缩短消费者的搜寻时间和成本。而商标对于消费者的更高的利益层面在于消费者在选择和使用品牌的时候其实也实现了一个自我定义，构建消费者自己的想象，消费者与品牌建立起联系，甚至消费者还建立有关品牌的社区。正是品牌的这种功能和更高的利益诉求，所以需要面对市场，结合消费者的动机判断标识的识别来源功能，识别来源的判断就是消费者区分产品来源的认知过程。消费者认知过程的开始是通过聚集产品信息，通过标识与产品的各种潜在关系作出来源识别判断。这里的信息在市场中表现为视觉信息，如商标被展示在产品包装中，评价消费者的视觉信息认知有助于理解消费者对标识来源识别功能的判断。而商标法中的显著性分类模型的假设是以商标的含义为依据的，法律认为文义含义是相关消费者对标识的认知来源，但是经过上述分析可以发现标识的文义不是判断产品来源唯一的也不是最重要的因素。而心理学研究范式忽略了商标基本理论中的"竞争性需求"理论，根据该理论，保护描述性标识会阻碍新的市场进入者通过主张使用相同的词汇进行有效的竞争。此外，我们也需思考有关商标显著性的注册审查问题。虽然符号是否会被耗尽还有待考证，在选择商标中市场主体也会根据市场情形适当选择商标，回避与已有商标的重复，但是依然有必要考虑商标法中公有领域的界定，对一些特殊文化符号的使用作出限定。总之，商标的显著性也就是表示商品出处的作用只有通过附注有商标的商品行销于市或广告宣传等手段才能实现，从这个意义上讲，商标的显著性只可能是获得显著性，而无所谓固有显著性。没有天生的商标，商标只能是市场作用和选择的结果，自然也就不可能存在天生具备标示和区别含义的词汇或者其他标志。

并不是所有商标都是臆造或者随意商标，很多商标属于描述性的，需要证明第二含义，即获得显著性。在证明第二含义时，权利人需要证明对于消费者来说商标是区分产品的单一来源或者匿名来源而不是描述产品本身。总的来说，第二含义的创建包括：（1）在特定产品中的首次和排他的使用并超过一定的合理期限；（2）大量的和持续的广告用以说明使用在特定产品中的商标是存在一个特定的来源；（3）大量的和广泛的销售记录，用以说明消费者的接受程度；（4）第三人不正当使用标识，意图借助首次使用者的商誉；（5）因为在后一方使用标识造成的消费者被实际的欺骗、混淆或者作出错误购买的决定。第二含义调查常见的形式为问卷调查，第二含义调查的方式和问题设计没有统一的标准，但设计的基本原则是证明商标可以发挥来源识别功能。在调查中一些方法需要注意，这会影响法院对调查结果的采纳。在调查设计中需要采取技术隔离措施以及适当问题设计。从产品或者包装上删除申请人的名称以及其他可能会干扰判断的符号，以判断申请人的产品或者服务是否具有第二含义。匿名来源规则是影响第二含义判断的重要因素，要确定是否商标或者商业外观与商标权人有关，而不要求受访者说出商标权人的确切名字。证明匿名来源只需要证明相当比例的相关消费者群体对产品和生产者的联系有所认识。品牌意识调查是调查公众对相关商标的熟悉程度，也可以作为商标第二含义判断的依据，但其效力要根据个案分析。总体来看，调查第二含义的设计问题仍然是一个困难的任务，充满不确定性。有效的测试设计的前提是需要正确地理解第二含义的定义，为了提高调查设计的质量需要明确：第二含义证明不仅仅要依据调查结果，调查的设计和对结果的解释都需要通过经验积累、结合具体的商业环境进行解释才有意义。

第三章

商标显著性与商标确权制度

商标取得的方式包括使用取得与注册取得，这两种商标取得方式各有利弊。我国商标法一直坚持以商标注册取得为中心，对经过使用获得显著性的商标保护不足。第三次商标法修改强调商标使用，进一步完善了商标注册制度，本章围绕商标确权制度讨论商标显著性判定问题。第一节以注册取得制度为主要内容展开探讨，比较注册取得与使用取得的利弊，分析商标注册的要求，特别结合前文的商标显著性理论分析商标注册中需要注意商标的公有领域问题，对于一些属于公有领域的文化符号资源注册为商标需要分析注册的正当性。可作为商标的标识是多样的，不限于文字、图案，还包括颜色、声音、气味、产品包装和外观设计等，本章对一些特殊商标的显著性判定问题进行了研究。因为篇幅所限无法对所有特殊标识都进行探讨，所以本章选取我国商标法中已经确认的特殊标识作为研究对象，包括颜色商标、声音商标和商业外观。

第一节　商标权取得的方式

一、商标注册取得与商标使用取得

目前的商标法体系中存在两种商标取得方式，商标注册主义与商标使用主义。"按照商标注册主义，要求标识被实际使用，只要符合商标法关于注册商标要件的规定就可以取得专用权而使用主义则规定如果标识没有被实际使用，意味着没有凝结使用者的商誉，所以不能作为商标注册。"❶ 商标注册主义与商标使用主义各有利弊。使用主义可以更好地保护商标权人的投资以及经过使用商标所获得的商誉，使用主义的弊端在于增加商标注册的管理成本，对于一些已经投入大量时间和资本，商标已经具备很强显著性的商标权人来说，难以避免商标被抢注的危险，一旦申请注册迟缓，会因为存在相同或者近似的商标被他人先行注册而使之前的投入付诸东流，这也不利于激励商标权人对商标的维护以及投资。

商标注册制度则可以缓解商标抢注的问题，注册主义不以实际使用作为取得商标权的条件，这又造成商标抢注的现象，商标在没有被实际使用，没有付出投资和获得市场认可的情况下就予以保护是不符合商标取得保护的基础的，商标抢注现象也导致有价值的商标不能及时被投入市场，也给申请商标造成障碍，而注册主义提高了商标注册的效率，避免了使用主义复杂的证明要求。"现时仍保留使用原则的只有英美法系和极少数国家，最典型的是美国。"❷ 实际上目前美国所实施的商标权取得的方式更确切地说是"注册+取得"模式，使用原则的一个特例是因驰名而取得权利。某些商标尚未注册但基于其已享有的知名度可以对抗他人的注册或使用，这就是驰名商标保护制度。"虽然被认为是特例，但在一些国家这种特例得到了立法上的肯定，例如德国原来是一个只承认注册的国家但后来法院承认了在市场带来的声誉

---

❶ 吴汉东：《知识产权基本问题研究》，中国人民大学出版社2005年版，第381页。

❷ 王莲峰："商标法第三次修改的相关问题探讨"，载《知识产权》2008年第7期，第75页。

的使用也具有同样的效力。接着由立法机关肯定了这一原则。"❶这样表明，选择注册主义不意味着放弃使用主义，反之亦然。商标法规则的构建始终在注册与使用之间寻求合理平衡。我国商标法实行注册制度和先申请原则，但从我国的商标法修改思路看，始终都在致力于消除利用注册程序进行不正当竞争，损害未注册商标所有人正当权益的现象。

二、商标注册的要求

"申请注册的商标，应当具有显著特征，便于识别。"这一规定被认为是法律对商标显著性理论的确认。我国《商标法》第4条规定：自然人、法人或者其他组织在生产经营活动中，对其商品或者服务需要取得商标专用权的，应当向商标局申请商标注册。"有学者指出在理解这条规定时需要把握三点：（1）申请人必须具备使用商标的意思。（2）申请人必须是为了业务目的的使用。（3）申请人必须具备权利能力。有关商标注册的条件在法律中并没有正面规定而是通过商标权无效的条件来体现的。商标权无效，是指商标不具备注册条件但取得注册的，依法定程序使其商标权归于消灭的制度。"❷ 商标权注册无效是一种通行的制度，依各国法例，注册无效的事由分为两大类：（1）不符合显著性等绝对条件；（2）不符合相对条件。

违反商标构成的禁用条款是导致注册无效的主要原因之一。

---

❶ 王莲峰："商标法第三次修改的相关问题探讨"，载《知识产权》2008年第7期，第76页。

❷ 吴汉东：《知识产权基本问题研究》，中国人民大学出版社2005年版，第285页。

商标标识包含不得使用的文字、图形或者其他标志，因而不具有合法性。这样的商标是不应当给予注册的。我国《商标法》第10条规定下列标志不得作为商标使用：（1）同中华人民共和国的国家名称、国旗、国徽、国歌、军旗、军徽、军歌、勋章等相同或者近似的，以及同中央国家机关的名称、标志、所在地特定地点的名称或者标志性建筑的名称、图形相同的；（2）同外国的国家名称、旗帜、徽记等相同或近似的，但经该国政府同意的除外；（3）同政府间国际组织的名称、旗帜、徽记等相同或者近似的，但经该组织同意或者不易误导公众的除外；（4）与表明实施控制，予以保证的官方标志，检验印记相同或者相似的，但经授权的除外；(5)同"红十字""红新月"的名称，标志相同或者近似的；(6)带有民族歧视性的；(7)带有欺骗性容易使公众对商品的质量等特点或者产地产生误认的；(8)有害于社会主义道德风尚或者有其他不良影响的。第2款规定是县级以上行政区划的地名或者公众知晓的外国地名不得作为商标，但是地名具有其他含义或者作为集体商标，证明商标组成部分除外，已经注册的使用地名的商标继续有效。从显著性理论角度分析，以上这些标识并非不具有显著性，而是由于商业使用中会造成"不良影响"。但从商标的功能角度看，不符合注册规则的绝对条件是因为上述标识属于"公共领域"内的标识，是很强的文化符号，如果允许商业使用难免会给这些强文化符号的含义带来改变或者淡化。

我国《商标法》第11~12条规定了标识不能作为商标注册的相对条件。第11条主要是对描述性标识和通用名称进行界定。第11条规定仅有本商品的通用名称、图形、型号的，不得作为商标注册，仅直接表示商品的质量，主要原料，功能、用途、重量、数量及其他特点的标识不能作为商标注册；其他缺乏显著特征的标识不能作为商标注册。如果上述标识经过使用取得显著特征，并便于识别的，可以作为商标注册。第 12 条规定的是立体商标的显著性要求。以三维标志申请注册商标的仅是由商品自身的性质产生的形状，为获得技术效果而需有商品形状或者使商品具有实质性价值的形状，不得注册。可见我国商标法承认"获得显著性"，值得一提的是，从各国的立法状况看，都没有对固有显著性做正面的规定，固有显著性是对商标显著性进行判断时的概念，当然鉴于显著性概念的抽象性在法条中进行正面列举是不可能的。

三、商标注册中的商标共有领域问题

商标注册中的商标共有领域问题是指一些符号自身的特点决定了其属于共有领域的范围，任何人都有使用的权利，如果赋予商标权人对这些符号的商标权会造成商标权人对这些符号的不正当的垄断。此外，一些特殊的文化符号也具有很强的共有性，不宜注册为商标。例如，欧盟商标法中对文化符号作为商标使用作了限制性规定，欧盟商标法理论中所确认的文化符号包括货币、时间和日期、国家标志、官方印记以及政府间组织的标记、黄道十二宫。❶ 被使用的表示货币的文字和标记会使消费者始终认为其具有这个功能，因此不能在任何商品或者服务上作为商标使用，就日期敏感型的产品和服务来说，任何看上去属于日期的东西都不具有显著性，因而不能作为商标被注册。对于国家标志、官方印记以及政府间组织的标记的使用，未经授权不得使用。

我国学者指出，"我国民间文化多姿多彩，不乏大众喜闻乐

---

❶ Glison, *Glison on trademarks*, Matthew Bender, 2008, §42: 17.

见的表现形式,特别是民间文学艺术中的一些虚构形象和民间文化形式的名称已经成为大众所熟悉和喜爱,具有广泛的影响力和持久的亲和力,这些形象和名称已经成为中华民族的文化符号,这些文化符号一旦用在商业活动中,能给商家带来巨大的经济效益"。❶民间文化符号商品化权所要保护的客体恰是商人们对商品化权的对象进行商品化使用形成的商业利益。商品化的对象往往被作为商标使用。商标法对民间文化符号保护还存在不足,无法对民间文学艺术的商业价值进行全面的保护,难以有效遏制民间文化符号被抢注。

在司法实践中出现了很多相关案例都涉及具有特定文化内涵的商标注册问题,有必要对这类商标的可注册性进行分析。为了彰显品牌的文化意蕴,一些企业力图将某些具有特定文化内涵的商标进行注册,如2013年轰动一时的"国酒茅台"注册案。我国的酒文化源远流长,白酒行业的代表性企业大都想借用商标的区别功能以及"国"字号商标的影响力和宣传效应,以谋求自身品牌的快速发展。因此,若此次"国酒茅台"商标成功获得注册,将有利于茅台酒产品价值的提升。但"国酒茅台"商标注册一经提出就引起了轩然大波,其他酒厂纷纷提出异议。

在产品或者服务中使用"国"字商标,实际上是利用了人们对"国"字招牌的文化情结。国字通常被人们理解为可以代表国家水准的、获得国家认可的、国内最好的产品,其所蕴含的文化深意和褒奖意义特别突出。特别是在酒类产品中,酒文化在我国源远流长,这种使用"国"字号商标描述白酒的褒奖性词语应当

---

❶ 苏喆:《民间文化传承中的知识产权》,社会科学文献出版社2012年版,第264页。

被认为是特有的文化符号，属于公有领域的资源。那些具有一定历史积淀的酒类产品只要其达到某种品质，都可以使用"国酒"作为宣传产品文化的手段，"国酒"已经不具备商标法意义上的专有性，不能被茅台酒厂独占，这样会导致其他具有同样历史积淀的酒类产品的生产者无法使用"国酒"来推广产品，事实上是对公有资源的垄断。有很多酒类产品的生产者都对茅台酒厂的注册申请提出异议，其中汾酒集团在商标异议申请中指出，茅台申请"国酒"商标的指定商品为国酒、葡萄酒、开胃酒含酒精液体、酒精饮料等，范围十分广泛，如果得以成功注册，其后果不仅会误导国内消费者，也会误导国外消费者对中国酒类商品的认知，与商标的功能性价值相悖。从字面含义解释，"国酒"可以理解为国产、国货，是人们所称的"洋酒"的反义词，所以中国生产的酒类产品无论红酒还是白酒都是"国酒"即中国制造的酒。这样解释，"国酒"就成为酒类行业的公有资源，茅台酒厂如果成果注册"国酒"商标无疑就是在行业中形成绝对的垄断，这是不公平、不合理的。一方面会对其他酿酒企业造成冲击，另一方面会威胁我国酒类市场的稳定，学者指出，核准"国酒茅台"商标不仅会触动已有的商标法律制度和基本原则，而且有可能在我国酿酒业乃至其他一些业界引起一系列连锁反应，造成新的行业秩序混乱。支持"国酒茅台"注册的观点显然是认识到了茅台酒文化在我国酒文化中的影响力。茅台作为我国著名的高端酒品，有固有的消费群体，不会因使用国字号商标而使消费者产生混淆。根据我国商标法的规定，标识只要具有显著性就可以注册为商标。"国酒茅台"具有来源识别的显著性，可以注册。而我国商标法的理论同样关注商标注册中的公有领域问题，从公共利益原则方面考虑，"国酒茅台"商标一旦通过注册，其权利人就具有了独占使用权,会在酒类行业内造成排他的影响,国内其他酒类企业都将不能在使用"国"字号,尽管其也在使用中曾经获得从国家到民间的认可,其品牌文化中本身也具有这种国字认证的权威性,但是在今后都不能使用"国"字宣传,因为这种使用是对"国酒茅台"商标的侵权行为。这样看来,"国酒茅台"商标的注册很大程度上会导致不公平竞争,给市场竞争秩序带来严重影响。根据我国商标法规定,"具有其他不良影响"的情形也不能获得商标注册,所以"国酒茅台"的注册属于我国商标法所禁止的作为商标使用的标志,当然应予以驳回。

商标显著性发展成为一种文化,给商标法中的"公共领域"的界定提出了新的要求,不仅要从竞争需要的角度分析商标注册是否要考虑竞争对手的使用需求,还要结合我国独特的文化背景分析,这种使用是否会造成对文化资源的不正当垄断。在多元文化的领域内,基于文化特征的不同,会对商标注册产生影响。例如,新加坡法院曾经在 Cheng Kang Pte. Ltd. v. Sze Jishian 一案的判决中分析了文化的冲突对商标注册产生的影响。本案中,原告申请的商标是一幅图,这个马蹄形图案就是中国古代的元宝。原告想将这个图案注册为商标。在中国古代,元宝是用金银铸成的货币,但在中国传统的祭奠仪式中,元宝也被制作成"冥锣",即生者给逝者烧的纸钱。考虑到这层原因,法官认为元宝的图案不具有显著性,因此不能注册为商标。❶ 另一个具有代表性的判例是 In Kopitiam Investment Pte. Ltd. v. RC Hotels(Pte.)Ltd.,商标

---

❶ NG-LOY Wee Loon. Trade Marks, Language and Culture: The Concept of Distinctiveness and Publici Juris, *Singapore Journal of Legal Studies*, Vol. 8, Issue 3(2009), p.508.

的主体申请是一个词"kopitiam"（咖啡店）所申请的服务项目是：咖啡馆，自助餐厅、提供食物和饮料的餐厅"。对任何一个熟悉新加坡生活的人来说，kopitiam 和自助餐厅、饭店的联系是非常紧密的。❶"kopitiam"这个词从某种层面上看就等于"新加坡式英语"。这个词汇"kopitiam"，融合了"kopi"这个马来词就是"咖啡"，"tiam"是闽南语的英译，在闽南语中是"店"的意思。"kopitiam"就是"咖啡店"的意思，但是它含有更多的一般含义，包含咖啡和饭店。这个词从新加坡文化角度解释，就是对申请的商标所使用的服务的描述。这个申请被驳回，因为申请不符合显著性标准。

在讨论这个问题时，要思考"公平交易"的概念，所谓公平交易是当交易方提出商标注册申请，注册词汇或者符号在申请中不能影响其他的交易方的使用；或者，其他交易必须不被这个注册不公平地损害。当词汇或者符号是对产品或者服务的描述，可以认为这种注册是不公平的，因为表面上看这些词每个人都需要使用也有权使用。进一步思考，这意味着在商标中存在一个"共有领域"，这是分析商标显著性问题的基础，特别是当从文化特点角度分析商标的显著性时，公共利益问题是不可避免地要被考虑的内容。借用一位学者的分析就是"法律可以通过文化因素创建私人法律权利，在创建私人权利领域时需要对公共领域进行谨

---

❶ NG-LOY Wee Loon. Trade Marks, Language and Culture: The Concept of Distinctiveness and Publici Juris, *Singapore Journal of Legal Studies*, Vol. 8, Issue 3（2009），p. 510.

慎的'隔离',显著性标准具有维护文化的功能"。❶

还是引用新加坡的判例,在 Katz BrothersLtd. v. Kim Hin & Co 案中,讨论了有关商标描述性的问题。❷ 原告出售一种比较廉价的白兰地酒,申请鹰图案作为产品的商标。用词汇描述"鹰",就是一种鸟类,而申请使用的产品是白兰地酒,所以这个申请本身不是对产品的描述。但问题在于,尽管原告声称,他是当地唯一一家在白兰地酒中使用"鹰"商标的,但是经过调查,其他出售同样品质的白兰地酒商家也使用了"鹰"的图案作为商标,只是图案的细节与原告不同。新加坡的消费者称这种品质较低较廉价的白兰地为"chop burong"(马来语,译为"鸟牌")。也就是说"chop burong"就是指新加坡的这种白兰地酒。实际上原告的商标变成了通用名称,原因在于,在早期的新加坡,马来语是日常交流使用的语言,在不同的民族(华人、马来人、印度人)中使用。马来语中也并没有代表白兰地的词汇,所以人们自然地接受了用鹰这个商标指代白兰地酒,这个商标成为通用名称而不是作为商标发挥功能。当地消费者很自然地用"chop burong"这个词汇来代表白兰地酒。被告同样出售白兰地酒也申请用鹰的图案作为商标,用词汇描述就是"chop burong"或者"eagle brandy"。原告认为,他已经使用鹰图案作为商标超过20年,基于这种排他使用,其商标权理应获得保护,被告的行为是搭便车。而法院

---

❶ NG-LOY Wee Loon. Trade Marks, Language and Culture: The Concept of Distinctiveness and Publici Juris, *Singapore Journal of Legal Studies*, Vol. 8, Issue 3 (2009), p. 511.

❷ The Nestle & Anglo-Swiss Condensed Milk Co. v. The East Asiatic Co. Ltd. (1933).

认为，这个商标是描述性的，原告已经丧失了对该商标的排他性使用，不能主张商标权。显著性是一个指示因素，代表公众将产品或者服务和一个特定的生产者或者销售者联系起来，以和其他的生产者销售者相区别。搭便车的行为被解释为误导消费者，损害商标权人的商誉并造成经济损失，这说明显著性中也包含商誉的因素。

"原告需要在产品或者服务中建立起相关的商誉，这个联系是通过显著性的识别结构联系起来的，这个结构就是公众用以区分产品和服务的来源。"[1] 商誉和显著性的联系还表现在，商誉是通过原告使用商标而在交易中逐渐获得的，但原告应当提供证据证明商誉，至少包括在产品或者服务中使用商标的时间、销售量、在广告中使用商标等情形。总之，原告要证明其使用商标来告诉消费者他的产品或者服务是和这个商标联系在一起的。如果商标被其他的生产者或者销售者使用或者被公众做脱离产品或者服务的使用，显著性会丧失。原告的商标丧失了事实上的显著性，原告也就丧失了法律确认的商标权利。商标没有获得事实上的显著性或者失去了事实上的显著性，原告不能说具有任何商誉。结合上文指提到的"鹰牌"案例，这个商标事实上已经失去了显著性，因为经过被告的使用，原告已不能证明这个商标事实上存在显著性。法院提出"公共权力"的概念，并指出，显然在本案中，"鹰"图案已经进入商标的"公共领域"，公众对其享有公共利益，人人都可以免费使用，在市场中代表特别的白兰地酒。

---

[1] The Nestle & Anglo-Swiss Condensed Milk Co. v. The East Asiatic Co. Ltd.（1933）.

新加坡的多元文化背景提供了很多有关商标文化冲突问题研究的资料,对于我国商标立法不无借鉴意义。在 Fraser & Neave Ltd. v. Yeo Hiap Seng Ltd 案中,原告出售菝葜饮料使用中文商标"沙士水"。❶ 英文翻译这三个词是"sar see water"或者"sarsi water"。证据表明,在中国沙士水指菝葜饮料,在原告开始使用这个词出售产品之前这个含义就已存在,原告败诉。所以,允许被告使用"Miranda Sars"作为商标,在广告中使用沙士水,推销其菝葜饮料。法官给出的理由是:"沙士水"在交易中可以自由使用,这是一种"公共权利",不能被原告独占和不恰当的使用。商标如果是描述性的,就必须防止描述性的商标被一个主体排他使用,这会侵犯公共利益。然而,为什么交易者一般都希望使用描述性词汇呢?从市场观点看,选择描述性词汇实际上是有一定的优点的。因为描述性商标对产品的特点有一定的说明功能,也容易被消费者接受,所以描述性商标自然成为商家的优选。而从维护公平竞争的角度看,法律需要维护交易中的公平竞争领域,商标法实际上在一定程度上消耗着文字和符号,赋予经营者对某些符号和文字的排他使用的权利,这会造成不公平的局面出现,所以法律必须谨慎地处理这种垄断权力。

通用名称不具有显著性是一个事实问题,公众无法将这类客体和生产者联系起来。通用名称不能成为商标不仅具有事实上的举证障碍,也没有理论支持,商标一定程度上是垄断权利,如果授予通用名称商标权就是不当地赋予了这些客体以垄断权利,而

---

❶ NG-LOY Wee Loon. An Interdisciplinary Perspective on the Likelihood of Confusion:Consumer Psychology and Trademarks in an Asian Society, *Trademark Reporter*. Vol. 98 (2008), p. 950.

他们本身应该是可以被公众共享的，这无疑是对共有领域的入侵。商标法保护符号的辨识功能，即区分产品和服务的能力，"显著性"的概念有很多不足之处，从商业角度看特别是当一方在产品中使用商标，如果发生仿冒诉讼，需要花费大量的时间和精力证明获得显著性，这是不利于培养良好的商业环境的，所以需要建立完善的注册制度来弥补显著性概念的不足。

第二节　颜色商标显著性的判定

一、颜色商标的显著性

在很长一段时间，单一颜色作为商标是被禁止的，司法中也不认为颜色可以成为商标，只有当颜色和词组、设计或者符号组合时，才能获得注册。我国商标法也没有承认单一颜色可以注册为商标，下文主要结合美国判例法中的相关规则和理论对颜色商标显著性问题进行分析，探讨这些方法和结论对我国商标立法的影响。1985年，美国联邦上诉法院授予Owens-Corning Fiberglas公司使用在绝缘体产品中的粉色以商标保护，颜色商标才正式成为一种商标的类型。似乎Owens-Corning公司案改变了颜色商标的保护规则，但该判决产生之后其他的法院仍然遵循先例，拒绝给予单一颜色提供商标法保护，直到最高院在Qualitex Co. v. Jacobson Products Co案中，解决了这个问题。在Qualitex案中，法院认为，如果商标由单一的颜色组成符合商标法的要求，可以注

册并受到兰哈姆法的保护。该案形成的结论包括两点。❶ 第一，将颜色商标与其他商标区别开，颜色商标需要证明第二含义才能受到保护；而对于其他标识来说不一定需要符合这个要求。第二，这个裁决不是可以解决一切问题的准绳。虽然该裁决取消了对颜色商标注册的禁止，但是加重了申请人的举证责任。在兰哈姆法通过之前，颜色不能注册为商标，美国最高院对颜色作为商标的可注册性也存在疑虑，美国最高院曾经指出：颜色是否可以作为有效的商标值得商榷。无可否认，存在这种可能，但是法律并没有就这个问题作更深入的分析和探讨，颜色虽然不能注册为商标，但是可以通过反不正当竞争法来保护使用颜色作为商标的情形。

两种观点通常被引用来否定颜色商标的可受保护性：颜色损耗和类型混淆。颜色损耗理论在 Campbell Soup Co. v. Armour & Co 中提出。❷ 本案原告申请禁令阻止被告在其部分产品中使用红色和白色作为商标。法院拒绝给予红色和白色的组合以商标保护在于：如果原告垄断了红色的所有类型，下一个制造商就可以垄断橙色的所有类型，下一个就会是黄色，以此类推。显然，颜色的清单很快就穷尽了。色彩混淆的理由在于，如果颜色本身受到商标保护，在判定侵权时，关于竞争者可以使用什么颜色就会产生不确定性，这在法律中可能难以解决。法院需要解决的另一个难题是在相同颜色相似颜色中如何判断颜色的区别，例如颜色的色相和亮度。

---

❶ Qualitex Co. v. Jacobson Prods. Co., 115 S. Ct. 1300, 1302 (1995).
❷ Campbell Soup Co. v. Amour & Co, 175E. 2d. 795 (C. A. 1949).

二、颜色商标显著性在司法实践中存在的争议

（一）颜色商标不具有固有显著性

20 世纪 80 年代，Owens-Corning Fiberglas 公司提出注册申请，请求根据注册将玻璃绝缘体的粉色注册为商标，这个申请被驳回，该公司不服裁决，提出上诉，美国专利商标局最终作出了支持原审裁决的判决，拒绝该公司将粉红色注册为商标。[1] 在商标注册审查程序中经初步审理，审查发现该公司是这种玻璃纤维绝缘体的唯一制造商，并将产品染成粉红色，该公司广泛宣传其产品是粉红色的。事实上，1972～1981 年，申请人花费了 4 200 万美元广告费，推广粉色绝缘体。此外，该公司递交了两份独立的针对男性消费者的电话调查结果。第一份调查结果显示 41% 的受访者认为该公司是这种粉色绝缘体的制造者。第二项调查结果显示 50% 的受访者正确地辨识出了该公司是粉红色绝缘体的制造者。在这两份调查中，只有 14% 的受访者认为制造者不是该公司。然而，在作出决定时，商标审查委员会认为尽管申请人在广告中实际宣传他的玻璃纤维绝缘体，但是该公司没有证明粉色具有商标的功能，没有证据可以证明该公司在何种程度上强调了粉红色就是商标，因为原告提供的问卷调查没有证明有 50% 的受访者将粉色和该公司联系起来或者知道只有一个公司生产粉红色绝缘体。此判例意味着，美国司法实践承认商标注册并没有完全禁止颜色注册，但颜色注册为商标难度在于如何证明颜色具有商标功能。

Owens-Corning Fiberglas 公司并没有放弃将颜色注册为商标的

---

[1] Owens – Coming Fiberglass, 774 F. 2d 1116 (Fed. Cir. 1985).

努力，1985年经过上诉，法院允许申请人基于兰哈姆法注册粉色商标。在审视证据之后，法院确信原告所提交的证明材料可以形成证据链条，在购买公众的意识中粉色是该公司的绝缘体产品的重要组成部分。法院认为从功利主义的目的看，颜色不能受到商标保护。然而，法院审查了一系列的因素后发现，粉色对于绝缘体是非功能性的，使用粉色作为商标并没有剥夺竞争对手的使用权。联邦巡回法院承认，在证明颜色商标第二含义时权利人要承担不同的证明责任，但是不同于原裁决结论，认为粉色绝缘体没有取得第二含义，推翻了原决定认为粉色仅仅是装饰性的，而不具有显著性，根据兰哈姆法，原裁决设置了不合理的沉重的证明责任给申请人。联邦巡回法院同样否定了颜色消耗理论作为阻碍颜色注册的依据。拒绝颜色商标注册，是与兰哈姆法本身的自由目的相冲突的，法院认为每个案例需要根据自身相关事实作出判断。

（二）颜色商标具有固有显著性

承认颜色可以作为商标具有显著性，鼓励了企业寻求颜色商标注册，司法实践面临的一个难题是颜色商标是否具有固有显著性。在 Nutra Sweet Co. v. Stadt Corp 案中，第七巡回法院认为，商标法可以对颜色商标保护，但是没有接受 Owens-Corning 规则。[1] 1948年，Cumberland Corp 开始使用白色的小纸包装晶状颗粒糖，顾客可以在饭店、宾馆和其他餐饮服务区获得这种糖果。1958年，该公司引进了一种颗粒状低热量糖，使用粉色包装替代白色，取名"Sweet N Low."这是第一代独立包装的糖果，首次出现在餐厅的糖包中。第七巡回法院指出，自从使用了粉红包装，

---

[1] Nutra Sweet Co. v. Stadt Corp., 917 F. 2d 1024（7th Cir. 1990）.

在该行业中出现了一种趋势,就是用五颜六色的糖纸包装糖果。1981年,原告推出了自己的糖取名"Equal",从1982年开始使用蓝色包装。1988年被告推出了一种糖果"甜心一号",同样使用蓝色包装,但是类型和原告使用的蓝色不同。原告申请禁令,反对被告使用蓝色包装。本案主要的焦点在于,颜色是否可以作为商标受到保护。"法院认为,颜色不能被垄断,除非和标识或者设计相结合,否则颜色不能成为商标。Owens-Corning案已经对颜色商标的可注册性确立了先例,但是第七巡回法院拒绝适用该案的裁决理由,认为该案的规则在遇到新情况时使用受限。"❶ 所以,法院还是遵循传统的商标保护规则来判断颜色商标是否可以受到保护。

Master Distributors, Inc. v. Pako Corp案❷涉及拼接胶带行业的领军企业的商标注册问题,涉案产品使用在照片冲洗行业中。原告已经注册其染成蓝色的拼接胶带的颜色商标"BlueMax."。BlueMax.是一种认可度很高的拼接胶带,已经成为行业标准。当BlueMax的总代理公司,开始制造和出售帕克尔蓝(Pakor Blue),是一种同样染成蓝色的竞争品牌,原告起诉,认为被告侵犯了其蓝色商标的商标专用权。地区法院同意被告公司的抗辩,没有给予原告颜色商标的商标权保护。在上诉中,第八巡回法推翻了原判,认为,无论是美国最高法院还是第八巡回法院都没有表示拒绝颜色可以被注册为商标的可能性。颜色商标和其他商标一样具

---

❶ David H. B. Bednall, Color, Champagne, And Trademark Secondary Meaning Surveys:Devilish Detail, *The Trademark Reporter*, Vol. 102 (2012), p.972.

❷ Master Distributors, Inc. v. Pako Corp., 986 F. 2d 219.

有固有显著性，可以注册为商标。但归根结底需要颜色商标申请人证明颜色可以作为商标使用，但无论是低级法院还是最高法院都没能对颜色商标固有显著性的判断规则作出解释。

三、颜色商标显著性的判定

颜色商标显著性问题的探讨最有里程碑意义的判例是 Qualitex 案。原告公司生产"Sun Glow"干洗机垫已经超过35年且获得商标注册。[1] 原告将这种纤维统一染成绿-金色，作为垫子的商标。从1960年开始，原告在美国干洗店杂志上对 Sun Glow 垫作了广告宣传，到1970年这种绿-金色成为广告中主要宣传的特征。从1960年开始，到1990年9月30日，原告公司已经投入1 621万美元宣传绿-金色，该款垫子的销量达到百万件。这款垫子在行业中被认为是最好的。1989年前，原告公司为唯一生产和制造使用绿-金色作为干洗机垫子的公司。1989年，被告开始生产"Magic Glow"干洗垫，同样使用和原告公司一样的绿-金色。起初被告获得了一种同样的绿-金色材料。这些材料用尽后，被告开始在全国范围内寻找供应商，可以复制原告使用的绿-金色。被告公司甚至直接联系了原告公司的纤维供应商以获得这种绿-金纤维，但是订购被拒绝了。被告最终从其他渠道获得原告公司使用的颜色。证据表明当一些消费者通过电话订购原告公司的产品时，简单的描述就是绿-金色产品，而不是通过公司名称订购产品，巡回法院认为，在市场中经过长期和排他地使用绿-金色，原告公司的 Sun Glow 垫子颜色已经获得显著性。法院认为

---

[1] Qualitex Co. v. Jacobson Products Co. Inc,. 514U. S. 159. 34 USPQ2d 1161（1995）.

被告公司违反了商标法，需赔偿原告公司的损失。

1994年1月，第九巡回法院撤销了原告公司注册的绿-金色商标，认为仅仅是颜色不能作为商标注册。法院认为主要的争议在于"单一的颜色是否可以受到兰哈姆法保护"这一问题需要从头梳理。其认为颜色注册不是妨碍适用兰哈姆法的障碍，颜色不是法案规定的排除范围，法院聚焦于事实，很多巡回法院都拒绝颜色商标注册。法院认为单一颜色不能注册为商标。为了支持这个结论，法院提出四个理由：（1）颜色消耗理论；（2）类型混淆理论；（3）如果颜色包含在公司的设计中，那么对颜色事实上提供的保护是足够的；（4）反不正当竞争法足以给颜色提供保护。法院表达了对商业外观侵权的观点，却没有解释原告的注册商标"绿-金色"被撤销的原因。

1995年美国最高法院作出判决，单纯的颜色如果符合法律的基本要求，可以作为商标使用。法院简述了词汇或者符号可以作为商标的测试，要求注册商标需要满足以下条件：（1）申请对象应该是一种符号；（2）符号被作为商标使用；（3）符号可以将销售的产品和其他的产品区别开，但不是功能性的。基于商标法的基本原则，法院发现颜色具有成为商标的特征。如果形状、声音、气味都可以成为标识，那么，为什么颜色不能呢？法院认为原告公司的绿-金色垫子已经具有了第二含义。反对的观点认为从功能性角度看垫子染上颜色是为了避免污渍，其他的颜色同样可以使用，取消绿-金色注册是从竞争的角度考虑的。美国最高法院认为，功能性不是使用颜色作为商标的全部阻碍，因为有时颜色不是产品使用或者产品目的的本质，不会影响成本和质量。因此，法院认为原告公司的颜色商标是受到商标法保护的，颜色不能作为商标缺乏令人信服的理由。

相比区分文字或者其他符号，区别颜色混淆会更难。美国最高法院并不同意这个理由，认为颜色并没有不同。被告公司认为，颜色不仅从供应上有限，对于一些生产者来说，只有一些颜色是可以使用的，这和顾客的喜好有关。例如，美国迪尔公司诉九方泰禾国际重工（青岛）股份有限公司和九方泰禾国际重工（北京）有限公司商标侵权案中就强调，该公司在生产的农用器械中使用的绿色和黄色就是按照消费者的喜好设计的。❶ 允许颜色作为商标不会阻碍竞争，不能因为一个偶然的问题就全面禁止颜色商标的使用。在大部分情况下，其他的颜色也可以被竞争对手使用。颜色消耗出现时，根据功能性原则就会解决这个问题。使用颜色作为商标是商标法赋予商标权人的权利，颜色作为商标用以识别产品，在很多方面是商业外观保护所不及的。理解Qualitex判决的关键在于要认识到，承认单一的颜色可以注册为商标，法院强调"颜色需要符合一般的商标法规则要求才能被注册，没有特殊的法律规则可以阻止颜色作为商标"。❷ 法院判决基础条件在于，在本案中，颜色和语言、名称、商业外观一样，作为商标保护应当确认，因为颜色也具有符号功能。可以看出似乎大部分公司都可以主张颜色作为商标注册。但是，和其他商标一样，申请必须证明颜色是非功能性的和可以与其他的产品或者服务相区分的。而颜色符合这些标准其实并不容易，最高法院作出

---

❶ 北京市第二中级人民法院民事判决书（2013）二中民初字第10668号，载 http://www.pkulaw.cn/case/pfnl_120431603.html？match=Exact，最后访问日期：2016年3月24日。

❷ A. Samuel Oddi, The Functions of "Functionality" in Trademark Law, *Trademark Rep*, Vol. 76（1986），p. 309.

Qualitex 裁决仅一周，法院拒绝颜色商标保护的案例在联邦法院又出现了。颜色商标显著性的判定是一个复杂问题。

（一）颜色商标的功能性

功能性规则会阻碍合格的颜色商标受到保护。功能性规则并没有在 Qualitex 裁决中得到改变，功能性规则仍然是 Qualitex 裁决的基础。例如，颜色和服务匹配，不仅是基于使用的目的，而且是实质上的功能性。"有些颜色条纹使用在包装中是用来描述包装中含有什么，蓝色波点在闪光灯中代表空气密封泄漏，蓝色用来染氮肥，是功能性的，因为科学界使用蓝色来确定氮。"❶ 从功能性的功利主义角度来看，这些例子表明需要禁止对具有功能性颜色的注册防止造成不正当竞争，阻止通过使用产品特点的垄断。在 Norwich Pharmacal Co. v. Sterling Drug, Inc 案中，第二巡回法院指出粉色用在原告生产的药品中是功能性的，因为消费者在肠胃不适时服用粉色药片具有心理影响及抚慰功能。❷ 需指出的是，粉色完全对于产品的使用、效果和价格没有影响。联邦法院的裁决认为，站在审美的角度看，审美的商业成功并不意味着是功能性的。功能性测试"关键在于注册是否会阻碍竞争，不是审美特征对产品成功的贡献"。❸ 同样，在迪尔案中，原告拖拉机中绿色的使用是非功能性的，因为农民需要他们所有的农机配件相匹配。这种消费者喜好给原告带来明显的利益，因为农民更喜欢

---

❶ Qualites Co. V. Jacobson Prods. co., 514 US.159, 163 – 164（1995）.

❷ Norwich Pharmacal Co. v. Sterling Drug, Inc., 271 F. 2d 569, 570 – 571（2nd Cir.1959）.

❸ Mark V. B. Partridge, Trade Dress Protection and the Problem of Distinctiveness, *John Marshall Review of Intellectual Property Law*, Vol.1（2002）, p. 247.

绿色；无论原告使用什么颜色，作为其初始产品的颜色，农民也愿意购买其他的具有相同颜色的设备。因为传统的审美功能规则已经消失，法院继续使用的是注册对竞争的影响规则。

在 Brunswick Corp. v. British Seagull Ltd 案中，原告对其提出的黑色商标注册在船引擎上被驳回提出异议。❶ 原告自 1962 年开始生产引擎，1964 年起生产黑色引擎。然而，其他公司同样在那个时间开始生产黑色引擎。1988 年，原告获得了注册在引擎上的黑色商标，但是竞争对手提出了异议，认为根据行业竞争需要，黑色是功能性的。联邦巡回法院指出：黑色可以让这些引擎更好地工作，或者使引擎更容易使用或者更便宜，从消费者角度看，黑色更容易被欣赏，因为黑色可以广泛兼容各种颜色的船，黑色比其他明亮的颜色看起来使产品显得小巧。消费者更喜欢引擎的颜色和他们的船相配，喜欢更小巧的引擎。黑色不是简单的装饰性的或者更漂亮的颜色，而是一种可以被所有产品生产者使用的颜色。因为从竞争角度看需要这样的使用。所以本案中，黑色被认为是功能性的，不能被原告作为商标垄断使用。从颜色商标显著性的判例发展分析，颜色商标显著性的判断非功能性成为判断规则之一。

（二）颜色商标的显著性

颜色必须具备显著性才能获得商标保护，颜色具有显著性包括固有显著性或者获得显著性。颜色如果联合产品一起使用一段时间就获得了第二含义，然而，颜色商标在证明显著性时举证困难。"证明颜色具有显著性需要展示颜色在产品中使用，通过长

---

❶ Brunswick Corp. v. British Seagull Ltd., 35 F. 3d 1527, 32 USPQ2d 1120 (Fed. Cir. 1994), cert. denied, 514 U. S. 1050 (1995).

时间的使用以及广告中的特殊设计来强调产品的颜色使消费者将颜色和产品联系起来。"❶ 但法院在判断颜色商标的显著性时还没有形成统一标准。

虽然在判例中和理论上承认颜色商标具有显著性,甚至一些颜色具有固有显著性,但仍有学者对颜色商标固有显著性提出了质疑,认为"产品的颜色不是臆造、随意或者暗示的词组或者设计,颜色总是描述性的,因此需要证明第二含义"。❷ 不是所有的单一颜色商标都是独一无二的,受到商标法保护,在缺乏第二含义的情况下不能受到保护。然而,持此观点的判例或者学说都没有解释颜色商标是描述性的原因。例如,词汇"夏日果味"用在一罐橘子汁上是虚构的,就可以代表唯一品牌或者产品来源;这罐橘子汁的颜色就无法起到这样的作用,橙色是描述性的,仅仅是因为产品的本身就是橙色的。然而,这个解释没有认识到橙色不会被注册为商标受到保护,因为是功能性的,而让一个公司垄断产品的自然颜色是不公平的。同理,也没有判例或者理论说明为什么颜色不能是暗示的、臆造的或者随意的。不同于文义商标,颜色不能描述关于产品的成分、质量或特征。"Qualitex案确认了颜色作为商标使用是随意的。没有颜色是独一无二的,用在垫子上的颜色至少是从一般意义上看,使用在了不同寻常的地方,因为没有其他的制造者将其用在垫子上。这就使其成为随意

---

❶ Kenin M. Jordan & Lynn M. Jordan, Qualitex Co. v. Jacobson Products Co., The Unanswered Question-Can Color Ever Be Inherently Distinctive?, *The Trademark Report*, Vol.85 (1995), p.372.

❷ 湛茜:《非传统商标国际注册问题研究》,复旦大学博士论文2012年,第27页。

商标。"❶

"有观点强调商标注册的价值基于固有显著性，所有人的利益在于其独一无二和有价值的信息。"❷ 例如，曾经市场中一度流行粉色的葵花籽，而人们对葵花籽一般的认知是黄色或者黑色的。粉色并没有描述葵花籽，甚至没有对产品进行暗示。粉色是随意的，因为这是一个普遍使用的符号，使用在葵花籽中就是不同一般的使用方式。随意商标可以受到保护，其不需要证明第二含义。如果商标法允许描述性词汇具有第二含义才能作为商标，为什么不允许颜色在同样的情形援引同样的规则呢？如果商标法允许暗示、臆造或者随意词汇不需要证明第二含义就可以作为商标，为什么不允许颜色在同样的情况下也可以呢？颜色可以作为商标受到保护，因为颜色符合一般的法律要求，而不是因为一些特殊规则，法院对待颜色和其他的标识没有不同。事实上，只要申请的颜色商标注册具有显著性，就可以支持注册。颜色和其他的可注册标识并没有不同，第二含义或者固有显著性都适用于颜色。虽然颜色商标可以注册为商标，但是那些寻求颜色商标保护的公司仍然面临繁重的举证责任来证明颜色商标是非功能性的具有显著性。虽然某种程度上法律确认了颜色商标和文字商标一样具有固有显著性，但缺乏一个判断固有显著性的标准。这又一次印证了商标显著性分类无法解决新型商标显著性的判断问题，固

---

❶ Qualitex Co v. Jacobson Products Co., 514 U.S. 159, 164 USPQ 2d 1161 (1995). Tn Re Owens-Coming Fiberglas Corporation, 227 USPQ 417 (Fed. Cir. 1985).

❷ 石圣科：《侵权视阈下的商标/商标标识二分论》，西南政法大学博士论文2013年，第24页。

守这个分类方法只能使问题变得复杂和难以言说，事实上，从判例解析来看，证明颜色商标是否具有显著性关键还是判断颜色商标是否可以发挥来源识别功能。

第三节　声音商标显著性的判定

一、声音商标的显著性

"2016年工商总局公告，'中国国际广播电台广播节目开始曲'经审查，符合商标法相关规定，于2月13日初步审定公告，成为中国初审公告拟核准注册的首个声音商标。该声音商标被描述为：全长40秒，共18小节，四分之二拍慢板节奏，G大调和C大调交替转换。前四小节为整段声音商标前奏部分，曲调为G大调；中间11小节为整段声音商标主题部分，曲调为C大调，其中第十二、十三小节播音员报出'中国国际广播电台'的呼号后音乐延续两小节，主题部分结束；最后三小节钢片琴再次奏响主题音乐，转调回G大调，该声音商标结束。2013年修订的新商标法将声音纳入可申请注册范围以来，自2014年5月1日起至2016年1月，据悉，工商总局已受理声音商标申请450件。"❶ 2012年12月12日，美国专利和商标署正式批准苹果公司把它经典的Macintosh电脑的开机声音作为商标注册的申请。在生活中

---

❶ 每日经济新闻："我国首例声音商标初审公告发布"，载http：//news.163.com/16/0214/21/BFQKTAMK00014AEE.html，最后访问日期：2016年3月24日。

潜在的声音商标很多，例如当我们听到iPhone（苹果手机）的默认铃声，根本不会将这个声音错误地理解为其他生产商的产品。听者根据这个铃声来源确切地知道是什么产品和制造商，也就是说他们可以辨别出产生这个声音的产品是苹果公司制造的。苹果公司已经投入了大量的广告宣传其产品，通过使用苹果手机的人群就可以看出其市场份额，但苹果公司看起来要面临将铃声注册为商标的障碍，因为容易确立的是在消费者意识中将苹果手机的铃声作为来源指示。但是，如果苹果公司在出售产品之前就想将铃声注册为商标，或者在一个大型的过亿美元的营销活动揭幕之前提出注册，注册获得通过的概率就大大降低。声音商标作为一种新型商标类型被我国商标法所确认，但是还没有形成有关声音商标显著性的判断规则，下文仍然分析美国商标法中有关声音商标显著性的判断规则和发展趋势，以对我国商标法的发展完善提出建议。

一般来说，美国专利商标局对声音的注册会进行一个简单的测试，被分为"独一无二的或者是司空见惯的"。前一组具有固有显著性的声音根据注册原则不需要证明获得显著性，后面一组需要证明获得显著性。这些声音只有通过使用并具有显著性和制造者联系起来才能获得注册。在传统测试规则下，苹果手机铃声是具有固有显著性的声音，因为这个声音和普通声音不相似也不是模仿普通声音。所以，铃声是具有固有显著性的，苹果公司在提出申请时不需要证明获得显著性。回到上面的假设，当苹果公司还没有出售苹果手机时，即没有将声音商标投入使用或者开始实施以声音商标为中心的市场战略前声音商标获得显著性的证据尚不存在。因此，要求苹果公司证明获得显著性会阻碍苹果公司对苹果手机默认铃声的保护，因为直到苹果公司向全世界推出产品后才可以证明铃声获得了显著性。

"美国商标审查和上诉委员会（TTAB）对声音商标注册作了一些改变，对那些在产品的一般操作流程中产生的声音，如手机的铃声的注册要求做了改变。在 In re Vertex Group LLC 案中裁决在一般的产品操作过程中产生的声音获得注册需要证明第二含义。"❶ 这是新的 Vertex Group 规则，声音商标申请人需要证明获得显著性：消费者将声音和产品制造者联系起来。如上所述，苹果公司在证明获得显著性时会遇到一些问题，在苹果手机进入市场后可以受到保护，但是在苹果产品没有推向市场之前，保护是不存在的。本质上，Vertex Group 规则不能站在固有显著性角度判断声音商标保护，因为美国最高法院认为标识的形式在兰哈姆法中是无关紧要的，重要的是标识区分来源的能力。法院解释为，标识的功能就是区分来源——不论标识本身是颜色、形状、图案、词汇或者符号——都允许成为商标。这一新规则的确立表明，在审查中倾向于认为声音商标不具有固有显著性。

"美国国家广播公司（NBC）是美国第一个提出声音商标申请的公司，在 1947 年为了保护其标志性的钟声，提出将钟声注册为商标，但是直到 1978 年，这个声音可以作为商标才被法律承认。"❷ 美国专利商标局审查了广播公司申请注册的声音——船钟周期性响铃。委员会认为，兰哈姆法不要求标记必须是图形的形式，声音可以作为来源区分标识。理由为：声音商标取决于听

---

❶ In re Vertex Group LLC, serial nos. 76601697；78940163（TTAB 2009）.

❷ 湛茜：《非传统商标国际注册问题研究》，复旦大学博士论文 2012 年，第 78 页。

众的声音感知,听者在潜意识中将其与来源联系起来。通用电气的船钟声不具有固有显著性,因为 TTAB 发现,这个声音仅仅是一个普通的声音,和其他的声音类似。因此需要证明获得显著性才能将声音注册为商标。❶ 申请声音商标始于 20 世纪 80 年代,随着技术的发展和个人电脑使用的增加,1990~2000 年,声音商标申请呈上升趋势。另一个有关声音商标申请增加的原因是市场营销中的"多感官品牌概念"的提出使商品和消费者更有效地交流。声音是唯一活跃在人的两个大脑半球中的感觉,可以影响人们的反应和行为。"如今,在美国商标电子检索系统中(TESS)已经有 463 种声音被注册为声音商标。申请的增加证明这类非传统的标识越来越受欢迎,没有迹象表明申请会减少。"❷ 保护一种形式的知识产权并不排除其他形式的保护,只要符合保护要求都应受到保护。理论上看,在声音商标的变现为音乐时,这样是否声音商标既可以申请版权保护也可以申请商标权保护呢?在实践中,获得两种保护是不可能的,因为音乐本身不能成为商标。一首歌可以成为商标,只有当音乐可以标识所有者或者出处。唱片不能指示产品来源,他们是产品。一位艺术家试图避开这个观点,展示一首歌可以区分出处,要求第二巡回法院承认歌曲可以作为艺术家的签名获得商标保护。法院拒绝了,因为其他的艺术家会反对,这种保护形式会带来利用版权产品永无止境的付费,

---

❶ 美国通用电气广播公司以一种船舶喇叭的声音作为它的广播服务商标申请注册,美国商标注册审判和上诉委员会认为"该声音无法表明服务来源"而驳回起诉讼请求。

❷ Jeffrey Handelman:*Guide to TTAB Practice Volume*. 1. Wolterskluwerlaw & Business in NewYork (2013), p.10.

对商业造成极大破坏。重要的是，第二巡回法院不认为音乐可以作为"表演签名"，不能作为来源识别的商标。

显著性在声音商标中仍然是极其重要的概念。"美国专利商标局和法院都遵循了 General Electric 案作为判断声音商标固有显著性的一般方法。一般的声音需要证明具有获得显著性，但是具有固有显著性的声音不要求证明。例如，在 Ride the Ducks LLC v. Duck Boat Tours, Inc 案中，法院认为鸭子的"嘎嘎"声是一种普通声音，不具有固有显著性，如果注册成商标需要证明获得显著性。本案中法院清楚地判断了声音具有固有显著性和普通声音的不同。"❶ 美国最高法院认为，对于声音商标的判断要格外谨慎，如果认为固有显著性存有疑虑，需要要求申请人证明获得显著性。

二、声音商标的功能性

注册声音商标也要求声音商标必须是非功能性的。"功能性在交易和服务中分为两类：事实上的功能性和法律上的功能性。"❷ 事实上的功能性是指标识的特点在专业层面上看是非专业意义的或者说具有功利主义的目的。事实上的功能性可以作为商标保护，因为这种保护将不会阻碍竞争，但是法律上的功能性不能作为商标保护，因为会阻碍竞争。产品的特点是功能性的，如

---

❶ Ride the Ducks LLC v. Duck Boat Tours, Inc, 75U. S P. Q. 2d 1269, 2005 W L 670302（2005）.

❷ Deniel R. Bumpus, Bing, Bang, Boom: an Analysis of in re Vertex Group LLC and the Struggle for Inherent Distinctiveness in Sound Marks Made During a Product's Normal Course of Operation, *the Federal Circuit Bar Journal*, Vol. 21, Issue. 2（2012），p. 245.

果本质上使用的目的影响了成本和产品质量。美国最高法院通过探寻"如果排他使用的特点会将竞争对手置于明显的非关信誉的不利位置",加强了有关功能性的定义。❶ 在这种分析背后的理论是,兰哈姆法不存在对制造者的创新产品设计的奖励,这是专利法的目的。但如何判断声音商标是非功能性的存在困难。"在 re Morton-Norwich Products 案中法院发展了功能性的判断因素。这些因素包括:(1) 存在信息专利对设计的功能性披露;(2) 广告中创始者对设计功能性优点的宣传;(3) 竞争中存在的竞争对手的转换性设计;(4) 这种转换性设计是否给竞争者提供了相对简单和便宜的制造产品的方法。"❷ "功能性使用在声音商标中是在 Kawasaki Motors Corp. U. S. A. v. H-D Michigan Inc. 案中,Kawasaki(川崎)公司抗议哈雷戴维森申请摩托车引擎的声音为商标。"❸ 哈雷公司描述这个标识是由申请人的摩托车,V 型双缸、常见的曲柄摩托车发动机在使用时产生的排气声。法院指出,必须考虑该声音作为摩托车的一部分或者特征,包括排气是否只是功能性的,或者是其他生产者也有权使用的。如果其他的生产者同样将摩托车这样拼凑起来,会不会产生同样的声音。TTAB 没有解决这一功能性判断问题,但是指出,这需要在审判中考虑,因为授予商标保护给哈雷公司就会禁止其他摩托车生产者使用同样的方

---

❶ C. Andrew Wattleworth, Inherently Distinctive Product Configurations Under §43 of The Lanham Act: Where Do We Stand in The Aftermath of Two Pesos? *Cumberland Law Review*, Vol. 26 (1996), p. 1073.

❷ In re Morton-Norwich Prods., Inc., 671F. 2d 1332, 1337 (C. C. P. A. 1982).

❸ John O'Dell, Harley-Davidson Quits Trying to Hog Sound, L. A. Times, in http://atricles.latimes.com/2000/jun/21/business/fi-43145.

法制作同样引擎。也就是说，因为声音可能具有功能性，授予商标会阻碍竞争，如果声音是功能性的，应当不予注册。

三、声音商标显著性在司法实践中存在的争议

（一）声音商标不具有固有显著性

在 In re Vertex Group LLC 案中，❶ TTAB 驳回了申请人申请"Amber Watch"（警报手表）的声音注册为商标。该警报手表是一种"儿童组合手表预警器"，该设计用来帮助父母确保他们的孩子远离绑架或其他不法行为。这款手表可以发出 115 分贝的信号，申请人称在一个足球场的范围都可以听见。申请人将报警表的声音分成两个部分申请。第一个申请注册声音商标作为产品的识别"个人安全警报，表现为孩子的手镯所发出的声音，使其远离绑架和其他不法行为"。第二个申请作为区分产品为"个人安全警报器声音"。两个申请都表明申请人意图将这些标识使用在商业中用来区分产品来源。两个申请都对声音进行了描述：脉冲频率的声音（降序从 2.3 赫兹到 1.5 赫兹）伴随指数、RC 充电曲线，其特征在于，所述下行频率的声音脉冲发生每秒 4～5 倍，超过 1 秒，有交替的声音脉冲会交替发出声音或者保持沉默。审查员拒绝了这两个申请，因为不符合非功能性标准。这被认为是 TTAB 的决定发生了不可预见的转变。委员会之后解释，因为缺乏相关判例建立有关声音商标的判定规则，委员会认为可以援引美国最高法院有关颜色和商业外观的判断规则来确定声音商标的显著性。声音可以注册为商标，但对于在一般的产品操作过程中

---

❶ In re Vertex Grp. LLC, 89 U. S. P. Q. 2d（BNA）1694, 1699（T. T. A. B. 2009）.

产生的声音来说,只有证明获得显著性才能注册。进一步解释该规则,TTAB列举了一些受新规则约束的货物清单,包括"警报钟、家电声光报警信号、电话、和其他警报产品的申请"。很显然,对于声音商标显著性的认定,判例法从宽松走向了严格,同颜色商标的显著性判断规则一样,原则上承认声音商标具有固有显著性和获得显著性,但并没有对固有显著性的判断作出说明,声音商标获得注册需要证明存在获得显著性及非功能性。

(二)在产品正常使用中产生的声音不具有固有显著性

Nextel Communications Inc. v. Motorola Inc.案的裁决可以用来深入分析声音商标注册规则。❶ 2003年4月,摩托罗拉公司提出申请将"chirp"(虫鸟叫声)申请为声音商标。该公司将声音描述为"电子虫鸟叫声包括1 800赫兹的声调,每24毫秒的节奏演奏一个音,使用在移动电话中,开关机24秒"。摩托罗拉公司第一次使用虫鸟叫声是在1996年4月。原告对该注册提出反对,基于两个理由,认为摩托罗拉并没有使用这个声音作为商标在交易中使用,以及这个声音不具有固有显著性不能获得显著性。委员会驳回了摩托罗拉的申请。摩托罗拉认为这个声音是具有固有显著性的。委员会不同意这个主张,委员会更倾向于认为声音商标不具有固有显著性。委员会发现这种虫鸣声使用在移动电话中不具有固有显著性。使用Vertex Group规则解释,得出同样的结论。从之前的观点看,委员会主张"移动电话,包括人工制造的虫鸟叫声都可以归入在正常运行中产品产生的声音"。因此,这种声音来自移动电话,不具有固有显著性,需要证明获得显著性才能注册。

---

❶ Nextel Communications, Inc. v. Motorola, Inc. Opposition No. 91164353 to application Serial No. 78235365 (TTAB 2009).

四、声音商标显著性的判定

Vertex Group 案从很多方面看存在缺陷：（1）未能明确解释为什么声音商标不具有固有显著性；（2）对于不具有固有显著性需要证明获得显著性才能注册的规定过于宽泛。不是所有的声音商标在产品正常操作过程中产生的声音都是描述性商标。"这个原则是假定正常产品的操作过程中产生的声音不能作为该产品的商标，因为声音是对产品的描述，因此需要证明获得显著性，才能作为商标使用。"❶ 简而言之，这些声音，是"声音产品"，是商业外观的一种，属于产品设计的种类。申请产品设计作为商标必须证明获得显著性，如果不能证明获得显著性，声音产品就不具有显著性。证明获得显著性是适当的，因为声音产品是由特殊的产品配置产生的，它们的特点在于描述产生声音的产品。但也有不同的观点，认为声音产品不是商业外观，因为商业外观仅指产品的物理外观。产品设计看起来包括声音，是产品制造的，作为生产者设计产品产生一定的声音。有学者指出，商业外观本质上就是外表。但外表的定义是产品包装的尺寸、类型、颜色、质地和图形。所有这些元素都指产品实际的外观，所以产品的声音不属于商业外观的定义。错误地将声音产品看做"天性就是描述创造它的产品"，因为他们是"通过产品的设计而获得的产品"。这个观点假设所有的声音都是基于特殊的产品构造而产生的产

---

❶ Deniel R. Bumpus, Bing, Bang, Boom: An Analysis of in re Vertex Group LLC and the Struggle for Inherent Distinctiveness in Sound Marks Made During a Product's Normal Course of Operation, The Federal Circuit Bar Journal, Vol. 21, Issue. 2 (2012), p. 247.

品，但是，考虑到产品软件编程的声音越来越多地出现，这个假设就不能成立了。声音商标本质上是有一定独创性的，所以不能简单地视为产品构造中的自然成分。如果声音是产品部分中的副产品，这些声音就是功能性的，不是描述性的。描述性标识证明在标识和生产者之间获得显著性可以注册。功能性商标不能注册，甚至获得了显著性也不能注册，因为会对商标保护产生负面影响。例如，哈雷戴维森所申请的声音商标仅仅是摩托车发动机和排气系统所产生的副产品，授予哈雷戴维森商标会阻碍竞争，如果被允许，将禁止其他的制造者制造和哈雷戴维森同样的发动机。对于声音产品来说，如果发出声音是因为特殊的产品构造，授予商标保护将封锁竞争对手以同样的方式和途径制造相同产品，因此会阻碍竞争。结果，这些申请从功能性角度需要被拒绝，根本不需要考虑描述性的问题。功能性成为声音注册的一个绝对阻碍，然而，如果证明获得显著性，描述性的非功能性的声音就可以注册为商标。声音产品不总是具有描述性，因为并不是所有的声音产品都会描述产生其的产品。描述性商标定义为"描述产品或者服务的质量或者特征"或者"传达成分信息、质量或者产品的特征"。在正常使用产品的过程中所发出的声音是描述性的。例如，警报手表发出的警报声就是描述性的声音，因为发出警报声就是警报手表最大的特点。不是所有的声音产品都是描述性的，因为不是每一个产品的功能都产生声音。当通电时声音在移动电话中产生，一个例子就是苹果手机的铃声。苹果手机的铃声不是描述苹果手机的，因为它仅仅是产品的诸多功能之一，并没有传达产品的信息。苹果手机的铃声是属于臆造或者暗示性标识，因为声音没有传达产品的特征信息，这个程序可以被其他的任何声音所取代。

声音商标具有固有显著性和获得显著性，但不同于文义商标本身所具有的归类便利性，声音作为无形的客体使用显著性四分法无法有效解决声音商标显著性的划分，这使得司法实践走向保守，大部分声音商标都被划入描述性商标中。在一些判例中倾向于将声音界定为声音产品。"声音产品"作为"声音本身是由产品自身产生的"或者"声音是在产品使用中发出的"，所以大部分声音都是对产品的描述。这个定义试图将所有的声音产品都纳入这个规则判断范围内。如同在 Vertex Group 案中的解释，声音适用于在产品的正常操作过程中产生的声音，是对产品的说明并提出了一个说明性声音的产品清单，这个清单包括"警报手表、家电灯光警报信号、电话以及类似报警系统"。❶ 这份清单表明，移动电话的所有声音都适用这一规则。但移动电话的主要功能不是通电或者产生默认铃声，所以这些声音不是描述性的，而一些移动电话的铃声是具有创造性的，简单划分为描述性商标并不合理。通过正常使用程序产生的声音商标也可以被消费者认知，可以成为产品来源。通过正常使用程序产生的声音，作为产品来源，消费者是可以分辨的甚至比其他的非传统标识，例如颜色、产品设计或味道更强。声音作为产品来源更容易，消费者已经具有将声音标识和产品识别联系起来的能力，他们可以将在正常使用程序中产生的声音和产品品牌联系起来。"现代市场中，广播、电视和互联网已经建立了可能的前提，消费者可以通过声音识别产品和服务。打开广播或者电视，声音无处不在。消费者下意识地将他们和无数的商业标识联系起来，是否是 Windows 系统的开

---

❶ In re Vertex Group LLC, serial nos. 76601697; 78940163（TTAB 2009）.

机声音、苹果手机的默认铃声，或者电台或者电视广告播出的片头音。消费者根深蒂固地将这些声音和来源联系起来，消费者具有这种将声音和在正常操作程序中产生的声音和来源联系起来的能力。

"也有观点认为，即使消费者倾向于将声音商标和来源联系起来，他们更可能将商标看做在产品的正常操作过程中产生的，就如同产品的颜色和设计，使产品更具吸引力，但是产品的颜色和设计也可能不能成为来源识别符号，声音商标也一样。"❶ 这种争议反映出在声音商标显著性的判断中，仍然沿用固有显著性与获得显著性的划分原则，但显然，这种争议使得划分原则更加模糊与不确定，再次体现了商标显著性传统分类法则的缺陷。"在 In re N. V Organon 案中，TTAB 认为气味仅仅是对产品的描述，和描述性商标一样，或者是产品的成分，因此从功能性角度不能注册。但兰哈姆法的语言是开放式的，没有否认气味成为商标的可能。但这个理论不能适用在声音商标中。"❷ 这事实上间接承认了声音商标可以具有固有显著性。Vertex Group 规则另一处不明确的地方在于产品正常操作过程中产生的声音如何定义。Vertex Group 规则适用在以产品为导向的分析中并不分析单独的声音。以产品为导向的分析方法出现了很多问题。产品产生很多声音，移动电话铃声功能很多，但是并不同，有信息铃声、邮件铃声、来电铃声和低电量提醒铃声。这些声音都能够注册为声音商标

---

❶ Bruce N. Proctor, Distinctive and Unusual Marketing Techniques: Are They Protectible under section 43（a）of The Lanham Act? Should They Be?, *Trademark Rep.* Vol. 77 （1987）, p. 7.

❷ In re N. V. Organon, 79 USPQ2d （T. T. A. B. 2006）.

吗？在 Nextel 案中委员会所使用的规则表明，委员会认为在正常操作程序中，包括在产品使用过程中产生的声音。如果不解决这个问题，则如何认定声音商标具有固有显著性就无法进行讨论。所以，可以看出对于颜色、声音、气味商标的注册，一方面在司法实践中，审判者试图引入显著性四分法，另一方面因为划分存在难题，所以不得不采取保守的方式进行判断，于是出现了理论与司法实践脱节的现象，即声音商标的固有显著性理论上是存在的，但在实践中对大部分声音商标都被划归为使用产品过程中发出的声音即描述性商标不能注册，除非证明获得显著性。这事实上也造成任何固有显著性的声音都可以注册为商标不需要证明获得显著性。综上，在判例法中对声音商标显著性的划分存在争议和反复，Vertex Group 规则取消了通用电器案对声音的固有显著性和一般声音的区分。对于在正常操作中产生的声音为什么需要证明获得显著性没有一个合理的解释。但在正常操作过程中产生的声音也有很多具有固有显著性的，这个问题一直没有被解释清楚。我国在商标显著性理论中也接受了商标显著性四分法理论，在司法实践中也存在规则适用的僵化问题，这会导致判决结果出现反复和不确定性，借鉴域外判例法的发展，对一些特殊标识作为商标的显著性判断仍应该以商标使用为基准，考察商标是否具有来源识别功能，而不应首先考虑僵硬的套用理论。

  这并不是说固有显著性理论应该被抛弃，USPTO 甚至已经引用固有显著性理论通过了一些商标注册。这些声音商标的产生是随着科技的发展而产生的，这些高科技产品产生的更多声音会具有固有显著性。Vertex Group 规则试图将声音定性为功能性的或者是普通的，所以其提出的声音清单中大量的产品包括的仅仅是功能性和普通的声音。结果所有的产品的声音都有注册阻碍，在清单中的产品必须证明具有获得显著性。通过要求产品制造商证明获得显著性，TTAB 在选择声音成为商标的问题上又给制造者施加了负担。要求产品制造商证明获得显著性，造成一个问题——对于大型跨国公司像苹果公司，每年几百万美元的营销预算似乎不是问题，是对中小企业却是极大的负担，他们没有几百万美元的预算。获得显著性的证明不是一个低成本的任务，所以对大企业是小问题、对小企业是大问题。

在申请过程中证明获得显著性也有一个实质的负担。在 In re Craig Myle 案中，制造者提供销售量证明获得显著性，证明产品设计具有显著性，但是委员会拒绝了申请，因为没有表明制造者试图将该设计发展成为区分产品的标识来源。❶ 证明获得显著性的责任，剥夺了产品制造者使用声音商标的能力，因为需要大量的时间和金钱来证明显著性。简单地说，如果产品制造商的声音不能获得保护，打算围绕品牌建立声音商标，对于市场来说，声音商标保护恐怕永远不会实现。然而，商业世界已经改变了。在市场战略中，使用各种手段来建立消费者对产品的忠诚，声音商标在这个战略中占有很大的比重。要求证明获得显著性抑制了现代市场规划的发展。过于宽泛地要求在产品操作过程中产生的声音证明获得显著性，没有太强的说服力。为了帮助制造者生存，这个适用规则需要改变。"有学者指出，事实上 Vertex Group 规则的创建没有必要。根据 Vertex Group 规则的新规定拒绝了该公司的申请，但是同样支持了审查员以功能性为理由认为申请的声音不能作为商标。也就是说委员会不需要再创建一个规则来拒绝申

---

❶ In re Vertex Grp. LLC, 89 U. S. P. Q. 2d (BNA) 1694, 1699 (T. T. A. B. 2009).

请。显著性和功能性仍然是检验声音商标申请的手段,这个新规则并没有超出这两个规则的适用目标。"[1] 通用电气案创建了两个经典的规则——固有显著性和一般声音,将声音按这个分类来决定申请是否需要证明获得显著性。这个分析仍然适用在声音商标显著性的判定中,很容易将这些声音分类。功能性仍然是拒绝注册的条件之一。鉴于目前对显著性和功能性的测试,TTAB 不需要创建 Vertex Group 规则来达到相同的目的。有关声音商标的另一个争议为声音商标的功能性。功能性仍然是注册的障碍,因为注册会导致影响市场竞争,功能性的判断必不可少。学者建议具体可以通过以下两种方式之一实现:产品覆盖的范围聚焦于产品创造的功能性和普通声音。功能性规则和显著性规则会形成一个保护伞。通过产品清单的方式将大部分声音商标都划分为描述性商标的观点是错误的,这些声音不是描述产品所必需的。消费者更能倾向于将声音和产品来源联系起来甚至比其他商标更快。声音是由音节和旋律组成的,这种组合方式决定了一些声音商标具有独创性,可以作为固有显著性商标给予注册。但在实践中,大部分声音商标的辨识度不高或者相似,并不能确定是否可以发挥来源识别功能,所以需要证明获得显著性,但显然在域外判例中,司法实践走向了极端,即将大部分声音商标都划入了不具有固有显著性之列,导致证明成本增加。即便是固有显著性也有一个简易的证明过程存在,区别在于证明程度的高低。所以,声音

---

[1] Deniel R. Bumpus, Bing, Bang, Boom: An Analysis of in re Vertex Group LLC and the Struggle for Inherent Distinctiveness in Sound Marks Made During a Product's Normal Course of Operation, *The Federal Circuit Bar Journal*, Vol. 21. Issue. 2 (2012), p. 251.

商标显著性的判定仍需根据个案分析，与产品相结合考察其区分性和非功能性应成为审判实践中所考量的重要因素。

第四节　商业外观显著性的判定

一、商业外观的定义与分类

商业外观被认为是由产品包装或者产品结构组成的。在司法实践中认为商业外观受到的保护要小于商标，所有的商业外观都要求证明第二含义，尤其是产品设计商业外观的证明程度要求更高，关于商业外观是否具有固有显著性一直存在争论。"Two Pesos. Inc. v. Taco Cabana Inc 案是有关商业外观显著性认定的转折，本案判决后，法院认为，商业外观具有固有显著性，受到保护，和商标一样不需要证明第二含义。"❶ "有学者认为在兰哈姆法中没有区分商业外观和其他商标的异同，所以具有固有显著性的商业外观不需要证明第二含义。然而，法院之后在 Wal-Mart Stores. Inc. v. Samara Bros. Inc. 案又进行了拓展。在该案中，法院建立了一个 Bright-line 测试来判断商业外观是否具有固有显著性。"❷ "有学者指出，产品包装具有固有显著性，产品设计需要证明具

---

❶ Two Pesos, Inc. v. Taco Cabana, Inc. (91~971), 505 U. S. 763 (1992).

❷ Wal-Mart Stores, Inc. v. Samara Brothers, Inc. (99~150) 529 U. S. 205 (2000) 165 F. 3d 120.

有第二含义才能受到保护。"❶ 消费者可以理解包装用来作为产品识别。然而，消费者第一次面对独特的产品设计时不会认为这是产品来源，而更倾向于考虑这种设计使产品更有用。使用 Bright-line 测试来解释，例如，新苹果电脑的盒子包装可以具有固有显著性，但电脑本身的独特设计不能获得显著性。产品包装和产品设计存在区别，商业外观分为三类：产品包装、产品设计和其他类别。学者建议将那些既不属于产品包装也不属于产品设计的标识被归入到其他类别中。"但也有观点认为，产品包装、产品设计的区分是不可行的，因为无法将商业外观明确归类。这样出现了一系列的问题，商业外观是否具有固有显著性没有一个统一的判断规则。"❷ 商标外观不能完全适用商标法的传统四分法。确定语言商标是否具有固有显著性要求判断词组的含义，一旦含义确定，就可以进行适当的分类，以确定是否需要证明第二含义。如果是描述性的，就需要证明第二含义。如果是臆造的，就具有固有显著性受到保护。文字符号的含义通常可以通过查字典解决，商业外观的含义需要通过考察市场来确定。"有学者将商业外观的显著性定义为'交易显著性'。如果设计特征在市场中发挥区分来源的作用，这种特征就具有交易显著性，可以在首次使用时自动获得保护，就如同语言符号的固有显著性。如果不具有，商业外观就没有交易显著性，需要证明第二含义才能获得商业外观

---

❶ Michele A. Shpetner, Determining a Proper Test for Inherent Distinctiveness in Trade Dress, Fordham Intell. Prop. *Media & Ent. L. J.* Vol. 8（1998），p. 955.

❷ Ibid.，p. 962.

保护。"❶ 交易显著性通常在产品出售时表现出来。如果设计特征具有交易显著性并通过竞争被市场接受，作为识别工具，商业外观所有者可以主张其商业外观受到保护。如果这种习惯在交易中没有发展，那么设计特征不具有识别功能，需要证明第二含义才能获得保护。对于固有显著性标记，如果商业外观具有交易显著性，不需要证明消费者实际的联系。然而，消费者通常是决定标识是否具有识别功能的最终试金石，法院不要求证明消费者对标识的实际感知，那如何证明第二含义是恰当的？对于描述性标识，法院接受了第二含义作为客观证据，例如广告投入、销售额、产品销售时间、产品在市场中是否成功，都可以作为证明第二含义的证据。同样，证明产品设计特征具有识别性的客观证据需要证明在交易中消费者对设计特征作为识别来源。

商业外观保护聚焦于包装和标签，而不是产品本身。然而随着时间的推移，法院扩大了关注点，从包装发展到产品的外表。如今，广义的商业外观包括"产品或者企业的整体外表和形象"。商业外观并不是一开始就被看做商标法的一部分。实际上，在早期的商标法中，只有"技术商标"，即臆造、随意或者想象的商标才能获得保护。例如，"柯达"就是一个臆造词汇，就是技术商标的典型代表。早期的判例依靠公平交易原则保护商业外观。当发现一方使用另一方的商业外观，法院的理由是，竞争的一方不能使用另一方的外观。这种反对复制商业外观是基于不正当竞争法规则而不是商标法规则。法院禁止对消费者的欺诈。因此，当法院考虑每个单独的案例时，他们关心的都是被告直接使用的

---

❶ Nabisco, Inc. v. Warner-Lambert Co., 220 F. 3d 43, 48 (2nd Cir. 2000).

行为是否是用作识别来源欺骗消费者。商业外观也没有被当做技术商标，如臆造、随意、暗示商标的传统分类，法院一律要求证明第二含义存在的商业外观才能受到保护。此外，在最开始的商业外观概念中，法院只保护包装，产品构造在法律中不受保护。"法院将商业外观作为另一种商标保护而不是作为单独的指示来源分类。在兰哈姆法中，'设备'一词也表明，法院将商业外观的产品设计功能作为商标保护。通过使用'设备'一词，议会接受了广义的商标定义，该定义几乎包含所有的商业外观形式。我国学者认为这表明在美国法中第二含义已经不是商业外观保护的前提，本身具有内在显著性的商业外观也可以作为特殊商标获得保护。"❶

总体来看，商业外观包括以下内容：（1）产品包装。产品包装是受到美国反不正当竞争法保护的唯一商业外观。构成商业外观的包装包括盒子、容器或者其他包含出售产品的包装，但不是产品的一部分。一旦产品被使用，这部分就要被丢弃。包装的标签和包装本身作为区分产品来源的功能需要被区分。包装上不同程度印有传统商标，例如文字商标或者图案，这些不是商业外观。很多包装材料根本就不具有识别功能。普通的棕色包装或者没有任何特色的盒子，都不是商业外观包装。增加了文字商标或者图案的没有特色的包装也不能受到商业外观保护。包装要发挥识别功能，必须具有独一无二的特征。例如，可口可乐的瓶子外观，就可以用来识别包含在瓶子中的饮料，甚至你看不到可口可乐的标签。相反，一个化妆品制造商出售黑色包装的化妆品，当

---

❶ 杜颖：《社会进步与商标观念：商标法律制度的过去、现在和未来》，北京大学出版社2013年版，第64页。

相似的黑色包装被其他生产者使用就不能主张他的包装具有固有显著性。因此，只能说包装作为区分产品来源的角色，与任何的标签或者印刷字体、图案都是区别开的，才可以被当做商业外观保护。很多包装毫不起眼，其最大的功能就是包裹产品。这种包装不能作为商业外观保护。（2）产品设计。产品设计外观涉及产品设计的部分具有识别来源的功能。文字标识或者图案印刷在产品中，或者包含在标签中，都不是产品设计商业外观。受到保护是指其本身非常独特，是用于识别产品的来源的形状或者设计。例如，苹果电脑的各式设计不同于一般的电脑设计，消费者一看便知这是苹果公司的产品。保护产品设计的问题是，竞争对手有权亦步亦趋地模仿竞争对手的产品而不需要承担责任。作为政策因素，除非实际被作为一种知识产权保护，例如专利或者版权，竞争者是被鼓励模仿的，因为消费者会从这种形式的竞争中获得利益。"当 Sears 出售的高杆灯几乎完全模仿了 Stiffel 公司的产品，美国最高法院认为，作为非专利产品，或者是已经到期的专利，进入了公有领域，可以被任何人制造和出售。如果竞争者可以制造相似的产品，那么意味着该产品的价格会下降。"❶ 商业外观保护的目标在于避免产品来源的混淆，与专利法的目标不同，专利法允许复制不受专利保护的设计。（3）服务商标。"作为饭店服务的装饰风格受到商业外观保护。商业外观可以应用于娱乐服务，例如啦啦队服装舞蹈和啦啦队流程的设计，甚至在某些服务中的彩色线条都获得了商业外观保护。"❷ 商业外观需要与装饰物

---

❶ Sear, Roebuck & Co. v Stiffel Co., 376US. 225.

❷ Craig Allen Nard, Mainstreaming Trade Dress Law: The Rise and Fall of Secondary Meaning, *Detroit College of Law Review*, Vol. 37（1993），p. 42.

区别开来。如果设计特点被消费者当做装饰，就不能起到区分产品来源的功能，也就不能作为知识产权法中的商标保护。装饰性外观也不会被注册，装饰性元素不能起到区分和辨识产品来源的作用，因此，不具有商标功能。如果设计特征的主要目的不是作为观赏，就可以作为商标保护。麦卡锡教授指出，因为符号被眼睛欣赏，作为装饰特征，不意味着符号就不能服务于商标的目的。符号或者设计仅仅是不经意地具有观赏性，仍然可以作为商标保护。然而，作出这种区分是困难的。

二、商业外观的功能性

只有非功能性的商业外观可以受到保护，主张保护商业外观的一方负有证明商业外观非功能性的责任，否则保护请求会被拒绝。"美国《反不正当竞争、商标和商业秘密（第三次）重述》中将功能性设计定义为：'如果该设计在被使用过程中除了具有来源识别的意义而带来利益之外还在该产品或者服务的制造、推销或者使用过程中带来其他利益，这些利益对于他人的竞争非常重要并且通过其他可替代的设计实际上无法获得。'"❶ 功能性规则的目的在于确信商标法没有侵入到专利领域和自由竞争领域。例如，有一种药丸的外形和形状可以帮助药剂师来确定治疗注意缺陷多动障碍患者的用药剂量，这种药丸的外形和形状就是功能性的。美国最高法院进一步指出，商业外观功能性要求如同专利要求披露，专利是商业外观功能性的有利证据。所以当一家路标的制造商主张他们的标识被购买者认识和使用是因为双弹簧设计

---

❶ 吴伟光："商业外观的法律保护——以保护来源标识功能为原则"，载《清华法学》2009年第6期，第61页。

是标识的基础,法院认为生产者不能证明非功能性,因为在专利权力要求中披露了双弹簧设计。❶ 功能性原则是对商业外观保护的重要限制。结果,尽管商业外观十分具有显著性,如果是功能性的也不能受到保护,非功能性的商业外观才是识别力的有效来源。

三、商业外观的显著性

商标的主要目的在于提醒消费者产品的来源,即便来源是未知的。标识受到商标法的保护必须具有显著性。如果不具有,就无法发挥区别产品来源的主要目的。商标的定义很清晰,要求商标识别产品来源与他人产品相区分。商标具有显著性,意味着可以发挥区分产品和服务来源的功能。也可以说商标权人利用显著性出售商品和服务。"显著性"在商标中不是独一无二的、原创的或者是创新。也许标识会包含这些元素,问题在于,消费者是否将标识作为产品或者服务单一来源。即使是最普通的标识具有很少的原创性,也可以受到保护,只要其可以发挥识别产品或者服务来源的功能。商标法中显著性的概念很重要,但是兰哈姆法并没有定义商业外观的显著性,一般认为商业外观的显著性参照商标的显著性,但是在司法中还是需要对商业外观的显著性进行界定,所以,定义的任务就留给了法院。因此,法院需要决定商业外观显著性的组成和限制。确定一个标识具有足够的显著性可以受到保护的关键问题在于,法院是否认为标识在初次使用时就

---

❶ Theodore H. Davis, Jr, Copying in the Shadow of the Constitution: The Rational Limits of the Rational Limits of Trade Dress Protection, *Trademark Rep*, Vol. 86 (1996), p. 230.

可以受到保护，或者法院是否要求权利人证明其已经享有了标识权利。从消费者的角度看，问题在于消费者是否会立即认为标识可以区分产品来源，或者消费者是否被告知产品是单一来源。

在选择标识时经常出现的问题是公司的市场部门希望使用标识告知消费产品的情况，这样就会降低告知消费者有关产品信息的成本。然而，如果公司使用特殊领域中常见的术语或者仅仅是描述性词汇，那么其他的竞争者同样需要使用这些词汇（外形或者设计），因为是自由竞争的需要。消费者同样认为，最初使用这些词汇就是用来描述产品而不是指示制造者。如果商标和产品的特点无关，消费者会立刻感知到这些符号是品牌名称。兰哈姆法接受了 Abercrombie 的有关显著性的分类，一些法院开始将这种方法用于商业外观的案例。美国最高法院在 Two Pesos 案中对这种方法完全采取了支持态度，还没有法定依据用来区分传统商标和商业外观，这种使用在文字商标中的测试法是否可以足够的测试商业外观的显著性，还被一些法院和学者怀疑。"美国早期的法律要求证明商业外观的第二含义。根据美国早期的判例，证明第二含义完全是受保护的条件。关键的问题是证明公众购买产品时是因为用商业外观区分产品来源。特殊的问题在于显著性的分类使用在区分商标的含义，特别是词组的含义通过查字典很好确定但没有有关产品或者其包装上的设计显著性分类的参考指南。"❶ 总之，还没有判例清楚地证明 Abercrombie 测试具有使用在产品设计商业外观中的可行性。

---

❶ Theodore H. Davis, Jr, Copying in the Shadow of the Constitution: The Rational Limits of the Rational Limits of Trade Dress Protection, *Trademark Rep*, Vol. 86 (1996), p.237.

四、商业外观显著性的判定规则

（一）商业外观显著性判定规则的发展变化

Two Pesos 案处理了墨西哥风格餐厅之间的竞争，两家餐厅分别位于得克萨斯的圣安东尼奥和休斯敦。原告对其商业外观描述如下：内部的餐厅突出假日的用餐氛围，一些区域用文物、亮色、绘画和壁画做装饰。装饰的区域包括内部和外部区域，以及联通内部和外部的区域。建筑物的外观也采用了生动的配色方案，顶部边框是霓虹灯线条，有连绵不断明亮的遮阳篷和遮阳伞。"根据美国最高法院的判决分析，饭店的商业外观具有固有显著性，不需要证明商业外观的第二含义。"❶ 最初一些法院认为商业外观不具有固有显著性。然而，自从兰哈姆法生效后，一些法院开始主张保护商业外观而不需要证明第二含义。在 Two Pesos 案中，权威观点产生了分歧，即商业外观是否具有固有显著性。在区分固有显著性和获得显著性后，美国最高法院认为，没有令人信服的理由对商业外观保护需要证明第二含义。法院承认保护固有显著性而不要求证明第二含义具有很重要的证明利益。虽然证明第二含义很难，法律承认商业外观的显著性是承认权利人具有法定利益，对他们独一无二的和具有价值的信息设计的利益，无论是否潜在的消费者赋予其第二含义。最终的问题还在于，商业外观是否被消费者视为来源识别标识。法院认为，在商标外观的显著性判断中使用 Abercrombie 分类是正确的，保护具有固有显著性的商业外观不需要证明第二含义。然而，因为法院没有清

---

❶ Two Pesos, Inc. v. Taco Cabana, Inc. （91～971），505 U. S. 763 （1992）.

楚地解释商业外观的构成,所以留下一个未解的问题是产品设计是否适用这个观点。一些法院和研究者仍然坚持认为,产品设计总是需要证明第二含义的。Two Pesos 案是美国最高院决定承认商业外观具有固有显著性功能的标志。也就是说,商业外观和任何其他标记一样受到保护。

"美国最高法院有关 Wal-Mart Stores. Inc. v. Samara Bros 案的判决也是关于商业外观保护的讨论。"❶ 案由为沃尔玛公司被认为复制了原告公司的一系列童装的设计,就是在泡泡纱婴儿服装上的贴花。原告认为该公司的设计具有固有显著性,因此不需要证明第二含义,其商业外观应当受到保护。在判决中法官一致认为,要求原告证明商业外观具有非功能性。法官指出,尽管《兰哈姆法》第 2 条对注册提出要求,要求具有显著性的标识才能获得注册,法院认为在 Two Pesos 案中根据第 2 条对未注册商业外观也提出了同样的要求。根据第 2 条,法院要求标识的所有者证明显著性通过展示其标识具有固有显著性或者已经通过第二含义取得获得显著性。本案中法院强调产品设计,如同颜色,都不能具有固有显著性。因为消费者对产品设计的第一印象是产品看起来怎么样,并不是它的来源,产品设计不能起到和文字商标、产品包装同样的功能。文字商标和包装的内在属性决定了其功能主要为来源识别进而决定其具有固有显著性。在判决中并没有完全肯定产品设计永远不能具有固有显著性,但是法院担心允许产品设计具有固有显著性会产生问题,会伤害消费者通过竞争获得的权益。消费者不能被剥夺竞争带来的利益,如果认为产品设计商

---

❶ Wal-Mart Stores, Inc. v. Samara Brothers, Inc. (99~150) 529 U.S. 205 (2000). 165 F. 3d 120.

业外观具有固有显著性,从功利和审美的角度看产品设计具有固有显著性容易在竞争中对新进入者造成威胁。"❶ 因为还没有明确的测试标准来确定固有显著性的存在,法院不能简单地从反不正当竞争方面考量,制造更多的不确定。因此,沃尔玛案之后,在判断商业外观固有显著性时就采取了产品设计和产品包装的两分法。事实上,Two Pesos 案特别指出没有理由在商业外观显著性判断中一般的适用证明第二含义的规则。在 Two Pesos 案中,饭店的商业外观不能完全依据产品包装和产品设计进行区分。Two Pesos 案毫无疑问是站在商业外观可以具有固有显著性的立场之上,但是忽视了商业外观的内在区别。

为了解决这个困境,有学者提出饭店服务商业外观是一种"产品包装——上文提及的一般消费者认为用来识别来源——或者也可归入到第三类即其他类别中。在区分产品设计、产品包装的显著性问题时不得不慎重。"例如,在 Vasquez v. Ybarra 案中,联邦地区法院认为在确定具有竞争关系的两个墨西哥餐厅的商业外观时有关侵权的认定就不同于 Two Pesos 案,争论提到了餐厅的菜单但没有限于餐厅的整体设计。"❷ 法院认为,本案中的菜单不同于在 Two Pesos 中分析的餐厅外观,菜单是第三种类型的商业外观,同产品包装类似,具有固有显著性。根据同样的理由,联邦法院认为葡萄酒专卖店的内部设计不是产品设计,而是第三

---

❶ C. Andrew Wattleworth, Inherently Distinctive Product Configurations Under § 43 of The Lanham Act: Where Do We Stand In The Aftermath of Two Pesos? *Cumberland Law Review*, Vol. 26 (1996), p. 1102.

❷ Lars Smith, Trade Distinctiveness: Solving Scalia's Tertium Quid Trade Dress Conundrum, *Michigan State Law Review*, Vol. Mich. (2005), p. 261.

类或者同 Two Pesos 案中的饭店内部设计一样，可以作为产品包装分析。"沃尔玛案创造了一个商业外观中的新分类，除产品包装、产品设计之外的第三种分类。曾经法院很难决定运动鞋外观是产品构造还是产品包装。阿迪达斯曾经提出对运动鞋的产品外观保护包括：（1）鞋上的三条平行的纹和三个平行小孔；（2）橡胶外壳脚趾；（3）散热板；（4）有色的鞋后跟。尽管这看起来很清楚地描述了产品设计，法院还是无法肯定，消费者购买这些鞋的理由，消费者将这些外观视为商品还是包装。最终法院通过默认其为产品设计解决这个'难题'。"❶ 沃尔玛案被很多法学家所批评，因为法院的说理很薄弱。"法院判决不符合兰哈姆法。产品设计和产品包装的区别很难由法院判断。相关研究结果指出，产品设计和产品包装的区别是'伪命题和不切实际的。法院创造的有关商业外观的三种分类毫无意义'。"❷ 围绕商业外观显著性的争议，至少还有以下问题：如果美国最高法院不能决定什么样的产品构造可以保护，商业外观的显著性判断就不具有可预见性。实践中出现的特殊的商业外观是否受保护无法判断，抑或是在商业外观的显著性判断问题上还没有形成最终规则。商业外观的固有显著性的判断始终是一个难题。在沃尔玛案中，美国最高法院指出，建筑设计和饭店装饰在 Two Pesos 案中是具有固有显著性的。如果消费者将这些饭店设计看做具有商标的内在功能，

---

❶ Lars Smith, Trade Distinctiveness：Solving Scalia's Tertium Quid Trade Dress Conundrum, *Michigan State Law Review*, Vol. Mich. （2005）, p.262.

❷ Fariba Soroosh, Is An Inherently Distinctive Trade Dress Protectable Under § 43（A）Without Having Acquired A secondary Meaning? Two Pesos, Inc. v. Taco Cabana, Inc, 112 S. CT. 2753（1992）, rehearing denied, 113.

经过一段时间，其他的商业外观，也会具有同样的功能是不是可能呢？

上文在分析商业外观的显著性问题时，提到判例法中留下的问题，尽管承认商业外观具有固有显著性，但是并没有拿出具体的操作方案，所以给司法实践带来了困难。一些学者在研究的过程中对商业外观的固有显著性提出了质疑，认为商业外观显著性的判断应该结合商业外观的使用来分析，并提出了"交易显著性"的概念。交易显著性关注商业外观的商业使用，是商人用以在市场中区分产品和服务的行业习惯。固有显著性的概念，是源自历史上的"技术商标"类型，权利人不需要总是证明其标识具有区分产品的功能，这个测试很容易使用在文字商标中，因为法院已经结合词汇的含义和具体使用的产品类型作出了判定。如果词汇是合成的，在臆造或者不是直接与使用相关或者具有出售产品的功能，不需要证据证明存在第二含义。这表明在法律评估文字商标时，有一个统一的判定系统，这个测试直接简单地解释并强调在市场中避免混淆的意识。

"然而，接受了'固有显著性'的概念对商业外观的案例没有意义。"❶ 说文字商标具有固有显著性是指法院可以认定消费者将这些标识作为商标而并无他用。合成词汇，或者使用词汇，除了识别来源没有其他的目的。相反，词汇描述产品特征，消费者可以用来做信息目的，因此描述性和固有显著性的区别是有意义的。而对于商业外观，是否包含在商品中或者是组成包装，通常

---

❶ A. Jack Guggenheim, The Legal Battles of G. I. Joe: The Jurisprudence of Distinctive Fingernails, Actions Figures, Ninjas, and Distinguished Marines, *J. Pat. & Trademark off.* Vol. 80 (1998), p. 855.

还有另一个目的：成为产品的一部分或者提供给消费者使用。因此，来源识别功能搭配着这些实用的目的。问题是识别是否已经存在，是否实践中的商业外观本身的功能是主要功能，或者区分识别功能是主要的。如果没有明确的含义来决定，需要投入成本和时间进行消费者调查。被告通常会攻击调查的依据并认为调查不准确，要求法院评估调查的准确性。是否第一次商业使用就具有显著性，这种调查不易设计。

"事实证明，在商业外观保护中建立统一的标准是可行的，因为商业外观的产品包装和产品设计的区分已经不明显，随着互联网经济的发展，产品和包装的区分更难。"❶ 在商业外观中提供一个统一的标准可以避免区分商业外观术语产品设计、产品包装、颜色或者是其他的分类。有效的测试将最低限度地降低证明难度和关注于解决更重要的问题。有效的测试应当是可预见的，基于既存事实诉辩双方可以预见到可能的结果。如果测试是容易解释的和直接适用的，预见性就强。测试分为两个部分：（1）一方主张商业外观具有交易显著性，需要证明在交易习惯中使用设计的特点作为识别来源。（2）一方需要证明他们的商业外观与一般的设计特点相比是不同寻常的。这个测试将适用于所有类型的商业外观，商业外观包括包装、产品设计或者其他的设计特点，他们是否被他人使用在交易中，可以通过考察其他的人在交易中是如何使用的来判断。总之，市场决定了商业外观的可保护性。

在美国最高法院作出沃尔玛判决前，一些法院试图建立测试

---

❶ A. Jack Guggenheim, The Legal Battles of G. I. Joe: The Jurisprudence of Distinctive Fingernails, Actions Figures, Ninjas, and Distinguished Marines, *J. Pat. & Trademark off*, Vol. 80 (1998), p. 857.

来决定何时商业外观具有固有显著性。例如，美国第九巡回法院使用"概念分离"测试、将版权法中的规则使用在商标法领域。审视这些规则的优缺点，可以很好地考虑如何在商业外观中适用新规则。

1. Abercrombie 测试

Abercrombie 测试一般使用在法院决定一个特殊的标识是否具有固有显著性或者要求其证明获得显著性。一般来说，如果文字标识是臆造的、任意的或者暗示的，具有固有显著性并在第一次商业使用时获得保护。如果符号仅仅是描述性的，就需要证明第二含义的取得。分析基于消费者对使用在产品或者服务中的标识的理解。在 Two Pesos 案中，美国最高法院接受了固有显著性的概念，因为兰哈姆法不区分不同的商标类型——文字商标、图案，或者商业外观——显著性测试的范围适用于当消费者认为商业外观具有固有显著性。根据这个逻辑，法院要判断是否商业外观是描述性的，或者事实上是暗示性的、随意的或者臆造的。使用这个测试的结果是大部分商业外观都具有固有显著性。"如第五巡回法院在 Chevron 案中指出，存在几乎无限的商业外观形式。结果是通过商标法制造了很多的反竞争的情形。这违反最基本的反不当竞争的信条。"❶ 一些法院和法学家已经批评了将 Abercrombie 显著性测试使用在商业外观中。"这个测试是确定文字商标是否具有足够的显著性可以自第一次使用时起获得保护，却不能同样地使用在商业外观中，至少，显著性的分类不能用来界定

---

❶ Chevron Chemical Co. v. Voluntary Purchasing Groups, Inc., 659 F. 2d 695, 212 USPQ 904 (5Cir. 1981), cert denied, 457 US 1126 (1982).

商业外观。"❶

2. 西布鲁克（Seabrook）测试

这个测试成型于 Seabrook Foods. Inc. v. Bar-Well Foods Ltd.。❷ 在西布鲁克规则中，法院指出：要确定设计是否是臆造的或者法院认为其显著性是"一般的"基本类型或者设计是否是非同寻常的、是否仅是装饰性的，或者是否和词汇相区别。Seabrook 测试事实上是意图设计成可以被法院统一适用的客观测试。然而，该规则很大程度上要求法院进行主观解释，例如对设计的判断，这将法院放置在一个进行准艺术或者是设计决策判断的位置上，与产品类型具有来源识别功能的事实不相关。法院需要决定在公众看来这个设计是否是装饰性的，这和证明第二含义相似。这种证明需要提供消费者调查。商标分类的固有显著性的目的在于提供一个商业使用的首次保护，不需要证明消费者是否将标识与产品联系起来。西布鲁克测试最终在分析商业外观固有显著性的问题上是失败的，因为它过分关注商业外观的设计质量并要求证明消费者的认知，这对于保护商标外观固有显著性来说是无意义的。

3. 杜拉克（Duraco）产品可分性测试

美国第三巡回法院提出了一个三步测试法来决定商业外观是否具有固有显著性。对于商业外观来说，具有固有显著性需具备以下条件：（1）非比寻常和难以忘怀；（2）可以从概念上和产品

---

❶ William F. Gaske, Trade Dress Protection: Inherent Distinctiveness As An Alternative to Secondary Meaning, *Fordham Law Review*, Vol. 57（1989）, p.1135.

❷ Seabrook Foods, Inc. v. Bar-Well Foods, Ltd., 568 F.2d 1342（C.C.RA.1977）.

相分离；（3）主要作为区分产品来源标识。该测试具有很多缺陷导致使用的复杂性。第一个测试元素要求证明商业外观是非比寻常且难以忘怀。解释商业外观的非比寻常在于具有"独一无二的、个性化的外观，这样告知消费者所有的选择都可以以该特点作为识别来源符号。"❶ 法院没有解释如何证明商业外观足够的独一无二和个性化。第二个元素是该测试最重要的特点：商业外观和产品在概念上分离。要求证明产品形态"必须被消费者认为"作为来源记号，而不是符号装饰或者样式。商业外观不能表现为消费者认为它们是产品的组件或者一部分，必须表现为作为产品识别来源。第一个问题，如何证明商业外观的"外表"对于消费者来说是来源识别，这是否需要调查证明？如果证明消费者感知是需要的，这与第二含义证明没有什么不同。如果不需要调查，那么消费者可能的认知如何判断？第二个问题，这个规则借鉴了版权法中的概念——实用艺术作品的标准。在版权法中，如果原始作品包含在一个实用艺术作品中，要获得版权法的保护，只有版权的可保护元素可以和实用作品相分离。版权法保护"原创性作品固定在任何有形介质的表达"。版权法提供一个保护可能性是一定的实用艺术作品与原创性的作品可以完全分离，就可以受到保护。这种作品包括工艺美术作品，因为设计是实用的，应被视为一个图案、图形或者雕塑作品。如果这样的设计图案、图形、包含在建筑作品中的这些元素可以单独地分离出来，独立存在，从功利主义角度看就是作品。"'单独分离'标准在目前版权法中是一个很难使用的标准。版权法强调受保护的元素必须是独

---

❶ Craig Allen Nard, Mainstreaming Trade Dress Law: The Rise And Fall of Secondary Meaning, *Detroit College of Law Review*, Vol. 37 (1993), p. 56.

立存在的。然而，当要说明版权作品的独立存在时就很难辨别。"❶ 在商业外观显著性的判断中，如果整个的产品设计商业外观作为来源识别，如何判断产品中的概念性部分？最后，第三个元素的适用难度也很大。如何判断商业外观的功能是来源识别而不需要证明消费者认知？因为测试消费者认知会违反固有显著性的认定目的。如果这种证明不需要，就落入到事实的查找。事实在于需要证明制造者使用标识的意图，但是这个证据是否可以证明商业外观的主要功能是识别产品来源又存在争议。总之，杜拉克的产品分离规则对于商业外观固有显著性的判断没有提出有说服力的规则。

（二）商业外观显著性判定中的交易显著性因素

美国最高法院在 Two Pesos 案中提出解决法院对判断商业外观固有显著性存在的分歧。然而结果是商业外观尽管在理论上具有固有显著性，但仍然需要证明第二含义。第二巡回法院解决了服务商标（特别是饭店服务）的显著性判断问题，沃尔玛案解决的是产品设计商业外观显著性的问题。因此，这两个判决产生的结论是产品设计商业外观不具有固有显著性，服务商业外观具有固有显著性。美国最高法院通过判例法支持商标固有显著性的判断同样适用于商业外观，问题在于使用文字商标的规则解决商业外观问题的具体适用。在文字商标中对固有显著性进行分类是合理的，权利人主张他们独一无二的商业外观受到保护也是合理的。然而，文字商标的固有显著性结合其使用的产品或者服务，参考字典，这很容易判断。这个理由却不能适用在商业外观中，

---

❶ 卢海君："美国实用艺术作品版权保护制度及其借鉴"，载《知识产权》2014 年第 3 期，第 102 页。

因为产品或者包装的含义还没有参考。为了解决商业外观何时具有固有显著性，还需要发展完善商业外观的理论，考虑消费者如何理解商业外观的标识来源功能。"交易显著性的概念提供了一个方法来解决在消费者眼中商业外观的含义判断，以确定交易习惯。如果商家依赖一些特定的设计特征作为来源识别，可以假设设计特征是消费者可以理解的作为来源识别的标记，因此保护这样的商业外观可以从第一次使用开始。"❶ 这提供了一个类似于对文字商标的固有显著性测试，商业外观也可以具有含义。交易显著性同样提供了一个理性的方法来解释美国最高法院在 Two Pesos 和沃尔玛案中的结论。相对于创造新的商业外观分类，该观点聚焦于真实的市场提出了第三种分类。餐厅的氛围是作为显著性受到保护的，从第一次使用开始，不是因为餐厅的氛围是"固有的"来源识别，而是因为通过交易习惯已经依赖于饭店的商业外观作为识别来源。相反，在服装制造行业没有形成使用产品设计作为识别来源的交易习惯，因为样式一季一季更换，年年更换，要求其证明在市场中取得获得显著性是合理的。

在判断商业外观的显著性时可以考虑以下因素：（1）消费者。在商标法中，最终的问题总是消费者的认知。Abercrombie 规则就是根据消费者实际上对商标的认知进行的划分。在特定的环境下，商业外观也可以具有固有显著性。如麦卡锡教授所说："法律创造了某些类型的指定的商标不可推翻的假设，如果他们用来被当做商标使用——例如在产品标签中的字母或者在广告中

---

❶ Graeme B. Dinwoodie, Reconceptualizing the inherent Distinctiveness of Product Design Trade Dress, *North Carolina Law Review*, Vol. 75 (1997), p. 477.

突出宣传的标识。这种特定类型的标识被称为'固有显著性'。"❶麦卡锡教授提到的这种不可推翻的假设,如果标识具有固有显著性,不需要进一步证明消费者的认知,法律自动设定标识具有"固有显著性"。商标是否具有固有显著性通常留给法院调查。在交易习惯中,使用商业外观作为商品识别来源已经形成。例如,在吉他制造业中,琴头的设计就可以注册为商标。❷依据市场中对于商业外观含义的理解,可以合理假设消费者理解一定的商业外观特征在交易中作为产品识别来源。

(2)结合具体行业作出判断。消费者对产品设计特征的第一反应通常是作为产品一部分不是作为产品识别来源。然而,经过一段时间,产品特征开始成为识别来源。可以进行一个消费者调查,确认事实,根据行业消费习惯来决定产品的特征是否被作为商标使用。美国最高法院认为,消费者尽管最初不会理解产品的设计功能是作为识别来源,但经过一段时间使用,可以将这个含义传达给消费者,产品设计可以具有来源识别功能。"从这个意义上,商业外观具有交易显著性。交易显著性的判断要结合交易习惯和消费者认知来判断,这不同于文字商标中的第二含义调查"。❸这类似于实践中对字典的依赖,从传统词汇角度分析决定固有显著性。在文字符号中区分暗示和描述性文字符号很困难。

---

❶ J. Thomas McCarthy. McCarthy on Trademarks and Unfair Competition [M]. USA: Clark Boardman Callaghan, 1995, § 8: 13.

❷ Yamaha Intern Corp. v. Hoshino Gakki Co Ltd., 231 USPQ 926, 929 (TTAB 1986), 840 F2d 1572, 1582 (CAFC 1988).

❸ Joel W. Reese, Defining the Elements of Trade Dress Infringement under Section43 (a) of the Lanham Act, *Tex. Intell. Prop. L. J.* Vol. 2 (1994), p. 112.

然而，这个判断不涉及证明消费者的理解。如果认为是暗示性的，权利人不需要证明消费者的理解。同样，如果在交易习惯中其他制造者通过对设计特征的使用，作为产品识别来源，那么就不需要证明第二含义的存在。

（3）交易习惯。如果一方主张其未注册的商业外观具有传统意义上的显著性，他必须证明在交易习惯中，制造者使用这个设计特征作为来源标识。假设他们可以证明交易习惯的存在，那么他们证明他们的商业外观比起产品或者服务的一般特点是非同寻常的。这部分要求主张权利的一方提供证据，证明其使用了有效的市场手段使设计特征作为来源标识。权利人需要提供客观的证据来证明其他的制造者是如何区分产品来源的。这种证据包括广告或者在商标审查机构注册的同样设计特征用在相同的产品中。权利人也可以要求商标注册机构提供注册同类标识作为交易习惯使用的证据。如果商标注册机构已经注册了几种不同的版本的设计特征作为商标使用在产品或者服务中，就表明在交易习惯中使用这些设计特征作为商标得到了发展。例如，饭店屋顶的设计注册为商标，提供证据表明很多注册是有关建筑屋顶设计的都注册为饭店的服务商标。通过附上这些注册样本，申请人就证明了在行业标准中，屋顶设计是可以作为餐饮业的标识区别来源的。结果，商业外观的所有者，在餐饮业中可以主张屋顶的设计特征是商标，而不需要证明第二含义。

"非同寻常"和"独一无二的"不同。"非同寻常"定义为不是一般的、普通的或者寻常的。我国学者称为知名性标准。这是测试商业外观固有显著性的基础，非同寻常是区分于"独一无二"、在专利中的新颖性和版权中的创造性，都不能用来作为商标非同寻常的解释。❶ 商标不需要具有原创性或者新颖性。对于文字商标的固有显著性，标识必须不是产品或者服务的通用名称或者一般的描述。在商业外观的显著性中，不寻常标准包括意想不到。这样就避免了对独创性或者新颖性的定向分析。然而，仅仅是非同寻常的还不够。"一些人在交易中并没有使用特别的设计特征作为来源标识，不能主张交易显著性。例如，如果屋顶的设计作为饭店服务来源区别，仅仅是使用一个和他人饭店不同的屋顶是不行的。如果申请人使用了石板屋顶，没有人使用过，这也不能成为具有交易显著性的理由，因为使用石板屋顶虽然不是普通的，但是可以预料的。如果使用屋顶设计不同于预期中的，就是非同寻常的，可以受保护的。"❷ 这个区分目的在于避免授予那些与其他竞争者使用的不同，但是没有超出消费者预期的设计商标权。例如，在这个测试商业外观显著性的标准下，仅仅是颜色可能受到保护，不需要证明第二含义。为了受到保护，权利人需要证明这种单一的颜色在行业中是可以作为来源识别符号的。此外，申请人需要证明这种对颜色的特别使用是非同寻常的，也就是说，超出了消费者的预期。设想在 Qualitex 案之后，另外一家干洗垫制造者决定使用颜色作为识别来源，那么在交易习惯中已经有将颜色作为识别来源的先例。如果制造者接受了灰色作为颜色，那么在第一测试上它是符合要求的，但是就不符合第二个要求，因为灰色不是非同寻常的颜色，然而石灰绿就可能是。在

---

❶ 罗传伟：《商业外观保护的法律制度研究》，知识产权出版社2011年版，第72页。

❷ Richard L. Kirkatrick, Likelihood of Confusion in Trademark Law, New York: Practising Law Institute, 2010, §4: 2.

饭店业中，如果饭店是墨西哥风格的，那么预期中一部分设计特征将是饭店的一部分，例如五颜六色的墨西哥风格的墙、阔边帽等。每个饭店可选择的墨西哥风格的元素和其他墨西哥风格装饰的组合是无止境的。结果，每个墨西哥餐厅的选择都是独特，但并不是非同寻常的，因为全部的元素都是消费者可以预期的，所以不能作为标识来源出处。在这个例子中，为了保护其商业外观，连锁饭店需要证明第二含义。"在一定的领域内，一些商业外观作为交易显著性从来不受到保护。因此，从逻辑上看在给定性质的产品中，第二含义总是需要被证明。运用沃尔玛案的事实，萨拉玛兄弟的泡泡纱贴花设计也许是独一无二的，但是对于消费者来说极不可能认为这些设计是超出预期的。"❶

事实上，测试功能性，如果商业外观"本质上用来或者目的在于影响成本、质量"有助于判断设计特征是否是非同寻常的。因为所有者必须证明未注册的商业外观不具有功能性，所有者已经引入证据证明设计特征的功能以及它们如何决定产品的功能。这个证据将会证明这是一个通常设计中的功能问题。例如：为了证明屋顶的特点不是功能性的，所有者要证明屋顶的普通设计元素，具有独特性而不仅仅是用作屋顶具有遮蔽的实用功能。要克服功能性元素，所有者花费一些时间来证明屋顶设计是非同寻常的。证明商业外观非同寻常的证据，包括竞争对手使用的设计特征，而仅仅是一般设计不会成为来源识别。"另一个来源是实用新型专利所覆盖的设计特征。如果专利设计被标识权利人拥有，就是很强的证据证明商业外观不同寻常的证据，因为专利设计的

---

❶ Wal-Mart Stores, Inc. v. Samara Bros., 529 U. S. 205, 210 – 212 (2000).

要求。为了获得设计专利,申请人必须展示设计具有新颖性和创造性。根据新颖性的要求,专利设计是最强的非同寻常的证明。如果专利设计中的设计特征被认为是商业外观,设计专利应当就是证明非同寻常的最佳证据。"❶

如果在行业中没有形成使用特殊的设计特点作为识别来源交易习惯,那么就不能假设消费者将这些元素视为区别来源标识。本测试在于允许权力要求人主张商业外观具有交易显著性。如果这种特征被消费者理解为一种时尚功能,商业外观就不具有固有显著性。权利要求人需要从商标领域证明商业外观具有第二含义。这类似于判断词汇是否成为描述产品的通用名称,在消费者中丧失了作为商标的特点。通过分析消费者或者竞争者对词汇的使用,如果商标用来描述产品,而不是标识来源,那么商标权人就不能主张商标保护。证明通用名称可以通过展示出版物、竞争对手的广告、其他类似这种词汇的非商标意识的使用等手段。相似地,在商业外观显著性的判断中判断设计特征的使用,通过其他人在市场中的使用看标识来源的习惯是否形成。事实上,其他竞争者使用相同的设计特征作为商标很普遍,那么就可以说,应当允许另一方做相同的使用。同样,如果没有足够的证据证明竞争对手使用设计特征,申请人也不能主张。"某公司申请注册一个黑色轮胎侧壁的金环作为商标。固特异(Goodyear)公司提出反对,认为其他的轮胎制造商也使用这样的环形标识作为装饰,所以这种金色的环形标识不具有识别功能,不能将原告的轮胎从

---

❶ C. Andrew Wattleworth, Inherently Distinctive Product Configurations Under § 43 of The Lanham Act: Where do We Stand in the Aftermath of Two Pesos? *Cumberland Law Review*, Vol. 26 (1996), p. 1126.

其他的轮胎中区别出来。固特异提供的证据包括广告、目录摘要证明很多其他的生产者使用同样颜色的标识,包括金色作为轮胎装饰。固特异还提供了其他生产商的证词,证明他们使用这种颜色标识。"❶ TTAB 认为消费者仅仅将轮胎上的金色环作为装饰,这种环形已经被其他生产者大规模使用,甚至在过去也被广泛使用,不能合理地理解为这些颜色是商标,它们更像是装饰。尽管权力要求人会证明通过使用一定的设计特点作为商标代表了行业习惯的发展,但商标权的产生是基于商标的使用,不是产生于发明、原创性或者独一无二的设计。如果要求人没有将标识用在产品或者服务中作为识别产品或者服务的来源,就不会有商标权的产生。法院通常接受的观点是,文字商标用在标签上,可以有效地创造商标权,因为假设消费者明白这样的使用在于区分来源。因此,创造文字商标很容易。当然,如果标识没有被使用为区分产品或者服务来源就没有商标权利产生。

设计特征可能是具有识别性的,然而并不意味着作为商业外观在交易习惯中具有显著性。"需要指出的是,如果主张该设计是使用者第一个采用的,并不能证明这是行业标准。因为假设一方证明商业外观设计特点在行业中被视为识别来源,第一个行业中依赖这种特征的一方永远不能证明存在固有显著性。这方面的测试不承认第一个被假设的商家的商业外观具有显著性,一般的规则是第一人无法建立行业习惯,因为他是第一个使用的。如果第一个人进入市场具有独一无二的特征可以受到保护,不需要证

---

❶ Goodyear Tire and Rubber Co v. Interco Tire Corp., 49 USPQ 2d 1705, 1717 (TTAB 1998).

明消费者理解这些特征是作为识别来源的,就违反了这个原则。"❶ 给商业外观过多的保护,会造成损害竞争和消费者的风险。至少直到消费者开始将商业外观作为来源识别的符号,才可以受到保护。通过保护商业外观,第一个使用者从第一次使用开使不需要证明交易习惯,这样法律允许单一的供应商控制市场是具有风险的。不要求证明消费者依据设计特征作为识别来源符号,会阻碍竞争。保护文字商标的固有显著性从第一次使用时起不违反该原则。因为假设消费者明白词语的固有显著性唯一的功能在于识别来源,可以从第一次使用被保护不需要考虑一般原则,因为可以很容易地知道标识的含义。如果标识仅仅是描述性的,从词典含义看,竞争者有权使用这些词汇,至少直到在先权利人发展出来第二含义之前是可以使用的。而同样的事实对商业外观不适用。因为不能确定随着交易习惯的发展,消费者是否承认商业外观的来源识别功能。因此,第一个采用一定设计特征的权利人不能证明消费者的反应,直到交易习惯发展而被消费者接受。商业外观显著性的判断仍然没有跳出商标显著性四分法的思维模式,但是由于固有显著性判断的困难,导致交易显著性理论的出现。从根本上看,交易显著性仍然是围绕商标的基本功能即来源识别功能构建的。

---

❶ Mark V. B. Partridge, Trade Dress Protection and The Problem of Distinctiveness, *John Marshall Review of Intellectual Property Law*, Vol. 1 (2002), p. 230.

本章小结

申请注册的商标，应当具有显著特征，便于识别。从显著性理论角度分析，一些标识并非不具有显著性，而是由于商业使用中会造成"不良影响"，所以禁止注册为商标。而一些标识因为自身特征不宜注册为商标，需要证明具有获得显著性才可以注册。商标显著性理论对商标确权制度最重要的影响在于商标公有领域。商标注册中的商标公有领域问题是指一些符号自身的特点决定了其属于公有领域的范围，任何人都有使用的权利，如果赋予商标权人对这些符号的商标权会造成商标权人对这些符号的不正当的垄断。此外，一些特殊的文化符号也具有很强的公有性，不宜注册为商标。商标显著性发展成为一种文化，给商标法中的"公共领域"的界定提出了新的要求，不仅要从竞争需要的角度分析商标注册是否要考虑竞争对手的使用需求，还要结合我国独特的文化背景分析这种使用是否会造成对文化资源的不正当垄断。

在我国，单一颜色作为商标是被禁止的，只有当颜色和词组、设计或者符号组合时，才能获得注册。单一颜色商标不能获得注册的原因在于颜色会损耗以及颜色类型易混淆。颜色损耗理论认为如果允许一方垄断某种颜色类型，那么很快会有其他申请人对其他颜色提出商标注册申请，颜色是有限的，很快就会被注册穷竭。色彩混淆理论认为，如果单一颜色受到商标保护，在判定侵权时，关于竞争者可以使用什么颜色就会产生不确定性，这在法律中可能难以解决。另一个难题是在相同颜色相似颜色中如何判断颜色的区别。由于在市场交易中，使用单一颜色作为商标的情形日益增多，有关单一颜色不能作为商标注册的观点受到质疑。在美国判例法和法学说中，很多观点倾向于支持单一颜色注册为商标。颜色消耗理论作为阻碍单一颜色注册的依据是与商标法目的相冲突的，单一颜色是否可以注册为商标不能作出一个直接的否定性评价而需要结合具体的案例进行分析。从目前的立法和司法看都没有明确提出单一颜色不能注册为商标。而颜色消耗理论也受到质疑，不能因为一个偶然的问题就全面禁止单一颜色作为商标使用。当颜色消耗出现时，根据功能性原则就会解决这个问题，且单一颜色的商标注册也不会影响其他人对颜色的使用。颜色商标要获得注册最关键的是要证明颜色具有非功能性。功能性测试的标准在于判断注册是否会阻碍竞争，不是颜色的审美特征对产品成功的贡献。对颜色商标功能性的判断需要考虑消费者的因素，从消费者角度看，如果某种颜色更易受到消费者的青睐，使用这种颜色会使产品更受欢迎，则这种颜色就可能成为一种可以被所有产品生产者使用的颜色。因为从竞争角度看需要这样的使用。这是颜色商标功能性判断的特殊之处。和其他标识一样，颜色必须具备显著性才能获得商标保护，颜色具有显著性包括具有固有显著性或者获得显著性。有关颜色商标是否具有固有显著性以及如何证明固有显著性存在争议。一般来说，法院原则上承认颜色商标具有固有显著性，但是在具体裁判中往往采取了谨慎的态度，在大部分判例中要求证明颜色商标具有获得显著性。也有观点认为颜色商标本身属于描述性的，申请作为商标必须证明获得显著性。因为我国商标法中没有规定单一颜色可以作为商标注册，在学理上也没有对单一颜色商标显著性的类别进行划分，所以研究域外判例对我国商标法理论的完善具有借鉴意义。目前来看，如果颜色没有特殊性或者是独一无二的，注册为商标还需要结合具体使用情况证明获得显著性为宜。证明颜色具有显著性需要展示颜色在产品中使用，通过长时间的使用，消费者将颜色和产品联系起来，使用也包括在广告中的特殊设计来强调产品的颜色。总之，颜色可以作为商标受到保护，因为颜色也是符号，只要符合一般的法律要求，就可以获得注册，法律对待颜色和其他的标识没有不同。

声音商标成为我国商标法中规定的一个新类型，有关声音商标显著性的判断还缺乏具体的操作依据，本书主要通过介绍美国判例法中的规定和美国立法的新动向来对声音商标的显著性进行探讨，以期对完善我国商标立法有所助益。一般来说，根据申请，将声音分为独一无二的或者司空见惯的。前一组具有固有显著性的声音根据商标注册原则不需要证明获得显著性。后一组需要证明获得显著性。这些声音只有通过使用并具有显著性和制造者联系起来才能获得注册。由于声音本身的特殊性和申请量的增加，法院对声音商标显著性的判断问题态度发生了转变，认为对于声音商标的判断要格外谨慎，如果对认定为固有显著性存有疑虑，需要要求申请人证明获得显著性。美国商标审查机构甚至对声音商标的显著性判断规则进行了修改，这一修改导致大量声音成为不具有固有显著性的标识，需要证明获得显著性才能注册。修改的重点在于，那些在一般的产品操作过程中产生的声音获得注册需要证明第二含义。非功能性也是声音商标获得注册的关键因素，声音商标的功能性分为事实上的功能性和法律上的功能性，事实上的功能性是指标识的特点在专业层面上看是非专业意义的或者说具有功利主义的目的。事实上的功能性可以作为商标保护，因为这种保护将不会阻碍竞争，但是法律上的功能性不能作为商标保护，因为会阻碍竞争。声音是功能性的，如果本质上使用影响了成本和产品质量则声音不可以注册为商标。对于在一般的产品操作过程中产生的声音来说，只有证明获得显著性才能注册。对于声音商标显著性判定规则的修改，受到学者的批评，这个原则是假定正常产品的操作过程中产生的声音不能作为该产品的商标，因为声音是对产品的描述，因此需要证明获得显著性，才能作为商标使用。但是具有描述性的是核心声音，声音不是核心的也就不具有描述性。这一笼统的修改导致很多具有固有显著性的声音被排除在外，且商标审查机构所提供的声音清单所涵盖的声音类型也十分笼统，这无疑给申请人施加了巨大的证明成本。对于声音商标显著性的判断还应坚持非功能性的规则再根据具体案例对显著性进行分类判定。

商业外观包括产品包装、产品设计和服务商标，广义的商业外观包括产品或者企业的整体外表和形象。商业外观获得商标保护的因素之一在于其是非功能性的。但是随着新型商标的不断出现，由于类型多样且分类不统一，在商业外观显著性判断中出现了一系列的问题，进而造成商业外观是否具有固有显著性没有一个统一的判断规则。商标外观的显著性分类不能适用商标法的传统四分法。因为文字符号的含义通常可以通过查字典解决，商业外观的含义需要通过考察市场来确定。美国判例法已经证明，采取传统的商标显著性分类适用于商业外观显著性的判断会造成裁判的不统一。尽管美国最高法院通过判例承认了商业外观具有固有显著性，但是对于如何判断商业外观的固有显著性没有作出说明，导致商业外观固有显著性的划分和判定成为至今悬而未决的问题。我国商标法中并没有采纳商业外观的定义，对产品包装、产品设计根据不同情形适用商标法或者反不正当竞争法的保护，所以在我国商标法中也没有关于商业外观的统一分类和显著性判断标准。在美国商标法理论中，认为需要对商业外观做具体的分类进而形成统一的显著性判断规则。商业外观可以分为产品包装、产品设计以及其他类型，所谓其他类型是指那些具备商业外观的特征却又不能归入产品包装或者产品设计类别中的商业外观。在明确商业外观的类型后，对于商业外观显著性的判断可以采纳"交易显著性"的观点。如果商业外观在市场中发挥区分来源的作用，这种特征就具有交易显著性，可以在首次使用时自动获得保护，就如同语言符号的固有显著性。如果不具有，商业外观就没有交易显著性，需要证明第二含义才能获得商业外观保护。交易显著性通常在产品出售时表现出来。如果商业外观具有交易显著性并通过竞争被市场接受，作为识别工具，商业外观所有者可以主张其商业外观受到保护。如果这种习惯在交易中没有发展，那么商业外观不具有来源识别功能，需要证明第二含义才能获得保护。交易显著性关注商业外观的商业使用，交易显著性测试分为两个部分：（1）一方主张商业外观具有交易显著性，需要证明在交易习惯中使用商业外观作为来源识别。（2）一方需要证明他们的商业外观与一般的设计特点相比是不同寻常的。总之，市场决定了商业外观的可保护性。交易显著性的概念提供了一个方法来解决在消费者眼中商业外观的含义判断，以确定交易习惯。如果商家依赖一些特定的设计特征作为来源识别，可以假设设计特征是消费者可以理解的，作为来源标记，因此保护这样的商业外观可以从第一次使用开始。在判断商业外观的显著性时还需考虑以下因素：（1）消费者。在交易习惯中，判断消费者使用商业外观作为商品识别来源是否已经形成。依据市场中对于商业外观含义的理解，可以合理假设消费者理解一定的商业外观特征在交易中作为产品识别来源。（2）结合具体行业作出判断。消费者尽管最初不会理解商业外观是作为来源识别的，但经过一段时间使用，可以将这个含义传达给消费者，就视为商业外观可以具有来源识别功能。（3）交易习惯。如果在行业中没有形成使用特殊的设计特点作为识别来源交易习惯，那么就不能假设消费者将这些元素视为区别来源标识。

第四章

商标显著性与商标侵权制度

第四章 商标显著性与商标侵权制度

侵害商标显著性的两种形式是商标混淆和商标淡化。混淆型侵权与淡化型侵权在许多地方刚好相互对应：商标混淆是通过将不同标识指向同一个来源出处，降低了商标的区别能力，从而使商标权人遭受损害；商标淡化则是将同一个或近似标识指向不同的来源出处，从而降低商标的标识来源的能力。一言以蔽之，商标侵权的实质就是侵害了商标的显著性。在交易的范围越来越广，交易的频度越来越快的背景下，商标在确保其来源识别功能的有效发挥的前提下，其所增加的有关商誉和文化内涵的连续性和期待性的意义更加重要。而商标侵权行为则潜移默化地破坏了商标传达这种信息的方式，使得消费者获取有关商品或者服务的认知成本增加。未获得授权而使用他人商标的行为不仅是欺骗消费者，更深层的问题在于消费者稍有疏忽，其预期的购买目标将无法实现。本章主要包括两节内容，第一节探讨商标显著性与商标混淆可能侵权之间的关系，以商标混淆可能判定的多因素检测法的形成和完善为线索，分析商标显著性在多因素检测法中的重要性，特别是商标的获得显著性对商标混淆可能判定具有很大影响。第二节分析商标显著性与商标淡化理论之间的关系。商标淡化就是防止对商标显著性的稀释，但是在探讨两者的关系时在理论和司法实践中都产生了对固有显著性的过度关注而忽视获得显著性的重要性的问题。事实上，防止商标淡化最重要的还是对商誉、商标形象的维护，这些都是商标使用中所获得的显著性的集中体现。但是对商标淡化的适用不能太过宽泛，仍然需要在具体案例中考虑利益平衡的问题。

第一节　商标显著性与商标混淆可能侵权

判断商标侵权一般以"普通消费者"混淆可能为标准。判断消费者混淆可能,依赖于多因素测试,而多因素测试的标准在司法实践中并不相同。"有学者指出多因素检测法存在严重的缺陷,这个规则是一个相对开放和主观的方法,导致产生严重的诉讼不确定性,使商标权人的利益受到威胁,并造成商标保护范围的扩张从而产生很多问题。"❶ 很多学者建议设计一个更理性的标准来替代目前的混淆可能测试以解决这个测试所带来的问题。

最近几年,商标法学者已经认识到很多混淆可能测试所带来的问题。毕碧教授认为这个问题已经处于"一个严重的失修状态",特别指出这个规则的组成和应用的不一致性。"亦有学者批评这个规则带来的不确定性和高昂的立法成本。"❷ "在界定混淆行为中出现了更多的问题,从产品或者服务的来源到产品或者服务的赞助者从购买行为到初始来源,再发展到售后混淆,造成很多商标垄断的问题。"❸ "这些问题的出现和扩大与多因素测试法

---

❶ Robert G. Bone, Taking The Confusion Out of "Likelihood of Confusion": Toward a More Sensible Approach to Trademark Infringement, *Northwestern University Law Review*, Vol. 106 (2012), p. 1307.

❷ Ibid., p. 1310.

❸ Ibid., p. 1312.

没有重点关注混淆本身有关，没有认识到消费者选择的困惑。"❶商标法的最终目标是防止消费者混淆，在人们的日常生活中总会产生混淆，而法律所起的干涉作用很微不足道。当混淆可能可以触发商标责任，必须有一个合理的理由来解释为什么法律要阻止混淆，目前的问题是商标法中的混淆可能测试面临一个规则上的不完善，其完全聚焦于混淆可能的同时也应该关注混淆带来的损害以及带来损害的原因。商标法更重要的作用在于维护商标的显著性，商标的显著性实质上传递着有关商标的信息。这个功能很重要，因为信息传递功能很容易被削弱。

一、商标混淆可能侵权的原理与规则

（一）防止商标混淆可能侵权的原理

商标是消费者用以识别产品或者服务来源的标记。例如，"佳洁士"这个商标的功能在于消费者相信，每管使用了"佳洁士"商标的牙膏的来源都是相同的。当一个商标可以发挥这种独一无二的识别来源功能时，消费者就可以依赖商标来获得他们希望购买的产品的信息，信息来源的渠道可能是广告，也可能是他人的经验或者自己之前的使用体验。之后消费者将会对这些信息进行使用，确信所选择的品牌会带给他预想的使用结果，这样商标就降低了消费者搜寻产品信息的成本。商标显著性基本功能的发挥，只有在商标权人可以有效地阻止其他的竞争者使用同样的商标的前提下才发挥。例如，如果除了宝洁公司之外的另一家公

---

❶ Robert G. Bone, Taking The Confusion Out of "Likelihood of Confusion": Toward a More Sensible Approach to Trademark Infringement, *Northwestern University Law Review*, Vol.106 (2012), p.1314.

司也可以使用"佳洁士"作为牙膏商标,消费者就无法再依靠"佳洁士"商标识别来源。结果是,他们需要利用其他的符号或者信息,这需要消费者耗费更多的成本来认识产品的特点,这样就增加了消费者的搜寻成本。而且,没有商标保护,销售者会发现很难告知消费者有关其产品的优质特征,这些特质在消费者没有购买体验之前都是隐藏的。如果企业无法与消费者交流这些产品信息,他们制造优质产品的激励因素也就消失了。以上是商标显著性的基本目标:保护商标权的排他性,降低消费者的搜寻成本维护商标权人通过和消费者的信息交流维持并提高产品质量的积极性。对商标保护同样具有道德层面的要求,企业使用商标意在劝导消费者选择该公司的产品,而所谓的道德准则就是反对这种使用的欺骗,商标权人有权阻止他人利用其商标对其商标显著性造成伤害。

(二) 证明存在商标混淆可能的基本规则

在商标侵权判例中原告胜诉的前提在于必须证明:(1) 享有商标权;(2) 被告使用商标的行为侵犯了原告的商标权。臆造、随意和暗示商标是具有固有显著性的商标。而固有显著性商标的权利人对这些商标享有绝对的排他的权利,只要证明注册或者在交易中首次使用,不需要证明这些词汇或者标识实际上发挥了指示产品来源的功能。这个理论认为当消费者注意到一个显眼的词汇或者标记,在这些词汇或者标记不是对产品进行描述的情况下,消费者会很自然地将他们看做产品的商标。

要获得描述性商标的绝对权利必须证明描述性商标具有第二含义。第二含义的存在在于消费者实际上使用该商标代表产品的单一来源。商标法要求商标权人证明消费者实际上使用词汇或者符号作为产品或者服务的来源识别符号。一旦商标权人建立了对商标的排他的所有权，必须证明被告使用相似标识的行为侵犯了他的权利。在商标诉讼中，主张侵权需要证明被告的使用会使一定数量的消费者产生混淆，即导致消费者相信被告的产品是由原告提供或者制造的，或者原告作为赞助商，总之或多或少两者存在联系。不需要证明消费者实际上发生了混淆，只要存在可能，侵权责任就成立。"在美国判例法中一些法院认为原告提供的调查消费者混淆的证据只要达到10%～15%，侵权责任就成立。"❶法院在认定混淆可能时通过多因素测试法，但所谓的多因素并不是完全相同和统一的，要视具体案情而定。一般来看，多因素测试的内容包括原告商标的显著性、原被告双方商标的近似性、双方产品的相似或者近似、消费者混淆的证据，以及被告的意图。当消费者看到原告的或者被告的商标同时出现在市场中，法院要对"一般消费者"的反应作出判断。除了这些一般规则，法院在个案适用多因素检测法时还适当扩大斟酌其他因素。来源混淆是商标法中混淆可能的核心，当被告使用相似的商标导致消费者相信原告实际上出售被告的产品，就意味着造成来源混淆。赞助混淆是商标权的扩张，当原告的产品和被告的产品不存在竞争，消费者也许知道原告实际上并没有出售产品但是仍然会产生混淆，因为他们相信原告对产品提供了赞助，总之原告与被告或者被告的产品具有某种关联。赞助混淆会伤害消费者，如果他们购买被告的低端产品但是他们原以为被告的产品和原告的产品一样具有较高的质量。如果消费者因为产品而导致对商标权人的否定评价，赞助混淆同样会伤害商标权人的利益。此外，从购买阶段分

---

❶ Jennifer E. Rothman, Initial Interest Confusion: Standing at Crossroads of Trademark Law, *Cardozo Law Review*, Vol. 27（2006），p. 108.

析，商标混淆的范围也在扩大，混淆不仅发生在购买阶段，也发生在购买前阶段和售后阶段如初始兴趣混淆和售后混淆。

二、商标混淆可能侵权判定规则的形成与发展

（一）混淆可能侵权判定规则的争议

要分析混淆可能测试存在的缺陷，在描述这些缺陷时重要的是需要对测试的历史脉络进行研究，这些历史发展表明了测试为什么会存在缺陷以及提供一些更加理性的解决方案。20世纪早期，商标保护还被限制在来源混淆中，即商标被直接使用在竞争性的产品中。这种保护的意义在于在20世纪早期，当时大部分公司制造和出售单一的产品，然而当公司开始水平整合，进行品牌扩张时，消费者逐渐意识到同样的公司开始出售不同的产品，直接竞争要求已经不适应市场的发展，结果，法院逐渐扩大了对商标的保护，包括将商标使用在不具有竞争性的产品中也会构成侵权，它们的关系很紧密以至于消费者会相信原告实际上出售被告的产品，也会造成来源混淆，或者是原告赞助、推崇或者从其他方面支持了被告，这就是赞助混淆。学者们认为扩大保护的原因在于商标权人的商誉受到损害以及保护消费者不被欺骗。商标显著性作为商标商誉的载体，因此可以说商标权保护扩大的原因在于保护商标显著性不受损害。

"20世纪20年代末，商标保护包括非竞争性使用，得到来自法院和学术界的支持。例如，1927年，谢希特发表了著名的有关淡化的论文《商标保护的基本原理》，他认为应最大限度地保护商标，保护商标的显著性和标识的商业吸引力，而不需考虑消费者混淆。"❶ "汉德法官在 Yale Electric Corp. v. Robertson 案中，支持了扩大商标保护的决定，开始关注在非竞争性产品中使用和他人相同或者相似商标的问题。"❷ 法院甚至支持利用商标就是利用公司商誉的观点，总之，这样的行为需要承担法律责任。然而，开始于20世纪30年代中期一直持续到40年代，一些法院特别是第二巡回法院对在非竞争性产品中使用商标的侵权行为的规制开始进行限制。如果被告在非竞争性产品中使用了与原告相似的商标，原告起诉，商标权人必须证明商誉的损害或者进入被告产品市场具有了障碍。保护商誉和避免市场进入障碍，是汉德法官在40年代提出的需要被严格遵循的两个要素。

最重要的发展阶段出现在1938年，法院开始利用反不正当竞争法处理商标法中的侵权问题。侵权法重述提供了第一个多因素检测法，影响了现代多因素检测法的发展完善。对竞争性产品的一般性规定为：被告需要对使用相同或者相似商标的行为负责，商标的"相似性混淆"会引起来源混淆，有四个因素来判定是否可能造成来源识别混淆。认识到在非竞争性产品中的使用也会造成来源混淆，法律规定当消费者可能将被告的不同产品和原告商标联系起来，侵权成立，并列举了九个因素来判定是否这种联系存在可能。"对比今天使用的多因素检测法，重述使用了两个直接的多因素测试，一个是'相似性混淆'适用于竞争性产品中，另一个是'相关混淆'适用于非竞争性产品中。"❸ 竞争法

---

❶ Frank I. Schechter, The Rational Basis of Trade-Mark Protection, *HarvL Rev*, Vol.813（1927）.

❷ Yale Electric Corp. v. Robertson 26 F.2d 972（2nd Cir.1928）.

❸ Restatement (Third) of Unfair Competition § 20–23（1995）.

重述最重要的意义是提出了扩大商标保护适用于非竞争性商品中的理论基础，立法者认识到并不是任何混淆都会触发侵权责任。混淆行为必须影响了商标权人的商誉，导致曾经使用过商标权人产品的消费者会将被告的产品和之前的消费体验联系起来，从而和原告建立联系，因为他们错误认识了产品的来源或者关联。因此，重述的起草者认识到了混淆本身不是触发侵权责任的原因，根本原因在于混淆会造成商誉的损害。毫无疑问，这种限制是防止对商标权人的伤害而不是对消费者的伤害。商标法包含消费者保护和商标权人保护两个方面。保护消费者的目标在于阻止混淆带来的对消费者的欺骗以及增加消费者的搜寻成本，同样也是防止权利人因为商标显著性被不当利用的损失。这两个方面在特定的判例中会融合，如当被告通过错误的引导消费者的行为伤害了商标权人商标的显著性，造成消费者对来源和质量的误解。重述关注商誉的损害与产品的扩张，要求商标权人证明受到的损失，损失主要是关于商誉和市场开发。

20世纪30年代末对商标垄断问题大量关注，很多法经济学家抱怨保护那些影响力大的商标会导致其他市场主体市场进入的障碍，造成产品垄断。迅速出现的对消费者心理产生影响的广告的使用被认为是通过对基本的人类感情的影响，干扰人们的需要。这种类型的广告利用商标从精神层面影响了消费者，造成消费者可能将品牌和一种不理智的原因和兴趣联系起来导致购买行为的发生，尤其是同样的产品可以通过更低的价格获得时，这种不理性消费就特别明显。这些观点深刻影响了判例法的发展，法院也开始关注商标带来的垄断问题。"第二巡回法院的判例在40~50年代产生了重大发展，形成第一个适用于司法中的混淆可能测试规则,影响了之后规则的发展。"❶ 在深入讨论这个问题之前有必要重申一个背景,有关商标使用在非竞争性产品中的问题局限在描述性商标、地理商标和姓氏商标中。19 世纪晚期 20 世纪初,商标法被分为两个部分。商标侵权法案包括保护臆造,随意和暗示性词汇商标,即"技术性交易标识"。另一部分是不正当竞争法,包括保护描述性商标、地理标记和姓氏商标。"商标权人可以主张对臆造、随意、暗示商标的所有权而无须证明第二含义。如果第三人使用了相同或者近似的商标在具有直接竞争关系的产品中,就侵犯了商标权人的财产权,无须证明混淆之虞就需要承担责任。而反不正当竞争法的运作方式不同,描述性商标、地理标记或者姓氏商标,如果对这些标识确立所有权需要证明权利人发展了第二含义,还需要证明他人使用的行为造成了消费者混淆。"❷ 总之,具有固有显著性的商标被作为财产保护,而描述性商标受到反不正当竞争法保护。使用臆造、随意、暗示商标,很显然具有恶意,被告面对大量的转换的可能却使用他人的技术性商标,这种行为是不允许的。

"将商标保护适用在非竞争产品中,在发生商标侵权诉讼时要求证明损失的存在,对于商标权人来说在于阻止对商誉的损害以及进入被告的市场。这种观点倡导需要在判例中对利益的平衡,一方面不能损害权利人的商誉,另一方面也需要保护被告法定的合理使用的权利。在对双方利益进行权衡时,需要从原告的

---

❶ Michael J. Allen, The Role of Actual Confusion Evidence in Federal Trademark Infringement Litigation. *Campbell Law Review*, Vol.16, Issue 1 (Winter 1994), pp.21–22.

❷ 黄晖:《商标法》,法律出版社 2004 年版,第 140 页。

商誉和市场准入角度出发。原告需要证明实际上对商誉的损害或者实际上有进入被告市场的计划，特别是当原告的商标显著性很弱或者被告的使用是善意的，从法律层面上看是合理使用。在众多的观点中，汉德法官清晰地强调了他的目标在于限制商标的垄断，这有很强的社会利益。"根据他在1940年提出的观点，商标的财产权理论会产生误导，导致垄断的产生：当以财产的名义时，垄断的风险是存在的，我们会走向错误，只要我们放松了对目前规则的使用，认为对首先使用者的商标使用会误导消费者。"❶ 弗兰克法官支持汉德法官的观点，他对于在非竞争性产品中使用商标侵权的判例都应持谨慎的态度。他坚持反不正当竞争法的目的在于保护消费者的利益。因此他反对商标垄断，这样是为了保护商标权人的利益而不惜牺牲消费者的利益。弗兰克法官相信需要谨慎地阻止商标垄断的形成，减少对消费者的伤害。

弗兰克法官认为，如果商标权人不能有理有据地证明商誉受到伤害或者形成了市场准入的壁垒，那么，反对竞争和保护商标的目标就会转变为利用市场力量伤害消费者。从另一方面说，甚至证明是充分的，也并不意味着消费者的利益就会得到保障。在理论上，弗兰克始终考察案件的具体事实因素来决定是否被告从使用中获利，以及权衡商标权人是否需要忍受一些损失。汉德和弗兰克法官都要求采用严格标准来考察商标权人提出的反不正当竞争判例，这样商标权人的垄断成本就高于他所获得的利益。"弗兰克实践他观点的判例是Triangle Publications. Inc. v. Rohrlich案，原告出版'17岁'杂志，这是一本面向青少年的时尚杂志，

---

❶ Ann Bartow, Likelihood of Confusion, *San Diego Law Review*, Vol. 41 (2004), p. 723.

被告出售'17岁小姐'发带。"❶ "17岁"杂志通过广告和杂志，创造和发布很多流行趋势。结果是这个商标具有了很高的价值，原告希望最大限度地开发商标的商业价值，地区法院认为被告的行为构成侵权，被告提出上诉。上诉法院的法官们对本案的裁判产生了分歧，部分法官认为被告的行为构成侵权，尽管没有造成来源混淆，但至少造成了赞助混淆。弗兰克法官撰写了措辞强烈的反对意见，他认为根本不存在任何形式的混淆，原告的杂志不可能进入到发带的市场，也没有任何证据表明被告生产的发带质量很差或者被告的行为影响了原告的商誉。可以肯定的是，被告搭了原告的便车，但是搭便车的事实是无关紧要的，搭便车和不正当竞争理论之间的界限本身就很难界定。弗兰克法官重申了他的观点，毫无疑问，要判断商标的使用规则或者是否形成垄断的后果。他认为重要的不是机械地使用商标混淆可能规则，而是需要分析判决对法律的运用是否产生积极的社会影响。

  判例法并没有沿着这个思路走下去，而是出现了更宽松的司法理念，"克拉克法官对上述观点提出反对认为只要混淆可能存在就足以成立侵权而无须证明损失"。❷ 他认为根据兰哈姆法的规定足以给注册商标和未注册商标以保护，他对兰哈姆法价值的解读与其他两位法官完全不同。他认为兰哈姆法并不要求在非竞争性产品中使用与他人相同或者近似的商标要求证明损失，兰哈姆

---

❶ Triangle Publications, Inc. v. Rohrlich, 167 F.2d 969, 976 U.S.P.Q. 196 (2nd Cir. 1948).

❷ Elizabeth Cutter Bannon, Revisiting "The Rational Basis of Trademark Protection:" Control of Quality And Dilution—Estranged Bedfellows?, *The Jhon Marshall Law Review*, Vol.24 (1991), p.66.

法要求的结果是"混淆""错误""欺诈",这些都不是以损害发生为前提的。这些针锋相对的观点体现了法官对商标法立法政策的不同理解。汉德法官关注商标的垄断对兰哈姆法的立法结构产生影响,他反对对规则的过度解读造成的垄断权利。克拉克法官在成本和利益角度则有不同的见解。他并不关注商标的垄断所带来的反不正当竞争的风险,他表示难以理解赋予商标排他的权利会限制竞争,因为竞争者可以选取的词汇和标识是十分丰富的,他也对第三方搭便车的行为进行了关注,认为他们不正当地利用了他人努力获得的商誉。然而,汉德和弗兰克法官提出的限制垄断的观点更倾向于保护消费者的利益,促进竞争,降低价格,而克拉克法官认为消费者的利益可以界定得很宽泛,他认为事实上,如果消费者以很低的价格购买到了高质量的产品,那么混淆的影响是可以被抵消的。

(二) 多因素检测法的形成

"弗兰德利法官在 Polaroid Corp. v. Polarad Electronics Corp 案中提出了现代的多因素检测法来判断混淆可能,并影响了其他法院的裁决。弗兰德利法官从八个因素来判断混淆可能的存在,淡化了对证明损害的要求,但并不意味着对混淆可能带来的损害缺乏关注。"❶ 这个测试是灵活的和开放的,综合了很多观点,虽然没有彻底解决裁判中的分歧,但是大致统一了未来 20 年中有关商标侵权问题的审判思路。"弗兰德利法官提出的多因素检测包括以下八个因素:商标的显著性、原被告商标的相似性、产品的近似程度、对在先权利人的混淆是否可以缩小、是否造成实际混

---

❶ Polaroid Corp. v. Polarad Electronics Corp., 287 F. 2d 492 (2nd Cir.), cert. denied, 368 U. S. 820 (1961).

淆、被告使用商标后其商誉是否得到提升、被告的产品质量、消费者因素。"❶ 弗兰德利测试被认为是过渡时期最好的规则，消除了分歧，统一了法律的适用，平衡了两种观点。"在Triumph Hosiery Mills. Inc. v. Triumph International Corp 案中，承认并在判决中使用了多因素检测法。"❷ 本案强调了来源混淆是商标侵权的基石，进一步解释了有关商誉损害和市场准入障碍，都已经成为多因素测试的一个因素，这两个因素并没有特殊性而且在适用中需要结合其他的因素来分析。多因素检测法采纳了汉德法官提出的限制商标侵权扩张到非相关产品中的观点，这个测试意识到了分析混淆可能这个问题要采取多种因素考察而不是仅凭单一的因素来决定。在 Polaroid 和 Triumph Hosiery 案之后，多因素检测法逐渐成为法院的审判规则，一些法院对该规则的部分因素作出调整，但大都受到了该规则的影响，形成不同的多因素判断规则。

总结多因素测试可以帮助理解很多定义，例如这个测试对内部观点统一的结果是将商标不同的功能作用统合在一起。标识的近似、产品的近似、实际混淆、消费者的经验都是相关评估混淆的因素。但是这个测试本身忽略了对一些因素的考量，例如被告产品的质量。而且这个测试具有先天的模糊和开放式的特点。如果只关注消费者混淆自然会导致商标法中产生大量混淆问题，包括售前和售后混淆，事实上给法律带来了更多的问题。如果只依

---

❶ Polaroid Corp. v. Polarad Electronics Corp., 287 F. 2d 492 (2nd Cir.), cert. denied, 368 U. S. 820 (1961).

❷ Robert G. Bone, Taking The Confusion Out of "Likelihood of Confusion": Toward a More Sensible Approach to Trademark Infringement, Northwestern University Law Review, Vol. 106 (2012), p. 1412.

据混淆规则分析,就是一个宽泛的和开放式的测试,法官具有很大的自由裁量权来界定双方的权利义务,例如,反对搭便车,只要法官发现了出现混淆的可能就会作出相应的裁决。通过对多因素检测法形成发展过程的梳理发现,最重要的应该是分析侵权损害。从20世纪30年代中期到50年代中期,侵权规则要求从两个方面发展:一个是对损害的说明,另一个是商标保护的利益。汉德和弗兰克法官关注了垄断以及反对搭便车,克拉克法官则反对搭便车以及提出了消费具有自主性。但是从最终形成的多因素检测法来看,混淆可能规则在个案适用中仍然争议不断。

三、商标混淆可能性判定规则的缺陷

美国商标法学者总结混淆可能性的多因素检测法存在三个方面的不足。"第一,这个规则可能产生不良影响。第二,规则适用不统一。第三,缺乏理论依据支持。"[1] 这个规则产生的不良结果在两个方面,测试开放式特征导致法律的不确定性以及高昂的立法成本,进而造成商标权难以保障以及商标社会价值的降低。适用规则的边界也缺乏一个合理的范围界定,对测试的广义解读产生了高昂的成本。

(1) 负面效应。商标权人善于利用商标权发起讼诉,这有可能成为商标权人的一种商业策略,但是会出现这样的结果,合法使用的第三方如果选择妥协,事实上就导致了商标权人将自己的权利延伸。而混淆可能测试规则的开放性就促成了这种局面的产

---

[1] Robert G. Bone, Taking The Confusion Out of "Likelihood of Confusion": Toward a More Sensible Approach to Trademark Infringement, *Northwestern University Law Review*, Vol. 106 (2012), p. 1413.

生。如果合理使用者可以预期法律结果，他就花费最低的成本作出决定，商标权人就无法达到这个目的。这样，合理使用者可以忽视商标权人发出的侵权通知。然而混淆可能测试规则的宽泛和开放式导致即使是商标权人也很难预测法律适用的结果，结论需要依据个案分析也导致立法成本的提高。立法的不确定性和高成本造成商标权的弱化。在这种情况下，合理使用者为了规避风险更倾向于对权利人妥协。结果，商标权人可以轻易地利用威胁诉讼阻断对商标有社会价值的使用。

（2）对混淆可能认知的扩张。从司法实践看，对混淆可能性规则进行的解释很宽泛，很多观点认为混淆可能规则增加了社会成本却没有清晰界定相关的商标利益。具体表现在两个方面：有关侵权意图的扩张和有关混淆行为的扩张。第一，考虑意图因素，这个因素在大部分混淆可能测试中都被提及。这个因素考察被告使用商标的行为是否是恶意的，而且对混淆是否成立的影响很大。在早期商标法中意图仅限于具有欺诈的故意，但是随着时间的推移对意图的解释扩张了，如今对欺诈的定义在于如果被告明知原告在先使用商标而仍然使用相似的商标，也被界定为是恶意的，事实上一些对意图的解释已经超出了欺诈的范围。在一些判例中如果被告仅仅是复制了原告的商标或者是意图搭便车利用原告的商誉而没有欺诈消费者意图的倾向时，也被界定为是欺诈。这些对意图的扩张解释导致一些社会期望利用商标的形式被禁止。例如，被告也许复制一个美学意义上的吸引人的产品特征，仅仅是为了利用商标的审美价值并不是意图造成混淆或者欺诈消费者。当法院发现这种"恶意"，即复制或者有引起混淆的可能，那么就赋予了商标权人削弱市场良性竞争的权利。在判决中承认混淆方式的扩张是另一个问题。"商标法虽然没有界定混淆，而混淆可能性测试规则本身也没有说明混淆的概念，任何其他的测试因素甚至都没有说明混淆的危害。混淆可能测试仅仅是法院的一个简要规则来判断混淆应该是什么样的。"❶ 很多法官都遵循了这个概述式的规则，逐条地扩大解释确信消费者可能混淆。例如，混淆的行为目前不仅包括原告是否出售被告产品，还包括原告是否对被告的行为进行了许可，即从来源混淆扩大到赞助混淆。例如，Anheuser-Busch 是一家啤酒酿造公司，拥有注册商标"MICHELOB"，该公司反对一本幽默杂志使用 Michelob Oily 作为一种戏仿。法院认为读者不会相信 Anheuser-Busch 公司真的出售 Michelob Oily 啤酒，但是他们可能认为 Michelob 商标被授权使用了，作为一种戏仿的形式出现。商标权人还要求在购买中不能使消费者混淆。❷ 例如，李维斯公司可以利用售后混淆理论阻止 Lois Sportswear 出售和李维斯公司牛仔裤的款式相仿的牛仔裤。因为法院担心第三方会认为购买者所穿的牛仔裤是李维斯公司生产的。法院却不关心被告出售的是原创设计牛仔裤，而消费者也将从这些设计中获益，因为市场中有了新款产品。❸ 近年来，法院还使用初始兴趣混淆理论解决在互联网中利用他人商标吸引消费者进入自己的网站购物的判例。例如，"布鲁克菲尔德信息公司"（Brookfield Communications）是一家在互联网中提供

---

❶ Robert G. Bone, Taking The Confusion Out of "Likelihood of Confusion": Toward a More Sensible Approach to Trademark Infringement, *Northwestern University Law Review*, Vol. 106 (2012), p. 1309.

❷ Anheuser-Busch, Ine. v. BaldueeiPubl, ns, 23F. 3d769, (5th Cir. 1994).

❸ Lois Sportswear, USA., Inc. v. Levi Steinweg Nachf. v. Steinway &Sons, 523F. 2d 1331, at1342 (2nd Cir. 1975).

电影信息的公司，该公司要求"西海岸娱乐公司"（West Coast Entertainment）停止利用布鲁克菲尔德公司的商标"MOVIEBUFF"，作为站点标记的一部分使用，西海岸娱乐公司是一家在线出租和发布影视信息的公司。互联网使用者通过搜索引擎输入"moviebuff"，就会产生一系列搜索结果，其中包括布鲁克菲尔德和西海岸娱乐公司的网站。❶ 尽管消费者在浏览西海岸娱乐公司的页面后不会将其与布鲁克菲尔德产生联系，但是对于法院来说只要使用者点击了西海岸娱乐公司的链接，使用者就会错误地认为两个公司之间具有联系，因为他们出现在同一个搜寻结果中。当然开始上述扩张保护的结论是受到支持的，近几年开始受到猛烈的批评。广泛的依赖赞助混淆理论可以阻碍对商标的表达性使用，例如，作为戏仿使用的 Michelob Oily。售后混淆则给产品特征赋予了排他的权利会导致对竞争的打压和抑制创新，李维斯的例子就证明了这一点。初始兴趣混淆阻碍了对互联网的使用，而这种使用有利于降低消费者的搜寻成本，这也是一个获得产品质量和价格信息的简单渠道。

（3）理论适用的不一致。混淆可能性测试并没有固定的规则模式，所以造成适用过程中出现衡量标准不同，导致判决结果出现差异，进而造成判决结果的公信力降低。"导致这些问题的一个原因是规则本身的不一致，测试的目的在于衡量混淆可能性，评估造成混淆可能的相关因素，而有些因素显然是无法适合用来分析混淆可能的。起码有四个因素存在问题：①差异性问题；

---

❶ Brookfield Communications, Inc. v. West Coast Entertainment Corp., 174 F. 3d 1036, 1062 (9th Cir. 1999).

②产品的质量是否作为衡量因素;③商标的显著性;④被告的意图。"❶ 差异性问题是指商标权人进入被告非竞争的产品市场,出售相同产品,要求评估被告的使用行为对商标权人的伤害,以及证明实际上商标权人具有进入被告市场的计划。这样,这个因素和消费者混淆事实上毫无关系,毕竟当消费者对原告的计划一无所知的时候,原告的计划不会影响消费者的预期。将这些因素包含进测试中判断混淆可能实际上转换了这个概念的含义,而且削弱了规则的意义。目前美国判例法中已经不再从主观上考虑原告的计划,而是客观上判断和原告相似的公司是否具有进入被告市场的倾向。如果消费者相信类似原告的公司通常出售和被告相同的产品,那么他们就断言原告也会实际上出售类似被告的产品。问题在于客观的差异性因素在进入另一个因素判断时就会动摇:产品的相似性测试。相似性因素关注原告和被告的产品是否足够相似,以至于消费者认为这些商品是由同一个生产商提供的。但是同样的问题在于使用客观的差异性判断,消费者是否会相信因为产品的相似而原告实际上进入了被告的市场,出售了和被告同样的产品。很显然,差异性判断因素不能作为一个独立的因素作为侵权分析,即使产品存在差异性,差异性越大被混淆的概率反而越小,所以这个因素和混淆可能无关也是一种多余的判断。"有研究表明,差异性因素仅对结果产生微弱的影响。但是这个规则曾经被认为是判断混淆可能性的基本规则,而差异性规则用

---

❶ Robert G. Bone, Taking The Confusion Out of "Likelihood of Confusion": Toward a More Sensible Approach to Trademark Infringement, *Northwestern University Law Review*, Vol. 106 (2012), p. 1414.

来判断混淆可能是很笨拙的,忽视了有关损害的问题。"❶

有关产品的质量因素,这个因素对比原被告双方的产品质量,和差异性规则一样,竞争性产品质量的规则在20世纪中期也发挥着基本作用:当被告的产品和原告的产品相对比质量低劣,而被告在非竞争性市场中使用和原告相似的商标就有可能损害原告的商誉。但是法院在混淆可能测试中将对比质量的因素变成产品的相似性因素,这样这个因素就失去了其原本的意义。当考察混淆可能时,质量因素可能会导致相反的结果,如果被告的产品质量是低劣的,那样只能说明原告产品和被告的产品是存在差异的,这样不太能产生混淆,所以消费者不会相信原告和被告有任何关系。相反,如果双方的产品质量是同等的,它们越相似,消费者产生混淆可能的概率就越大。因此,当比较产品质量可以成为测试的因素,那么比较产品的相似性就是一个多余的因素。和差异性规则一样,比较质量对于判断混淆没有提供更有效的帮助。"已经研究证明:比起其他因素来,质量因素的判断显得很尴尬,不仅是因为对商誉的丑化和混淆可能的判断无关,也不是因为质量的相似性规则包含在相似性因素中,而是因为这个规则本身就是禁不起推敲的。"❷ 这个规则并没有明显的作用。

商标的显著性因素主要判断原告商标的影响力,显著性的强

---

❶ Mark D. Robins, Actual Confusion in Trademark Infringement Litigation: Restraining Subjectivity Through a Factor-Based Approach to Valuing Evidence, *Northwestern Journal of Techrology and Intellectual Property*, Volume 2, Number 2 (2004), p.122.

❷ Robert H. Thornburg, Trademark Surveys: Development of Computer-Based Survey Methods, *John Marshall Review of Intellectual Property Law*, Vol.4, Issue 1 (2004), p.92.

度由固有显著性和获得显著性决定。固有显著性、获得显著性商标间还是存在差异的,汉德法官要求对描述性词汇、地理标记和姓氏商标的使用作出限制,而那些技术性商标如臆造、随意和暗示商标则可以受到广泛的保护。弗兰德利法官提出的多因素混淆可能测试,将之前的判例中的方法进行综合,提出了判断商标的显著性作为多因素检测的因素之一。如今,在司法实践中判断混淆可能时都使用了这个因素,也有证据表明这个因素对结论的产生至关重要。"而有学者对这个因素提出质疑,认为商标的显著性强度本身和混淆可能之间没有明显的关系。"❶ 法院在判断商标的显著性时有两种不同方法:商标的固有显著性被称为内在的或者概念上的强度,而第二含义则被称为获得显著性或者市场强度。一般认为固有显著性的标识作为商标,其显著性强于获得显著性的商标。然而,无论是固有显著性还是获得显著性和消费者混淆可能都没有一个明显的联系。一般理论上会认为消费者更倾向于记得臆造商标,而描述性商标则被记住的概率偏低,然而,仅仅对符号的记忆还不足以导致混淆可能的发生,法院在判断消费者混淆来源或者是赞助者时,消费者必须认为商标作为来源识别标记用来识别原告的产品。而消费者是否实际将这个商标作为来源识别符号则是一个第二含义判断的问题。如果描述性商标具有很强的第二含义,消费者仍然会很快回想起这个商标。臆造商标更容易吸引消费者的注意力降低混淆的概率,但是同样的具有很强获得显著性的描述性商标也可以产生同样的效果。"曾经有法院解释固有显著性与混淆可能的关系,另一家公司选择相同的

---

❶ Eric Goldman, Deregulating Relevancy in Interest Trademark Law, *Emory L. J*, Vol. 54 (2005), p. 472.

臆造或者随意商标的概率很小：如果商标是臆造或者随意的，消费者在不同的客体中看到相同的商标就会产生混淆，因为臆造商标一般的来源都相同。根据这种观点解释，如果一个商标具有固有显著性，另一个商标是描述性的，具有获得显著性，两个商标同样显著，固有显著性商标引起混淆的概率较低。但也有人提出了不同的观点，认为如果商标的显著性对判断混淆可能规则具有影响也是因为获得显著性的强度而不是固有显著性，在审判实践中一些法官也承认了这个事实。"[1] 然而获得显著性与混淆可能性的联系也不是确定的，为了明确这个观点，必须对第二含义的范围进行界定。

第二含义是指一定范围的消费者将商标作为指示来源的标记，但是同样也代表符号的商业吸引力。一个商标的第二含义越强，消费者对这个商标的认知就越强，这样在消费者作出购买决定时商标的影响因素就越大。而第二含义与混淆可能的关系如何量化呢？如果消费者仅指那些容易混淆的人群，那么所得到的结果显然是不具有证明意义的，第二含义的量化还应该包括那些并不将商标作为识别来源符号的消费者。因为这一类型的消费者不会产生混淆，如果将这些消费者纳入评价范围将会降低混淆可能产生的概率，随机选择的消费者则可能被混淆。那么，在判断混淆可能时，如何选择消费者呢？首先，答案是明显的：因为只有那些将商标作为来源识别符号的消费者才会产生混淆，他们是会产生混淆可能的风险因素之一。但是事实更加复杂，一种观点称，商标法不应当强加责任——除非一定数量的潜在消费者群体

---

[1] 彭学龙："商标法基本范畴的心理学分析"，载《法学研究》2008年第2期，第48页。

产生了混淆,也就是说要达到一个数量值。商标显著性在判断商标混淆可能性时仅仅起到一个附加的和有限的作用。只要其他的判断因素支持潜在的混淆可能是存在的,即使商标的显著性较弱也是可以成立的。"总之,当消费者群体足够大时,产生消费者混淆的即使很少,也可以证明商标混淆可能的存在。商标显著性作为混淆可能结果的证据其证明力实际上产生的影响可能有限。从商标的生成和商标的显著性来看,只有消费者将某一符号视为标示特定商品来源的标志时,商标才开始存在,这一符号才开始具有真正的显著性;从商标的混淆来看,只有消费者对两个相似的商标标示的商品的来源发生误认时,商标的混淆才发生。"❶ 第二含义和商标混淆可能的关系很难量化,对消费者更具有吸引力的商标可能会减轻混淆。但是除了会导致冲动,消费者并不是一个判断混淆可能的重要问题。当消费者花费一些时间购买产品,他并不会只关注商标,他开始会关注商标,但之后会关注其他的营销环节。而多因素测试分析并没有明确商标显著性对混淆可能的影响,这个问题还需要更多的证据证明,令人困惑的是,在混淆可能测试中的规则哪些是具有直接证明力的呢?商标显著性在测试的初级阶段对描述性商标进行了限制性保护,但是当这些限制消除后,商标显著性对测试结果的影响仍然很大。混淆可能性测试忽视的恰恰是显著性与商标侵权之间的联系,混淆引起的损害具体化是应该被讨论的问题。商标具有很强的第二含义,大量的消费者将其视为来源识别标记,那么存在的消费者可能被混淆的概率就增加,这就潜在地会造成对消费者的伤害。同样,具有

---

❶ 姚鹤徽:"实际混淆因素在商标混淆侵权判定中的作用及适用",载《西南政法大学学报》2015年第3期,第34页。

很强第二含义的商标，无论是在性质上还是程度上，混淆都会带来对商誉的损害。被告意图是指被告使用商标的主观意图，在侵权分析中意图起到的作用是双重的。意图具有明显的证据功能，当公司使用相似的商标具有欺骗消费者的意图，可以合理地假设公司具有欺诈的故意。公司应当对市场情况和消费者的认知有基本的认识。意图因素本身是一个道德范畴的问题，意图的理性功能很模糊，在混淆可能性测试中却成为严格的证明和预测因素。法官在判断混淆可能时会仅仅关注意图证据作出判断，也就是说，法官认为被告具有造成混淆的主观倾向，尽管其他的因素无法证明混淆可能存在，这会使商标侵权判决结果越发扑朔迷离。

有关混淆可能性判定理论最深层次的问题在于缺少清晰的理论基础。混淆本身不是一个问题，人们总是会混淆，法律对有些混淆的情形并不需要作出干预。因此，如果被告的行为不是超出了最低的道德规范要求或者引起了损害，法律是无须对混淆作出回应的。混淆测试可以被接受，是因为消费者混淆的风险受到了不良行为的引导或者是带来了损害性后果。在这种情况下，关注混淆才能得到一个良好的结果，节约调查事实的成本。在竞争性产品市场中，混淆会带来损害，在非竞争性产品市场中的影响相对较小，如果被告复制原告的商标，利用原告商誉，没有导致欺诈，也没有引起严重损害，不妨碍原告利用其商标与消费者进行信息交流，那么，看起来混淆可能和潜在损害之间的联系并不大。简单地说，被告承担责任的前提在于混淆带来了与商标有关的损害。混淆产生的损害应当是以商标为中心的，但问题在于损害如何确定。

四、商标显著性与商标混淆可能性判定规则的完善

（一）商标混淆可能性理论基础的完善

（1）商标混淆可能性判断规则逐渐不再过度关注被告"欺诈"的故意。任何形式的对侵权测试的重构都需要考虑一个问题，为什么商标要受到保护，然后在测试中解决这个问题。"原因很复杂，而事实上现代商标法的目标定位是不完善和不准确的。有两个因素，第一是商标保护关注于降低消费者的搜寻成本，商标保护不断扩张的原因在于理论层面的探讨往往偏离了商标法面向消费者的基础，而是转而关注其他的层面。第二是认为商标法是开放式的，商标侵权也属于不正当竞争侵权的范畴。这样，商标法不限于降低搜寻成本而是反映了复杂的价值平衡，这样就无法在法条中详细列举，只能进行个案分析。"❶ 每一个角度都有道理，搜寻成本的模型提出了商标法最重要的目标：商标的信息传递功能——为了维护该功能的有效性，提高消费者的搜索效率。这个模型的问题在于，经济特征掩盖了商标法的道德关注。不正当竞争模型则关注了商标法道德层面的要求，反不正当竞争法最初的设想是法官需要对不公平和不正当市场行为进行判断，在市场中竞争者总是采取新的手段来获取市场优势地位，需要对这些手段中不正当的行为进行规范调整。如今从历史发展角度考察，经济目标成了商标法的关键，商标法本来具有的精神约束功能被提及较少。不正当竞争模式同样具有不准确的特点，这个模型依赖于法官从方方面面进行深思熟虑，具有主观性和开放

---

❶ 罗晓霞："商标法制度变迁与竞争政策的适应性考察"，载《知识产权》2013年第3期，第36页。

性。商标法的精神约束功能需要更加精确和透明。"不正当竞争行为的构成要件或判断标准，在解决行为人是经营者和行为发生于市场交易领域两个前提条件之后，应集中于两个方面：一是行为性质不正当，即违反诚信原则和公认的商业道德（在法律有明确规定时即为违反法律规定）；二是行为效果是吸引消费者，包括行为人所追求的主观目的或客观上存在的吸引消费者及可能性"。❶

前文所述商标侵权的成立最初需要证明具有欺诈的故意，如果具有欺诈的故意，那么混淆侵权确定无疑，在很多判决中，被告的主观恶意都成为支持混淆可能的因素。当被告有欺诈的意图时，就有合理的理由相信欺诈是成立的。问题在于，关注于意图而忽略了精神约束目标的理论基础。当被告使用一个商标具有欺骗消费者的意图时，被告就是故意说谎，这就是需要约束的行为。但欺诈意图的判断过于主观，为了避免司法寻租问题的出现，在判定商标侵权是否成立时还需要结合实际损失进行判断。法律不仅要干涉这种不良的意图，还要调整具体产生的损害。总之，欺诈意图的证明成立的基础是存在实际的风险，有损害，这是一个精神约束的基础命题。"认识到道德层面的重要性是必要的，这样规则更简单，相对而言多因素测试带来的困难多于解决的问题。"❷ 被告使用原告商标，证明被告意图欺骗消费者，使消

---

❶ 李友根："论消费者在不正当竞争判断中的作用——基于商标侵权与不正当竞争案的整理与研究"，载《南京大学学报》2013年第1期，第52页。

❷ Edward C. Lukens, The Application of the Principles of Unfair Competition to Cases of Dissimilar Products, *U. Pa. L. Rev*, Vol. 75 (1927), p. 200.

费者产生来源或者赞助层面的误认，不需要一个面面俱到的混淆可能分析。这种简单测试的趋向从两个方面影响目前的立法。第一，在判断混淆可能性时不再考虑意图。这是明智的，因为意图仅仅是一个预测指标，具有很强的主观性。第二，简单的测试认为意图是判断侵权责任的直接因素，也就是说将多因素检测法中的假设性推定转变为肯定性的结论。使用意图测试，这种假设仅仅是一种道德上有罪的意图，将这种假设扩张到判例中，而实际上这种道德意图并不是犯罪。例如，很多法院推断被告具有欺骗的意图，如果被告复制了原告的商标，认为被告不正当地利用了原告的商誉，这些假设足以证明混淆的成立，因此判定被告需要承担侵权责任。这是很严重的错误，因为被告的上述行为仅仅具有道德上的谴责性而没有法律上的可惩罚性。例如，复制产品特征是被允许的，因为产品特征不受版权或者专利法的保护。况且，法律对复制商标的行为也留有一定的余地，如允许戏仿。

"总的来说，搭便车的行为从一个更广泛的视角来看也是可以被接受的，而目前多因素检测法中的意图测试看起来是草率的，如果只考虑意图的证据功能，那么很多所谓的意图都是可以成立的，例如，他们都能一定程度上证明消费者混淆。然而，不是所有类型的意图都是道德上受到谴责的。如果对欺诈意图做认真的分析就会很明显地认识到这个问题，但是混淆可能测试转换了认知，将道德的可谴责性变成了纯粹的预测。"❶ 很明显有关欺诈故意的道德功能需要在划定责任承担时被明确。而简易测试的合理之处在于原告需要证明被告使用商标是为了欺骗消费者，重

---

❶ Robert G. Bone, Enforcement Costs and Trademark Puzzles, *Va. L. Rev*, Vol. 90（2004）, p. 2014.

要的是要区分意图的不同类别。另外的两个因素需要提及：第一，相关的目标消费者，例如，简易测试并不适用于售后混淆，那些购买类似李维斯牛仔裤的消费者并不会认为他们购买的是李维斯的产品，而有人会指出，销售者意图欺骗那些一般的公众，他们会猜测这种款式的牛仔裤和李维斯有关，但是这种对意图的猜测是一种过分高度的怀疑，事实上销售者仅仅是希望通过利用产品的消费价格和李维斯竞争，尽管这种竞争是低层次的。又或者销售者对款式做一个有趣的改造，那意味着销售者是对流行符号进行了戏剧化的处理以帮助出售产品。在这两种情况中，销售者的意图都不能被界定为是违反最低限度的道德标准的，因为被告的目标并不在于在购买时造成消费者混淆。第二，欺诈的核心含义是非常明确的，欺诈故意作为一种道德上的可谴责概念，很难界定一个清晰的范围。道德范畴和法律是不同的，法律上并不认为这种意图可以受到刑法的调整，侵权法也不认为道德的范畴和法律有关，一般来说这仅仅是道德的约束力。

（2）构建以消费者为中心的规则原则。消费者是存在价值上的认知的，他们具有基本的消费者观念，根据准确的产品信息对信息进行筛选，从而作出决定。"麦卡锡教授认为，消费者有权获得真相，知道产品的来源或者是产品的赞助商。麦卡锡所指的知情权并非仅仅是消费者不受欺骗，还包括那些无疑是利用原告的商标混淆了消费者，甚至是被告产品质量的低劣但是产品特点和原告相同或者相似。"❶ 消费者的自主选择首先具有一定的合理

---

❶ Robert G. Bone, Taking The Confusion Out of "Likelihood of Confusion": Toward a More Sensible Approach to Trademark Infringement, *Northwestern University Law Review*, Vol. 106 (2012), p. 1416.

性,但是如果消费者的自主权在面对被过度修饰的信息时,消费者往往难以准确选择,所以必须赋予消费者享有准确的信息或者至少是不被混淆的信息的权利。个人权利的行使有一个一般的样态,但是每个人的权利要求并不是很容易地达成一个集合性的目标,或者达成互益的共识。对这种性质权利的保护难以达成一致以及构建一个合理的理论基础,鉴于消费者对信息的接受和处理能力,很可能某一消费者会对商标传递的信息产生错误理解,然后基于错误的认知产生错误的评价。但是对所有的商业主体进行道德行为的约束并不现实,权利的界定达到一个相对合理的范围即可。然而,问题在于什么是合理的呢?消费者的自主权可以影响商标法的道德约束价值但并不能作为一种权利。"如果这样,消费者的自主权需要脱离这种道德约束价值转而成为一种普遍的私权。康德或者其他的私权理论并不能直接适用于有关消费者自主权利的道德约束。当然,市场很关注选择,但是这种选择并不是价值本身。例如,一般认为自治的价值在于自己决定,也就是说自主选择他们自认为的好的生活、他们自己的生活规则,等等。当认为使消费者相信对美好生活的选择是可以实现的时,如果个人有自由选择产品和服务,就可以达成他们对生活的预期,这只是一个美好梦想的开始,但还需要去落实。"[1] 尽管认为消费者的自主权是具有道德价值的,这个权利的界限仍然需要被界定,例如,来源混淆是必须要考虑的,很难说初始兴趣混淆或者售后混淆是一个道德问题,因为消费者在购买时并没有发生混淆。只有当混淆造成严重的后果,才可能触发道德风险。总之,

---

[1] Jennifer E. Rothman, Initial Interest Confusion: Standing at Crossroads of Trademark Law, *Cardozo Law Review*, Vol. 27 (2006), p. 108.

消费者的自主选择具有道德价值可以被界定为是对基本的产品和服务的选择，例如对家庭、教育、医疗的选择，这些都需要绝对的自主。"商标法的研究应该更慎重地对待道德规范，在侵权规则的适用中需要仔细考查，功利主义的道德价值可以从其他方面进行评估，但是会使问题走向一个反面，不能以简单的高社会成本和社会总福利进行评价。"❶ 解决这个问题的另一个关键点在于理清道德层面的问题，这样法官在面对有关消费者自主权的问题时就不会被轻易说服，从而不公正地无限扩大侵权保护的界限。如果消费者自主权会影响侵权的范围，重要的就是明确地解释并指出关键问题所在。以消费者为中心构建商标混淆可能判断规则虽然从理论角度可以解释商标保护的合理性，但是消费者的理性程度以及消费者混淆的证明仍然存在争议以及主观判断的问题，这也使得商标法理论体系存在很多不稳定因素。故有学者对以消费者为中心的判断规则提出质疑，认为"混淆标准预设了商标法的消费者中心主义，并把理性消费者作为判定侵权的主体。现代技术塑造了商标对消费者的符号暴力，理性消费者的缺失使混淆标准丧失了依据。消费者受益是商标法保护商标权人的结果，而不是目的，商标法应以对商标所有人的保护作为第一要旨。"商标显著性受到损害之虞"可以统合商标法上既有的混淆标准与淡化标准，矫正了既有商标权认定标准的不足，有其自身的优势。❷

（二）商标混淆可能与商标混淆类型的扩张

初始兴趣混淆和售后混淆的出现被认为是商标混淆可能理论

---

❶ Mark A. Lemley&Mark McKenna, Irrelevant Confusion, *Stan. L. Rev.*, Vol. 62（2010），p.413.

❷ 李雨峰："重塑侵害商标权的认定标准"，载《现代法学》2010年第6期，第44页。

的扩张,这使得商标法过于保护商标权人的利益,因而在使用过程中受到批评。在判例法中,初始兴趣混淆与售后混淆的判例并不多见,可见法官对商标法理论的扩张持谨慎态度。从品牌理论角度分析,商标法理论的扩张反映出对品牌价值保护的重要性,及防止未经授权的使用行为影响商誉,即通过"搭便车"行为损害品牌形象造成品牌价值的贬损。"搭便车"是经常出现在商标法中的概念。"20 世纪 40～50 年代,第二巡回法院的法官们认为没有必要对这个概念进行界定,克拉克法官认为法律应该否定搭便车的行为以保护商标权人来之不易的商誉,而亦有法官坚持认为利用他人的商誉搭便车的行为本身没有那么坏。"❶ 对搭便车行为持全盘否定态度,从道德层面谴责搭便车的行为在商标审判中可谓根深蒂固不断扩张,如今法院仍然依据反对搭便车的规则来界定责任的承担,例如,在初始兴趣混淆和售后混淆中。"很多学者批评了商标法中反对搭便车的规则:首先,反对搭便车的规则本身的定义不准确。事实上,搭便车是很普遍的也是可以被接受的。例如,第一个企业出售加工食品,消费者需要的不仅是品牌还有食品。另一家公司进入加工食品领域时,使用完全不同的品牌出售产品,也是一种搭便车的行为,至少后进入的公司利用了之前的公司开拓的市场领域,正是由于在先公司的努力才让消费者接受了这种食品。后来者的这种行为并没有道德上的可指责性,事实上这是一种应该被鼓励的竞争,总之,搭便车是在非常

---

❶ Michael Grynberg, Trademark Litigation as Confusion, *N. Y. U. L. Rev*, Vol. 83 (2008), p. 60.

普遍的情形下出现的问题，并没有触发任何道德问题。"❶ 所以要明确的是反对搭便车的规则逻辑并不总适用于商标法。从商标法理论来看并不完全反对搭便车，而是阻止使用商标造成消费者混淆。商标混淆可能判定规则的产生和发展是一个不断进行自我纠正的过程，在司法实践中，法院意图将这个标准提炼得越来越客观，但对一些因素的解读难免陷入主观解释中，所以经过从理论中对一些主观因素的剔除，商标混淆可能判断规则的目标越来越清晰，即避免对商标显著性价值造成损害。

（三）商标混淆可能与品牌文化的保护

商标混淆可能具有归责性，因为这是窃取商标显著性的行为，商标显著性具有直观的吸引力。当 A 使用了 B 的名称或者其他的具有 B 的明显特征的元素，破坏了 B 的显著特征，法律需要对这种行为进行限制。这种方式是低效的，人们完全可以通过其他途径创造和发展商标的显著性。当商标成为品牌，对商标的使用就可能涉及对商誉的损害评估。"例如，汉德法官提出的利用他人身份特征的观点，他指出商誉就如同脸面。他的观点毫无疑问就是认为商誉等同于个人的身份。"❷ 商标法作为保护品牌特征的法律，在品牌理论中这个观点尤其显著。品牌是一种市场现象，企业为了打造品牌形象投资巨大。品牌作为一种超级商标代表着企业的个性、形象和价值。企业通常将品牌形象渗透到任何

---

❶ Amir H. Khoury, A Neoconventional Trademark Regime For "Newcomer" States, *University of Pennsylvania of Business Law*, Vol. 12（Winter 2010），p. 4.

❷ David M. Tichane, The Maturing Trademark Doctrine of Post-Sales Confusion. *The Trademark Reporter*, Vol. 85, Issue 4（1995），p. 405.

角落，为了维护一个稳固的形象，给产品注入企业的个性，创造品牌价值。例如，"苹果"和"哈雷"都是具有很强形象的品牌。因此，企业品牌和人们的姓名一样是一种人格特征，品牌不仅代表公司，同时还代表企业的个性。这证明将品牌作为姓名对待，将商标保护延伸到对公司个性的保护。"这个观点的合理性需要探讨，这个观点的提出应该是对商标范畴不断扩大的一种回应，法律倾向于关注保护公司的个性特征，问题不仅在于被告搭便车的行为导致对原告开创的商标价值的利用，也在于被告利用了原告的身份特征和商誉，这些都是原告通过努力才获得的。"❶ 从道德规范的角度看，这种解释是合理的，但是将这种道德规范性质的权利用来保护商标值得深入分析，如果个体具有精神权利主张他们的个性可以受到保护，是因为个性和私人自治以及自我定义密切相关，企业法人作为一个拟制的团体不能自主制定所谓的人生规划和人生目标，而法律中的私权，以及和私权密切相关的公共权利只适用于个人而不适用于法人。虽然品牌和姓名之间很相似，但两者还是具有本质的区别，品牌所发展的是经济价值、出售产品的能力，而不是表现为一种自身的个性价值。那么，商标法如何保护这种精神权利呢？这个问题本质上就是原告在商业环境中如何建立自己的识别力即显著性。精神规则和主观的欺骗是不同的，应当将混淆可能测试中的有关道德因素的判断移除，测试的核心应该在于判断被告使用商标是否导致商标的显著性受到削弱或者丧失。

---

❶ 董笃笃："论商标法中的'公众使用规则'——以吉利'陆虎'商标争议案为例"，载《知识产权》2013年第1期，第46页。

(四) 获得显著性应成为多因素检测法的判断因素

"商标显著性是否受到削弱仍然要以消费者为中心进行判断。首先要评估消费者混淆的可能性，其次评估当消费者混淆发生后对商标造成的损害。"❶ 如何评估混淆可能发生的概率呢？测试的第一部分应当包括的因素是严格地评估消费者混淆可能发生的因素，即商标的相似性、产品的近似性、消费者的经验、实际混淆的实例、市场特征如销售渠道，以及其他可以影响消费者看法的因素。"然而，产品差异性和质量的比较不属于这个部分。这些因素在评估产品相似性的时候是无法发挥作用的。商标固有显著性所发挥的作用目前还不清楚，商标固有显著性和混淆可能没有明显的联系，如果没有确切的证据支持存在联系，就不应该在判断规则中引入显著性问题。"❷ 也不需要从道德约束角度进行评判，这些都应该中立的，例如对商标合理使用的意图或者搭便车的行为。虽然这些使用行为可能会造成混淆，但它们的证明价值相对较弱。如果对商标合理使用问题以及搭便车行为作出严格限制，就会对公共利益的行使造成不正当的干预。第二部分的测试涉及对混淆带来的损害的评估，这要考虑商标法要禁止什么形式的损害。从经济分析的角度看，商标的功能在于提高在市场中传递产品信息的效率。商标法的目标应当是防止对商标传递信息功能的削弱。当使用削弱了商标的功能，消费者和商标权利人都会

---

❶ Michael J. Allen, The Role of Actual Confusion Evidence in Federal Trademark Infringement Litigation. *Campbell Law Review*, Vol.16, Issue 1 (winter 1994), p.20.

❷ William McGeveran, Rethinking Trademark Fair Use, *Iowa L. Rev.*, Vol.94 (2008), p.49.

受到损害。例如,消费者的搜寻成本会上升,产品的质量随着时间的推移会下降,消费者会被误导购买他们不需要的产品。对于商标权人来说,销量会下降,商誉会受损,进入被告市场的机会受到阻碍。"但是防止这些损害的发生并不是商标法的核心目标。商标法的核心目标应当是防止对商标信息传播功能的削弱。法律所关注的是消费者和权利人的损害,但是造成这种损害的最终原因在于对商标信息传递功能的削弱。"❶

考虑到原告和被告生产不同的产品不具有竞争关系的情形,有一种情况是被告无意识地选择了和原告相同的商标。如果被告在知道原告商标的情况下坚持使用该商标意图欺骗消费者,那么侵权就成立。但是适用于竞争性产品中的所有规则并不能适用于所有的非竞争性产品领域,因为商标法禁止在商标权人的主体市场中使用和商标权人相同或者相似的商标,消费者正是在主体市场中获得商标信息的,商标权人通过实际出售的产品获得利益。因此,商标的价值是通过在主体市场中防止对产品来源的混淆来实现的。但是,在非竞争性市场中,被告的产品和原告产品十分接近,导致消费者认为原告是产品的实际来源,例如,原告出售"潘婷"洗发水,被告出售"潘婷"香皂。尽管洗发水和香皂不存在竞争关系,来源混淆的风险还是很大的,因为消费者很容易认为原告也出售和被告一样的香皂。可以肯定,原告的产品销量不会受到丝毫影响,因为原告并没有进入香皂市场,但是原告的商誉存在被损害的风险,比起赞助关系这种损害更大,消费者很容易被误导。如果没有造成来源混淆,有关侵权损害就不能适用

---

❶ 彭学龙:"信息经济学视角下的商标制度",载《知识产权》2012年第8期,第20页。

于非竞争性产品市场中。这种情况下存在两种侵权情形：（1）由于在相关市场中使用劣质产品而导致产品市场对质量反馈的失真；（2）原告进入新市场失去了最佳时机和效率。通过思考这两种损害，可以构建一些要素来判断商标的社会成本、商标使用在非竞争性产品中的社会成本，以及这些因素对成本结构的影响。首先，考虑信息损失的风险。如果发生了赞助混淆，消费者对赞助关系产生了错误认识，原告认为被告的产品和原告的产品质量是一样的，如果被告产品质量事实上是低劣的，那么商标就传递了错误的信息，这个信息是在被告的市场中传递给消费者的。如果消费者通过消费被告的产品收获了一次不好的购物经验，这种负面的评价会被转移到原告的产品中，因此商标在原告市场中的可信度也打了折扣。这些连续的伤害取决于消费者多大程度上将在不同产品中有关质量的信息怎样传递，哪些与产品有关的不良消费体验会影响他们作出选择，这种影响会体现在原告的主体市场中。"有学者指出，对营销学进行研究可以解释这些影响。研究表明，消费者倾向于将积极的品牌形象和他们期待的产品联系起来。但是研究也表明消费者一般不倾向于将相关产品的消极的信息转移到商标权人中。产品的象征利益对品牌情感具有积极的促进作用，品牌情感与品牌信任是正相关的，而品牌情感和品牌信任对顾客忠诚都具有显著的正向效应。"❶ 但是这个研究还是有些值得推敲之处。消极的信息是否会被反馈到原告的商标之上，还要依赖于一系列有关质量问题的市场连锁反应。如果某公司出售的方便面，消费者发现面饼中有不干净的东西如来历不明的虫

---

❶ 王长征、周学春："象征型品牌的效应——从意义到忠诚"，载《管理科学》2011年第4期，第45页。

子等，那么消费者自然就十分怀疑产品的质量。"而根据营销学的观点，这种实验性的研究具有方法上的局限。这个结果不具有普遍性，例如，对被告的产品有超过一次以上的不良体验对原告根深蒂固的正面评价也会被改变。但是也不用奇怪，如果消费者从被告产品中获得了不良的消费体验，而在这之前消费者没有使用过原告的产品，那么在之后的消费中消费者如果认为原告和被告之间存在联系，那么他就会回避原告的产品转而购买原告竞争对手的产品。当品牌成为特定群体的象征时，它在促进该群体成员的积极反应时却易于激发非群体成员对它的消极反应，从而对该群体之外的其他消费者产生一定的排斥作用。"❶ 在后一种情况下，消费者缺乏对原告产品的积极体验来对抗之后获得的消极经验。这种观点支持了商标的信息传播功能会被削弱，当消费者购买被告的产品认为它的质量并不符合预期时，商标在被告市场中的信息传播功能就被削弱了。也就是说，如果在相关市场中将商标使用在质量低劣的产品中最终会影响商标在主体市场中的信息传播功能。这些研究对于评估混淆带来的损害的识别因素很有帮助，被告和原告产品的相似性是关键的判断因素。两者的产品越相似，消费者就越有可能将有关原告产品的积极信息传递到被告产品中，而将被告产品的消极信息传递到原告的产品中，影响消费者作出购买决定同时也影响了原告的商标在市场中发挥作用。"同样，高质量的品牌往往会溢出积极的品牌信息，至少有一项研究结果表明，负面信息的回馈多发生在驰名商标中。这也表明

---

❶ 王长征、周学春："象征型品牌的效应——从意义到忠诚"，载《管理科学》2011年第4期，第50页。

获得显著性应当也是判断消费者混淆可能的因素之一。"❶

（五）在相似产品中商标混淆可能的判定

有关商标损害的第二种类型在非竞争性产品市场中的结果是造成市场进入的障碍，事实上，如果他的商标已经被他人在相关市场使用了，商标权人就不能在相关的市场中使用商标。然而，很难判断市场进入是如何削弱商标的信息传播效率的。一个原因在于比起权利人在新市场再投资开发新品牌，允许商标所有人在新市场中使用已经存在的商标更有效率。但是其他公司的目的也是相同的，如果两家公司的产品质量都很有竞争力，且他们投资开发商标的获得显著性的成本都相当，那么并没有理由从经济角度倾向于商标权人。在第二市场中，或许消费者混淆更容易发生，消费者知道原告已经进入新的市场领域，但是消费者并不知道原告在新市场中使用了新商标。例如，某公司出售"苹果"牌车载收音机。如果"苹果"公司不制止该公司，那么苹果公司日后进入车载收音机市场就需要更换商标以避免混淆，消费者知道"苹果"进入了车载收音机市场却并没有意识到苹果公司换了新商标，所以消费者会想当然地认为某公司的"苹果"牌车载收音机是苹果公司的产品。然而，像"苹果"这样的大公司在使用新的商标进入新市场前会斥资进行广告宣传，使消费者意识到这个问题，这样就会降低产品混淆的风险。最后，因为进入的成本低，如果公司不起用新的商标进入新市场，那么商标权人更愿意用既有的商标来开发新市场。可以肯定，对于其他公司来说也一样，如果使用旧有商标，市场进入成本会变低。还有一个对商标

---

❶ 袁真富：《驰名商标异化的制度逻辑》，知识产权出版社2011年版，第131页。

权人来说是利好的原因,如果新产品和商标权人之前的产品相关,这样商标权人就可以使用现有的经验和知识达到在新市场中营销产品的目的。在这种情况下造成商标权人进入市场的障碍,从社会角度看成本很高。问题在于这个成本问题是否是商标法应当考虑的,因为商标法所调整的关系应该是商标的信息传播功能。设想市场进入问题是相关的,法院在市场准入问题中应当支持商标权人。"需要承认的是,由于市场进入存在的风险造成的损失并没有因为信息功能被削弱所带来的损失大,但是影响仍然是存在的,最严重的问题在于当商标在相关市场中具有了很强的第二含义,新产品和商标权人现有的产品关系密切,如果给予商标权人对商标排他的权利,商标权人很愿意开发新市场。"❶ 也就是说这些条件都帮助商标权人有效地开发新市场。如果认识到从经济分析角度分析商标侵权,就需要考虑混淆可能和混淆带来的损害。区分这两个因素可以帮助分析其他相关因素。在目前的混淆可能测试中对于混淆可能性的评估至少有些因素没有发挥作用。在评估损失时,重要的是区分竞争性和非竞争性产品。如果产品是直接竞争的,当混淆可能成立,那么可以推定损害存在。商品不具有竞争性,这些产品足够近似就会产生混淆的风险对损害的推断也可以成立。当原告和被告的产品差距很大就仅仅可能出现赞助混淆,在这种情况下,商标权人需要证明存在商标的实际损害。然而,从现有的政策看,对相关的损害需要进行一些辨识。商标的近似很重要,此外商标的显著性,特别是获得显著性对于消极信息的反弹和市场进入障碍的分析很重要。产品的相似

---

❶ Barton Beebe, An Empirical Study of the Multifactor Tests for Trademark Infringement, *Calif. L. Rev.*, Vol.94(2006), p.1582.

也是关键的,产品越相似,消费者越可能将对原告产品的支持转向被告,如果消费者在被告产品中获得了不良体验,就会将这种不良体验回馈到原告的产品中。产品越近似,赋予商标权人在相关市场中的排他权利就越有价值。

(六)实质混淆与混淆可能

"有学者提出需要在商标法中加入对实质性的要求,这个要求适用于当消费者在作出购买决定时被混淆。来源混淆是导致消费者相信被告的产品具有和原告产品一样的质量,和原告对产品的实质性要求是一致的。"❶ "有学者将实质性要求和消费者对产品质量的要求联系起来。他们认为侵权应当是判断被告的使用是否会造成消费者混淆,消费者会对被告的产品或者服务的责任承担产生混淆,消费者会认为谁对质量负责的问题会影响他们的购买决定。"❷ 这也意味着在竞争性产品中,消费者混淆是因为他们相信商标权人实际出售被告产品,对产品责任的承担产生混淆。"在非竞争性产品中,通过对比,只有当商标权人证明被告的使用造成有关产品责任的混淆侵权才成立,否则需要证明存在实质性的混淆。"❸ 因为产品不存在竞争,消费者也不会对产品质量责任的承担产生混淆,所以商标权人必须证明存在实质性的混淆。"如果确立实质性要求可以成功地证明混淆的问题,这样对商标

---

❶ 杜颖:"指明商标权人的商标合理使用制度——以美国法为中心的比较分析",载《法学论坛》2008年第5期,第43页。

❷ 李士林:"重新审视商标法的哲学基础",载《云南大学学报》2013年第1期,第62页。

❸ 姜丽华:《中美两国商标混淆侵权认定比较研究》,华中科技大学硕士论文2012年,第15页。

的社会性使用阻碍较少。"❶ "还有一种观点认为，商标侵权应当被看做一种虚假广告。虚假广告造成一个事实上的错误，即消费者对实质性的认识。使用商标造成的侵权因为利用商标传递了错误的信息给消费者，影响他们的购买决定。"❷ 这些观点在很多方面是合理的，但是存在以下问题：（1）质量责任的概念过于泛化而且质量条款无法在法律中被有效落实；（2）实质性要求无法解释对市场进入的影响甚至会使问题更复杂。首先，考虑质量责任的概念的不精确和狭窄的问题，设想被告出售"达能"咖啡，消费者会产生混淆，认为是达能公司生产的，被告和达能公司有关，达能公司通过被告公司出售咖啡。这是一种典型的赞助关系混淆，达能公司最终不必对产品质量负责或者控制产品质量，在这种情况下，消费者认为原告对被告的使用行为进行了授权或者原被告间具有联系，但并不会认为原告对被告的产品质量进行控制或者作出其他方面的保证。在达能的例子中，消费者并不会将质量责任归咎到达能公司身上。事实上，对于"达能"商标来说存在一个信息传播功能被削弱的风险。如果咖啡的质量是低劣的，消费者会认为达能公司不是那么关注产品质量，至少低于消费者对耐克公司的预期。消费者会进一步联想，如果达能公司选择的公司是低标准的，那么事实上达能公司对自己的商誉并不重视，因此对自己公司的产品质量要求也十分马虎。达能的消费者

---

❶ 姜丽华：《中美两国商标混淆侵权认定比较研究》，华中科技大学硕士论文2012年，第16页。

❷ Robert G. Bone, Taking The Confusion Out of "Likelihood of Confusion": Toward a More Sensible Approach to Trademark Infringement, *Northwestern University Law Review*, Vol. 106 (2012), p. 1400.

不会被立即影响,但是他们在经历了一些不良的购物体验之后,会对达能公司的声誉产生怀疑。要注意这种影响并非取决于消费者认为耐克公司对产品的质量作出了承诺。重要的观点是商标传递信息的过程是复杂的,消费者对生产者的消极印象可能来源于质量问题。"例如,观看《冰雪女王》电影的观众认为DQ品牌对电影进行了商标使用授权,这并不影响他们作出观看的决定。如果电影口碑不佳,商标的信息内容还是有被影响的风险,观众会想知道为什么DQ要把商标许可给如此糟糕的电影使用,这会影响他们对品牌的感观。"❶ 观众是否会因为对品牌印象打折扣而影响他们的购买决定,这还没有明确答案,总之,消极信息的影响随着被混淆的使用者的增多,影响会变大。当然这些都是需要从实证角度分析的问题,但是清楚的是:这些风险都和质量责任承担无关。这并不能说明在这些判例中需要承担责任,事实上在表达性使用的判例中,例如对DQ的使用就不需要承担责任。原因不是不会造成商标损害,在这种使用方式中还是存在风险的,但是这种自由表达使用的风险还是偏低的。

第二个问题是实质性要求的条件太具有局限性。如果关注消费者短期的购买决定,消费者对商标的错误认知会影响他们的长期购买决定。这体现了经典的柠檬原理。消费者认为商标被错误地使用但是他们不能辨识这种错误的使用时,长此以往商标的价

---

❶ Robert G. Bone, Taking The Confusion Out of "Likelihood of Confusion": Toward a More Sensible Approach to Trademark Infringement, *Northwestern University Law Review*, Vol.106 (2012), p.1312. 电影《冰雪女王》由安徒生童话改编,2002年12月上映;DQ是Dairy Queen的首字母缩写意为"冰雪皇后"即美国著名冰淇淋品牌"奶品皇后"。

值会因为这种使用而大打折扣。权利人对商标的投入就会受到影响，结果就是整个商标系统的效率被削弱。例如，购买了耐克鱼饵的消费者会产生混淆，认为耐克公司和生产鱼饵的公司具有联系，但是他们的混淆不是材料的混淆，如果鱼饵的质量很高，就不会有消极信息反射给耐克公司，如果消费者之后认识到了两家公司无关，他们会想知道还存在多少未授权的情况下使用耐克商标的情形，包括使用来传递信息的用途。如果是偶发的，这不会成为一个问题，如果反复发生就会成为问题。

消费者会习惯商标被使用在很多的不同用途中：例如幽默的使用、批评等。随着信息化和符号化的发展，消费者开始不在意符号使用的实质关系，特别是消费者已经开始接受那些他们认为是合理的使用方式。例如，消费者知道 DQ 并没有授权商标被使用在电影《冰雪女王》中，也不必担心对商标可信度造成损害。他们会意识到使用在电影中的商标有合理的理由。然而，耐克的例子就会有麻烦，因为被告使用耐克的商标没有合法的理由。还有一个突出的问题是原告使用的是文字商标，被告的商标与原告的商标相似，被告的使用是一般的商业使用。需要衡量社会利益，被告使用带来的对社会成本的伤害，造成产品垄断的风险，等等。实质性的要求不能关注到商标信息功能被减弱的所有方面。商标本身可以代表产品的质量是好的而不断减少消费者对产品的负面评价，这种传递信息的功能是具有积极效率的。但是商标以一种集合的方式发挥作用，消费者必须足够信任商标，从而出现避免柠檬原理的风险。

第三个问题是有关影响市场准入的问题。混淆可能测试的开放性造成立法成本的提高和权责的不确定，会阻碍对商标的社会性使用。而实质性的要求又增加了原告的证明责任。此外，一些事实的认定仍然会增加结果的不确定。谁是更有优势的一方，一般来说是商标权人，但是对公共利益来看没有正面价值，这是目前混淆可能性测试所带来的问题。最好的解决市场进入障碍的方式应该是明确哪些行为是严重影响使用的行为，以及哪些行为是可以被豁免的。例如，被告使用商标作为词汇的表达性使用就是合理的。尽管一般的规则覆盖所有的使用类型是不太现实的，豁免类似表达性使用的行为却会减少商标保护所带来的负面效应。在处理负面效应带来的问题时，要求对社会性使用作出规定，在诉讼开始前就应当可以作出判断。一个可能的要求是原告在互联网中的使用和表达性使用的判例需要证明存在实际混淆而不仅仅是混淆可能，要求原告提交实际混淆的证据。这个意见的优点在于防止对混淆可能的猜测；缺点在于商标权人在获得法律救济前要忍受商标混淆带来的损失。这个损害仅仅是暂时的，在互联网中的表达性使用中并不是十分严重的损害。需要建立特别的规则调整商标保护带来的负面影响，对侵权作出例外规定是从政策角度的思考，要求明确也利于法律的实施。如果过分依赖个案分析，就会造成立法成本提高和裁决的不确定性。

  欺诈的故意应当从混淆判断标准中分离，将这个条件看做直接侵权成立的要件。从经济分析来看，支持将规则测试分成两个部分：消费者混淆的可能性以及对商标损害的评估。这种划分有利于每个因素发挥其应有的功能，防止测试的结果敷衍了事。此外，在评估损害程度时需要区分竞争性产品和非竞争性产品。使用在竞争性产品中需要引起损害可能，在判断非竞争性产品竞争时也存在相同的假设，当被告的产品和原告的产品十分相关，会造成实际来源混淆可能。然而，适用于非竞争产品中的判断不能超出来源混淆，而且判断的基本规则是看非竞争性的使用是否对商标的信息传播功能产生影响。最后，对质量责任的关注是不明智的，至少缺乏一个清晰的概念界定，实质性要求需要准确运用，为了保护商标的社会性使用，商标法需要建立除外规定。

"混淆可能性测试处于一个混乱的状态，从该规则的历史发展来看，这个规则的出现是为了统一分歧达到商标法的目标，但是没有解决理论上的争议。"[1] 这些争议导致规则发展到今天仍然存在不一致，测试的结果变得宽泛和不确定，商标法的扩张不利于对商标的社会性使用且有时扩大保护是不合理的。解决这个问题需要两个步骤，对侵权测试进行重构，这样更符合商标法的立法目标。第一步确保商标信息传递功能的有效发挥。第二步是将经济分析分成两个方面，混淆的可能以及混淆带来的商标损害。这样的区分可以更理性地认识商标混淆的判断因素。同样，认真评估商标损害，对责任的承担设置界限，包括确立除外规定，对一些使用方式豁免，设立基本条件对不正当的使用方式进行鉴别。商标法中的混淆可能测试需要彻底地分析解构才能使商标体系的功能得到很好的发挥。

第二节　商标显著性与商标淡化

越来越多的人意识到驰名商标代表了巨大的商业价值，除去

---

[1] Robert G. Bone, Taking The Confusion Out of "Likelihood of Confusion": Toward a More Sensible Approach to Trademark Infringement, *Northwestern University Law Review*, Vol. 106 (2012), p. 1313.

驰名商标本身的识别功能外,驰名商标还积淀了丰富的品牌文化,也就是说驰名商标的显著性不仅发挥着基本的来源识别功能,同时也实现了商标显著性的终极目标。驰名商标的商业价值不言而喻,所以在法律层面也提出了如何保护驰名商标显著性的问题。以"制止混淆"为核心的混淆理论显然不能满足驰名商标显著性保护的需要,于是淡化理论应运而生。淡化理论保护的不仅是商标的识别性功能,而且包括驰名商标在公众心目中的形象和影响力,扩大了驰名商标的保护。在淡化保护出现之前,法律对商标的保护形式仅限于当商标权人的商标被他人使用引起消费者混淆时。相对比,商标淡化保护赋予商标权人一个救济方式,他人使用驰名商标,即使没有造成混淆也需要承担侵权责任。

一、商标淡化与商标侵权

淡化法被称为是"绝对的、无限制的和威权的"以及"非常受欢迎的"。法学家给淡化法贴上了"商标保护根本性的转变"的标签,他们认为适用淡化法"原告必定胜诉",他们更想知道如何证明淡化法是一场灾难。❶ 一些法学家认为淡化法代表了财产权向公共领域的扩张。另外一些学者则担心淡化法扼杀表达,阻碍商业信息交流,抑制竞争。从表面看,淡化法是保护商标的有利法律规范,很容易执行。淡化法保护驰名商标权人,反对他人未经授权对驰名商标的商业使用,因为这种使用会引起驰名商标显著性的淡化。而淡化理论出现之前的商标保护仅限于未经许

---

❶ Elizabeth Cutter Bannon, Revisiting "The Rational Basis of Trademark Protection": Control of Quality and Dilution—Estranged Bedfellows?, *The Jhon Marshall Law Review*, Vol. 24 (1991), p. 66.

可的商业使用引起消费者混淆。通过对比，淡化赋予了商标权人的驰名商标更多救济，即使未造成消费者混淆也可以受到保护。驰名商标权利人认为，在商标领域内，他们与没有竞争关系的公司也能产生千丝万缕的联系。一个经常被引用的证明淡化的判例是将"蒂凡尼"商标用做饭店名称，会导致"蒂凡尼"这个驰名商标被淡化。"但有学者指出，根据资料显示，淡化法并没有人们预期的那么具有威权性。法官对适用淡化法的态度不统一而且随着时间的推移淡化的概念被不断地瓦解。根据统计分析，淡化法的适用在逐渐下降，而淡化法更像是在谈判中的法律筹码。"❶ 淡化法的使用率降低并不意味着法律没有意义而是法官担心适用会带来不好的结果。"在其他的知识产权领域，趋势是向着更强更广更长久的保护方向发展，知识产权中的其他领域都不同程度地扩张，例如版权和专利。近几十年，知识产权法的执行更快更受到支持，淡化法却不同，淡化法不是走向扩张而是变得虚弱。"❷ 淡化法实施率下降的原因很多，其中一个原因是法院并不倾向于在审判中过多适用淡化法。有相当的数据都表明，经过一段时间的积极适用后，法院对淡化法的适用从最初的积极态度转向日趋谨慎。对淡化的主张所提出的证明要求设置很多限制，有些甚至都超出了法律层面，法官没有清晰和肯定地解释为什么他们不再倾向于适用淡化法，个中缘由很多。法院认为淡化法的适用存在很多被限制之处，这不同于其他类型的知识产权保护。淡化法包括许多第三方使用商标的情形，要区分为增进社会利益的使用和减少社会利益的使用，但是淡化法本身提供的规则很少。

---

❶ Clarisa Long, Dilution, *Columbia Law Review*, Vol. 196, p. 1029.
❷ Ibid., p. 1030.

法官意识到一些淡化的要求是削弱社会使用的，所以在个案中法官们找到了限制使用淡化规则的理由。"有学者对美国淡化法的适用情况作了分析，认为随着时间的推移很多法院都形成了判断淡化的规则，这些规则不尽相同。原告经常提出淡化请求，但大部分原告都没能获得法律的支持，至少没有获得预期的支持得到淡化保护。相反他们获得了传统商标法的保护，例如侵权或者反不正当竞争的保护。"❶"在商标侵权中提出淡化的主张其边际成本很低。而主张淡化可以增加被告的诉讼成本。虽然法院倾向于对淡化法的保守使用，但是原告主张淡化的成本低且对诉讼有积极的作用，使得主张淡化的请求频繁出现。"❷

商标法目的在于阻止通过误导或者混淆使用商标对消费者造成伤害。商标指示来源或者产品的出处，因为很多元素都可以发挥指示来源的作用，商标不限于词汇、短语、图片、符号。产品的外观、产品结构、颜色、声音或者气味都可以成为来源识别因素。商标法对商标的定义是消费者依靠特别的标识识别产品，是一种特殊的标记组合。根据这种观点，商标是一个产品特征的总集合。在不同的产品中使用相同或者近似的商标，这些产品的特征并不相同但会增加消费者获取信息的成本，引起混淆。消费者或许会混淆产品的来源，他们会错误地认为某企业赞助或者推崇某个产品，或者他们仅仅是观察而没有直接购买产品，在这些产品被他人购买后对产品来源产生误认。但是认识到实际的或者潜在的混淆类型，商标法允许商标权人获得救济，仅仅当合理范围

---

❶❷ Martin Senftleben, The Trademark Tower of Babel-dilution Conception in International, US and EC Trademark Law, *International Review of Intellectual Property and Competition Law*, Vol.40 (2009), Issue1, p.10.

的消费者被实际混淆或者具有混淆的可能时。关注消费者,商标法保护实际上是一种使用权而不仅仅是排他的权利:弥补商标权人的损害取决于商标是如何被第三人使用的。结果会受到很多因素的影响,例如产品的特征,权利人和使用者是否在相同的产品市场中存在竞争关系,相关消费者的特点和知识,以及商标的使用方式。通过对比,淡化理论是以产品为关注点的而不是以消费者为关注点的:淡化是阻止对驰名商标价值的稀释,这种使用是他人对商标的使用而不是权利人本身的使用。淡化理论认为这种未授权的第三方对驰名商标的使用,即使未造成消费者混淆,都可以削弱商标的出售力和价值,因为商标作为单一来源的联系不再那么紧密了。"有关美国商标淡化法的立法说明指出,讨论商标淡化是以生产者为导向的,淡化法意在保护权利人的实际投资以及商标的商业价值、商标的影响力,投资者应当从商标中获得应有的回报。"❶ 美国最高法院认为,不同于传统的侵权法,反对商标淡化不是以保护消费者为动机的。商标淡化理论和传统商标法的目标不同,在于允许在没有导致消费者混淆的前提下对商标权人进行救济。"一些法学家认为淡化法是极大地保护消费者的,因为对驰名商标的淡化会增加消费者的搜寻成本,因为驰名商标区分产品的能力被减弱了。很多判例可以支持这个观点,很多法院已经将淡化法从对以生产者为中心的导向转向更关注消费者,但是从淡化法的立法历史来看,以生产者为导向的立法理论的影

---

❶ McCarthy: McCarthy on Trademarks and Unfair Competition, *A Thomson Reuters business* 2007, §53:7.

响仍然很大。"❶ 淡化法看起来更像是一种相对强势的商标保护形式，商标淡化法和传统的商标侵权法案相比更像是一种更为强势的变体。淡化法施加了一个相对强的责任保护商标，而经典的商标侵权规则的责任承担规则更细致。至少对于驰名商标来说，淡化法是一种强有力的保护形式。"在足够抽象的层面淡化规则似乎是具象的。但是作为一个概念，在越接近清晰的时候对它的认识就会产生模糊。适用淡化法的一个难题在于对损害判断的模糊，对商标的淡化会产生怎样的伤害？淡化概念的缺陷就在于难以捉摸。因为淡化法所寻求制止的伤害很难被定义，所以还没有一个有关淡化的权威定义。法院对淡化的定义从不同的角度界定，一般有两个方面：弱化和丑化。弱化是指第三方将商标使用在不同的产品中，弱化了商标和消费者的联系，尽管没有造成混淆。丑化是指第三方对商标的使用使消费者产生了一个对商标的消极印象。"❷ 这种既存的对淡化的多元解释，导致淡化的伤害很难区分和界定。淡化损害难以捉摸的另一个原因在于淡化法究竟试图保护什么没有说明。"尽管立法历史表明立法者的主要目的在于保护商标权人而不是消费者，却没有明确的在淡化法中反映出来。事实上，淡化的伤害不能被清晰地界定也导致法院在提供救济时的摇摆不定。面对淡化理论的重重迷雾，我国学者指出能否学习美国淡化理论还是一个未知数。"❸

---

❶ 李小武：《商标反淡化研究》，浙江大学出版社2011年版，第30页。

❷ 刘明江：《商标权效力及其限制研究》，知识产权出版社2010年版，第39页。

❸ 邓宏光："我国驰名商标反淡化制度应当缓行"，载《法学》2010年第2期，第97页。

二、驰名商标与商标淡化

1995年，美国议会通过了联邦淡化法案作为兰哈姆法修正案，意在为驰名商标提供更好的保护。淡化的法律依据和商标侵权完全不同。商标侵权的依据在于消费者混淆，而淡化法所保护的是"驰名商标的识别和区分产品或者服务的能力而不考虑消费者混淆"。❶ 结果，驰名意味着在法律上做一个技术判断，以决定商标声望的程度是否足以使商标受到淡化法保护。对于驰名商标获得淡化保护的判定标准问题存在过长时间的争论，为了防止淡化保护的过度适用，有观点认为只有具有固有显著性的驰名商标才能受到淡化保护，这种观点对司法实践产生了影响，在我国商标法案例中也有裁判支持这一观点。有关显著性标准的争议主要受美国判例法的影响，下文围绕美国商标淡化保护的立法和判例对此观点展开讨论。

（一）谢希特的商标淡化理论

对于一些商标来说，给予更多的法律保护来保存它们的价值是需要的。1927年，《哈佛法律评论》发表了谢希特的论文《商标保护的基本原理》，在文中谢希特指出"杜撰"的商标比起普通商标来说可以受到更强的法律保护。通过强调商标作为商标的本身的价值，谢希特的论文重塑了现代商标理论。谢希特认为，商标既是象征也创造了商誉，因为"商标真正的功能是识别真正

---

❶ Daniel E. Mangis, When Almost Famous Just Isn't Famous Enough: Understanding Fame in the Federal Trademark Dilution Act as a Term of Art Requiring Minimal Distinctiveness, *The Review of Litigation*, Vol. 21 (2002), p. 455.

满意的产品因此刺激消费公众长久的购买"。❶ 谢希特的商标观点依赖于四个原则：（1）现代商标的价值取决于它的出售力；（2）这种出售力取决于公众的心理，不仅是商品，还取决于商标本身的独特性和奇异性；（3）这种独特性和奇异性如果使用在相关或者不相关的产品中就会降低甚至消失；（4）法律保护的程度取决于何种程度上通过权利人的努力和别出心裁的使用使其不同于其他商标。对于谢希特来说，淡化是通过将商标使用在非竞争性的产品中，逐渐在公众的脑海中削减或者分散商标的显著性。例如，"柯达"这个商标完全是臆造的，如果被用在钢琴、剃须刀、自来水笔中，就会失去其独特性从而削弱因独特性形成的出售力。"谢希特有关商标功能的观点是革命性的，因为从传统的商标规则看，商誉的产生只有通过不断地使用商标而积累传播。对于谢希特来说，商誉会通过市场积极地创造出来。谢希特认为消费公众很大程度上是被动的，他们的意识可以被塑造。不清楚的是，谢希特将'驰名'作为消费者的认知还是将'驰名'作为全国范围的知名或者仅仅是一个普遍的声誉。"❷

谢希特的理论产生了巨大影响。美国33个州都出台了淡化法保护驰名商标。此外，有关商标保护的国际条约也已经接受了淡化保护。"然而，谢希特的理论没有被美国商标法全部吸收。事实上，美国议会1995年通过FTDA（《联邦商标反淡化法》）在

---

❶ Frank I. Schechter, The Rational Basis of Trade-Mark Protection, *HarvL Rev*, Vol. 40 (1927), p. 816.

❷ M. Scott Donahey, "Distinctive" and "Famous" —Separate Requirement's Under The Federal Trademark Dilution Act?, *J. Marshall Rev. Intell. Prop. L*, *i*. Vol. 3 (2004), p. 177.

全球范围内确立了保护驰名商标的标准，而认为 FTDA 是对谢希特理论迟到的全面的接受是错误的。"❶ "美国商标法学者认为实施淡化法理论是国际政治和市场压力反映在立法上的需求，谢希特的理论和淡化法还存在实质的区别。"❷ 首先，FTDA 对淡化的定义是不同的。FTDA 认为淡化是支持商标持有人对其驰名商标的显著性淡化的反对。"联邦淡化法因此将淡化定义为，降低了驰名商标区分产品和服务的能力，无论是否存在以下行为：（1）在驰名商标所有者之间存在竞争还是其他的主体的行为；或者（2）存在混淆可能，错误或者欺诈。"❸ 这体现了谢希特淡化理论的在非竞争性产品中使用驰名商标以吸引公众逐渐分散或者削减商标的识别力。"谢希特的定义表明，商标淡化的出现需要经过一段时间，而 FTDA 的定义聚焦于商标的即刻的识别能力。"❹ 这个简单的结论表明，淡化理论在 FTDA 中需要用自身的语言体系评估，和谢希特的淡化理论作适当的区别。

（二）美国商标法中的商标淡化理论

FTDA 只适用于"驰名的和具有显著性"的商标。这个表述是联邦法官适用 FTDA 争论问题的核心，驰名和显著性是否在本质上是同一的。有观点认为 FTDA 的作用是创建了一类新的极具

---

❶ Mark p. McKenna, The Normative Foundations of Trademark Law. Notre Dame Law Review, Vol. 82, Issue 5 (2007), p. 1848.

❷ M. Scott Donahey, "Distinctive" and "Famous" —Separate Requirement's Under The Federal Trademark Dilution Act?, *J. Marshall Rev. Intell. Prop. L*, *i*. Vol. 3 (2004), p. 177.

❸ 李明德：《美国知识产权法》，法律出版社 2003 年版，第 32 页。

❹ Mark P. McKenna, Testing Modern Trademark law's Theory of Harm, *Iowa Law Review*, Vol. 95, Issue 1 (2009), p. 84.

显著性的"超级商标"。也有观点认为联邦反淡化法是假定驰名商标具有固有显著性，而认为对显著性的单独要求是一个冗余的立法错误。这个观点所持的立场是驰名商标不仅是具有很强的显著性的商标，而且应当是具有固有显著性的商标。❶ 争论的关键在于有关 FTDA 的定义即"驰名"是"商标固有显著性或者获得显著性的程度"。将驰名和显著性分开要求并不是立法的冗余。"驰名"即具有很强的显著性，因为侵权行为是未经许可使用具有显著性的或者驰名的商标，如果立法者真的认为驰名商标仅仅是具有固有显著性，那么显然这些理解会反映在立法中。"FTDA 规定能获得淡化法保护的商标并不要求必须是注册商标，原因在于注册是基于商标的显著性，而给予未注册商标反淡化保护反映出 FTDA 将显著性作为一个单独的概念。对显著性的要求仍然是一个开放的问题，很明显，驰名商标可以受到淡化法的保护：驰名商标的驰名程度有强有弱，驰名商标的广告宣传包括全国性的也包括地域性的，但是如果商标不是驰名的就没有希望获得反淡化保护。标识的驰名需要达到'驰名'的要求，FTDA 没有对驰名商标下详细的定义，而是在第 1125 条（c）款第 1 项进行了列举式说明，帮助确定一个商标是否是驰名的：（A）商标的显著性程度；（B）使用该标记的产品或者服务的持续时间和程度；（C）向公众宣传广告的持续时间和程度；（D）使用商标产品的市场交易的地理范围；（E）使用商标的产品和服务的销售渠道；（F）在交易区域的商标认知程度，权利人的交易渠道以及针对他人使用商标行为申请的禁令；（G）第三方使用相似或者相同的商

---

❶ 冀丽华："商标显著性与驰名商标的保护"，载《河北法学》2005 年第 10 期，第 140 页。

标的性质和程度；(H) 商标是否注册。"❶

"有学者指出，法院在确定显著性时要解释两个问题。对于显著性的首要要求是仅限于固有显著性的商标或者同样包括具有获得显著性的商标。因为很多商标是描述性的，只有证明第二含义才能具有获得显著性，对于这些商标是否给予反淡化保护。"❷ 如果淡化保护的适用仅限于固有显著性的商标，那么商标所有人麦当劳或者西南航空公司就不能获得淡化法的保护，因为这些商标是不具有固有显著性的。"FTDA 也没有清楚地表明驰名商标应该从基本的语言使用方面理解还是一个法律概念。"❸ 如果用普通的语言就可以解释显著性，那么 FTDA 就无须提供一个清单作为判断依据。相反，如果驰名是一个法律术语，具有适当的标准，那么可能就是驰名商标对大部分消费者来说是难以理解的。这种不确定不利于商标法规则的统一，也会伤害权利人申请淡化法保护的积极性。"公司创造驰名商标的动机不是因为他们关注商标显著性的淡化，而是因为 FTDA 提供了商标权人以准垄断权力。"❹ 最大限度的法律保护是可以理解的，但有学者告诫"我们必须要考虑公共利益，而不是个人利益，来决定商标的所有者是否可以获得这些利益。如果立法者创建了一套新法律，保护部分

---

❶ 李小武：《商标反淡化研究》，浙江大学出版社 2011 年版，第 64 页。

❷ M. Scott Donahey, "Distinctive" and "Famous" —Separate Requirement's Under The Federal Trademark Dilution Act?, *J. Marshall Rev. Intell. Prop. L*, i., Vol. 3 (2004), p. 175.

❸ Ibid., p. 181.

❹ Michael Grynberg, Trademark Litigation as Consumer Conflict, *New York University Law Review*, Vol. 83, Issue 1 (2008), p. 70.

而不是全部的商标权人，每个商标权人都想要他的商标包含进这些新法规中，寻求法律的新保护"。❶ 此外，美国上诉法院对"驰名"的认定存在很大的分歧，似乎也没有达成一致。这种多样的定义破坏了 FTDA 适用的统一性，也打击了商标权人长期保护其商标的信心。❷ 因为缺乏统一性是法律存在的大问题，这种巡回法院间的冲突需要解决。需要美国最高法院最终选择某个案件审理以确定驰名商标的淡化保护问题，主要在于确定是否仅有具有固有显著性的驰名商标才能受到淡化法保护。

三、驰名商标显著性的要求

根据显著性理论，显著性分为固有显著性和获得显著性。在司法实践中，对联邦淡化法的适用存在差异。有些法院要对商标进行分类，判断商标显著性是固有显著性还是获得显著性。例如，使用姓氏作为商标或者地理标志就必须具有获得显著性，才能获得联邦淡化法的保护。也有法院则要求商标必须具有固有显著性才能获得淡化保护，所以按照这个思路，麦当劳和西南航空公司永远不能主张淡化保护，因为不具有固有显著性。

（一）可受到淡化保护的显著性最低要求

第二巡回法院决定 FTDA 的保护仅限于适用在具有固有显著性的商标中。"在 Nabisco Inc. v. PF Brands, Inc 案中，第二巡回法院认为驰名的概念要求驰名商标必须是'具有适当的显著性'，

---

❶ 李小武：《商标反淡化研究》，浙江大学出版社 2011 年版，第 2 页。

❷ M. Scott Donahey, "Distinctive" and "Famous" —Separate Requirement's Under The Federal Trademark Dilution Act?, *J. Marshall Rev. Intell. Prop. L*, i, Vol.3 (2004), p.186.

也就是本质上应该是暗示的。"❶ 法院认为显著性应该被独立分析，解释"显著性的程度"决定着保护的广度。在判决中指出，商标可以得到淡化保护必须具有固有显著性，否则标识的显著性不会受到淡化。在本案的判决书中，法官指出第二巡回法院不会将保护范围适用于驰名商标例如"美国航空""联邦快递"或者其他的描述性商标中。该判决一定程度上影响了对具有描述性的商标的淡化保护，一些法院开始对描述性商标是否可以受到淡化保护持保留态度。第二巡回法院确立了一个反对非固有显著性商标淡化保护的规则。有关商标"儿童天地"，使用在与儿童服装有关的产品或者服务中的案件，原告基于淡化保护提出反对被告使用"儿童天地"作为域名。法院认为使用"儿童天地"作为商标出售与儿童产品和服务有关的产品意味着这个商标是描述性的，因为"儿童商店就是儿童天地"。之后法院考虑描述性商标是否可以受到淡化法保护。最后法院认为淡化保护不能延伸到描述性商标中，法院最终取消了不具有固有显著性的商标受到淡化保护的资格。"第二巡回法院对显著性的要求已经很清楚，从判决可以反映出。需要考虑的因素是对固有显著性的要求即那些超级商标必须是卓然的驰名的。要求商标具有固有显著性减少了受到联邦淡化法保护的商标的数量。"❷ 作为商标淡化理论的最早践行者，美国判例法的发展充满曲折探索，有学者指出美国不遗余

---

❶ Nabisco, Inc. v. PF Brands, Inc., 191 F. 3d 208, 223 – 224 (2nd Cir. 1999).

❷ M. Scott Donahey, "Distinctive" and "Famous" —Separate Requirement's Under The Federal Trademark Dilution Act?, *J. Marshall Rev. Intell. Prop. L*, i, Vol. 3 (2004), p. 188.

力的推行商标淡化法立法且对商标显著性因素不断做出调整或许最有说服力的理由是为了在商标国际保护中获得互惠❶作为固有显著性商标,法律认为其客观上具有显著性,不需要依靠消费者调查或者法官的主观评估或者证明其是功能性的。如果国际淡化法律遵循了美国商标法的规则,美国公司在国际贸易中可以使用驰名的"固有显著性"的商标,确保他们的商标不会受到最低限度的伤害,特别是对跨国公司的商标保护有利。

第二巡回法院要求的只有固有显著性的商标才能受到美国联邦反淡化法的保护,但淡化法中分析驰名的因素是"商标固有或者获得显著性的程度"。这个表述不仅清晰地表明商标仅仅具有获得显著性是可以受到淡化法的保护的,也同样指出显著性的程度只是确定商标是否驰名的一个因素。但是 FTDA 的规定仅仅是一个建议的考虑因素并不是判断商标驰名的具体要求,如果商标不是通用名称,只要具有一定程度的显著性都有受到淡化法保护的可能,也就是说淡化法所提供保护的前提是商标具有一个最低限度的显著性。显然第二巡回法院并没有深入分析淡化法的规定而是笼统地驳回了诉讼请求。正是因为 FTDA 的第一部分指出"固有的或者获得的显著性",所以并没有理由认为这两类商标不可以等量齐观。法院的错误在于,假设每个驰名商标同样具有很强的固有显著性。然而,非常驰名的"麦当劳",这个描述性商标的存在就对这个假设提出了质疑。除了法律语言,从经典的淡化理论来看,也没有理由要求商标必须具有固有显著性。谢希特提出的排他使用"杜撰"商标,很难用来解释第二巡回法院判决

---

❶ 厉瑶、孟繁超:"论商标淡化制度保护的实质",载《电子知识产权》2009 年第 7 期,第 24 页。

的合理性。首先，具有很强显著性的商标很容易用来说明来源。其次，谢希特提到的一个商标原则是要求对商标的投资进行保护。谢希特的原则对于臆造商标或者描述性商标是同等适用的。❶事实上从淡化理论分析，第二巡回法院的观点是片面的。淡化法的意图很清楚，就是扩大目前对商标权人的保护范围。兰哈姆法认为，固有显著性商标和获得显著性商标在它们都获得了注册的时候是一样的，法律不需要对这两类商标做不同的对待。❷

（二）驰名商标的显著性

第二巡回法院的裁判思路并没有得到广泛的支持，现代商标法的逻辑要求显著性具有层次。显著性确保驰名商标的驰名——驰名商标基于商标法要具有基本的辨识度。无论在 FTDA 中对驰名做怎样的解读，驰名商标应受到保护只有作为商标当其具备适当的功能。确保 FTDA 保护商标，商标是众所周知的或者在特定市场占主导地位。第二巡回法院的观点是商标没有或者不具有最低限度的显著性没有资格受到 FTDA 的保护。法院引用了 Abercrombie 案来解释，兰哈姆法的核心目标在于"授予这些具有更高显著性的商标广泛的保护"。然而，Abercrombie 的判决聚焦于商标的可注册性从来没有讨论商标注册之后的保护程度问题。

在 Nabisco. Inc. v. PF Brands. Inc. 案中，第二巡回法院认为鱼型饼干，以"金鱼"的名称出售，十分驰名，可以受到反淡化法的保护。❸ 关于得出的这个结论，第二巡回法院的解释是从"一

---

❶❷ J Thomas McCarthy, Dilution of a Trademark: European and United States Compared（2005）94，*The Trademark Reporter*，1163.

❸ Nabisco, Inc. v. PF Brands, Inc., 191 F. 3d 208, 227（2nd Cir. 1999）.

般的英语语言"看,驰名具有十分清晰的含义。法院指出"金鱼"饼干商标的驰名没有争议,也没有详细讨论该商标的显著性。尽管分析的结果很简单,第二巡回法院判决的一个重要特征却是从英语认知角度解析驰名就是从最广泛的地域内的公众对驰名的认知的解释。根据 Nabsico 案的观点,地区法院认为具有显著性的商业外观在零售业内知名不足以判定为驰名商标。"驰名"意味着这个名字是如此众所周知,商标的意义是显而易见的,甚至当在商标产品的市场之外使用时。一些法院认为,当商标的名声是显而易见的时,判断驰名商标并不需要考虑任何 FTDA 的因素。例如,认为"罗西尼"商标是驰名的,因为原告的声望是被告使用商标的目的。商标的声望被理解为"公众对商标认知的程度和维度"。在 Syndicate Sales. Inc. v. Hampshire Paper. Corp 案中,法院接受了地区法院的调查结果,特殊的商业外观在小众市场中驰名可以被认为是驰名商标。❶ 但该判决将显著性和驰名混淆了:具有很强显著性的商标只有在特定群体中的购买者中知名才可以受到淡化保护。商标的显著性与商标的驰名有关,但是这两个词汇显然不能简单地混为一谈。法院承认"对原告商标是否驰名的认定缩小了市场范围是考虑到利益平衡的问题"。然而,法院认为规则应该具有例外的情况就没有使用 FTDA 的因素分析。是否要依据调查数据或者直觉,这种适用变化表现了当今社会对商标的特定意识。谢希特最初的商标淡化理论并没有讨论"驰名"商标。他所列举的全部例子都是关于"固有显著性"和假设的驰名。这也导致在司法中争论的焦点围绕着是否将商标看做具有固

---

❶ Syndicate Sales, Incorporated, v. Hampshire Paper Corporation, 192 F. 3d 633 (7th Cir. 1999).

有显著性的商标才能受到淡化保护,将驰名解读为以市场为中心的受欢迎程度或者声望是有其缺陷的。首先,驰名区别于受欢迎程度或者是接受的广泛程度。驰名在字典中的含义是"众所周知"或者是对某种事物"共同的预期"。在商业实践中,那些和很差的质量联系起来的商标也具有"驰名"声誉,但这些商标是不能受到淡化保护的。"此外,当商标使用在完全不同的市场中在公众中的声望对于商标的比较也没有什么帮助,在商标淡化案中这是经常出现的情况。当思考保护商标原因,谢希特指出公司对于他们对市场的投资需要获得回报,已经很明显地影响了商标淡化理论。"❶

商标淡化理论逐渐成为商标法基本理论中的重要组成部分与国际贸易的发展密布可分。作为拥有诸多驰名商标及跨国公司的国家,美国率先确立了全球性的淡化保护标准。但由于立法体系的不同,淡化法注定是一个松散的国际标准。"美国某参议员曾解释:我们打算通过这一立法加强美国在商标保护国际谈判中的筹码,对于美国贸易代表办公室和商务部来说,因为他们按照双边和多边贸易协定,可以确保更好地在全球范围内保护美国的驰名商标。其他国家就不能认为我们不保护淡化,或者试图找理由以其没有相关立法为目的不制止在其境内的破坏美国商标显著性的行为。"❷ 如同一位法学家所言,驰名商标问题的解决无法一蹴而就:如今,生产者和产品、品牌在扩张,产品和品牌可以分

---

❶ 杜颖:"商标淡化理论及其应用",载《法学研究》2007年第6期,第52页。

❷ Mark A. Lemley, The Modern Lanham Act and the Death of Common Sense, *Yale Law Journal*, Vol.11 (1999), p.1088.

离，市场准入通过贴附商标完成。因此，所要关注的，是维持商标的信息传递的完整和清晰，而不是维系与产品联系的单一力量。这要求对驰名商标显著性的解读首先要符合商标法的主要目标，同时注意淡化保护。归根到底商标淡化是一个开放的概念，所以需要在理论中归纳出一个具体的评价标准：（1）商标要获得淡化保护应当具有最低限度的显著性；（2）适用测试来决定商标是否足够驰名而受到淡化保护。只有符合这两个方面的要求，法院才开始考虑是否使用淡化保护。

FTDA规定"驰名商标的所有人"有权制止他人对商标的使用，如果（1）使用开始于商标驰名之后；（2）使用引起了商标显著性的淡化。为了判断标识是否是显著性和驰名的，法院需要考虑八个不可排除的因素，其中包括固有显著性或者获得显著性的程度。因此，商标"驰名"和"显著性"既有区别又有联系。显著性应当是商标驰名的基本条件，但是商标具有固有显著性并不意味着商标一定驰名，所以还应当结合具体的市场知名度进行衡量。最终司法中认为两个法律词汇不能互换，在FTDA中这两个词汇也是单独使用的。法律规定了四个标准保护"驰名""显著性""独特性"。首先，一个商标是驰名的才能受到保护。其次，使用必须出现在商标驰名之后。再次，驰名商标可以受到保护只有使用造成了淡化商标的显著性。最后，考虑商标的固有显著性或者获得显著性。

理论和实践中都认为，不受限制地适用淡化法将会导致过于广泛的保护。过度的保护会造成一个简单的商标都可以受到淡化保护，需要禁止他人的使用。这种后果不是合理的，因为淡化法仅保护对商标或者名称的"显著性淡化"。因此，显著性的程度是使用淡化法保护的前提，只有具备一定程度才能受到保护。恰当地解读和理解这个简单的法律概念，要确保这个法律具有自身的应用准则，应防止对淡化的全面适用。做一个内在的限定的解释就是不仅具有显著性，更进一步说这样的商标还要具有"质量"。如今商标法不仅是商誉的符号而且具有积极担保作用，是企业对公众提供的担保，使公众相信商标可以是一个匿名的和令人印象深刻的担保，促使之后的需求和购买，商标实际上在出售产品。一般来说，为了吸引公众而在非竞争性产品中使用他人驰名商标是对商标识别力的削弱。越显著的或独一无二的商标，给公众留下的印象越深，就越需要防止对特殊产品中使用的商标的联系进行破坏或者损害。商标固有显著性为驰名商标特殊保护范围的重要决定因素；驰名商标的特殊保护并非任意地扩大保护，而视具体情况，给予法律范围内的保护。商标固有显著性为商标本身具有的一种显著特征，不需要被使用即有的一种区分识别功能。商标固有显著性是商标自身的一个重要特征，也是一个商标区分另一商标的重要因素，商标的固有显著性显然比获得显著性的区分功能来得更直接、更高效。因此，商标的固有显著性，在驰名商标需要获取特殊保护时尤其重要。但并非所有商标都具有固有显著性，很多驰名商标之所以驰名大部分依赖于该商标具有的极强的获得显著性——依赖其通过大量的使用宣传获得的极大市场影响力与知名度。

　　驰名商标是否受到淡化保护，必须考虑三个因素：（1）商标是否近似；（2）商标是否具有极大知名度（驰名）；（3）商品关联性。然而，在实际的审查判断中，第（3）个因素的判断仍然依赖于第（1）（2）因素的存在，而第（1）因素在已驰名的商标的争议中居于首要考虑地位。判断商标是否近似、是否导致混淆误认，商标自身的显著性是其判断的重要因素，尤其在驰名商标的保护中。驰名商标的特殊保护，始终依赖于商标的显著性。商标的驰名意味着该商标通过具体的实际使用具有了广泛的知名度，拥有了极强的获得显著性，也可以说商标的固有显著性不易改变。所以从这一层面看，驰名商标之所以"驰名"，是因为其拥有了极强的获得显著性，而非固有显著性。而商标具有固有显著性对于商标保护也是具有积极意义的，如果商标显著性发展维护得当，成为驰名商标，商标的固有显著性特征可以使其更容易获得淡化保护，所以在注册商标时，尤其在意向发展驰名商标之初，选择固有显著性强的商标更为有利。

四、商标淡化判定规则的适用

"随着时间的推移，法院逐渐不再积极支持淡化法。法院转而积极采取从法律角度对淡化进行限制以及对损害赔偿设置障碍。导致这个转变的原因在于淡化的伤害具有本质上的模糊性，这使得法官们不太愿意适用淡化法，当然还存在其他的原因促使法官们对淡化法适用的谨慎。"❶ 为什么法官对淡化法的适用变得如此小心谨慎？法官们解释不予适用淡化法的规则时通常会说，这个利益和反淡化法案所关注的利益核心是不同的，而从淡化法的角度看还不清楚是否对这种权利给予扩大或者缩小的解释。这反映出法官实际上不能明确地界定损害的来源。同时，法院承认淡化作为一种保护形式并不是完全没有好处。无论淡化保护的结果是社会福利增加还是减少，这属于一个实证研究的问题，对淡化损害的研究可以说明为什么在法律实践中逐渐不支持淡化保护。

---

❶ Jerre B. Swann, Dilution Redefined for the Year 2000, *Hous. L. Rev.*, Vol. 37（2000），p. 730.

第一，商标对于消费者来说是一种来源识别，可以降低消费者的搜寻成本。经典的商标理论主张直接保护商标的来源指示价值。商标是消费者用来作为对难以评估的产品属性的代表，商标的来源识别功能对于那些经验产品来说特别重要，或者经过一段时间的营销，产品可以传递出有关特征的信息，这些都会提升商标的价值。例如，一种特殊类型的汽车属于经验品，因为只有在购买并使用一段时间之后汽车性能的优点和缺点才能显现出来。通过对比，那些产品本身可以传递产品特征信息的产品，往往需要平时的观察。对于需要对产品进行观察来降低搜寻成本的产品商标的价值是小的。从消费者的利益以及社会利益扩大的角度看，当商标被用来作为产品来源识别时，这样的商标就不能被混淆使用。商标权人竞争存在社会成本，他们为避免成本增加使得他们必须创造属于自己的不能被混淆的商标。第二，商标经过使用，其显著性价值增加，这部分价值是淡化法所试图保护的。消费者开始对他们所消费的产品或者与商标有关的产品会形成自己的评价，这些评价会影响他们之后的购买决定。如果这些评价是积极的，商标权人就可以从这些积极的评价中获取利益，只要商标权人保持对商标的有效控制。商标权人有权排除第三方的对商标的非混淆使用，可以确保商标权人在他们对品牌的投资中获取利益。

"当反淡化法通过后，议会强调淡化法保护的是围绕着驰名商标的商誉。"❶ 如何界定未授权的第三方使用商标可能带来的损害，成为一个问题。未授权的第三方使用可能带来三种损害类

---

❶ 杜颖："商标淡化理论及其应用"，载《法学研究》2007年第6期，第53页。

型。第一种类型的伤害是丑化,第三方使用商标给商标权人带来了负面评价。根据丑化损害理论,商标的商誉被削弱了,因为消费者将商标和一种不好的产品联系起来,这些产品通常是毒品或者是色情产品。从对社会利益的伤害角度来看,未授权的第三方使用以及商标权人丧失了商标价值是基于淡化的丑化理论所阐明的最严重和最直接的伤害。关于这种丑化使用的利益损害的评估需要更细致。商标权人倾向于对第三方的使用行为主张丑化,但并不意味着从社会利益评估系统角度看第三方的使用行为就是消极的。未授权的第三方使用没有造成混淆,这种使用是用来进行批评、社会评论、戏仿或者其他的与言论目的有关的使用都具有一定的积极的社会价值,对于商标权人来说这些价值要大于其受到的损害。认识到了这一点,反淡化法案界定了比较广告、新闻报道和新闻评论,这些形式的使用都不是损害形式。丑化逐渐不再是流行的淡化理论,对于主张淡化请求的原告来说,法院对丑化的支持度也在下降,因为第三方的使用往往触及了有关使用者的言论自由,从社会利益分析这些使用方式是需要得到支持的。例如,华纳兄弟公司曾就第三方使用其著名卡通形象兔八哥主张商标淡化损害,第三方创作了一份卡通漫画,其中兔八哥在抽大麻,华纳公司认为这种使用行为会损害华纳公司的商标形象。当时将这种使用行为界定为假冒而不是丑化。或许华纳公司将这个例子归纳为仿冒是因为仿冒意味着会带来社会危害而丑化以戏仿或者批评为代表,这样的使用方式具有一定积极的社会利益。❶

更抽象的损害判例是关于商标的弱化,即驰名商标被第三方

---

❶ Michael Grynberg, Trademark Litigation as Consumer Conflict. *New York University Law Review*, Vol. 83, Issue 1 (2008), p. 72.

通过一种看似无损的方式使用作为自己产品的来源识别。最经典的例子是"蒂凡尼"的商标被使用为饭店名称。设想这是一家高档餐厅，所以不可能出现因为产品质量相当低劣而丑化了"蒂凡尼"商标。消费者也不会将珠宝店和饭店混淆，但是问题在于同一个名字被用来区分两个不同的产品，其识别力会逐渐被削弱。对于商标权人来说丑化代表着一种明显的伤害，但是通过第三方使用同样也具有很强的社会价值。弱化相比之下第三方使用带给权利人和社会的损害比较难以界定。"弱化会通过增加搜寻成本损害消费者的利益，因为对于消费者来说，这种使用增加了消费者的认知成本。"❶ 弱化的出现，例如使用"蒂凡尼"商标在饭店中导致消费者花费更多的精力来区别使用"蒂凡尼"商标的珠宝店和使用"蒂凡尼"商标的饭店。如果双方使用相同的商标在不相关的产品中就增加了消费者的搜寻成本，从消费者的角度看损害是成立的，但是从商标权人角度分析损害还不清晰。因为没有产生混淆或者其他损害，消费者如今将商标和超过一种来源或者产品联系起来了，商标权人的损害如何界定。一个结果是消费者需要分散精力，产品和同一个商标建立联系，形成两个来源。例如，饭店和珠宝店的例子，这样消费者对珠宝店的关注就减少。也就是说对于珠宝店来说存在损失，然而先决条件是消费者注意力的分散，这种观点很难证明。"一些学者认为对消费者的伤害是判断淡化带来损害的唯一方面，对商标的淡化引起的损害是提高了消费者的搜寻成本。如果这样，弱化成为很容易判断的判例而对丑化的判断则较难，因为一个驰名商标出现在一个令人

---

❶ 李士林："自我混淆的商标法限制——丛'加多宝'、'王老吉'商标事件切入"，载《法治研究》2013年第7期，第19页。

想象不到的产品中很令人吃惊,要保证消费者在区分两个产品时的认知成本相对低。"❶ 最具说服力的原因还是弱化通过在两种产品中建立起联系降低了商标的显著性,即使这种联系没有造成混淆。

"淡化法包含了第三种可能存在的问题,除了弱化和丑化还包括搭便车的行为。"❷ 淡化法赋予商标权人对商标使用的广泛控制,如果第三方行为破坏了这种控制就是侵权。立法的目的在于使商标权人积极地打造驰名商标,通过提供广泛的商标权保护激励驰名商标的创造。需要思考的问题是,是否存在驰名商标供不应求的可能性,或者存在建立驰名商标激励不足的问题。"反淡化法通过前夕,一名出席国会作证的证人陈述了观点,承认保护商标的显著性是一种对财产权利的保护。另一为证人认为,淡化法的基本观点在于商标权人花费了时间和投资需要保护这些投资产生在商标中的商誉。而唯一的决定因素在于商标权人如何在商业中使用这些商标并催促国会将淡化看做一种对财产的侵犯。议会需要对商标权人对商标的实际投资进行保护,商标中的商誉和光环都需要保护,这是立法最明确的理由。"❸ 从这个观点看,驰名商标代表了一种经典的公共产品问题。创造公共产品的成本,在这些判例中有价值的商标都和积极的消费者相联系,一旦成为公共产品,第三方的使用成本很低。在缺乏排除权利的情况下,

---

❶ 李小武:《商标反淡化研究》,浙江大学出版社 2011 年版,第 110 页。

❷ 刘维:"我国注册驰名商标反淡化制度的理论反思",载《知识产权》2015 年第 9 期,第 20 页。

❸ Clarisa Long, Dilution, *Columbia Law Review*, Vol. 106, Issue. 5 (2006), p.1029.

驰名商标的创造者将不能充分地享有创造这种商标的利益而且会出现大量的驰名商标的副产品。排他权可以允许驰名商标的创建者有很大的机会享受驰名商标带来的利益，因此促进和维护驰名商标可以带来对商标权人的激励。一些法学家已经区分了有关商标商誉搭便车与商标显著性的淡化损害的关系。如果这是一个问题，淡化法应当直接阻止第三方的使用，但法律没有作出规定是因为搭便车的伤害不是很容易辨识的。在商业世界中基于一个公认的品牌提供给初级消费者一种名称认知和品牌形象，可以在这个市场中创造强有力的竞争优势。如果是这样，淡化的伤害是第三方获得了源于驰名商标的竞争优势。这个观点表明商标创造的积极因素商标权人尚不能完全掌控，第三人的使用获益也不应当允许。基于这个观点，假设第三方通过使用驰名商标获得了竞争性利益，但是没有经过许可，这种行为必定会给商标权人带来损害，这种行为必须被禁止。"一个问题在于，第三方的使用引起淡化并不需要使用的第三方和商标权人是竞争对手。如果第三方不是商标权人的竞争对手，他是从不相关的市场中剥夺商标的利益的，是否仍然给商标权人带来了弱化伤害。"❶ 淡化法承认商标的显著性本身是具有商业价值的，这种价值的产生也是因为商标是产品交流的工具。因为商标具有交流的功能，授予商标权人权利控制他人对商标的使用将会造成社会成本，其中还涉及对言论和交流的控制。因此，在适用淡化时需要谨慎的限制，控制权利边界。

一个限制淡化法保护的方法是对保护的商标要限制在最有价

---

❶ Jeffrey Handelman：Guide To TTAB Practice Vol. 1，*Wolterskluwerlaw & Business in NewYork*（2013），p. 11.

值的商标范围内,并不是所有的商标都受到同等价值的保护,如果淡化法试图保护商标价值不被损害或者意图提供对创造商标价值的激励,应该树立具有价值商标的代表。商标显著性就是这样的代表。商标的创造成本很低,所以根本不需要存在创造商标的激励,创造商标的昂贵之处在于如何使商标驰名并保持驰名,即维护和发展商标的显著性。"通过将保护限制在对驰名商标的保护中,法律试图识别出这些商标的创造成本和维护成本的高低。"❶

法院需要判断商标淡化带来的损害以及阻止这些损害的发生。损害的难以捉摸导致法官们越来越不愿意适用淡化法。"美国最高法院曾对淡化损害作出过说明,认为保护消费者不是反淡化法的主要目的,防止淡化对商标权人的损害才是主要目的,但商标权人需要容忍什么样的损害以及如何获得补偿还不清楚。所以应当要求主张淡化的一方必须证明'实际淡化'的存在。"❷大部分法院和法学家支持要求证明实质上的损害,但是关键问题仍然不清楚:原告需要证明什么样的损害、损害达到什么程度权利人才能获得赔偿、对商标权人的损害是否可以被使用行为的社会效益所抵消呢。"法院对于未授权的第三方使用商标经常要平衡损害和利益。在进行这种利益平衡时,重要的是不仅要考虑提高社会福利,也要认识到对一方面的倾斜会使事情朝着另一个方

---

❶ Jeffrey Handelman:Guide To TTAB Practice Vol.1,*Wolterskluwerlaw & Business in NewYork*(2013),p.13.

❷ Mathias Strasser, The Rational Basis of Trademark Protection Revisited:Putting the Dilution Doctrine into Context,*Fordham Intell. Prop. Media & Ent. L. J*,Vol.10(2000),p.375.

面发展。淡化法，包含了一方面福利的提高，一方面福利减少的机制。这种调节机制寻求在一种情况下获得公平的补偿但是在另一种环境下要进行必要的限制。"❶

仿制"罗西尼"表在减损商标价值方面的社会成本要低于其社会利益。从未授权的在产品中使用他人驰名商标角度考虑对商标权人的损害，将商标权人的成本划分为正、零或者负（第三方使用商标持有人受益）三种情况。商标权人的成本是正的，例如商标仿冒，消费者购买便宜的产品使用了假冒的商标而没有支付高价获得授权版本，这无疑会给商标权人造成损失。商标权人承受的成本是因为未经授权的第三方使用商标造成消费者对商标的正面评价消失。相反，如果未经授权的第三方使用商标增加了消费者对商标的认识度，这种使用也是给商标权人的商标作了广告，对商标权人来说这也是一种获益。如果这个观点是正确的，也可以说决定商标价值的关键因素是商标和消费者交流的频率而不是公众对商标质量的评价。

那么，如何裁判在未授权使用的情况下对商标权人的损害呢？迅速地对商标损害作出反应是商标权人，如果他相信未授权的第三方使用会带来损害，会寻求法律救济。衡量商标权人的损害需要衡量消费者对假冒商标的成本和收益。假设消费者对购买的产品满意，这个产品是使用了假冒商标，他们认为是真品。虽然从理论上说，从社会利益方面消费者被愚弄了，但现实不是这样。消费者混淆所提供的社会利益要比消费者没有混淆少，但是存在的商标权争议很大。假设潜在的消费者（不是直接购买假货

---

❶ Clarisa Long, Dilution, *Columbia Law Review*, Vol. 106, Issue. 5 (2006), p.1033.

的消费者）被混淆了，不能区分产品是否是真品。而促使他作出购买决定的原因可能是朋友、亲戚或者其他人被愚弄了认为赝品是真品。这类购买者可能仅仅是个案，他们不具备买家的积极特征。尽管允许购买者从假冒商标中获得利益有一定的好处，可以一定程度上平衡第三方使用带来的损害，但还要考虑商标权人的高质量产品被威胁的信号。

而当消费者没有被混淆呢？假设原始购买者和潜在购买者都没有被假货混淆，怎么看待假冒商标带来的社会利益以及社会成本呢？消费者会被假冒产品的低成本所吸引，从使用假冒商标中获得了心理上的满足，所以没有人被愚弄。或许他们发现假商标也具有审美功能，尽管是未授权的，他们并不愿意支付全价来购买真品。但是如果商标的审美可以愉悦消费者，消费者并不介意商标的来源识别功能也不会将商标作为来源识别，商标保护也许就是不恰当的。消费者也许会从商标的稀缺和独一无二中获得满足，而赝品的存在会削弱这种满意度。一些消费者使用赝品会抵消那些潜在的使用真品的寻求商品稀缺性的消费者意愿。而对商标的戏仿和嘲讽性的使用（从广义上说这也是一种对商标的假冒），消费者不会对产品的出处产生混淆，事实上这样的使用方式产生了一个净社会利益。如果社会利益是积极的，商标权人就丧失了对淡化的主张。排除戏仿和讽刺性使用以及其他形式的真实信息的使用商标的交流，在大部分判例中使用假冒商标对商标权人的损害是存在的。"淡化适用较普及的美国判例法中，商标假冒的判例中有关淡化禁令通常是被授予的。从近几年有关淡化

的主张来看获得禁令救济的判例大多涉及仿冒产品。"❶

"控制商标的成本必须结合商标的净利润来考量。例如,如果允许商标权人禁止其他人对其商标的批评或者是讨论,会创造出一个社会成本,以减少真实言论为代价。"❷ 承认这点,淡化法创造了比较广告的特权,这是赋予竞争者的权利,竞争者可以使用对手商标,在媒介中使用商标,这种使用是非商业性使用。"但是尽管有这些限制,允许产品制造者控制商誉,淡化法的社会成本仍然超过了社会利益。例如,有关商标的非竞争性的言论,戏仿,就没有明确被界定为法定的权利。"❸ 如果商标权人被允许控制有关商标的这些戏仿或者是批评的言论,淡化法就造成了社会净损失。淡化法规定了很多导致第三方使用的情形但是对引起的损害界定不清。在早期有关淡化的判例中,这种结果并不少见,法院在评估反对第三方使用不会造成净社会成本而发出禁令。随着不断地发展,法院对淡化法适用进行限制,以防造成不适当的补偿。因为淡化的经济分析理论不断被修修补补,"法官认为淡化法中存在一些瑕疵,但是还不能确切地阐述规则中存在何种程度的问题。结果导致商标淡化的判定规则在司法中出现了

---

❶ Graeme W. Austin, Trademarks and the Burdened Imagination. *Brooklyn Law Review*, Vol. 69, Issue 3 (2004), p. 832.

❷ Elizabeth Cutter Bannon, Revisiting "The Rational Basis of Trademark Protection:" Control of Quality and Dilution—Estranged Bedfellows?, *The Jhon Marshall Law Review*, Vol. 24 (1991), p. 66.

❸ Xuan-Thao N. Nguyen, A Circue Among the Circuits: Would the Truly Famous and Diluted Performer please stand up? The Federal Trademark Dilution Act and its Challenges, *J. Intell. Prop*, Vol. 1 (2000), p. 161.

不一致，而有关社会受益的问题一直没有解决。"❶ 在淡化法中经常出现的问题是判断什么类型的商标受到保护需要限制，当很难判断第三方使用造成的损失时，法院一般对淡化保护的诉讼请求不予认可。

法律并没有限制对反淡化商标保护的类型，就是说商标不限于是文字的，也包括图案、产品包装、设计、颜色、声音、气味等。"例如，美国第二巡回法院是在所有法院中最支持淡化法的，曾经禁止对一款饼干外形的淡化。在 I. P. Lund TradingApS v. Kohler Co 案中，第一巡回法院拒绝保护产品设计被淡化，本案中涉及的是一款浴室水龙头的产品设计，法院认为使用淡化保护会使淡化法走得更远。"❷ 法院解释到，如果商标是一种词汇则很容易判断这个词汇是否被丑化或者被弱化了，而难度在于对一款设计的复制怎么能证明是被淡化呢？这里法院认识到了一个很微妙的问题：第三方如何在使用中识别和避免对他人商标的使用。所以，淡化有一个较为严格的规则在于第三方的使用回避，这要求第三方对受保护的元素进行鉴别，避免侵权的发生。通过对比，经典的商标法中混淆可能标准，传达了一个有关商标权人的相对较少的权利束。根据混淆可能标准，商标权人有权排除他人的混淆使用，但是仅此而已。从历史分析的角度看，相同的商标被两个以上公司使用在非竞争性产品中，这种使用如果没有造成混淆，就不存在侵权。相比经典的商标法理论中的侵权探讨细节，淡化对细节的关注较少：如果公司 B 使用公司 A 的驰名商标没有

---

❶ Mark A. Lemley, The Modern Lanham Act and the Death of Common Sense, *Yale Law Journal*, Vol. 11 (1999), p. 1083.

❷ I. P. Lund Trading ApS, Kroin Inc. v. Kohler CO. 163 F. 3d 27 (1998).

经过公司 A 的许可，结果就造成对 A 公司商标显著性的淡化，就构成侵权，除非使用是在比较广告中、非竞争性使用或者是新闻报道中。另外，淡化的损害缺乏一种紧密的逻辑推理，对比经典的商标侵权理论要求第三方使用某商标在一定合理数量的消费者中在相关产品市场中会引起混淆。混淆有一个更严密的逻辑判断推理而淡化则更着眼于降低成本。

近几年，商标保护的主体已经扩张到超出了传统的来源识别符号如文字图案，包括产品设计、产品结构、产品风格。商标是由词汇、标语等组成的可以被界定为一个相对低成本的简单的代表。相比之下，产品设计、商业外观通常要求较多的描述来传达商标的概念。第三方试图避免经典理论中的侵权或者淡化法中的侵权，不仅要明白不能使用受保护的商标，还必须明白有一些内容也需要避免使用。也就是说作为第三方需要界定商标以避免对它们的侵权使用。以 Nabisco 案为例，词汇"金鱼"作为商标是非凡农场公司的一款饼干的商标，作为商标很容易界定，但是比起外观就不同了，尽管商标和外观都构成了这款饼干的商标。因为"金鱼"已经作为商标注册，而饼干的外观没有注册。如果"金鱼"作为词汇没有被注册，也可以判断这个词汇可以作为商标保护，并没有多大的空间用来扩大或者具体化这个概念。或许非凡农场可以成功地维护"金鱼"这个商标，尽管如此，可以扩大的空间也有余地。通过对比，商标保护的界限对于饼干的外观来说使得第三方很难判断是否可以使用。产品中所包含的商标元素，商标权人用以作为产品来源识别，不允许第三方做同样的使用。而饼干的何种特征可以作为来源识别呢？类型，尺寸、颜色、味道，或者是这些元素的组合，但是第三方不能肯定，至少不能在法律确定之前作出判断。"通过注册来确定商标可能具有局限性，非凡农场选择不事先明确商标的范围。事实上，非凡农场不知道这款饼干中具体哪种元素可以作为商标，是类型、尺寸、颜色还是其他的元素，直到竞争对手开始制造相似的产品，这个问题才逐渐清晰。"❶ 此后非凡农场根据竞争对手的行为采取一切手段来界定其商标。总之，在 Nabisco. Inc. v. PF Brands. Inc. 案中，非凡农场认为产品外观的近似，包括颜色、尺寸和味道。竞争对手的产品，鱼形饼干的外观构成对其产品商标的组成元素的侵权，两者没有差异。现在可以明白为什么很多商标权人不在寻求注册而致力于把商标的保护范围扩大。注册提示第三方在全国范围内注意，第三方有义务避免对驰名商标的淡化。界定商标淡化的适用范围一般限制在词汇、标语、符号和图案中，这样的商标，无论是否注册，对于第三方来说都代表着相对低的界定成本而商业外观一般很难受到淡化保护。商业外观例如产品设计，无论是否注册，界定的成本都很高而避免侵权的成本也很高。

"淡化法中存在的一个棘手甚至是隐患的问题，淡化可以造成允许商标权人控制在产品已经被出售后购买者的行为。"❷ 基于权利穷竭原则，知识产权权利人在产品出售后就丧失了对产品的控制权利。例如，专利产品的购买者可以对产品进行使用，比如转售不需要经过专利权人的同意。购买了具有版权的图书，购买者有权对该书进行他希望的使用，阅读或者烧掉，这是不能被干

---

❶ Elliot B. Staffin, The Dilution Doctrine: Toward a Reconciliation with the Lanham Act, *Prop. Media & Ent. L. J.* Vol. 6 (1995), p. 106.

❷ Daniel E. Mangis, When Almost Famous Just isn't Famous Enough: Understanding Fame in the Federal Trademark Dilution Act as a Term of Art Requiring Minimal Distinctiveness, *The Review of Litigation*, Vol. 21 (2002), p. 471.

涉的自由。商标理论中同样包含了法定的条款规定购买者购买了带有商标的产品有权转售,条件是不改变商标再投入商业使用。"但有学者指出目前并没有一个统一的权利穷竭规则可以适用于淡化中。在一些判例中,法院决定商标权人控制产品的权利在购买之后可以持续,如果在售后商标权人证明商标的商誉受到损害。"❶ 商标淡化保护意在保护商标的显著性,所以在司法实践中有观点认为商标的权利穷竭原则不适用在商标淡化情形中。"因为缺乏一个有效的权利穷竭原则来切断商标权人控制产品使用的能力,淡化法赋予了商标权人权利一直延伸到产品进入市场中。"❷ 在 Liquid Glass Enterprises, Inc. v. Porsche AG 案中,一家生产汽车蜡的公司在广告中使用了保时捷汽车推销自己的汽车蜡。法院在本案中认为保时捷汽车的外观和整体风格作为驰名的商业外观,该公司在商业环境中利用保时捷的商业外观是明显的,这种商业使用被界定为是会对保时捷商标造成负面影响的。❸ 问题在于这家生产汽车蜡的公司在广告中使用了保时捷的商业外观是否造成对其商业外观的淡化。法院认为这种使用会产生危害,这种使用具有投机性,并不属于可以免责的范围,如比较广告、非商业性使用和新闻报道。强淡化保护,赋予了保时捷公司对其商业外观控制的权利,控制一些对保时捷汽车的商业性使用,在购买者购买之后用在广告中,这明显是一种对淡化理论的不合理解

---

❶ Megan Richardson, Trade Marks and Language, *Sydney Law Review*, Vol. 26 (2004), p. 193.

❷ Catherine W. Ng, Some Cultural Narrative Themes and Variations in The Common Law, *The Trademark Reporter*, Vol. 99 (2009), p. 837.

❸ Liquid Glass Enter. v. DR. ING. h. c. F. Porsche AG, 8 F. Supp. 2d 398 (1998).

释。关注本案的学者指出，尽管法院没有指出强保护导致商标权人控制产品出售后的使用，但这类案件的出现已经使法院意识到需要对商标淡化的使用进行控制，控制商标权人不当的权利延伸，对商标非商业性的使用不在淡化保护之中。❶"商标淡化保护理论受到立法的支持是因为需要禁止对驰名商标的广泛使用。但淡化保护规则的适用也会导致商标权人权利的过度延伸，一些未经授权使用的行为产生的社会利益可能是积极的而损害是难以清晰界定的。所以在商标淡化保护的法律制度构建中，限制机制的建立是必需的，如果未授权的使用所带来的损害要大于益处才可以给予救济。"❷

本章小结

商标混淆是通过将不同标识指向同一个来源出处，降低了商标的区别能力，从而使商标权人遭受损害，其实质就是侵害了商标的显著性。商标的显著性实质上传递着有关商标的信息。这个功能很重要，因为信息传递功能很容易被削弱。商标显著性的基本目标在于降低消费者的搜寻成本。商标显著性基本功能的发

---

❶ Laura A. Heymann, The Birth of The Authornym: Authorship, Pseudonymity, and Trademark Law, *Notre Dame Law Review*, Vol. 80（2005），p. 1378.

❷ J Thomas McCarthy, Dilution of a Trademark: European and United States Compared（2005）94，*The Trademark Reporte*r, 1163.

挥，只有在商标权人可以有效地阻止其他的竞争者使用同样的商标的前提下才有效发挥。商标权人有权阻止他人利用其商标对其商标显著性造成伤害。法院在认定混淆可能时通过多因素测试法。来源混淆是商标法中混淆可能的核心，当被告使用相似的商标导致消费者相信原告实际上出售被告的产品。赞助混淆是商标权的扩张，当原告的产品和被告的产品不存在竞争时，消费者也许知道原告实际上并没有出售产品但是仍然会产生混淆，因为他们相信原告对产品提供了赞助，或者推介，总之原告与被告或者被告的产品具有某种关联。赞助混淆会伤害消费者，如果他们购买被告的低端产品但是他们原以为被告的产品和原告的产品一样具有较高质量。赞助混淆同样会伤害商标权人的利益，如果消费者因为产品而导致对商标权人的否定评价。此外，从购买阶段分析，商标混淆的范围也在扩大，混淆不仅发生在购买阶段，也发生在购买前阶段和售后阶段，如初始兴趣混淆和售后混淆。扩大商标保护在于商标显著性受到损害以及保护消费者不被欺骗。立法者认识到并不是任何混淆都会触发侵权责任。混淆行为必须影响了商标权人的商誉，导致曾经使用过商标权人产品的消费者会将被告的产品和之前的消费体验联系起来，从而和原告建立联系，因为他们错误地认识了产品的来源或者关联。商标显著性内涵的扩大影响了商标混淆可能规则的扩张，初始兴趣混淆、售后混淆的出现就是这种影响的直接体现。商标混淆规则的扩张产生了一些负面影响，例如导致一些社会期望利用商标的形式被禁止。售后混淆则给产品特征赋予了排他的权利，这些具有消费价值的因素被赋予了排他的权利会导致对竞争的打压和抑制创新。初始兴趣混淆阻碍了对互联网的使用，而这种使用有利于降低消费者的搜寻成本，这也是一个获得产品质量和价格信息的简单渠道。

从商标显著性理论角度考虑商标混淆侵权问题，无论是固有显著性还是获得显著性和消费者混淆可能都没有一个明显的联系。但可以肯定的是商标显著性应该成为商标混淆可能是否成立的判断因素之一。一般人们会认为消费者更倾向于记得臆造商标，而描述性商标被记住的概率偏低，然而，仅仅对符号的回忆还不足以导致混淆可能的发生，法院在判断消费者混淆来源或者赞助者关系时，消费者必须将商标作为来源识别标记用来识别产品。而消费者是否实际将这个商标作为来源识别符号则是一个第二含义判断的问题。如果商标具有很强的第二含义，尽管这个商标是描述性的，消费者仍然会很快回想起这个商标。一般认为，商标显著性越强，就越容易被消费者识别，从而降低混淆的概率。但是同样的具有很强获得显著性的描述性商标也可以产生同样的效果。也会出现这样的情况，如果商标是臆造或者随意的，消费者在不同的客体中看到相同的商标就容易产生混淆，因为臆造商标一般的来源都相同。根据这种观点解释，如果一个商标具有固有显著性，另一个商标是描述性的，具有获得显著性，固有显著性商标引起混淆的概率较低。但审判实践也证明了如果商标的显著性对判断混淆可能规则具有影响也是因为获得显著性的强度而不是固有显著性。然而获得显著性与混淆可能性的联系也不是确定的，为了明确这个观点，必须对第二含义的范围进行界定。第二含义是指一定范围的消费者将商标作为指示来源的标记，同样也代表符号的商业吸引力。一个商标的第二含义越强，消费者对这个商标的认知就越强，这样在消费者作出购买决定时商标的影响因素就越大。而第二含义与混淆可能的关系如何量化呢？只有那些将商标作为来源识别符号的消费者才会产生混淆，他们是会产生混淆可能的风险因素之一。商标显著性在判断商标混淆可能性时有时仅起到一个附加的和有限的作用。只要其他的判断因素支持潜在的混淆可能是存在的，即使商标的显著性较弱也是可以成立的。商标显著性作为混淆可能结果的证据其证明力实际上产生的影响可能有限。第二含义和商标混淆可能的关系很难量化，对消费者更具有吸引力的商标可能会减轻混淆，也可能增加混淆，但是这并不是一个判断混淆可能的重要问题。多因素测试分析并没有明确商标显著性对混淆可能的影响，这个问题还需要更多的证据证明。商标具有很强的第二含义，大量的消费者将其视为来源识别标记，那么存在的消费者可能被混淆的概率就增加，这就潜在地会造成对消费者的伤害。同样，具有很强第二含义的商标，无论是在性质上还是程度上，混淆都会带来对显著性的损害。

商标显著性的基本目标在于降低消费者的搜寻成本，但商标显著性的发展导致商标法不限于降低搜寻成本而是反映了复杂的价值平衡，这不能在法条中详细列举，只能进行个案分析。在售后混淆中，使用者的目标并不在于在购买时造成消费者混淆，在初始兴趣混淆和售后混淆中，消费者在购买时并没有发生混淆，但是当混淆造成严重的后果时就可能造成商标权人的损失。利用他人商标的显著性具有道德层面的可谴责性，在法律中称为"搭便车"。谴责搭便车的行为在商标审判中可谓根深蒂固不断扩张，如今法院仍然依据反对搭便车的规则来界定责任的承担，例如在初始兴趣混淆和售后混淆中。从商标法理论来看并不完全反对搭便车，而是阻止使用商标造成消费者混淆。对反对搭便车的规则批评之声不绝，但是很多法院仍然坚持依靠这些原则对商标保护的领域不断扩张，将这些行为与损害商标显著性联系起来。事实上，商标经过使用显著性所增加的一些文化内涵可以被认为是一种"精神印象"，对商标显著性的利用就是窃取公司的身份。这种观点将公共利益和商标法中的显著性结合起来探讨。商标法作为保护身份特征的法律，在品牌理论中这个观点尤其显著。品牌是一种市场现象，公司为了打造品牌形象投资巨大。品牌作为一种超级商标代表着公司的个性、形象和价值。公司通常将品牌形象渗透到任何角落，为了维护一个稳固的形象，给产品注入公司的个性，创造品牌价值。因此，公司品牌和人们的姓名一样是一种人格特征，品牌不仅代表公司，还代表了公司的个性。这证明将品牌作为姓名对待，将商标保护延伸到对公司个性的保护。这个观点的提出是对商标显著性不断扩大的一种回应，法律倾向于关注保护公司的个性特征，因为搭便车的行为导致对商标权人开创的商标显著性的利用，这是商标权人通过努力才获得的。从道德规范的角度看，这种解释是合理的，但是将这种道德规范性质的权利用来保护商标值得深入分析，如果个体具有精神权利主张他们的个性可以受到保护，是因为个性和私人自治以及自我定义密切相关，公司作为一个拟制的团体不能自主制定所谓的人生规划和人生目标，而法律中的私权，以及和私权密切相关的公共权利只适用于个人而不适用于公司。虽然品牌和姓名之间很相似，但两者还是具有本质的区别，品牌所发展的是经济价值，出售产品的能力，而不仅是表现为一种自身的个性价值。利用商标法保护商标显著性的文化价值效力是有限的，这个问题本质上就是商标权人在商业环境中如何建立自己的识别力即显著性，属于市场策略问题。从商标法中提供保护，如果承担责任包括对人格因素的利用，那么相应的抗辩理由也要增加，至少应该保护重要的社会使用，例如对商标的戏仿。精神规则和主观的欺骗是不同的，应当将混淆可能测试中的有关道德因素的判断移除，测试的核心应该在于判断被告使用商标是否意在欺骗消费者。商标法中的损害应该包括消费者所接受到的和产品有关的信息，以及传播和获取信息的成本。这两个损害是最突出的：（1）消费者额外获取有关产品质量信息的成本及消费者的搜寻成本；和（2）当权利人无法通过商标传达产品质量优异的信息降低了权利人对产品质量的投资成本。同时，商标法自身也包含立法成本，包括行政管理成本和商标权实施的法律成本，如果商标保护的范围扩大，以及阻止对商标的其他的合理使用会造成垄断。最佳的商标法体系的目标是最大限度地降低社会成本。降低搜寻成本的社会效益与行政管理成本必须被很好地平衡，立法成本和其他的成本综合考量来构建广泛的权力范围。因为对成本的关注，取决于成本产生的概率和事件发生后的成本，任何规则测试都应该遵循这两个原则。故商标混淆可能侵权的判断应该包括两个部分，第一部分应当包括的因素是严格地评估消费者混淆可能发生的因素，即商标的相似性、产品的近似性、消费者的经验、实际混淆的实例、市场特征如销售渠道，以及其他可以影响消费者看法的因素。第二部分的测试涉及对混淆带来的损害的评估，这要考虑商标法要禁止什么形式的损害。从经济分析的角度看，商标的功能在于提高在市场中传递产品信息的效率。商标法的目标应当是防止对商标传递信息功能的削弱。当使用削弱了商标的功能，消费者和商标权利人都会受到损害。搭便车行为不正当地利用了流行商标，但如果这种搭便车的行为并不会削弱商标传递信息的功能，就不具备违法性。相反这种行为可能强化消费者对商标的认识。在评估商标混淆可能带来的损害时，重要的是区分竞争性和非竞争性产品。如果产品是直接竞争的，当混淆可能成立，就可以推定损害存在。当商品不具有竞争性，这些产品足够近似就会产生混淆的风险对损害的推断也可以成立。当原告和被告的产品差距很大就仅仅可能出现赞助混淆，在这种情况下商标权人需要证明存在商标的实际损害。商标的近似很重要，此外商标的显著性，特别是获得显著性对于消极信息的反弹和市场进入障碍的分析很重要。消极信息的影响随着被混淆的使用者的增多影响会变大。当然这些都是需要从实证角度分析的问题。可以肯定的是，商标显著性应成为混淆可能多因素检测法的考量因素之一。混淆可能测试的开放性造成立法成本的提高和权责的不确定，会阻碍对商标的社会性使用。谁是更有优势的一方，一般来说是商标权人，但是对社会来看没有正面价值，这是目前混淆可能性测试所带来的问题。所以在构建商标混淆可能多因素检测方法时需要明确哪些行为是严重影响商标使用的行为，以及哪些行为是可以被豁免的。

　　本书一再强调的观点在于商标显著性是一个不断发展的概念，商标显著性发展的终极目标在于建立品牌文化。商标权人为维护和发展商标显著性，投入了大量的资金和努力，毋庸置疑，商标权人的利益需要受到保护。商标淡化理论的出台就是防止商标显著性被不当使用。但是从我国司法实践看，有关商标淡化的案例在商标侵权案例中比重很小，而美国作为淡化理论的诞生地，在判例法中淡化法的适用也在呈现下降趋势。有相当的数据都表明经过一段时间的积极适用后，法院对淡化法的适用从最初的积极态度转而日趋谨慎。虽然权利人主张商标淡化的热情不减，但有时并不意味着商标淡化对商标权的损害很大，事实上在商标侵权中提出淡化的主张其边际成本很低，且权利人往往在诉讼中将商标侵权和商标淡化一并提出，而主张淡化可以增加被告的诉讼成本，所以商标淡化的诉讼请求很大程度上变成一种诉讼策略。淡化是阻止对驰名商标价值的稀释，淡化理论认为未授权的第三方对驰名商标的使用，即使未造成消费者混淆，都可以削弱商标的出售力和价值，因为商标作为单一来源的联系不再那么紧密。淡化法意在保护权利人的实际投资以及商业价值、商标的影响力，投资者应当从商标中获得应有的回报。商标淡化理论和传统商标法的目标不同在于允许在没有导致消费者混淆的前提下对商标权人进行救济。从另一角度来看，淡化法也是保护消费者的，因为对驰名商标的淡化会增加消费者的搜寻成本，驰名商标区分产品的能力被减弱了。淡化法看起来更像是一种相对强势的商标保护形式。淡化法施加了一个相对强的商标保护模式，而经典的商标混淆侵权规则的责任承担规则更细致。至少对于驰名商标来说，淡化法是一种强有力的保护形式。

  法律对淡化理论的接纳是有限度的，表现为法律将可以受到淡化保护的商标局限在驰名商标之中，所以法律层面对商标淡化的构造与谢希特的商标淡化理论是有区别的，谢希特认为具有独特性的商标都可以受到淡化保护。由于存在这个区别，导致在司法实践中对驰名商标保护的显著性要求的讨论。法院一度认为驰名商标不仅是具有很强的显著性的商标，而且应当是具有固有显著性的商标。淡化法提供保护的前提是商标具有一个最低限度的显著性。商标固有显著性为商标本身具有的一种显著特征，不需要经过长期使用即有的一种区分识别功能。商标固有显著性是商标自身的一个重要特征，也是一个商标区分另一商标的重要因素，商标的固有显著性显然比获得显著性的区分功能来得更直接、更高效。因此，商标的固有显著性，在驰名商标需要获取特殊保护时尤其重要。但并非所有商标都具有固有显著性，很多驰名商标之所以驰名，大部分依赖于该商标具有的极强的获得显著性——依赖其通过大量的使用宣传获得的极大市场影响力与知名度。而商标具有固有显著性对于商标保护也是具有积极意义的，如果商标显著性发展维护得当，成为驰名商标，商标的固有显著性特征可以使其更容易获得保护，所以在注册商标时，尤其在意向发展驰名商标之初，选择固有显著性强的商标更为有利。

　　淡化法意在调整第三方使用商标的情形，要对这些使用进行区分，法律实践证明，对商标的使用分为增进社会利益的使用和减少社会利益的使用，如果过度适用商标淡化保护，会削弱那些增进社会利益的使用。一般将淡化分为弱化和丑化。弱化是指第三方将商标使用在不同的产品中，尽管没有造成混淆但弱化了商标和消费者的联系。丑化是指第三方对商标的使用使消费者产生了一个对商标的消极印象。对商标的丑化并不意味着从社会利益评估系统角度看第三方的使用行为就是消极的。未授权的第三方使用如果是用来批评、社会评论、戏仿，或者其他的与言论目的有关的使用都具有一定的积极的社会价值，对于商标权人来说这些价值要大于其受到的损害。所以，在适用商标反淡化保护时，比较广告、新闻报道和新闻评论，这些形式的使用都不是损害形式。弱化相比之下第三方使用带给权利人和社会的损害比较难以界定。弱化会通过增加搜寻成本损害消费者的利益，因为对于消费者来说这种使用增加了消费者的认知成本。如果使用相同的商标在不相关的产品中增加了消费者的搜寻成本，从消费者的角度看损害是成立的，但是从商标权人角度分析的损害还不清晰。最具说服力的原因还是弱化通过在两种产品中建立起联系降低了商标的显著性，即使这种联系没有造成混淆。在商业世界，商标显著性越能传递出品牌形象就越可以在这个市场中创造强有力的竞争优势，也可以说淡化的伤害是第三方获得了源于驰名商标的竞争优势。基于这个观点，假设第三方通过使用驰名商标获得了竞争性利益，但是没有经过许可，这种行为必定会给商标权人带来损害，这种行为必须被禁止。因为商标具有交流的功能，授予商标权人权利控制他人对商标的使用将会造成社会成本，其中还涉及对言论和交流的控制。因此，在适用淡化规则时需要谨慎的限制，控制权利边界。一个限制淡化法保护的方法是对保护的商标要限制在最有价值的商标范围内，并不是所有的商标都受到同等价值的保护。商标的创造成本很低，所以根本不需要存在创造商标的激励，创造商标的昂贵之处在于如何使商标驰名并保持驰名，即维护和发展商标的显著性。商标权人需要容忍什么样的损害以及如何获得补偿，这需要在司法实践中对未授权的第三方使用商标的情形根据个案平衡损害和利益。在进行这种利益平衡时，重要的是不仅要考虑提高社会福利，而且要认识到对一方的倾斜会使事情朝着另一个方发展。淡化保护的使用体现出一方面福利的提高，另一方面福利减少的特点。这种调节机制一方面寻求在一种情况下获得公平的补偿，但是在另一种环境下要进行必要的限制。而对商标的戏仿和嘲讽性的使用，消费者不会对产品的出处产生混淆，事实上这样的使用方式产生了一个净社会利益。如果社会利益是积极的，商标权人就丧失了对淡化的主张。排除戏仿和讽刺性使用以及其他形式的真实信息的使用商标的交流，在相同或者相似产品中使用他人驰名商标对商标权人的损害是存在的，对消费者的社会利益的损害略小。经过分析，本书认为使用商标淡化保护规则，可以将商标权人的成本划分为正、零或者负（第三方使用会使商标持有人受益）三种情况。商标权人的成本是正的，例如对驰名商标的仿冒，消费者购买便宜的产品使用了假冒的商标而没有支付高价获得授权版本，这无疑会给商标权人造成损失。商标权人承受的成本是因为未经授权的第三方使用商标造成消费者对商标的正面评价消失。消费者也许会从商标的稀缺和独一无二中获得满足，而赝品的存在会削弱这种满意度。一些消费者使用赝品会抵消那些潜在的使用真品的寻求商品稀缺性的消费者意愿。而对商标的戏仿和嘲讽性的使用，消费者不会对产品的出处产生混淆，事实上这样的使用方式产生了一个净社会利益。这种利益对商标权人来说也具有正面影响，如果未经授权的第三方使用商标增加了消费者对商标的认识度，这种使用也是给商标权人的商标作了广告，对商标权人来说这也是一种获益。控制商标的成本必须结合商标的净利润来考量。例如，如果允许商标权人禁止其他人对其商标的批评或者讨论，会创造出一个社会成本，以减少真实言论为代价。例如，比较广告是被允许的，这是赋予竞争者的权利，竞争者可以使用对手商标，在媒介中使用商标，这种使用是非商业性使用。但是尽管有这些限制，允许产品制造者控制商标的显著性，淡化法的社会成本仍然超过了社会利益。例如，有关商标的非竞争性的言论、戏仿，就没有明确被界定为法定的权利。如果商标权人被允许控制有关商标的这些戏仿或者批评的言论，淡化法就造成社会净损失。淡化规则的使用还应考虑第三方的使用回避问题，这要求第三方对受保护的元素进行鉴别，避免侵权的发生。近几年，商标保护的主体已经扩张到超出传统的来源识别符号如文字、图案，还包括产品设计、产品结构、产品风格等。第三方试图避免侵权的发生，不仅仅要明白不能使用受保护的商标，还必须明白有一些内容他们也需要避免使用，也就是说作为第三方需要避免对他人商标的侵权使用。

第五章

商标显著性与我国商标法的完善

第五章 商标显著性与我国商标法的完善

经过充分的讨论和理论准备，我国第三次商标法修改终于尘埃落定，新商标法也已生效。本次修法强调商标使用，完善注册制度、规范了商标注册实质条件，优化了商标注册程序，加强了商标专用权保护和商标行政管理。本次修法不仅扩大了商标注册范围，删除了商标注册的可视性要求，增加了"声音等"标志可以注册的规定，而且明确了对商标显著性的要求。新法增加了"其他"缺乏显著性标志不得注册的要求，使通用名称和描述性标志成为缺乏显著性的特例，逻辑上更加周延。同时对于"注册商标成为其核定使用的商品的通用名称"的情形，新法允许任何人申请撤销。此外，新法还规定注册商标专用权人无权禁止他人正当使用注册商标中的非显著性部分。本章作为全书的总结，结合商标法的显著性理论，探讨商标法的修改以及商标法的未来发展。

第一节　进一步完善商标使用条款

"商标显著性理论"是我国商标法理论体系中的重要内容，其基本内容已经被纳入审判实践中，诸多商标纠纷案件涉及商标显著性争议，法院需要使用基本原理对争议商标显著性进行说明和判定。商标显著性四分法也深刻影响了我国司法实践，在相关判决中可以看到，法院试图对商标的固有显著性与获得显著性进行区分，其中对暗示性商标与描述性商标的区分更常见。但通过前文论述可知，暗示性商标与描述性商标的区分存在理论上的模糊之处，且极具主观性，所以仍需结合其他证明材料佐证。近几年的审判实践逐渐对商标显著性的判断提出一个基本规则,"即不易使相关公众将其作为商标进行识别,无法实现区分商品来源功能,从而不具有显著性"。❶ 这表明,在审判实践中需要抵触显著性四分法所带来的僵化特点。而判断商标是否具有显著性关键在于判断商标是否具有来源识别功能,这需要强调商标的使用。最高法院在相关判决中对商标显著性的判定进行了适用规则层面的阐述认为:"商标的基本功能在于使相关公众能够基于特定标识或服务的具体来源,通常而言,在判断特定标识自身是否具有显著性时应当围绕以下因素进行考量:(1)标志本身与其指定使用的商品或服务的关联程度。(2)判断标准应以相关公众的普遍知识水平和认知能力为依据。(3)判断标志构成要素是否具有显著性时,应当以相关行业的通常使用方式为基础。(4)标志的整体性判断原则。"❷ 从理论到司法实践,商标显著性判定的标准日益清晰而不再固守商标显著性四分法的公式性的套用。当然,商标显著性四分法在商标注册中作为认定显著性的依据之一仍然可以发挥一定的作用。本次修法的一大亮点在于对商标使用的进一步确认。有关商标显著性的研究,很多学者都注意到商标的显著性并不是静止的,而是随着使用不断变化发展的。有学者提出:"一个有效存在的商标必然是具有基础显著性的,而商标只有经过实际使用才能具有声誉显著性,具有声誉显著性就可以据以排斥在后商标。没有显著性的标识就是语言符号而已,绝不是商

---

❶❷ 泸州老窖股份有限公司与国家行政管理总局商标评审委员会其他二审行政判决书,(2015)高行(知)终字第3590号。

标。"❶ "声誉显著性,即商标声誉来源显著性,是指标识因实际使用而在相关领域的消费公众中凝聚的较高声誉所对应的商标标识的较强标示和区分属性。"❷ 商标具有声誉显著性,其相应的保护范围会有所增加,权利人在主张权利时也会处于比较优势的地位。例如在主张混淆可能侵权,以及商标淡化时,声誉显著性对于侵权是否成立的判断具有重要意义。为了表明商标显著性的重要性,在很多研究成果中已经不局限于商标固有显著性与获得显著性的划分,而是提出了很多不同角度的概念分类来强调商标显著性的重要性。归根结底,所有的概念选择都强调,商标只有经过使用才能具有更强的显著性,成为品牌。商标所有人为有效参与市场竞争,在商品或服务质量、宣传推广、售后服务等方面努力投入,以塑造强势品牌,在消费者心目中积淀品牌资产,这样商标的显著性就不断变化,增强或者减弱。而所谓固有显著性的概念,本身所包含的是标识的构成要素、结合标识所使用的商品或者服务的具体内容和性质对标识是否在商业活动中可以发挥来源识别功能而进行的初步判定,可以说商标具有固有显著性意味着商标具备了获得注册的前提条件,但是这不是获得全面的商标权保护的决定因素。"而使商标焕发生命力的决定因素在于商标的实际使用,也是商标获得全面保护的具有正当性的因素,这个结论已经在商标显著性理论中达成共识,没有实际使用,就没有

---

❶ 马强:"论商标的基础显著性",载《知识产权》2011年第8期,第16页。

❷ 江姜:"商标显著性的分类、认定及保护",载《重庆社会科学》2008年第12期,第70页。

商标保护意义上的显著性可言。"❶

在商标法修订之初，很多研究都批评了我国商标中的注册制度规定过于僵化。"注册制度带来的赋权效果挤压了商标使用的价值，从而造成商标的价值结构本末倒置。根据我国商标法的相关规定，申请商标注册无需有使用行为，甚至'意图使用'也不需要，注册原则下注册行为具有单独赋权效力，致使商标权取得中通过使用实现识别的实质要件不能满足，因此必然影响商标法基本价值目标的实现。"❷ 而在商标法实施过程中出现的商标抢注行为特别是未注册的知名商标被抢注，以及囤积商标伺机出售的商标掮客的出现就是对商标使用的重要性认识不足导致的结果，这只会造成商标法的实施违背商标权取得制度的设计初衷，使商标法在实施过程中背离商标法的价值目标。"认识到商标使用对于商标显著性的重要意义，我国学者提出应重视商标使用对于商标权效力的基础作用在固有显著性和获得显著性理论之外引入以商标使用为中心的基础显著性理论，借鉴美国和欧盟的商标制度，完善相应的异议、争议和诉讼程序制度。"❸

要实现商标使用价值的理性回归，首先要回到商标功能。如前所述，商标的功能在于来源识别，但我国商标法规定中所体现

---

❶ 江姜："商标显著性的分类、认定及保护"，载《重庆社会科学》2008年第12期，第70页。

❷ 付继存：《商标法的价值构造研究——以商标权的价值与形式为中心》，中国政法大学出版社2012年版，第33页。

❸ 钱昀："商标显著性之分解研究——以IPAD商标案为例"，载《电子知识产权》2013年第7期，第66页。

的商标的来源识别功能某种程度上在于标识间的区别。^❶ 任何能够将自然人、法人或者其他组织的商品区别开的可视性标志,包括文字、图形、字母、数字、三维标志和颜色组合和声音等,以及上述要素的组合,均可以作为商标申请注册。"商标法的规定是以商标的外观组成作为识别对象的,这种认知是浅层次的,并非商标真正的来源识别功能所在。"^❷ 商标来源识别功能的发挥不在于外观,因为商标不是作品,独创性和美学特征只能是锦上添花并非商标本质所在。商标只有与商品相结合,成为商业用途的标志,其来源识别功能才能发挥出来。因此,商标来源识别功能的体现在于商标与产品、市场以及消费者相结合。在研究商标的历史发展中,可以看到由于市场竞争的迅速发展,同种同质的商品越来越多,这样为防止相同和相似的产品不易被区分,使用商标成为必要,但这不是商标存在的唯一价值。商标的价值不在于外观而是来源于商标所凝结的在市场中形成的商誉、消费者的认知度,这些被认为是商标的软性价值,商标不仅仅是符号。商标的来源识别功能不可能是由设计者创造的,也不会被行政程序创造出来,商标的来源识别功能是通过商标使用由市场和消费者认可的。而我国商标制度的实施中产生了大量基于商标注册的行政程序而创造的商标,这些商标并没有和商品相结合上市,其本身还不具有市场价值。"有学者甚至指出,现阶段不少商标权纠纷正是由于这种行政创设性注册而产生的,不少纠纷的标的就是这

---

❶ 钱昀:"商标显著性之分解研究——以 IPAD 商标案为例",载《电子知识产权》2013 年第 7 期,第 66 页。

❷ 罗宗奎:"'知识共有'理论下商标取得的本质解读",载《知识产权》2013 年第 5 期,第 25 页。

种通过行政程序创设的商标和商标权。"❶ 商标显著性是商标的来源识别功能的具体体现，是商标的真正价值所在。所谓商标保护，所要保护的就是商标的显著性。

《商标法》第 9 条规定，申请注册的商标，应当有显著特征，便于识别，并不得与他人在先取得的合法权利相冲突。本条所规定的商标显著性主要指的是商标设计完成时所具有的显著性，即通过使用文字、图形、字母、数字、三维标志、颜色组成、声音及上述要素的组合而形成的设计意义上的显著性，这样的显著性是浅层次的。《商标法》第 11 条规定，缺乏第 9 条所要求的显著性的标志经过使用取得显著特征，并便于识别的，可以作为商标注册，这便是获得显著性。事实上，根据我国现行商标法的规定，商标注册时所要求的"显著性"是最低限度的显著性，这仅仅意味着作为商标的标识达到其本身具有区别于其他标识能力的要求，是因其构成要素的外观在其原始标志设计上所具备的可识别性。商标法中的识别定位，是聚焦于商标未与产品相结合时，这时的标识还仅仅是文字、图形、符号或者这些元素的组合的一般的可识别性，还没有与消费者辨识产品相结合。而强调显著性的不断发展在于，商标通过使用，在品牌运营过程中产生的加值价值要远远超出基础显著性本身，商标的显著性会随着商标的使用得到提升。通过使用获得的显著性更能从本质上体现商标的功能和作用，对商标权人来说意义重大。

因为我国商标立法坚持注册中心主义，制度本身的特点决定了对未注册商标的保护具有局限性，本次商标法修改体现了弥补

---

❶ 钱昀："商标显著性之分解研究——以 IPAD 商标案为例"，载《电子知识产权》2013 年第 7 期，第 66 页。

这一制度不足的要求，在商标法中加入了商标先用权制度。在之前的商标法实施过程中，因为未明确规定未注册商标先用权制度，在司法实践中为了解决先用权人与商标权人之间的权利冲突，出现了不同的解决方案：或是严格依照《商标法》的规定，或是引入《反不当竞争法》《民法通则》作为解决纠纷的依据。因为适用法律的不同，裁判结果也不同，在先使用人的正当利益往往很难保障，所以，增加对未注册商标的先用权规定是顺应司法实践要求的结果。确立商标先用权制度具有两个重大意义：（1）使商标法所追求的公平正义的价值理念得以贯彻实现；（2）弥补了商标注册确权制度的固有缺陷。同样也保护了消费者的利益，确保在先权利人对其未注册商标的使用，对于既存的消费群体来说，这些商标的来源识别功能可以继续发挥，不会造成混淆。这就保护了消费者对既存商标的信赖利益，所以对注册商标专用权予以一定的限制具有合理性。

　　商标权利取得制度是商标法领域中的一个历久弥新的议题，而确立一个兼顾公平与效率的商标权利取得制度，也是我国商标法第三次修订所要解决的一个急迫问题。何为商标使用，我国原商标法规定的不是很明确，仅在《商标法实施条例》中对商标使用方式做了列举性规定，分析该法条可以看到，将商标用于商品交易文书、广告宣传、展览都可以看做商标使用行为。有学者认为这样的规定对注册商标的使用要求过低，不符合对商标实际使用的要求。"因为商标的实际使用是指商标符号与其特定商品或者服务产生唯一对应联系的使用，是可以产生区分来源功能的使用，而非单独的广告，产品样品少量销售等象征性使用。"❶ 而随着商标权人营销策略的花样翻新，广告和样品销售等手段也成为宣传品牌产品的有力手段，所以对商标的实际使用要求亦不宜过高，只要对商标的使用发挥了商标的识别功能，就可以认定为使用。新商标法吸收了现行《商标法实施条例》第3条的规定，明确了商标使用的定义"本法所称商标的使用，是指将商标用于商品、商品包装或者容器以及商品交易文书上，或者将商标用于广告宣传、展览以及其他商业活动中，用于识别商品来源的行为"。这标志着我国商标法强化了商标使用的义务，但对商标使用的规定并没有施以严格限制，这是符合商标法的立法趋势的。国外的一些判例已经显示出对传统使用的观念突破的判例，例如在澳大利亚 Barefoot 案中，最终判定不被商标权人控制或知情的他人使用也构成商标使用。❷ 而针对在我国出现的对外国商标译名或者简称的抢注问题，我国学者提出了"被动使用"的概念，总体来说，解决商标使用过程中出现的新问题，总体思路还是需要从商标的识别功能来判断。"近几年的司法实践中，最高人民法院逐渐总结出了商标确权案件中不使用商标的正当理由，具体包括不可抗力、政策性限制、破产清算等客观事由。同时指出：如有真实使用商标的意图，并且有实际使用的必要准备，均可以认定有正当理由。可见，在我国意图使用也被视为商标使用，借鉴了美

---

❶ 钱昀："商标显著性之分解研究——以 IPAD 商标案为例"，载《电子知识产权》2013 年第 7 期，第 67 页。

❷ 董慧娟："澳大利亚 Barefoot 案对商标'使用'含义的突破及引发的思考"，载《电子知识产权》2011 年第 5 期，第 79 页。

国商标法的相关规定。"❶

意识到商标使用的重要，要求在我国商标法中建立类似美国商标注册的主、副簿制度的建议也受到热议，根据该提议，对申请时缺乏显著性的标志暂时放在副簿中，如果该商标经过使用取得了显著性，则可根据申请人的申请，放入主注册簿中。鉴于我国商标制度向来以注册为主，所以从商标使用角度建构的程序可以说是空白，要确保这一制度的正常有效运行还需要相关配套制度的完善。例如，如何判断商标经过使用获得显著性即第二含义。我国《商标审理标准》对此只做了原则性的规定，认为《商标法》第11条第1款所指的标志经使用已形成特定的市场含义，成为相关公众识别该使用人提供的商品或服务的标志的，可以作为商标注册"。究竟在何种情况下才视为"已形成特定的市场含义"，《商标审理标准》没有作进一步的阐释。所以，对商标使用取得保护制度的构建和实施仍需在理论和司法实践中探索。

经过修改，我国现行商标法进一步调整了商标使用与商标注册的关系，《商标法》第59条规定："商标注册人申请商标注册前，他人已经在同一种商品或者类似商品上先于商标注册人使用与注册商标相同或者近似并有一定影响的商标的，注册商标专用权人无权禁止该使用人在原使用范围内继续使用该商标，但可以要求其附加适当区别标识。"该条明确规定在先商标的使用并获得一定影响，事实上对在先商标的显著性提出了要求，以在后商标的"申请日"作为判断在先商标显著性的时间。而如何解释"获得一定影响"，是留待司法实践所要解决的问题，如果采取一

---

❶ 王莲峰："我国商标权利取得制度的不足与完善"，载《法学》2012年第11期，第75页。

个较低的标准，即只要在先商标具备了来源识别功能就可以认定为获得一定影响，如果采取一个较高的标准则要求在先商标必须在其产品销售的一定地域内驰名。本条将"继续使用"的范围限制在原使用范围内，但目前尚不清楚这一范围是否主要指地域范围。❶ 从产品流通角度看，如果在先商标使用在普通的日常消费品种，其产品的流通地域范围很广，产品可以行销全国乃至全球，这样随着商标使用，显著性不断增强，不可避免会出现混淆，不利于品牌建设。所以本条中的"原使用范围"，应当限定在最初核定使用的产品中。

第二节 商标显著性判定规则的完善

一、第二含义判定规则的完善

在商标法理论和司法实践中，我国商标法体系都接受了获得显著性理论。在泸州老窖商标争议案中，最高院在判决中对商标第二含义的判定作出了比较详细的归纳，认为："在标志本身缺乏显著性的情况下，其并不当然是去作为商标获准注册的可能性，该标志亦可以通过在市场流通、经营过程中的实际使用，获得其固有含义以外的'第二含义'，即通过实际、有效使用获得显著性。在判断标志是否通过使用获得显著性时，应当结合以下因素进行考量：（1）该标志实际使用的方式、效果、作用，即是

---

❶ 邵冲："我国未注册商标先用权制度之探究"，载《武陵学刊》2013年第2期，第85页。

否以商标的方式进行使用；（2）该标志实际持续使用的时间、地域、范围、销售规模等经营情况；（3）该标志在相关公众中的知晓程度；（4）该标志通过使用具有显著性的其他因素。"❶ 显著性理论运用于商标法内部各项具体制度时，认定标准的侧重点有所不同，会导致不同的法律效果，比如，商标注册制度中显著性的认定与商标权利救济制度中显著性的认定，在时间、要素上均有所区别。第二含义的判断主要应围绕对该标识的使用情况进行，但是具体判定时仍需根据商标使用情况的不同，作出具体分析。"法院认为，不具有固有显著性的商标如果通过实际使用获得一定知名度，并在消费者心目中建立了相应的认知，则可以认定为其具有获得显著性。此处的知名度要求应与驰名商标的要求相一致。"❷ 为获得显著性设定这一知名度标准，主是基于以下考虑：此类标志之所以不具有固有显著性，究其根源在于该类标志均具有识别作用之外的其他"固有"含义，且相关公众对上述"固有"含义均有所认知（例如，对于颜色组合标志而言，其本身固有的指代颜色这一含义使得相关公众通常会将其认知为商品或服务的颜色，而非商标。对于三维立体标志而言，其本身的固有含义常会使得相关公众通常将其认知为商品包装物或形状等，而非商标。对于直接描述性的平面标志而言，相关公众通常会基于其固有含义而认为其系对商品或服务的质量、原料等特点的描述，而非作为商标使用）。此种情况下，使用者如希望相关公众

---

❶ 泸州老窖股份有限公司与国家行政管理总局商标评审委员会其他二审行政判决书，（2015）高行（知）终字第3590号。

❷ 芮松艳："商标法显著性条款的理解与适用"，载《中华商标》2009年第9期，第66页。

对该类标志产生"商标"的认知，其必须使该类标志的商标识别含义强于其"固有"的含义，而因为相关公众对于这一固有含义通常具有较为强烈的认知，故只有该使用行为使该标志具有很高知名程度时方可能达到这一效果。同时，因相关公众对该类标志固有含义的认知会基于同行业经营者的使用情况等因素被加深，在此种情况下，只有具有更高的知名程度时，在相关公众心目中所产生的商标识别力的认知才可能高于其固有含义，故此种情况下应有更高的知名度举证要求。但将显著性等同于驰名还是有待商榷的。从前文分析可以看出，从理论研究和域外判例中都没有将获得显著性的判断和驰名商标的认定联系起来，"对于获得显著性的判断，主要应从使用主体、使用方式以及使用效果三方面进行考虑，其中使用效果是关键"。❶只要商标可以发挥来源识别功能就可以获得注册，而驰名商标的显著性判定问题则是在确认商标具有基本的来源识别功能的前提下对商标的知名度进行的判断。最高法院在相关判决中并没有使用"知名度"作为依据，而是使用标识在相关公众中的"知晓程度"为表述。

我国相关立法中对显著性的判断主体并没有明确规定，在理论与司法实践中一般主张以"相关公众"为判断主体，依据《最高人民法院关于审理商标民事纠纷案件适用法律若干问题的解释》，"相关公众"是指与商标所标识的某类商品或者服务有关的消费者和与前述商品或者服务的营销有密切关系的其他经营者。简言之，"相关公众"是指接受与商标所标识的某类商品或者服务的消费者，以及提供该类商品或者服务的销售者，凡与此无关

---

❶ 周园："重构我国商标注册实质条件"，载《知识产权》2012年第5期，第53页。

的"公众",不在"相关公众"之列。《商标审查标准》规定了在认定商标显著性时要考虑相关公众的认知习惯、社会通常观念、相关公众对该商标的认知情况。可见,相关公众在审查商标是否具有显著性时是一个需要考虑的重要因素。在商标显著性判断这个问题上,不能脱离使用商品或服务所属行业的实际情况和相关公众的认知水平。专业性较强的商品或服务,相关公众一般仅为该行业的相关人员,由于其具备相应的专业水平和判断能力,对商品或商标的注意和认知程度通常高于普通消费者对普通消费品的注意程度,在商标显著性的判断上亦会呈现出不同于一般消费者的特点。商标的基本功能是来源识别,而这种指示来源的功能正是形成在普通消费者心理中的,消费者在长期的购买行为中形成了对特定商品或服务的固定认识,通过商标与其他同种类的商品或服务进行区分,此时商标的显著性才得以实现。商标是生产者与消费者之间沟通的桥梁,桥梁能否建成的关键就在于消费者能否接受并认同该商标。因此,生产者往往做大量的广告宣传,以增加商标在消费者心目中的影响,这种影响就是商标的显著性,所以判断显著性时当然也要从消费者的角度入手。从我国目前的司法实践看,还没有形成明确的证明规则,以消费者为中心的证明体系还没有建立起来,而且事实上,在进行商标获得显著性的判断时,往往是法官综合各种证据对消费者的意识进行了一种预判。这种判决结果的形成是缺乏说服力的。

　　美国在商标确权和侵权判例中建立了比较完备的调查证据规则,欧盟也有调查证据的规定。通过对我国审判实践的总结,我国在判断某标志是否取得第二含义并获得显著性,一般考虑的因素包括商标使用在产品中的时间以及使用的方式、产品的产量、销量和广告投入状况等。《商标审查及审理标准》对于如何判断商标显著性作出了一般规定，但这个规定并不细致。总的来说，"商标显著特征的判定应当综合考虑构成商标的标志本身（含义、称呼和外观构成）、商标指定使用商品、商标指定使用商品的相关公众的认知习惯、商标指定使用商品所属行业的实际使用情况等因素。"❶ 在第二部分"商标显著特征的审查"还指出"其他缺乏显著特征的标志，是指《商标法》第 11 条第 1 款第（一）、（二）项以外的依照社会通常观念其本身或者作为商标使用在指定使用商品上不具备表示商品来源作用的标志。"但是本身不具备显著特征的标志可以经过使用取得商标显著特征。如果在使用后能够起到区分商品来源作用的，可以作为商标注册。对经过使用取得显著特征的商标的审查，应考虑相关公众对该商标的认知情况、申请人实际使用该商标的情况以及该商标经使用取得显著特征的其他因素。无论是在商标法中还是在商标审查标准中，我国法律体系都没有提及显著性的调查证据。但是在司法实践中，已经有权利人在提交证据时提供了专业调查机构出具的消费者调查证明，可以看出，商标的调查证据未来会成为主要的证据形式，具有重要的证明力，我国在未来的商标司法实践中，应对这种证据类型进行确认。

经过前文论证，本书拟就调查证据的形式要求提出几点建议。权利人提供的调查证据并不是没有形式要求的，法院不能对任何形式的调查证据都全盘接受。首先，权利人所提交的调查证据应说明受访者的选择方式，注意访问的形式。例如在欧盟的法律中，这样的调查证据就不被接受，在确定新"古奇"标志显著

---

❶ 江姜："商标显著性的分类、认定及保护"，载《重庆社会科学》2008 年第 12 期，第 72 页。

性的调查中,访问者不应该站在古奇店外面,并采访刚刚从店里走出来的人。也就是说,在商标显著性调查中,如果调查设计选择的受访人群对商标过于熟悉,调查结果的可信度会受到影响。其次,调查问卷中所提的问题也必须是无诱导性的,具体来说访问者不能提出一些诱导性的问题,使受访者推测一些原本他根本不会去设想的状况。最后,对于接受调查访问的对象,以及采访方式、问题都应当公开,采访地点、受访者回答问题的方式、问题结果的分类分析方式等都必须详细说明。理想化的结果应该是调查的最终结果能够确定一个统计意义上的结论。但是对于受访者的人数,法律无法作出强制的规定,因为对于那些目标市场小而集中的产品来说,调查范围具有局限性,而那些常用的销售范围很大的日常消费品或者服务通常要求选取1 000名受访者。在欧盟的司法实践中,具有经验的中立机构出具的调查证据亦受到采信,如果使用此类机构出具的调查结论,机构应该提交书面的结果报告并阐明调查的结论以及调查指示函和其他上面涉及的事项。因为发表了支持言论而必然被选择的个人消费者的观点不具有统计意义。总之,调查统计结论最终要证明的是消费者将由文字、形状或者颜色、声音组成的商标与申请人的产品或者服务相联系。

商标的使用方式是多样的,从法律上构建商标显著性的判定规则无法面面俱到,从目前看,调查证据是最为全面和客观的证据。在商标理论的研究中,已经有学者注意到实证研究证据的重要性,且从行业发展来看,我国已经具有可以提供详细调查研究分析的专业机构出具调查证据。所以,应当在我国的审判实践中逐渐确认调查证据的权威性,并逐渐总结和形成判定商标第二含义的具体规则。

二、颜色商标显著性的判定

《中华人民共和国商标法修正案（草案）》增加"在商品、商品包装上使用的单一颜色，通过使用取得显著特征，能够将该商品与其他的商品区别开的，可以作为商标申请注册"，作为第8条第2款。这一款被认为是对商标保护范围的又一突破，因为原《商标法》在第八项的标志列举中在提到颜色时，都是以"颜色组合"为保护对象的，单一的颜色是不能成为受商标法保护的标志的，但是在正式法律出台后，这条被删除，可见我国立法仍然认为单一颜色不能作为商标注册。

颜色商标作为一种商标类型已经被各国立法所接受。只是就单一颜色是否可以注册为商标仍然存在争议。我国立法仍然没有赋予单一颜色以显著性。TRIPS协定规定颜色的组合可以构成商标，就单一颜色是否允许构成商标存在争议亦没有明确规定，但是由于TRIPS协定与巴黎公约包含对成员的基本授权，即成员有权自行决定商标注册的条件以及拒绝商标注册的理由，只要不抵触TRIPS协定与巴黎公约的义务。因此，我国以单一颜色为由拒绝注册并不抵触TRIPS协定义务。

虽然现行商标法中单一颜色未被明列为可申请注册商标，然而实践中已有单一颜色商标的注册申请。我国商标局曾受理过单一颜色商标的跨国注册申请。"英国吉百利公司在2003年申请将紫色注册为商标。申请人提交了有关申请商标通过长期使用已经获得显著性的证据材料。经过审查，商标局认为申请人提供的证据足以证明该商标已经获得显著性，准予初步审定并公告。德国凯莱公司曾经根据《马德里协定》要求将其已注册的单一颜色商标延伸保护至我国。申请商标为使用在商品包装上的薄膜颜色，该颜色为黄色。经过审查，商标局认为单一颜色使用在相关商品上不能起到区分商品来源的作用，因此以缺乏显著性为由拒绝领土延伸保护申请。美国玛氏公司于也曾经提出单一颜色商标注册申请，申请的商标是作为背景适用于商品的包装、广告以及宣传材料上的一种紫色。商标局同样以该颜色商标整体缺乏显著性为由驳回该商标的注册申请。澳大利亚布兰博公司申请单一蓝色商标注册，也因缺乏显著性被拒绝。"❶ 可见，在商标注册申请实践中，我国商标审查机构并未以商标法不保护单一颜色商标为由拒绝注册申请，而大多是以单一颜色商标不具备显著性为由拒绝注册。可以预见，单一颜色申请注册为商标除非可以证明具有相当的显著性，否则很难获得注册。

"我国学者认为，颜色不具有'固有显著性'则是在孤立地看待颜色本身的视角下得出的错误结论，因为就任何标志而言，当其被与特定主体的商品或服务相联系之前，都不存在显著性的问题。当颜色被以某种特殊的方式与特定的商品或服务相联系时，例如在商品或包装上的某一特殊位置使用，其显著性会更强，却不能泛泛地认为，某种颜色天生就没有显著性。"❷ 所以，判定颜色商标是否具有显著性仍然要结合商标的使用情况，判断商标是否具有来源区分功能。我国立法对单一颜色商标的注册持保守谨慎的态度是符合颜色商标注册的理论和审判实践的。因为从颜色商标理论的发展看，单一颜色是否具有固有显著性是一个

---

❶ 湛茜："单一颜色商标的注册问题研究"，载《暨南学报》2012年第10期，第116页。

❷ 李宗辉："非传统商标的显著性及其注册条件"，载《中华商标》2012年第11期，第46页。

悬而未决的问题，而那些获得注册的颜色商标大部分都是证明获得了第二含义的商标。从理论上来说，单一颜色商标获得注册是没有障碍的，所以不应对单一颜色商标的注册一概排斥，如果单一颜色具有第二含义就可以获得注册，但是还需完善颜色商标注册申请的判定以及程序规则。颜色商标理论上是不存在穷尽可能的，但需要防止通过法律授权造成对单一颜色的垄断。不同于文字商标和声音商标，颜色商标的固有显著性认定存在认知上的障碍，这导致商标显著性四分法在颜色商标显著性判定中适用的余地不大，所以在颜色商标注册时应更强调经过适用获得来源识别功能。通过比较分析，可以看出颜色商标注册涉及功能性的判定，在药品、机械产品中对颜色的使用与消费者的消费心理密切相关，所以一些具有功能性的颜色不宜作为商标注册，这需要在未来的司法实践中对商标的功能性理论作出进一步发展。

三、声音商标显著性的判定

对声音商标的确认被认为是我国立法突破了对商标可视性的要求。尽管从通常的商标使用和消费者习惯看，消费者将声音与特定的产品或者服务联系起来比较抽象，比起传统的可视性商标来说理解和判断都存在困难，但实践证明，声音作为商标是可行的。同样是作为一种反复和集中的使用产生的强化结果，只要具备商标法中所要求的显著性，声音注册为商标就不存在障碍。接下来，需要对声音商标显著性的审查判断作出规定，因为声音商标是非可视性的商标，其注册的条件比起传统商标来说更复杂抽象。《中华人民共和国商标法实施条例（2014年修订）》第13条规定，以声音标志申请注册商标的，应当在申请书中予以声明，报送符合要求的声音样本，并应说明商标的使用方式。申请注册声音商标，应以五线谱或简谱加以描述，并附加文字说明；无法以五线谱或简谱描述的，应该使用文字进行描述。商标描述应当与声音样本一致。

  需要明确的是，声音商标必须是表示特定的产品或者服务的来源而不是单纯的声音或者声音的渲染，声音商标作为商标的一种，仍然必须具备显著性。在实践中，对于声音商标是否具有固有显著性还存在争议，声音商标是否能获得注册还需要个案认定，从个案中总结出可以使用的规则。"我国学者认为，一段声音如果仅仅是渲染播放这段旋律，那就不具备商标的基本功能，声音商标的价值就无从谈起。并提出有四种声音是缺乏商标显著性的，具体为，直接体现了商品或服务自身固有的声音；常见性的公共资源声音；过分简短、简洁和时长过长、复杂的声音；特别不悦耳的、有损人们心理感受的声音。"❶ 总之，声音商标作为商标的一种形式已经在我国商标法中得到了确认，接下来需要在司法实践中逐渐探索出声音商标显著性的判定标准。对域外判例的研究可以看出，声音商标显著性的判定仍然存在固有显著性与获得显著性区分的争议，但商标显著性四分法理论并不能很好地解决非文字性商标的显著性判定。而声音商标显著性有其自身特点，具有独创性的旋律或者声音可以认定为臆造商标，关键在于防止将在产品使用或者运行过程中产生的不具有显著性的具有功能性的声音认定为商标，这仍然需要结合商标使用来考察。而美国判例法中的声音清单认定制度并不是解决声音商标判定的优选策略，仍应该以是否具有来源识别功能作为声音商标显著性判定标准。

---

  ❶ 李宗辉："非传统商标的显著性及其注册条件"，载《中华商标》2012年第11期，第45页。

四、商业外观显著性的判定

我国商标法中并没有商业外观的概念,对商业外观的探讨仅限于学术研究范围内。但是我国商标法中对立体商标做了规定,立体商标是商业外观的类型之一。我国司法实践认为,三维标志具有相对较低的固有显著性。"通常而言,三维标志作为商标使用包含三种使用方式:用作商品本身的形状;用作商品的包装;用作商品或服务的装饰。上述三种使用方式中,除三维标志作为商品或服务的装饰使用时与商品或服务的特点通常并无关联外,在其他两种使用方式下,相关公众看到该三维标志时,通常会将其认知为商品的包装或商品本身的形状,而并不会将其作为商标认知。上述情形足以说明,在上述两种使用方式下,三维标志表示了商品的相关特点,整体上并不具有固有显著性。与平面标志不同,对于'特定的'三维标志而言,其是否系使用者所独创或其是否为臆造标志与其所具有的固有显著性程度并无直接关系。对于平面标志而言,臆造的词或图形显然具有更高的固有显著性程度。但三维标志则不然。只要该三维标志被用作商品的包装或商品本身的形状,即便该三维标志从未在该类商品上使用过,相关公众仍会将其作为商品包装或商品本身的形状认知,至多会认为该商品包装或商品形状较为'新颖'而已,却并不会因此而将其作为商标认知。"❶ 之所以会存在这一情形,究其根本在于固有显著性的判断系以相关公众为判断主体,而对于三维标志,影响相关公众认知的因素为使用方式,而非标志本身,这一判断原则

---

❶ 林劲标:"雀巢 PK 味事达'酱油瓶'之争",载人民法院报 http://rmfyb.chinacourt.org/paper/html/2011-03/05/content_23635.htm。

使得三维标志的固有显著性并不会受其是否独创或是否系臆造所影响。三维标志的固有显著性程度主要受其使用方式影响，而与该标志是否系独创或是否系臆造并无关联，无论争议商标是否是独创的，均不会影响争议商标固有显著性的判断。实践中，对于商业外观获得显著性的判断仍然使用了知名程度的认定标准。"如果使用者可以证明全国范围的相关公众对使用在特定商品或服务上的某一标志已广为知晓，且能够将其与使用者之间建立起了唯一对应关系，则可以认定该标志在这一商品或服务上具有获得显著性。因这一知名度标准与驰名商标的知名度标准基本相同，故对于获得显著性的举证要求可以参照驰名商标的相关规定。"❶ 通常情况下，如果相关公众对某一标志的固有含义的认知程度越高，则对其知名程度的举证要求亦越高。在商业外观显著性的判定中，我国司法实践仍然坚持了固有显著性和获得显著性的二分判断法，鉴于商业外观的特点，使用这种方法会导致大量具有显著性的商业外观因为不具有固有显著性而不能获得注册；或者需要申请人提供大量证据证明获得显著性，而获得显著性的证明门槛过高，又增加了申请人的证明成本。在未来的司法实践中还应结合交易习惯，纠正这种认定方式带来的负面影响。

我国商标法律体系在对商业外观显著性的判定中确立了非功能性原则。《商标法》第12条规定，以三维标志申请注册商标的，仅由商品自身的性质产生的形状、为获得技术效果而需有的商品形状或者使商品具有实质性价值的形状，不得注册。原因在于，争议商标如不符合《商标法》第11条第1款的规定，仅意

---

❶ 袁博："论立体商标的注册条件：非功能性和显著性"，载《中华商标》2013年第3期，第78页。

味着争议商标在现有情况下无法作为商标予以注册，却并不排除其将来经过使用获得显著性从而获得注册的可能性。但《商标法》第12条则不然，因该条款中并未规定此类三维标志可以在一定条件下获准注册，故一旦认定其不符合《商标法》第12条的规定，将意味着争议商标将不再具有被核准注册的可能性。对三维标志功能性的认定应结合考虑"美感"与"实质性价值"两个要素。虽然商标所有人在设计其商标时通常会考虑其美感要素，但具有美感的三维标志只有在同时使该商品具有了"实质性价值"时，才可以认定其具有《商标法》第12条规定的功能性。因为商品的实质性价值通常由相关公众的购买行为实现，故对于"实质性价值"的判断应以消费者为判断主体。通常情况下，如果决定消费者是否购买该商品的因素在于该三维标志本身，而非该标志所指代的商品提供者，则该三维标志应被认定为对商品具有"实质性价值"。具有功能性的三维标志之所以不能作为商标注册，主要原因在于：首先，这一保护缺乏商标法的利益基础。商标法保护的是商标的识别功能为商标所有人带来的利益，但对于具有功能性的标志而言，即使该标志同时具有了识别功能，决定消费者购买行为的仍然是该标志本身所具有的外观美感，在此种情况下，如果商标法为此种标志提供保护必然意味着其客观上保护了该"外观美感"而非识别功能，为所有人带来的利益，这显然超出了商标法的保护范围。其次，具有功能性的标志在很多情况下可能构成受著作权法保护的作品以及受专利法保护的外观设计专利，故在考虑其是否可以注册为商标时，亦要考虑不同法律之间具体法律制度的协调。著作权法与专利法均明确规定了权利的保护期，商标法虽规定了注册商标专用权期限，但因其同时还规定了续展制度，故这意味着只要商标权人进行续展，注册商标专用权实际上可以无限期地得到保护。在此情况下，如果商标法为具有"功能性"的三维标志提供保护，则不仅意味着客观上保护了商标法保护范围之外的"外观美感"，而且同时意味着该三维标志即使在已超过作品著作权或外观设计专利权保护期的情况下，也可依据商标法的规定进行保护。这实际上使得著作权法、专利法中有关权利期限的制度在相当程度上落空。最后，这一保护使同业经营者处于不合理的竞争劣势。对于具有功能性的三维立体标志，考虑到该外观美感对购买行为的决定性影响，同业经营者很可能会希望在其商品上使用该外观以加强其竞争能力。因为外观美感并非商标法的保护对象，如果具有美学功能性的三维立体标志已超过了著作权法及专利法规定的保护期，则同业经营者理应有权利使用该标志。但如果商标法为其提供了注册商标的保护，则将意味着此种情况下同业经营者的使用行为可能会构成侵犯注册商标专用权的行为，这显然不合理地占用了公有资源，并使得同业经营者处于不合理的竞争劣势。

总体来看，因为没有对商业外观的专门立法，我国法律体系对商业外观的保护是多方位的，如果权利人的商业外观具有独创性或者具有技术上的创新可以受到著作权法或者专利法的保护，但是从法理层面分析，这些保护都不是对商业外观作为商标的保护而是对其具有作品特点和外观设计的特点进行的保护。对商业外观提供最全面保护的是反不正当竞争法。有学者指出知名商品名称、包装和装潢这些要素都可以看做商业外观，对这些要素的保护是我国法律对商业外观权益的认可，我国反不正当竞争法对上述元素都给予保护。我国《反不正当竞争法》第5条第2款规定：经营者不得采用以下不正当手段从事市场交易，损害竞争对手——擅自使用知名商品特有的名称、包装、装潢，或者使用与知名商品相近似的名称、包装、装潢，造成与他人的知名商品相混淆，使购买者误认为是该知名商品的。这表明我国将包装装潢当做权利予以保护必须同时满足三个条件：商品知名性、特有性与混淆性。我国反不正当竞争法对商业外观的保护是设置了严格限制的，法律规定只有使用在"知名商品"中的包装装潢才能受到保护，也就是说如果商品被认定为非知名的就不能受到保护。在《关于审理不正当竞争案件的解释》中再一次强调了商品的"知名性"要求。事实上，这是不符合商业外观保护的基本原理的，只要商业外观具有来源识别功能就可以获得保护，而我国法律对商业外观保护施加了一个"知名"的要求就提高了保护标准，该解释对"知名"的解释是知名是相关公众对商品的知悉，也就是说消费者必须知道而且熟悉商品和商业外观，法律设计的逻辑起点在于承认商业外观具有来源识别功能，只要具有此功能就可以受到法律保护，而加入知名性要求显然画蛇添足。况且我国商标法对商标的保护并没有设置所谓的知名要求，而对商业外观施加该要求显然会造成不平等的保护。

值得一提的是，该解释对商业外观的界定进行了扩大，第3条中将"营业场所的整体形象"认定为产品包装、装潢的范畴。其中对营业场所整体形象的要求并不强调必须具有知名度，即只要营业场所的整体形象具有来源识别功能就可以受到保护。事实上，在商业外观保护中增加"知名"的要求会增加解决争议的成本并导致权利人主张权利的困难。特别是"知名"的要求是不利于我国中小企业的发展的，他们在主张对商业外观权利进行保护时要承担沉重的证明责任和成本，在权利受到侵害时维权成本更高。商业外观具有知名度意味着其具有市场竞争优势，但是这种优势的积累是有一个过程的。当商业外观尚未达到法律规定的知名时，而其设计和创意又足够与众不同，不属于相关产品或者服务中的通用设计类型，权利人就可以使用这种商业外观构建品牌形象，积累信誉。如果法律因其未达到知名度而不给予其保护就意味着任何人都可以对这些商业外观进行模仿，这会给权利人造成损失。在商业外观获得法律规定的知名度之前，权利人势必要进行大量财力、物力的投入进行宣传，提高其商业外观的知名度，这些高成本的投入对中小企业来说是很大的成本支出。因此，在反正不当竞争法中对商业外观的保护附加知名性的要求无疑会阻碍我国中小企业的发展，为企业运营增加了法律成本。

在理论中，有学者试图对法律规定的不足之处进行修正，孔祥俊法官在其著作中指出我国反不正当竞争法中规定的"特有""知名"实际上和商标法中的"显著性"是同义的，虽然表述不同但是意思一样。也就是说用显著性来解释法律规定中的"特有"和"知名"是合理的，这样解释可以保护商业外观的来源识别功能，也可以将商业外观保护和商标保护更好地衔接起来，达到立法目标。使用显著性的概念不仅可以统一法律表述，也可以纠正法律实践中的错误认识，将商业外观保护的关注点从"知名"转移到"混淆可能"。总之，保护商业外观不是以产品或者服务的知名为原则的，而是应当以使用是否会造成消费者混淆作为判断依据。

第三节　商标侵权判定规则的完善

一、我国商标法有关商标混淆可能判定规则的完善

本次商标法修改调整了商标侵权的构成，区分商品商标均相同与近似类似的情况，同时引入混淆要件，并增加帮助侵权形态的规定。现行《商标法》第 57 条规定："未经商标注册人的许可，在同一种商品上使用与其注册商标相同的商标的，未经商标注册人的许可，在同一种商品上使用与其注册商标近似的商标，或者在类似商品上使用与其注册商标相同或者近似的商标，容易导致混淆的"，均属于侵犯注册商标专用权行为。根据新法规定，未经商标注册人的许可，在同一种商品上使用与其注册商标相同的商标直接认定为侵权，而在类似商品上使用与他人注册商品相同或者近似的商标则需要判断混淆可能。

混淆可能性是判断商标侵权的基本标准，其概念及认定标准一直是各国商标理论研究的重点。在判断商标混淆可能性时，商标标识的相似性、商标所标示的产品的近似、商标显著性的强度、相关消费者的注意力是主要的衡量要素。这些要素应当综合考察，不能互相割裂。实践中，应根据具体的案情综合考虑不同的因素来判断是否可能构成混淆。我国《商标法实施条例（修订草案）》第 22 条明确了类似商品、类似服务的概念，类似商品是指在功能、用途、生产部门、销售渠道、消费对象等方面相同或基本相同的商品。类似服务，是指在服务的目的、内容、方式、对象等方面相同或者基本相同的服务。第 23 条规定了商标近似

的概念，是指文字字形、读音、含义或者图形的构图及颜色，或者其各要素组合后的整体结构相似，或者其立体形状、颜色组合、声音旋律相似。商标的相似是从商标所蕴含的意义的相似程度方面对商标进行考察，包括心理认知、商业、社会的含义以及商标的语言特点。由于不同地区、不同文化对同一商标的含义在理解上会存在差异，因此，考察商标含义是否近似时，也需要以商标实际使用地的消费者的认知能力并结合当地文化背景等因素全面考量。我国商标法中有关商标混淆可能的认定长期存在一种"循环认定"的情形。我国原商标法将商品或者服务的相同和近似以及商标间的相同或近似作为判断是否造成混淆可能的依据，且在商标法中只是列举了商标侵权的几种形式并没有支持商标侵权成立的实质要件。随后在最高院出台的有关商标侵权认定的司法解释中引入了商标混淆可能性标准，但是从司法实践看，在对商标侵权认定的使用顺序方面又出现了错位。根据司法解释的规定，商标的混淆可能是认定商标近似与产品或者服务近似的因素之一，而实际上在司法实践中商品或者服务的类似和商标间的相似度是用来推定是否使用会造成混淆可能。这样，我国司法实践中有关商标混淆的侵权认定的标准就出现了错位，进而导致对商品或者服务之间的近似、商标间的近似与商标混淆可能之间的循环认定。所谓循环认定是指在司法实践中先以造成消费者混淆认定争议双方的商标近似以及产品类似又以争议双方商标近似和产品类似认定可能造成消费者混淆，从而导致商标侵权标准适用出现矛盾。商标法修改后纠正了这种立法不周延带来的问题。

二、商标混淆可能判定规则的发展趋势

"对于商标显著性与商标侵权的关系认知，我国学者认为商

标显著性越强，商标权利的范围就越大；商标显著性越弱，商标权利范围越小。商标的显著性越强，商标的知名度越高，引起联想的可能性越大，商标的保护范围，即权利范围就越大。越是臆造的商标，识别性越强，与特定商品或企业联系在一起的特定性就越强，这样联想到某种特定商品的可能性就越高。所以，商标的显著性越强，如果被使用在相同或者近似的产品中，就越易造成消费者混淆。"❶ 在中国粮油食品集团有限公司（以下简称中粮公司）诉北京嘉裕东方葡萄酒有限公司（以下简称嘉裕公司）等侵犯注册商标专用权案中，最高人民法院认为：中粮公司的长城牌注册商标中的长城文字因其驰名度而取得较强的显著性，使其在葡萄酒相关市场中对于其他含有"长城"字样的商标具有较强的排斥力，应当给予强度较大的法律保护。嘉裕公司的"嘉裕长城及图"商标使用了中粮公司"长城"牌注册商标最具显著性的文字构成要素，并易于使相关公众产生市场混淆。❷ 需要指出的是，商标显著性的强度只能是判断混淆可能成立的因素之一，并不是决定因素。认为商标显著性越强，越容易造成混淆的结论是未经实证研究而草率得出的。有关消费者混淆的证明在审判中使用调查统计的方法在欧盟和美国的法律实践中都被使用并加以重视。在美国的商标法判例中已经开始使用专家调查证据作为混淆可能存在的证明。有些判例中，法院认为，如果商标权人不能就自己的权利主张提供消费者调查，就意味着权利人不能证明第三方

---

❶ 李春芳、伦佩明："试论我国商业外观保护之'知名性'的重构"，载《知识产权》2013年第7期，第56页。

❷ 中华人民共和国最高人民法院民事判决书（2005）民三终字第5号，载http://www.tmchn.com/case/j/3288.htm。

使用造成了混淆可能。我国商标法中并没有对调查统计数据作出要求，在判例中权利人也很少提交类似的证据，法院对这种证据的可采性和可信度也往往持否定态度。

我国商标法已经确立了以相关公众"发生混淆的可能性"作为认定侵犯注册商标专用权的一项条件，接下来，法院在审理此类商标案件时，对于商标混淆可能性的调查统计不宜一概排除，可以考虑其证据效力，并应当为此类证据的采信确立标准。法院在决定对调查统计结果是否采信时，主要考虑以下几个方面：（1）调查对象正确与否；（2）调查方法是否恰当；（3）混淆可能性的比率大小。我国之所以在绝大部分案件中未采用调查统计的方法，有一个重要的立法原因：我国商标法和司法解释强调的是两个商标对比的近似性，而不是造成混淆的可能性。以混淆可能性为标准，往往需要在商标近似性之外，考虑较多的因素。法院在判定是否存在混淆可能时，其所审视的是诸如以下这些方面，即原始商标与被控侵权的商标之间的相似性、商标的显著性、产品的相似性、消费者是否存在重合、产品销售渠道。从目前的司法实践来看，对于调查统计方法作为证明证据的力度还存在不同的看法，要么在审判中一概排除调查统计证据，要么就是不考虑调查设计的科学性和严谨性轻信调查统计的结论。或者只是简单地以司法解释的字面规定为依据，从音、形、义上作简单的比较判断得出结论。造成这一结果的原因是商标法和司法解释对"商标近似"与"混淆可能性"的错位规定。

从专业技术上考虑，还应当为调查统计方法的应用提供一套可操作的指南，确立相应的采信标准。可以借鉴美国商标诉讼中的商标问卷调查，证明商标显著性和混淆的可能性。美国的司法实践已经表明，在商标侵权和不正当竞争案件中，如果原告没有提供调查证据则其很难胜诉。"在 REEBOK v. KMART 一案中，法院判决不会产生混淆，其理由是像原告这么大的公司竟然没有进行问卷调查。"❶ 关于调查的证据效力，美国法院遵循了给予专家证言或科学证言效力的一般原则来评估的。调查在美国法院看来就是一种科学方法，有助于证明"实际混淆"。"在评价调查的证据效力时，美国法院一般会考虑下列因素（但不限于这些因素）：（1）相关公众；（2）采样；（3）问题；（4）刺激;（5）调查方式；（6）使当的方法。"❷ 在商标侵权诉讼中最关键的是证明商标混淆可能，研究我国商标侵权诉讼案例发现，在我国司法实践中证明混淆可能主要是通过技术性对比。这种方法并不能很好地解决认定问题反而带来了一些问题，例如对商标进行的一些合理使用行为可能被认为造成商标侵权，一些可能造成消费者混淆的商标侵权行为却没有被追究。这种审判思路的不明确也导致审判结论的差距，不同法院对同一商标侵权案件的审理在分析商标的近似性时会得出完全不同的结论。所以，有学者指出应当在司法实践中引入商标调查问卷的方法，这种方法可以连接技术分析和市场效果弥补上述缺陷。

三、商标淡化规则的适用

《商标法》第 13 条第 2 款规定，就不相同或者不相类似商品申请注册的商标是复制、模仿或者翻译他人已经在中国注册的驰

---

❶ 周家贵："商标问卷调查在英美法院商标侵权案件中的运用"，载《世界知识产权》2006 年第 6 期，第 83 页。

❷ 谢晓尧、陈贤凯："商标混淆的科学测度"，载《中山大学学报》2013 年第 5 期，第 163 页。

名商标，误导公众，致使该驰名商标注册人的利益可能受到损害的，不予注册并禁止使用。对于该条款中的"误导公众"，依其字面含义应理解为"跨类混淆"的情形，但在最高人民法院《驰名商标司法解释》施行后，第13条第2款的适用范围有所变化，从"跨类混淆"扩大到"淡化"保护。该司法解释第9条规定，足以使相关公众认为被诉商标与驰名商标具有相当程度的联系，而减弱驰名商标的显著性、贬损驰名商标市场声誉，或者不正当利用驰名商标的市场声誉的，属于《商标法》第13条第2款规定的"误导公众，致使该驰名商标注册人的利益可能受到损害"。综上可知，《商标法》第13条第2款中的"误导公众，致使该驰名商标注册人的利益可能受到损害"通常情况下包括两种情形：在后商标的注册及使用构成与在先驰名商标跨类混淆的情形；在后商标的注册及使用造成对在先驰名商标的淡化（包括弱化及丑化）的情形。

因《商标法》第13条第2款中所保护的驰名商标系指在该注册商标"核定使用的商品或服务"上具有很高知名度的商标，故对于是否构成"驰名商标"的认定应以该商标核定使用的商品或服务的相关公众为判断主体。"但对于是否具有'误导公众'这一后果的判断，则因为基于混淆或淡化而被误导的公众仅可能是'在后商标'指定使用商品或服务的相关公众，而非'在先驰名商标'核定使用商品或服务的相关公众，故'误导公众'只能以'在后商标'使用的商品或服务的相关公众作为判断主体。"❶通常情况下，如果在后商品或服务上使用的商标使得相关公众误

---

❶ 北京市高级人民法院（2013）高行终字第72号行政判决书，载 http://bjgyold.chinacourt.org/public/paperview.php? id=1125441。

认为该商品或服务系由在先商标所有人提供或与其有关联，则应认定具有混淆的可能性。在跨类混淆认定中，在不相类似的商品或者服务中使用与他人驰名商标相同或者近似的商标是否会使消费者产生混淆，需要请求商标权保护的驰名商标权利人举证证明存在特定的事实。

一般来说，商标在其使用的商品或者服务中被认定为驰名商标，如果被第三方使用在不相同或者不相似的商品或者服务中并不一定当然受到反淡化保护。驰名商标权利人主张对其驰名商标的反淡化保护需要符合一定的条件，即如果在后商标指定使用商品或服务的相关公众在看到"在后商标"时通常虽会想到"在先的驰名商标"，但能认识到该商品或服务并非由驰名商标所有人提供或与其有特定关联，则应认定该驰名商标可以获得反淡化的保护。具体而言，如相关公众具有下列三个层次的认知，将可以认定该驰名商标可以受到反淡化的保护：第一层次的认知是指在后商标（而非在先驰名商标）所使用的商品或服务的相关公众对于"驰名商标"与其"所有人"在"特定商品或服务"上的"唯一对应关系"有所认知。但要强调的是并非只要商标是现有事物就必然具有较低的显著性，其显著性高低的判断还取决于相关公众的认知能力。如果相关公众对这一现有事物具有较低的认知能力，则即便其属于现有事物，也不能认定其具有低显著性。第二层次的认知是指在后商标的相关公众在看到在后商标时能够联想到在先驰名商标。第三层次的认知是指在后商标的相关公众能够认识到在后商标与在先驰名商标并无关系。从我国商标法淡化规则的适用来看，对消费者主体进行了限制，仅限于使用在后商标的商品或服务的相关公众，作出这种限定是不周延的，商标法中有关消费者的界定应当是使用产品或者服务的所有目标消费者而不用作出这种限制规定，如果引入消费者调查证据规则，这种限定会导致调查结论的偏差。在适用淡化规则时，产品的类似也成为一个衡量标准，目前来看，在类似产品上使用他人驰名商标的行为是可以受到淡化保护的。总体来看，驰名商标淡化的侵权案例在我国司法实践中比重并不大，至于淡化规则的除外规定以及对商标的合理使用规则的构建还有待在法律实践中进一步形成和完善。

结　语

结 语

商标显著性是商标来源识别功能发挥的基础。随着市场日益扩大，竞争日益多元化，竞争手段已经超越了产品或服务质量的竞争而更追求凸现商标的显著性，打造品牌文化。这样，商标就不仅是单纯的来源识别符号，而且成为更具象征意义的符号，凝结着商标权人的商誉以及商标权人打造的文化内涵。商标法理论中也承认了商标的这种发展态势，认为商标的显著性强度是通过使用而不断变化的。商标显著性理论有两个根本原则。一是确认商标显著性的核心是商标的识别力，这是商标能够被法律承认的基础；二是赋予权利人商标权不能妨碍他人对商标的使用，即确保商标的共有领域不能被不当侵占。商标的识别力要求在商标注册与商标侵权制度中发挥作用，商标不具有识别力就无法注册，而未经许可在相同或者相似的产品或服务中使用与商标权人相同或者近似的商标，破坏了商标的识别力，造成商标侵权。所以，如何判断显著性以及界定对商标显著性的损害是商标显著性理论要解决的重要问题。

本书从商标显著性分类理论出发，对这些问题进行了探讨，认为显著性的传统分类规则显然已经无法适应商标多元化发展的要求，在解决颜色商标、声音商标等新型商标显著性的判定问题时，仍然依赖于对获得显著性的证明，所谓商标固有显著性并不必然强于获得显著性。而在显著性的证明规则中，以消费者判断为中心的消费者调查作为证据的重要性日益突出，适用于解决商标显著性的判定与商标混淆可能性的认定，这也是我国商标法未来发展的趋势。在界定商标显著性时，通常要考虑对商标权的授予不能造成其他竞争对手使用商标的障碍。认识到文化符号具有某种程度上的稀缺性以及文化符号所具有的重要意义，从文化符号角度对商标显著性理论也展开了探讨，有些文化符号因具有特定含义而不能被注册为商标，有些文化符号被注册为商标但权利人的权利需要受到一定的限制。因为公众可以对这些文化符号进行使用。受到品牌学研究的影响，商标的理论变得更多元，品牌学认为消费者也缔造了商标的显著性，赋予商标以文化内涵，所以在商标使用中需要考虑消费者的权利。我国商标法第三次修改改变了之前商标法中存在的某些过于僵化的条款，厘清了侵权判定条款中的逻辑不周延之处，这无疑是立法的进步，而接下来法律要解决的问题在于如何适用具体规则。

参考文献

中文著述

1　[美]爱德华·张伯伦著.垄断竞争理论.周文译.北京：华夏出版社，2009
2　曹中强.中国商标报告.北京：法律出版社，2010
3　曹新明.知识产权法.北京：法律出版社，2007
4　曹新明.促进我国知识产权产业化制度研究.北京：知识产权出版社，2012
5　邓宏光.商标法的理论基础——以商标显著性为中心.北京：法律出版社，2008
6　杜颖.社会进步与商标观念：商标法律制度的过去、现在和未来.北京：北京大学出版社，2011
7　杜颖.美国商标法.北京：知识产权出版社，2013
8　[美]大卫·赫斯蒙德夫著.文化产业.张菲娜译.北京：中国人民大学出版社，2007
9　丁尔苏.符号学与跨文化研究.上海：复旦大学出版社，2011
10　付继存.商标法的价值构造研究——以商标权的价值与形式为中心.北京：中国政法大学出版社，2012
11　[日]富田彻男著.市场竞争中的知识产权.廖正衡等译.北京：商务印书馆，2004

12 ［澳］布拉德·谢尔曼，［英］莱昂内尔·本特利著.现代知识产权法的演进.金海军译.北京：北京大学出版社，2012

13 ［美］威廉·M.兰德斯，理查德·A.波斯纳著.知识产权法的经济结构.金海军译.北京：北京大学出版社，2005

14 黄晖.商标法.北京：法律出版社，2004

15 何颖，季连帅，韩立丽.商标显著性研究.北京：中国政法大学出版社，2013

16 何敏.文化产业政策激励与法制保障.北京：法律出版社，2011

17 胡开忠.商标法学教程.北京：中国人民大学出版社，2008

18 胡开忠.知识产权法比较研究.北京：中国人民公安大学出版社，2004

19 龚鹏程.文化符号学.上海：上海人民出版社，2009

20 孔祥俊.商标法适用的基本问题.北京：中国法制出版社，2012

21 李扬.知识产权基本原理.北京：中国社会科学出版社，2012

22 李光斗.品牌拜物教.上海：复旦大学出版社，2009

23 李明德.美国知识产权法.北京：法律出版社，2003

24 李明德.欧盟知识产权法.北京：法律出版社，2010

25 ［英］拉哈·查哈，保罗·赫斯本著.名牌至上.王秀平，顾晨曦译.北京：新星出版社，2010

26 李小武.商标反淡化研究.杭州：浙江大学出版社，2011

27 李琛.论知识产权法的体系化.北京：北京大学出版社，2005

28 刘明江.商标权效力及其限制研究.北京：知识产权出版社，2010

29 ［英］雷蒙·威廉斯著.文化与社会.高晓玲译.长春：吉林

出版集团有限责任公司，2011

30　美国商标审查指南.美国专利商标局译.北京：商务印书馆，2008

31　[美]马修·戴弗雷姆著.法社会学讲义.郭星华，邢朝国，梁坤译.北京：北京大学出版社，2010

32　马东歧，康为民.中华商标与文化.北京：中国文史出版社，2007

33　彭学龙.商标法的符号学分析.北京：法律出版社，2007

34　[澳]彭道敦著.普通法视角下的知识产权.谢琳译.北京：法律出版社，2010

35　[德]齐佩利乌斯著.法学方法论.金振豹译.北京：法律出版社，2009

36　[英]斯科特·拉什，西莉亚·卢瑞著.全球文化工业.要新乐译.北京：社会科学文献出版社，2010

37　十二国商标法.北京：清华大学出版社，2013

38　苏喆.民间文化传承中的知识产权.北京：社会科学文献出版社，2012

39　[美]谢尔登·W.哈尔彭，克雷格·艾伦·纳德，肯尼思·L.波特著.美国知识产权法原理.宋慧献译.北京：商务印书馆，2013

40　孙曰瑶，刘华军.品牌经济学原理.北京：经济科学出版社，2007

41　[美]马特斯尔斯·W.斯达切尔主编.网络广告：互联网上的不正当竞争和商标.孙秋宁译.北京：中国政法大学出版社，2004

42　[美]苏珊·K.塞尔著.私权、公法——知识产权的全球化.

董刚，周超译.北京：中国人民大学出版社，2008
43 吴汉东.知识产权基本问题研究.北京：中国人民大学出版社，2005
44 吴汉东，胡开忠.无形财产权制度研究（修订版）.北京：法律出版社，2009
45 王莲峰.商业标识立法体系化研究.北京：北京大学出版社，2009
46 文学.商标使用与商标保护研究.北京：法律出版社，2008
47 魏振瀛.民法.北京：北京大学出版社，2000
48 王成荣，李诚.老字号的品牌价值.北京：中国经济出版社，2012
49 魏森.商标侵权认定标准研究.北京：中国社会科学出版社，2008
50 徐聪颖.论商标的符号表彰功能.北京：法律出版社，2011
51 徐岿然.思辨理性的符号迷失与文化创新的大实践境域.长春：吉林大学出版社，2009
52 肖志远.知识产权权利属性研究——一个政策维度的分析.北京：北京大学出版社，2009
53 余俊.商标法律进化论.武汉：华中科技大学出版社，2011
54 姚洪军.法析驰名商标.北京：知识产权出版社，2011
55 袁真富.驰名商标异化的制度逻辑.北京：知识产权出版社，2011
56 叶若思.商业外观权研究.北京：法律出版社，2010
57 张乃根.国际贸易中的知识产权法.上海：复旦大学出版社，2007
58 张继焦，丁惠敏，黄忠彩.中国"老字号"企业发展报告.

北京：社会科学文献出版社，2011
59 祝建军.驰名商标认定与保护规制.北京：法律出版社，2011
60 祝建军.人格要素标识商业化利用的法律规制.北京：法律出版社，2009
61 张其山.司法三段论的结构.北京：北京大学出版社，2010
62 曾陈明汝.商标法原理.北京：中国人民大学出版社，2002
63 陈凯贤.商标混淆调查中的关键向度.暨南学报，2013（10）
64 陈旭峰.中国商标亟需国际注册——兼论修改后的马德里商标国际注册实施办法.中华商标，2003（11）
65 曹新明.知识产权法哲学理论反思——以重构知识产权制度为视角.法制与社会发展，2004（6）
66 邓宏光.中国商标法现代化的困境与出路.华东政法大学学报，2009（3）
67 董慧娟.澳大利亚Barefoot案对商标"使用"含义的突破及引发的思考.电子知识产权，2011（5）
68 戴彬.从商标三元结构角度对商标显著性的再认识.华章，2013（11）
69 邓毅沣.从中国商标法状况透析商标法第三次修改焦点.黑龙江社会科学，2012（5）
70 戴怡婷.广告语商标显著性的认定.中华商标，2013（4）
71 董笃笃.论商标法中的"公众使用规则"——以吉利"陆虎"商标争议案为例.知识产权，2013（1）
72 邓宏光，周园.商标法的未来发展——兼论我国商标法的第三次修改.华南师范大学学报，2011（4）
73 邓宏光.商标混淆理论之新发展：初始兴趣混淆.知识产权，2007（3）

74 杜颖.指明商标权人的商标合理使用制度——以美国法为中心的比较分析.法学论坛，2008（5）

75 杜颖.商标淡化理论及其应用.法学研究，2007（6）

76 杜颖.在先使用的未注册商标保护论纲——兼评商标法第三次修改.法学家，2009（3）

77 冯静.从"红罐包装"争夺战论商业外观的法律保护.通化师范学院学报，2013（2）

78 黄武双.搜索引擎服务商标侵权责任的法理基础——兼评"大众搬场"诉"百度网络"商标侵权案.知识产权，2008（5）

79 黄汇，谢申文.驳商标被动使用保护论.知识产权，2012（7）

80 黄小洵.从商标使用意义论商标共同注册制度.理论月刊，2013（8）

81 胡杰，黎叶，张嫚.关于第三次商标法修改的若干问题与思考.中华商标，2013（7）

82 胡小慧.论商标的显著性.南昌大学硕士论文，2012

83 胡开忠.知识产权法中公有领域的保护.法学，2008（8）

84 江姜.商标显著性的分类、认定及保护.重庆社会科学，2008（12）

85 冀丽华.商标显著性与驰名商标的保护.河北法学，2005（10）

86 姜丽华.中美两国商标混淆侵权认定比较研究.华中科技大学硕士论文，2012

87 金海军.调查统计方法在商标诉讼案件中的应用——以商标混淆可能性的认定为视角.知识产权，2011（6）

88 刘春田.知识财产权解析.中国社会科学，2003（4）

89	刘春田.民法原则与商标立法.知识产权，2010（1）
90	李明德.中日驰名商标保护比较研究.环球法律评论，2007（5）
91	李明德.外观设计的法律保护.郑州大学学报，2000（5）
92	李雨峰.重塑侵害商标权的认定标准.现代法学，2010（6）
93	李扬.注册商标不使用撤销制度中的"商标使用"界定——中国与日本相关立法、司法之比较.法律科学，2009（10）
94	李扬.商标法中在先权利的知识产权法解释.法律科学，2006（5）
95	李扬.我国商标抢注法律界限之重新划定.法商研究，2012（3）
96	罗宗奎."知识共有"理论下商标取得的本质解读.知识产权，2013（5）
97	李宗辉.非传统商标的显著性及其注册条件.中华商标，2012（11）
98	李琛，孙维国.商标固有的显著性对其扩大保护的影响.知识产权，2003（5）
99	李祥章.商标显著性判定法律问题研究.中国政法大学硕士论文，2010
100	李雨峰，刁青山.商标指示性使用研究.法律适用，2012（11）
101	李春芳，伦佩明.试论我国商业外观保护之"知名性"的重构.知识产权，2013（7）
102	李静冰.外文商标的中译或简称被抢注的法律困境.中华商标，2010（1）
103	马强.论商标的基础显著性.知识产权，2011（8）

104	孟静，李潇湘.商标混淆可能性认定问题探析.法学杂志，2011（4）	
105	彭学龙.寻求注册与使用在商标确权中的合理平衡.法学研究，2010（3）	
106	彭学龙.商标显著性新探.法律科学，2006（2）	
107	彭学龙.信息经济学视角下的商标制度.知识产权，2012（8）	
108	彭学龙.商标五分法的法学与符号学分析.电子知识产权，2007（3）	
109	彭学龙.商标显著性传统理论评析.电子知识产权，2006（7）	
110	彭学龙.信息经济学视角下的商标权制度.知识产权，2013（8）	
111	彭学龙.驰名商标与垄断.电子知识产权，2006（12）	
112	彭学龙.商标转让的理论建构与制度设计.法律科学，2011（3）	
113	钱昀.商标显著性之分解研究——以IPAD商标案为例.电子知识产权，2013（7）	
114	申文雅.商标的显著性研究.黑龙江大学硕士论文，2012	
115	宋玲.商标显著性探析.扬州大学硕士论文，2011	
116	邵冲.我国未注册商标先用权制度之探究.武陵学刊，2013（2）	
117	陶鑫良，张冬梅.被许可使用"后发商誉"及其移植的知识产权探析.知识产权，2012（12）	
118	陶鑫良.商业域名，商业域号的知识产权保护.中华商标，2001（6）	

119 王莲峰. 商标法第三次修改的相关问题探讨. 知识产权，2008（7）

120 王莲峰. 我国商标权利取得制度的不足与完善. 法学，2012（11）

121 王太平. 商标概念的符号学分析——兼论商标权和商标侵权的实质. 湘潭大学学报，2007（3）

122 王太平. 论商标法中消费者的地位. 知识产权，2011（5）

123 王玲美. 论商标显著性的认定. 宁波大学硕士论文，2011

124 王先林. 商标法与公平竞争——兼析商标法第三次修改中的相关条款. 中国工商管理研究，2013（10）

125 王法强. 商标显著性研究——理论检讨与制度分析. 西南政法大学硕士学位论文，2004

126 吴玮，党玲. 探析商标品牌音译中的文化色彩. 华章，2013（17）

127 温海星. 英文字母商标注册申请中的若干问题. 中华商标，2013（8）

128 徐聪颖. "混淆之虞"，抑或"显著性受损之虞"？——对我国商标侵权认定标准的再思考. 河北法学，2012（10）

129 谢晓尧，陈贤凯. 商标混淆的科学测度. 中山大学学报，2013（5）

130 姚泓冰. "国酒茅台"商标注册的法律问题. 中华商标，2013（1）

131 杨建锋. Trips协定下拒绝商标注册的理由——兼评我国的义务履行. 世界贸易组织动态与研究，2013（2）

132 燕军，吴宁. 论鲍德里亚的文化符号消费理论. 常熟理工学院学报，2008（7）

133 湛茜. 单一颜色商标的注册问题研究. 暨南学报, 2012 (10)

134 张林. 语词商标显著性新探——对商标显著性的"弗兰德利分类法"的不同理解. 政治与法律, 2013 (4)

135 张玉敏, 曹博. 合则两利, 分则两害——"王老吉"商标纷争案评析. 法律适用, 2013 (6)

136 张玉敏. 地理标志的性质和保护模式选择. 法学杂志, 2007 (6)

137 张玉敏. 知识产权的概念和法律特征. 现代法学, 2001 (5)

138 张玉敏. 维护公平竞争是商标法的根本宗旨——以《商标法》修改为视角. 法学论坛, 2008 (2)

139 张今. 商标法第三次修改的几个重大问题解读. 中华商标, 2013 (11)

140 张今. 商标使用相关问题研究. 中华商标, 2013 (9)

141 赵春雨. 如何在欧盟证明你的商标显著性. 中华商标, 2009 (2)

142 周园. 重构我国商标注册实质条件. 知识产权, 2012 (5)

143 周俊强. 我国驰名商标司法认定的原则、条件与基准. 法学杂志, 2010 (5)

外文著述

1 Jerome Glison. *Glison on trademarks*. Matthew Bender & Company, Inc, 2008

2 Jeffrey Handelman. *Guide To TTAB Practice Volume* 1. Wolterskluwerlaw & Business in NewYork, 2013

3 J. Thomas McCarthy. *McCarthy on trademarks and unfair Competition*. A Thomson Reuters business, 2007

4 Lionel Bently. Jane C. Ginsburg & Jennifer Davis (eds.). *Trade

Marks And Brands: *An Interdisciplinary Critique*. New York: Cambridge University Press, 2008

5 Rosemary J. Combe. *The Cultural Life of Intellectual Properties*: *Authorship*, *Appropriation*, *and* *The* *Law*. Duke University Press, 1998

6 Abraham S. Greenberg. The Ancient lineage of Trade-marks. *J Pat off Soc'y*, 1951, December 8

7 Alex Kozinski. Trademarks Unplugged. *New York University law Review*, 1993 (68)

8 Amir H. Khoury. A Neoconventional Trademark Regime For "Newcomer" States. *University of Pennsylvania of Business Law*, 2010 (12)

9 A. Samuel Oddi. The Functions of "Functionality" In Trademark Law. *Trademark Rep*, 1986 (76)

10 A. Jack Guggenheim. The Legal Battles of G. I. Joe: The Jurisprudence of Distinctive Fingernails, Actions Figures, Ninjas, and Distinguished Marines. *J. Pat. & Trademark off*, 1998 (80)

11 Ann Bartow. Likelihood of Confusion. *San Diego Law Review*, 2004 (41)

12 Bruce N. Proctor. Distinctive and Unusual Marketing Techniques: Are They Protectible under section 43 (a) of The Lanham Act? Should They Be?. *Trademark*, 1987 (77)

13 Barton Beebe. Search and Persuasion in Trademark Law. *Michigan Law Review*, 2004 – 2005 (103)

14 Barton Beebe. The Semiotic Analysis of Trademark Law. *UCLA Law Review*, 2004 (51)

15 Benjamin G. Paster. Trademarks—Their Early History. *The Trademark Report*, 1969 (59)

16 Cooper Dreyfuss. Expressive Genericity: Trademarks as Language in the Pepsi Generation. *Notre Dame Law Review*, 1990 (65)

17 Cf Megan Richardson. Trade Marks and Language. *Sydney Law Review*, 2004 (26)

18 Chad M. Smith. Undressing Abercrombie: Defining When Trade Dress is Inherently Distinctive. *Trademark Rep*, 1997 (87)

19 C. Andrew Wattleworth. Inherently Distinctive Product Configurations Under § 43 of The Lanham Act: Where Do We Stand in The Aftermath of Two Pesos?. *Cumberland Law Review*, 1996 (26)

20 Craig Allen Nard. Mainstreaming Trade Dress Law: The Rise and Fall of Secondary Meaning. *Detroit College of Law Review*, 1993 (37)

21 Catherine W. Ng. Some Cultural Narrative Themes and Variations in The Common Law. *The Trademark Reporter*, 2009 (99)

22 Clarisa Long. Dilution. *Columbia Law Review*, 2006 (106)

23 Deming Liu. Intellectual Property. Other Related Subject: Arts and Culture, Legal Systems. *European Intellectual Property Review*, 2011 (33)

24 David H. B. Bednall. Color, Champagne, and Trademark Secondary Meaning Surveys: Devilish Detail. *The trademark Reporter*, 2012 (102)

25 David Tan. Differentiating between Brand and Trade Mark. *Singapore Journal of Legal Studies*, 2010 (202)

26　Deven R. Desai. From Trademarks to Brands. *Florida Law Review*, 2012 (64)

27　Daniel E. Mangis. When Almost Famous Just Isn't Famous Enough: Understanding Fame in the Federal Trademark Dilution Act as a Term of Art Requiring Minimal Distinctiveness. *The Review of Litigation*, 2002 (21)

28　Deniel R. Bumpus. Bing, Bang, Boom: an Analysis of in re Vertex Group LLC and the Struggle for Inherent Distinctiveness in Sound Marks Made During a Product's Normal Course of Operation. *The Federal Circuit Bar Journal*, 2012 (21)

29　Dan Hunter. Culture War. *Texas Law Review*, 2005 (83)

30　Edward S. Rogers. Some Historical Matter Concerning Trademarks. *IX Mich L Rev*, 1910 (29)

31　Elizabeth Cutter Bannon. Revisiting "The Rational Basis of Trademark Protection": Control of Quality and Dilution—Estranged Bedfellows?. *The Jhon Marshall Law Review*, 1991 (24)

32　Ellen P. Winner. Right of Identity: Right of Publicity and Protection for a Trademark's "Persona". *The Trademark Report*, 1981 (71)

33　Eric E. Bowman. Trademark Distinctiveness in a Multilingual Context: Harmonization of the Treatment of Marks in the European Union and the Union States. *San Diego Int'l L. J*, 2003 (4)

34　Edward S. Rogers. Some Historical Matter Concerning Trade-Marks. *The Trademark Report*, 1972 (62)

35　Fariba Soroosh. Is an Inherently Distinctive Trade Dress Protectable Under §43 (A) Without Having Acquited a Secondary

Meaning?. *Computer & High Technology Law Journal*, 1993 (9)

36 Frank I. Schechter. The Rational Basis of Trade-Mark Protection. *HarvL Rev*, 1927 (813)

37 Gerald Ruston. On The Origin of Trademarks. *TMR*, 1955 (127)

38 Graeme B. Dinwoodie. Reconceptualizing The Inherent Distinctiveness of Product Design Trade Dress. *North Carolina Law Review*, 1997 (75)

39 Gregory T. Talley. Taylor Made Golf Co. v. Trend Precision Golf, Inc: Golf Club Manufa Cturer's Ability To Seek Trade Dress Protection For The Color Combinations of Their Products and The "Inherently Distinctive" Obstacle. *Sports Lawyers Journal*, 1996 (3)

40 Heather Angeline Dunn. Hip Hop Culture Raises Host of Trademark. *The National Law Journal*, Issues, 2002 (15)

41 Ingrida Karins Berzins. The Emerging Circuit Split Over Secondary Meaning in Trade Dress Law. *University of Pennsylvania Law Review*, 2004 (152)

42 Jerome Gilson. *Trademark Protection and Practice part V*. Matthew Bender & Company, Inc, 1988

43 Jason Bosland. The Culture of Trade Marks: an Alternative Cultural Theory Perspective. *Media & Arts Law Review*, 2005 (10)

44 J Thomas McCarthy. Dilution of a Trademark: European and United States Compared. *The Trademark Reporter*, 2005 (94)

45 Julius R. Lunsford Jr. The Mechanics of Proof of Secondary Meaning. *The Trademark Rep*, 1970 (60)

46 Jennifer D. Sigler. Hole in Turns Double Bogey: The Southern District of Texas' Analysis of Inherently Distinctive Marks in Pebble Beach Co. v. Tour 18 I, Ltd. 942 F. Supp. 1513. *South Texas Law Review*, 1997 (38)

47 Jamison Dean Newberg. The Same Old Enchilada? The Supreme Court Simplifies the Protection of Inherently Distinctive Trade Dress in Two Pesos v. Cabana. *The Review of Litigation*, 1994 (13)

48 Joel W. Reese. Defining the Elements of Trade Dress Infringement under Section 43 (a) of the Lanham Act. *Tex. Intell. Prop. L. J*, 1994 (2)

49 Julius R. Lunsford Jr. Are Our Courts Protecting "Secondary Meaning" Trade-Marks?. *Trademark Rep*, 1970 (61)

50 Jennifer E. Rothman. Initial Interest Confusion: Standing at Crossroads of Trademark Law. *Cardozo Law Review*, 2006 (27)

51 Jason Bonsland. The Culture of Trade Marks: an Alternative Cultural Theory Perspective. *Intellectual Property Research Institute of Australia Working Paper*, 2005 (13)

52 Jacob Jacoby. The Psychological Foundations of Trademark Law: Secondary Meaning, Genericism, Fame, Confusion and Dilution. *The Trademark Reporter*, 2001 (91)

53 Kevin M. Jordan, Lynn M. Jordan. Qualitex co. v. Jacobson Products Co., The Unanswered Question—Can Color Ever Be Inherently Distinctive?. *Trademark* 1995 (85)

54 Katya Assfa. The Dilution of Culture and the Law of Trademarks, *IDEA: The Intellectual Property Law Review*, 2008 (49)

55 Katya Assaf. Brand Fetishism. *Connecticut Law Review*, 2010 (43)

56 Kim Lane Schepple. Legal Theory and Social theory. *Annual Review of Sociology*, 1994 (20)

57 Leon E. Daniels. Trade-Mark-Origin and Development. *The Trademark Report*, 1941 (31)

58 Lisa H. Johnston. Drifting Toward Trademark Rights in Gross. *The Trademark Report*, 1995 (85)

59 Linda Mcleod. The Status of So Highly Descriptive and Acquired Descriptiveness. *The Trademark Report*, 1992 (82)

60 Lionel Bently. Jane C. Ginsburg & Jennifer Davis (eds.). *Trade Marks and Brands: an Interdisciplinary Critique*. New York: Cambridge University Press, 2008

61 Lucy C. Ridgway. Has Abercrombie Become Unfasionable? A Review of Trends in Product Configuration Trade Dress Cases and A Proposed Test For Uniformity. *Mississippi College Law Review*, 2000 (20)

62 Laura Thompson. Inherently Distinctive Trade Dress. *Journal of Contemporary Legal*, 2001 (12)

63 Laura A. Heymann. The Birth of the Authornym: Authorship, Pseudonymity, and Trademark Law. *Notre Dame Law Review*, 2005 (80)

64 Lars Smith. Trade Distinctiveness: Solving Scalia's Tertium Quid Trade Dress Conundrum. *Michigan State Law Review*, 2005 (3)

65 Mohammmad Amin Naser. Re-Examining The Functions of Trademark Law. *Chicago-Kent Journal of Intellectual Property*, 2009 (8)

66 Michele A. Shpetner. Determining a Proper Test for Inherent Distinctiveness in Trade Dress. *Fordham Intell. Prop. Media & Ent. L. J*, 1998（8）

67 Megan Richardson. Trade Marks And Language. *Sydney Law Review*, 2004（26）

68 Mark V. B. Partridge. Trade Dress Protection and The Problem of Distinctiveness. *John Marshall Review of Intellectual Property Law*, 2002（1）

69 Martin Senftleben. The trademark Tower of Babel-dilution conception in international, US and EC trademark law. *International Review of Intellectual Property and Competition Law*, Issue 1, 2009（40）

70 M. Scott Donahey. "Distinctive" and "Famous"—Separate Requirement's Under The Federal Trademark Dilution Act?. *J. Marshall Rev. Intell. Prop. L*, *i.* 2004（3）

71 Mark A. Lemley. The Modern Lanham Act and the Death of Common Sense. *Yale Law Journal*, 1999（108）

72 NG-LOY Wee Loon. Trade Marks, Language and Culture: The Concept of Distinctiveness and Publici Juris. *Singapore Journal of Legal Studies*, 2009（8）

73 NG-LOY Wee Loon. An Interdisciplinary Perspective on The Likelihood of Confusion: Consumer Psychology and Trademarks in an Asian Society. *Trademark Reporter*, 2008（98）

74 NG-LOY Wee Loon. Law of Intellectual Property of Singapore. Singapore: Sweet & Maxwell Asia, 2008

75 Patricia Kimball Fletcher. Joint Registration of Trademarks and

The Economic Vale of a Trademark System. *University of Miami Law Review*, 1982（36）

76 P. Sean Morris. The Economics of Distinctiveness: The Road to Monopolization in Trade Mark Law. *Loy. L. A. Int'L & Comp. L. Rev*, 2011（33）

77 Pier Luigi Roncaglia. Giulio Enrico Sironi, Trademark Functions and Protected Interests in The Decisions of the European Court of Justice. *The Trademark Report*, 2011（101）

78 Patricia Loughlan. Protecting Cultural Significant uses of trade marks. *European Intellectual Property Review*, 2000（22）

79 Rosemary J Coombe. The Cultural Life of Intellectual Properties. *European Intellectual Property Review*, 1998（22）

80 Ralph S Brown Jr. Advertising and the Public Interest: Legal Protection of Trade Symbols. *Yale Law Journal*, 1999（108）

81 Rosemary Coombe. Object of Property and Subjects of Politics: Intellectual Property Laws and Democratic Dialogue. *Texas Law Review*, 1991（69）

82 Robert G. Bone. Taking The Confusion Out of "Likelihood of Confusion": Toward a More Sensible Approach to Trademark Infringement. *Northwestern University Law Review*, 2012（106）

83 Ray K. Harris, Stephen R. Winkelman. Why Product Configurations Cannot be Inherently Distinctive. *Trademark Rep*, 2001（91）

84 Sidney A. Diamond. The Historical Development of Trademarks. *The Trademark Report*, 1983（73）

85 Stephen Wilf. Who Authors Trademarks?. *Cardozo Arts & Enter-

tainment Law Journal, 1999 (17)

86　Stacey L. Dogan, Mark A. Lemley. A Search-Costs Theory of Limiting Doctrines in Trademark Law. *Trademark Rep*, 2007 (97)

87　Thomas R. Lee, Eric D. DeRosia, Glenn L. Christensen. An Empirical and Consumer Psychology Analysis of Trademark Distinctiveness. *Arizona State Law Journal*, 2009 (41)

88　Theodore H. Davis, Jr. Copying in The Shadow of The Constitution: The Rational Limits of The Rational Limits of Trade Dress Protection. *Trademark Rep*, 1996 (86)

89　Vincent N. Palladino. Assessing Trademark Significance: Genericness, Secondary Meaning and Surveys. *Trademark Rep*, 2002 (92)

90　Vicent N. Palladino. Techniques for Ascertaining if There is Secondary Meaning. *Trademark Rep*, 1983 (73)

91　Vincent N. Palladino. Surveying Secondary Meaning. *Trademark Rep*, 1994 (84)

92　William M. Landes, Richard A. Posner. The Economics of Trademark Law in the Economic Structure of Intellectual Property Law. *Trademark Rep*, 2003 (84)

93　Wallace R. Lane. Development of Secondary Rights in Trade Mark Cases. *Yale Law Journal*, 1909 (9)

94　William F. Gaske. Trade Dress Protection: Inherent Distinctiveness as an Alternative to Secondary Meaning, *Fordham Law Review*, 1989 (57)

95　Walter J. Derenberg. Registrability of "Distinctive" Geographical

Designations: The British "Yorkshire" Copper Case. *The Trademark Report*, 1953 (43)

96　Xuan-Thao N. Nguyen. Shifting The Paradigm in E-Commerce: Move Over Inherently Distinctive Trademarks—The E-Brand, I-Brand and Generic Domain Names Ascending to Power?. *American University law Review*, 2001 (50)

后　　记

　　本书的付梓出版依托于对已成稿的博士学位论文《商标显著性研究》一文的修改。历时近一年的修改工作可谓百感交集：一方面，重新审视书稿中的观点和表述发现诸多谬误与不成熟的观点；另一方面，重新阅读相关文献以理清思路。商标显著性问题是商标法理论中的基础问题，也是难以解释清楚的理论问题之一，选择此题目作为研究对象源于早期阅读文献时对商标与文化符号，以及品牌与商标关系的兴趣，商标理论的研究领域和研究方法已经被拓展到文化、经济、管理、营销等更广泛的层面。我觉得无论从哪一研究领域内对商标进行剖析，最终的落脚点都是对商标显著性的维护。基于这种朴素的论断，我便开始写作，过程并不顺利，其间需要阅读大量文献并对自己并不熟悉的专业理论进行学习；符号学的三元结构、商标显著性的经济分析、消费者认知能力构造、品牌构建中的4P原则及消费者社区问题等。我从这些理论中抽丝剥茧提炼出意图证明的商标显著性要素。初稿完成后，茫然感顿生，文中处处存在言犹未尽、语焉不详之处，只好重整结构，大幅修改。至成书后，很多问题仍没有豁然开朗之感，感慨论文写作需要长期的积累与不断的思想碰撞才可结出满意硕果。本书作为我人生一个阶段的总结，虽然并不尽如人意，但也凝结了我四年光阴的求索心路。掩卷追忆，个中滋味甘苦自知。文中留下的瑕疵、遗憾作为之后研究生涯的鞭策，将时刻提醒我对学术研究保持严谨、谦逊、求真务实之态度。

研习法学已有十年，虽然资质平平，但读博期间得遇名师，实为人生幸事。感谢我的导师彭学龙教授对我的肯定，他不计平庸，将我招至门下。彭老师治学严谨，常常教导我多阅读经典，多写文章。博士论文选题、资料收集、论文结构安排、修改，都是在彭老师精心指导下完成的。本书得以最终完成，得益于彭老师先期研究成果所提供的研究思路以及在写作过程中彭老师给予的深入启发。跟随彭老师学习三年极大地开阔了视野，增长了见闻，在学习、生活、做人方面都获益匪浅。我深知自己在许多方面仍然存在欠缺，未及老师的期许。唯愿日后谨遵先生教诲，勤勉刻苦，不负先生三年来的谆谆教导。唐昭红老师是我硕士阶段的导师，亦是鼓励我走上法学研究道路的恩师。六年来每每遇到挫折困难，唐老师都为我提供遮风避雨的港湾，不厌其烦地倾听我的烦恼并加以开导。感谢唐老师慈母般的呵护，这份感情弥足珍贵，永生难忘。

在中南财经政法大学知识产权研究中心学习期间也得到了吴汉东老师的教导，大师风范，高山仰止。曹新明老师的课堂永远充满着前沿的视角和激情的思辩，给我提供了丰富的研究素材和研究视角，读博期间发表的研究成果多得益于此，在此深表感谢。读博期间，胡开忠老师、黄玉烨老师、詹映老师、肖志远老师、何华老师、王小丽老师都给予我很大的帮助和指导，在此一并致谢。六年光阴，最难以割舍的还是浓浓的同窗情谊，与陈默博士同窗六载，她善良率真、乐观进取，在学习生活中给我提供了很多帮助，愿她永远幸福快乐。姚鹤徽博士、李士林博士、杨静博士、张弘博士、詹艳博士、瞿昊晖博士，都是读博期间结识的良师益友，在此一并谢过。本书能够顺利出版亦要感谢知识产权出版社刘睿编审、刘江编辑的帮助，他们充分尊重作者意愿并对论文的完善提出了很多宝贵意见。

时光煮雨，经年的喜怒哀乐都随着时间蒸发，留下来的是历久弥新的情感。甲午年初夏，我离开烟雨迷蒙的江城回到北地的故乡，丙申年暮春时节于塞外青城提笔追忆那段逝去的美好时光，想来南国已春意盎然、生机勃勃，遥祝吾师挚友平安康泰！如今我回到母校内蒙古大学执教，认识到从学生到老师的角色转换，心下仍不免惴惴。所谓传道、授业、解惑，需要极丰富的学识和阅历，亦要有广博的胸襟和担当，面对学生提出的学业问题及生活困惑，时常追悔在求学中偷懒怠惰，学艺不精，也忧惧自己有限的经历不足以解决他们的疑惑，只能时常鞭策自己以身作则，不忘初心。很庆幸工作中得到领导、师长、同事的提携帮助，使我少走了很多弯路，迅速进入工作状态。十几年前初入校园就决心以学术为志业，从此离家背井求学数载，未能尽孝双亲，其间曾彷徨、焦虑、自卑，又引得双亲替我烦扰操劳，实在羞愧。有时会怀疑自己当初的选择和坚持是不是太过自私，如果选择另外一种生活会是怎样的境况？每当看到母亲在暖阳中休憩的安然模样，父亲闲暇时打起桥牌的神采飞扬，才觉人生难免艰辛困惑，不知何去何从，唯愿家人和睦，岁月静好，人生追求，如此甚好。

张慧春

2016 年 4 月 14 日于内蒙古呼和浩特

全国知识产权类优秀博士论文获奖作品
(已出版)

2008 年度
 蒋玉宏 知识产权制度对城市竞争力的影响

2009 年度
 卢海君 版权客体论
 宋慧献 版权保护与表达自由
 罗向京 著作权集体管理组织的发展与变异

2010 年度
 万小丽 专利质量指标研究
 姚颉靖 药品专利保护优化研究

2011 年度
 梁志文 论专利公开

2012 年度
 陈朝晖 企业专利商业化模式研究

2013 年度
 姚鹤徽 商标混淆可能性研究
 李阁霞 商标与商誉

2014 年度
 张慧春 商标显著性研究